Dieter Borkowski

ERICH HONECKER

Statthalter Moskaus
oder deutscher Patriot?

Eine Biographie

C. Bertelsmann

© 1987 C. Bertelsmann Verlag GmbH, München / 5 4 3 2 1
Schutzumschlag: Peter J. Kahrl
Foto: dpa
Satz: IBV Satz- und Datentechnik GmbH, Berlin
Druck und Bindung:
Mohndruck Graphische Betriebe GmbH, Gütersloh
ISBN 3-570-02453-9
Printed in Germany

Inhalt

Berlin, 3. Dezember 1935

Ein Winterabend des Jahres 1935 in der Reichshauptstadt Berlin.
Der Anhalter Bahnhof im Herzen der Viermillionenstadt ist hell erleuchtet. Draußen, vor der riesigen Bahnhofshalle, flimmern die
Lichter der verkehrsreichen Saarlandstraße. An den Hotels, dominierend das Excelsior, flammt Leuchtreklame, sie überflutet die
breite Front des Europahochhauses und der Geschäfte. Die Lichtkegel der Kraftwagen und Autobusse durchdringen die diesigen
Abgase. Straßenbahnen rattern fast pausenlos zwischen Halleschem
Tor und Potsdamer Platz. Sie verbinden die zwanzig Stadtbezirke
zwischen Nord und Süd, Osten und Westen. Es ist kalt, Schnee liegt
in der Luft. Viele Menschen machen Weihnachtseinkäufe, andere
sind unterwegs zu den Kinos und Theatern in der Stadtmitte.

Aus der großen Halle des Bahnhofs geht ein junger Mann über
die Straße. Den Kragen des dünnen Mantels hat er hochgeschlagen,
in der rechten Hand trägt er einen kleinen Koffer. Im Menschenstrom, der von oder zu den hundert Zügen eilt, die täglich hier ankommen und abfahren, hofft er, anonym zu bleiben. Doch der
junge Reisende scheint unruhig zu sein. Nervös blickt er, während
er auf die Haltestelle der Straßenbahn zugeht, immer wieder zurück
in Richtung Bahnhofshalle. Folgt ihm jemand? Wird er beobachtet?
Hat ihn der Reichsbahnbeamte in der Gepäckaufbewahrung nicht
seltsam gemustert und die Herausgabe des Koffers verzögert? Tatsächlich schienen ihn zwei Herren, die sich in der Nähe der Schalter
aufhielten, betont unauffällig zu mustern. Der junge Mann, barhäuptig, mit dunkelblondem gewelltem Haar, beschleunigt den
Schritt, denn nun ist es eindeutig – die aufmerksamen Herren vom

7

Gepäckschalter folgen ihm. Die Berliner Straßenbahnverbindungen sind ihm, dem Saarländer, noch ein Buch mit sieben Siegeln. Ein Wagen, der in Richtung Westen fährt, klingelt ab und gibt ihm durch seine Abfahrt den Blick frei. Kein Zweifel, die Männer kommen direkt auf ihn zu. Doch damit hat er gerechnet. Blitzschnell schlägt er einen Haken, rennt vor einem abfahrenden Bus noch auf die Verkehrsinsel. Hier warten die Taxen, grün lackiert und mit einem schwarzweißen Karomuster, wie ein Dominospiel aussehend, auf Kunden. »Schnell, zum Bahnhof Zoo«, ruft der junge Reisende, während er rasch die Autotür zuschlägt. Seinen Koffer hat er an sich gepreßt. Aufmerksam beobachtet er durch das kleine Fenster hinter sich, ob ihm die Männer folgen. Er erschrickt, als er sieht, daß sie ein Auto besteigen, das neben dem Bahnhof, an der Möckernstraße, bereit stand. »Geht es nicht schneller«, fragt der Ankömmling den Taxichauffeur. Doch der abendliche Verkehr läßt kein anderes Tempo zu. »Wie soll det jehen?« fragt der dicke Berliner zurück. »Sie seh'n doch selbst, wat bei dem Verkehr möglich ist…« Als der Wagen den Potsdamer Platz passiert hat und in die stillere Tiergartenstraße einbiegt, beschleunigt der Fahrer das Tempo. Am Lützowplatz atmet der junge Mann tief durch. Es scheint ihm, als seien die Verfolger abgehängt. Wenig später, als die Taxe sich dem S-Bahnhof Zoo nähert, stellt sich die Nervosität wieder ein. Denn er glaubt, im Rückfenster den schwarzen Opel wiederzuerkennen. »Halten Sie, ich muß aussteigen«, sagt er zum Taxifahrer. Noch bevor der am Taxometer den Preis gelesen hat, drückt der eilige Gast ihm fünf Mark in die Hand, öffnet die Tür und läuft auf eine Reisegruppe vor dem Bahnhofseingang zu. »Männeken, Sie bekommen noch wat raus!« ruft der Chauffeur, doch das hört der junge Mann nicht mehr. Er ist im Menschengewühl des Bahnhofsvorplatzes verschwunden. Sekunden später hält der dunkle Wagen neben dem Taxi. Beide Herren springen aus ihrem Auto, öffnen die Fahrertür und legitimieren sich: »Gestapo!« Sie fragen nach dem Fahrgast, wollen wissen, was für ein Fahrziel er angab. Und sie werfen einen Blick in den Fond der Taxe. Der eine will sofort die Verfolgung aufnehmen, doch der andere sagt: »Laß ihn laufen – sein Koffer ist vorerst wichtiger!«

Im Dunkel des Tiergartens sitzt der Flüchtling atemlos auf einer Bank. Durch den Bahnhofstunnel ist er entkommen, dann rechts die Jebensstraße entlang gerannt, über die Brücke des Kanals gelaufen und hat erst auf der Bank weit ab des Bahnhofs und der ihn umgebenden Straßen eine Verschnaufpause eingelegt. Schon will er sich freuen, weil seine Verfolger offenbar die Spur verloren haben, als er den Verlust des Koffers bemerkt. Minutenlang ist er fassungslos vor Schreck. Er hatte die Nerven verloren und versagt. Das Geheimmaterial aus dem Ausland war verloren: aus Moskau und Prag, mit List und Mühe über die Grenze geschleust, mit Extrakurier für ihn nach Berlin geschafft, Aufträge und illegale Flugschriften, das Arbeitsmaterial für den Kampf, den er, der Politische Leiter des Kommunistischen Jugendverbandes, hier im Herzen des Reiches, in der Hauptstadt Adolf Hitlers, führen sollte. Später weiß er nicht, wie lange er auf der Bank im Tiergarten saß. Nach Stunden schlendert er langsam ins belebtere Stadtviertel Moabit zurück, erreicht auf Umwegen die U-Bahn und fährt nach Norden bis zum Bahnhof Seestraße. Nur kurz ist der Weg durch die Müllerstraße im Bezirk Wedding, rechts ab biegt er in die Brüsseler Straße ein. In diesem Wohnviertel sind die Straßen nicht mehr hell erleuchtet, keine Hotelwerbung oder Leuchtreklame sorgt für strahlendes Licht wie in der City. Keine Straßenbahn und kein Autobus verkehren in den grauen Seitenstraßen des Arbeiterbezirks. Aus Eckkneipen kommt ihm das Gröhlen Betrunkener entgegen. Wenig Menschen sind zu dieser späten Stunde auf der Straße. Seine Wirtin, Frau Semiller, im Haus Brüsseler Straße 26, schläft fest und tief, als ihr Untermieter, der Reisevertreter Herbert Jung, leise die kleine Wohnung betritt.

Lange wälzt sich der junge Mann unruhig auf dem Bett hin und her. Was soll er tun? Wen muß er am nächsten Tag benachrichtigen? Bruno natürlich, den erfahrenen Genossen, und Fritz, einen der drei Verantwortlichen der illegalen Organisation. Vor allem jedoch Sarah, die Studentin aus Prag, die gestern den Koffer nach Berlin brachte. Sarah, mit der er abends noch in der Aschinger-Gaststätte am Bahnhof Friedrichstraße gegessen hatte. Sarah, die seine Einladung für den Abend ablehnte, weil sie lieber in einen neuen Film gehen wollte. Mit diesem Vorsatz fällt er endlich in einen unruhigen Schlaf. Am späten Morgen verläßt Herbert Jung die Wohnung der Frau Semiller. »Einen schönen Tag wünsche ich«, sagt er verbindlich, schon in der Wohnungstür stehend, als sie neugierig aus der Küche schaut. »Bis heute abend, es kann allerdings spät werden!« Vor der schweren Haustür treten zwei Herren auf ihn zu. »Geheime Staatspolizei. Herr Jung, alias Honecker, machen Sie keine Schwierigkeiten – Widerstand ist zwecklos. Sie sind verhaftet!« Als sie ihm Handschellen anlegen, fährt das Polizeiauto dicht an den Bordstein heran. Die Männer bringen den Häftling an die hintere Tür des Wagens und nehmen ihn in die Mitte. Schon bald danach wird er aus der Aufnahmezelle im Gestapo-Hauptquartier in der Prinz-Albrecht-Straße in einen Verhörraum geführt. Die Gestapobeamten zeigen sich vorzüglich informiert: »Sie sind der Kommunistenführer Erich Honecker und haben unter falschem Namen und mit gefälschtem Paß als Herbert Jung, auch als Martin Tjaden und unter dem Decknamen Franz die Leitung des Kommunistischen Untergrundkampfes unter der Jugend in Berlin und Brandenburg geleitet. Packen Sie aus, was Sie über Ihre Genossen und Ihre Hintermänner im Ausland wissen!« Der Dreiundzwanzigjährige ahnte, was er als Kommunist von den Nazis zu erwarten hatte, wenn er die Zusammenarbeit mit der Gestapo ablehnte. Er verweigerte dennoch die Aussage. Ein brutaler Schlag des schwarzuniformierten Rottenführers der SS, der als Wächter hinter dem politischen Gefangenen steht, trifft ihn unvorbereitet. Erich Honecker begreift in dieser Minute, daß sein Leben keinen Pfifferling wert ist. Doch beugen will er sich nicht. Fast zehn Jahre Zuchthauskerker liegen vor dem Jungkommunisten, als er am 4. Dezember 1935 das erste Verhör der Berliner Gestapo erlebt.

Kindheit und Jugend

Die Freude der Eltern über die Geburt des Sohnes an jenem heißen Sommersonntag, des 25. August 1912, wird sich in Grenzen gehalten haben. Die Mansardenwohnung in der Karlstraße 26 in der grauen und verrußten Bergarbeiterstadt Neunkirchen im Saarland war klein und eng. Erich war das vierte Kind des Bergarbeiters Wilhelm Honecker, damals einunddreißig Jahre alt, und der Mutter, Karoline Honecker, die gerade neunundzwanzig Jahre zählte. Verwandte, Freunde, Arbeitskollegen und Bekannte kamen in die Karlstraße, um den Eltern zum »Sonntagsjungen« zu gratulieren. Doch die beiden blickten mit einiger Sorge in die Zukunft. Sie waren kinderlieb, aber der Kindersegen in der »guten, alten Zeit«, wenige Jahre vor dem Ersten Weltkrieg, brachte auch Probleme mit sich. Beide mochten ahnen, daß Erich, der nach den Geschwistern Katharina (geboren 1906), Wilhelm (geboren 1907) und Frieda (geboren 1909) das Licht der Welt erblickte, nicht der letzte Sprößling der Familie bleiben würde. In jener Zeit fehlender Geburtenregelungen waren sechs Kinder keine Seltenheit, und tatsächlich wurden den Eheleuten Honecker nach Erich noch zwei weitere Kinder geboren: Gertrud im Jahr 1917 und Karl-Robert 1923. »Soll man es begrüßen oder beklagen, daß sich die Geburt eines Menschen seiner eigenen Wahrnehmung und Erinnerung entzieht? Vermutlich ist das gut so. Trotz medizinischer Fortschritte bringen Mütter ihre Kinder noch immer unter Schmerzen zur Welt. Hinzu kommen seelische Belastungen. Zumal dann, wenn die Freude über einen Neugeborenen von der Sorge getrübt ist, ihm für den Start ins Leben nicht die gewünschten besten Bedingungen bieten zu können. Wenn die Zeiten schlecht sind. Wenn die Wohnung kalt und zu klein ist. Wenn Nahrungsmittel fehlen. Wenn die Einkünfte der Eltern bei allem Fleiß und aller Sparsamkeit nicht ausreichen. Und wenn sogar der Arbeitsplatz des Vaters unsicher ist...« Mit diesen Worten charakterisierte Erich Honecker fast siebzig Jahre nach seiner Geburt die Situation, in der er zur Welt kam.

Im Jahr 1910 lebten in dem zum preußischen Regierungsbezirk Trier gehörenden Neunkirchen 34539 Einwohner. Der Staub und Ruß der Steinkohlenbergwerke, der Eisenhütte und Zementfabrik gaben der Sonne nur selten Gelegenheit, die engen Gassen Neunkirchens zu durchdringen. Die Proletarierbehausungen waren dunkel, ihre hygienischen Einrichtungen dürftig; Tuberkulose, damals noch eine Volksseuche, war unter den Arbeitern weit verbreitet. Auch Käthe Honecker, Erichs ältere Schwester, wurde von der Krankheit befallen. Sie starb bereits mit neunzehn Jahren nach langem Siechtum. Für die Honeckers war es ein Glück, daß die Familie 1913 in das nahe gelegene Dorf Wiebelskirchen ziehen konnte, wo sie nach dem Tod von Großvater Andreas Honecker dessen Haus übernahmen. Das bescheidene Bergarbeiterhaus in der Wilhelmstraße 64 (heute Kuchenbergstraße 88) hatte im ersten Stock vier Räume und zwei Dachkammern. Die im Erdgeschoß gelegene Zweizimmerwohnung war vermietet. Besonders glücklich waren Kinder und Eltern über den Garten, der zum Grundstück gehörte. Die Luft in Wiebelskirchen war besser als in Neunkirchen. Ein Fluß, die Blies, schlängelt sich längs des Ortes, und auch der Wald war in der Nähe. Das im Garten heranwachsende Gemüse und Obst bereicherte den bescheidenen Küchenzettel der noch wachsenden Familie.

Wilhelm Honecker empfand die Arbeit im Bergwerk als »kapitalistische Ausbeutung«, und zweifellos waren die Lebensverhältnisse im Saargebiet zur Zeit des Kaiserreichs für die Mehrheit der Arbeiter bedrückend. Teilweise lagen die Löhne unter dem Existenzminimum. Während die Ruhrzechen ihren Arbeitern einen Schichtlohn von 6,02 Mark zahlten, erhielten die Saarkumpel für die bis zu zehn Stunden dauernde Schicht unter Tage 1912 in den Fis-

kalgruben, die Eigentum des preußischen Staates waren, günstigen-
falls 4,83 Mark. Damals kostete ein Kilo Butter 4,80 Mark. Hinzu
kam, daß sich in der Vorkriegszeit die Lebenshaltungskosten von
1900 bis 1912 um durchschnittlich 130 Prozent steigerten, während
die Reallöhne im Jahr 1912 nur noch durchschnittlich 97 Prozent
der Löhne von 1900 betrugen. Im preußischen Staatsbergbau
herrschte zudem vielfach Willkür, gegen die es kein Beschwerde-
recht gab. Bei den geringsten Verfehlungen legten die Direktoren
den Bergleuten hohe Geldbußen auf. Kam ein Bergmann nur einige
Minuten zu früh zur Ausfahrt an den Schacht, mußte er bis zu zwei
Mark Strafe zahlen, also fast die Hälfte seines Schichtlohnes. Es waren dann auch nicht zuletzt die Arbeits- und Lebensverhältnisse der
Arbeiterschaft, die dazu führten, daß die Sozialdemokraten, die im
ersten Jahrzehnt des neuen Jahrhunderts noch von dem außerordentlich populären August Bebel geführt wurden, in den Reichstagswahlen von 1912, Honeckers Geburtsjahr, 110 Mandate erringen konnten und damit die stärkste Fraktion im Reichstag wurden.
Auch in Wiebelskirchen erhielt der Kandidat der Sozialdemokraten
die meisten Stimmen. Von nun an hieß Wiebelskirchen allgemein
»das rote Dorf«.

Wilhelm Honecker bekannte sich zur Sozialdemokratie. Der
Bergarbeiter auf der Zeche Kohlwald, später auf der Grube Dechen,
war Vertrauensmann und wurde jahrzehntelang von seinen Kollegen in den Betriebsrat gewählt. Gewerkschaftliche oder gar sozialdemokratische Aktivitäten wurden von den Bergwerksdirektoren
mit Maßregelungen bis zur Entlassung geahndet. Deshalb tarnte
man gewerkschaftliche oder politische Zusammenkünfte der Kumpel häufig als Familienfeiern oder Skatabende. Die Atmosphäre dieser Diskussionsabende nahm der kleine Erich, der aufmerksam und
interessiert zuhörte, schon frühzeitig wahr.

Bald zogen Hunger und Entbehrungen in das Elternhaus ein. Der
Erste Weltkrieg führte zu Lebensmittelverknappungen und Preis-
steigerungen. 1915, Erich war noch nicht einmal drei Jahre alt, wurden Brotkarten eingeführt. Doch die Belieferung mit den notwen-
digsten Lebensmitteln war unregelmäßig. Die Mutter stand stun-

denlang Schlange nach Fleisch und Fett, der Junge an ihrer Seite hörte die Klagen der Arbeiterfrauen, die über die zahlreichen Ungerechtigkeiten der Kriegszeit schimpften. Da war von Kollegen des Vaters die Rede, die sich bei den vorgesetzten Steigern anbiederten und sie am Gewinn ihrer Hamsterfahrten beteiligten, während die Steiger dafür sorgten, daß sie trotz ihrer Abwesenheit den Schichtlohn ausgezahlt bekamen. Während die Reichen und Mehrverdienenden keine Not litten, konnten die Kumpel und ihre Frauen die Schwarzmarktpreise nur selten bezahlen.

Schon bald nach Kriegsbegin wurde der Bergarbeiter Wilhelm Honecker eingezogen und zuerst als Matrose der kaiserlichen Kriegsmarine in Kiel und Wilhelmshaven, später als Marinesoldat in Flandern eingesetzt. Da die Familien der Soldaten nur spärlich unterstützt wurden, erfuhr das Kind am eigenen Leibe, was das Wort »Krieg« bedeutete: Milch, Brot und Kartoffeln waren knapp, Fleisch eine Rarität, es gab nur noch abgetragene Kleider und Schuhe. Allzu oft litten die Kinder am quälenden Hungergefühl. Jahrzehnte später erinnert sich Erich Honecker jener Tage: »Wie oft hat Mutter gehungert, um den Hunger der Kinder zu mildern! Sie war eine Künstlerin an ihrer Nähmaschine und am Küchenherd. Aus alten Sachen konnte sie neue Kleidung und aus den armseligsten Zutaten eine schmackhafte Suppe zaubern. Fleiß, Ordnungsliebe und Sparsamkeit waren ihre Tugenden. Oft holten wir Kinder heimlich den Sirup aus dem Küchenschrank oder gingen an die für den nächsten Mittag vorbereitete Kartoffelsuppe. Ohrfeigen gab es deswegen nicht, nur Ermahnungen. Prügelstrafe war in unserer Familie verpönt. Vater war ein aufrechter Mann. Und Mutter wußte uns auch ohne Schläge zu anständigen Menschen zu erziehen. Einmal allerdings – es muß kurz nach dem Krieg gewesen sein – hat mein Vater mich doch ›verdroschen‹. Weil es eine Ausnahme war, hab' ich es nicht vergessen. Aus der Sparkasse meiner Mutter hatte ich ein paar Pfennige genommen, um Murmeln zu kaufen und mit anderen Kindern spielen zu können. Einmal aber ist keinmal, sagte man bei uns.«

1918 wurde Erich in die benachbarte Volksschule eingeschult.

Der Junge war aufgeweckt und besuchte die Schule gern. Es wurde ein ereignisreiches Jahr. Im November brach die Revolution aus, die das Ende des Weltkrieges einleitete. Erich Honecker erlebte die Revolution zusammen mit den Kindern des »roten Dorfes« als Abenteuer. Vor dem Heereszeugamt der preußischen Kriegsverwaltung hatten Aufständische die kaiserliche Reichskriegsflagge niedergeholt und den Preußenadler entfernt, dafür wurde die rote Fahne der Revolution gehißt. Der bald danach heimkehrende Vater war durch die Ereignisse radikaler geworden. Wie viele andere Sozialdemokraten verstand er nachträglich nicht mehr, warum seine Partei 1914 die Kriegskredite bewilligt und die Sozialdemokraten einen Burgfrieden mit Hindenburg und Ludendorff, mit dem preußischen Offiziersadel und dem reichen Großbürgertum geschlossen hatten. Er war aus der Sozialdemokratischen Partei ausgetreten und hatte sich den Unabhängigen Sozialisten in der USPD angeschlossen. Sofort nach der Rückkehr aus den flandrischen Schützengräben nahm er die politische Arbeit in Wiebelskirchen wieder auf; er war in den »Freien Gewerkschaften« aktiv und begrüßte es, daß es bereits einen »Arbeiter- und Soldatenrat« am Ort gab. Doch auch hier blieb die Ernüchterung nicht aus. Im Arbeiter- und Soldatenrat hatten nicht seine revolutionär gesinnten Kumpel die Mehrheit, sondern den Ton gaben ein Augenarzt, ein Lehrer, ein Rechtsanwalt, ein Amtsrichter, ein Kaufmann und der Sekretär der Hirsch-Dunkerschen Gewerkschaften an. Keiner von diesen bürgerlichen Demokraten dachte auch nur im entferntesten an die »Eroberung der politischen und ökonomischen Macht« durch die Arbeitermassen. Ihre selbstgestellte Aufgabe lautete, das Land an der Saar einer demokratischen Selbstbestimmung zuzuführen. Doch nicht einmal dieses bescheidene Ziel konnte verwirklicht werden. Schon Ende November 1918 rückten französische Besatzungstruppen in das Saargebiet ein, eine Folge des Waffenstillstands vom November 1918. Für fünfzehn Jahre blieben die Franzosen die Herren an der Saar. Zwar wurde das Saarland während dieser Zeit, entsprechend dem Friedensvertrag von Versailles, offiziell dem Völkerbund unterstellt, doch diente die von den Franzosen eingesetzte Regierungskommission primär französischen Interessen und stieß bei der Mehrheit der Bevölkerung des okkupierten Landes in steigendem Maße auf Widerstand. Französische Wirtschaftskonzerne gewannen zunehmend Einfluß und Macht, und bereits 1923 waren etwa sechzig Prozent der Saarländischen Schwerindustrie in französischen Händen.

Im Hause des Bergarbeiters Honecker, das vor allem in den Abendstunden zum Treffpunkt vieler Arbeiter wurde, herrschte im Frühjahr 1919 mancherlei Aufregung. Um den Achtstundentag und Lohnerhöhungen durchzusetzen, hatten sich die Kumpel am 26. März zu einem Streik gegen die Besatzungsbehörden entschlossen. Als die Militärbehörden die Wiederaufnahme der Arbeit befahlen, weil die Instandhaltung der Gruben gefährdet war, weigerte sich die Mehrzahl der Streikenden, den Befehl zu befolgen. Die Franzosen reagierten mit Verhaftungen und Ausweisungen. Vierhundert Bergleute, darunter viele Bekannte der Familie Honecker, wurden in Eisenbahnzüge gesetzt und nach Deutschland abgeschoben. Der siebenjährige Erich, der beobachtete, wie Arbeitskollegen seines Vaters verhaftet wurden, half seinem Vater und dessen Genossen, Flugblätter zu verteilen und trug nach der Schule Einladungen zu Versammlungen in die Wohnungen der Kumpel. Zusätzliches Frühstücksbrot, das ihm die Mutter für den Schulbesuch mitgab, mußte er an die Schulkameraden weitergeben, deren Väter sich in Haft befanden oder die Opfer der Ausweisung geworden waren. In der Volksschule gab es Raufereien zwischen Schülern, deren Eltern weiterstreikten und Kindern, deren Eltern den verlockenden wirtschaftlichen Zusagen der französischen Bergwerksdirektoren im Fall der Wiederaufnahme der Arbeit nicht widerstanden.

Wenn der Vater daheim mit den Kollegen redete, fielen häufig die Namen von Karl Liebknecht und Rosa Luxemburg. Von ihnen sprachen viele Arbeiter mit Wärme, Anerkennung und Sympathie. Die beiden ehemaligen Sozialdemokraten hatten im Dezember 1918 die Kommunistische Partei Deutschlands gegründet. Bei der Niederschlagung der Spartakusunruhen im Januar 1919 waren sie in Berlin von früheren kaiserlichen Offizieren ermordet worden.

Auch von Lenin, dem Führer des revolutionären Rußlands, war in der Runde der Wiebelskirchener Sozialisten viel die Rede, und immer wieder wurde natürlich über die Oktoberrevolution in Rußland diskutiert. Erich Honecker hat Jahrzehnte später im Freundeskreis über diese frühen Eindrücke oft erzählt:

»Ich kam in unsere Stube, ich schlich mich hinein, weil ich neugierig war, was mein Vater mit einigen Genossen so Wichtiges zu besprechen hatte. Sie diskutierten erregt, so daß sie mich nicht bemerkten. Vor ihnen lag irgendein bedrucktes Papier, aus dem mein Vater vorlas. Später sagte er mir, es sei eine Broschüre von Rosa Luxemburg über ›die Krise der Sozialdemokratie‹ gewesen. Davon wußte ich damals natürlich noch nichts, und ich hätte es auch nicht verstanden, aber die Namen Rosa und Karl sowie immer wieder die Worte Lenin und Revolution haben sich mir damals schon eingeprägt. Am nächsten Tag fragte ich Vater: ›Was ist das, Lenin und Revolution?‹ Er guckte mich ganz groß an und versuchte, es mir verständlich zu machen. Er sagte damals: ›Die Arbeiter im fernen Rußland, das ist weit weg von hier, die haben Revolution gemacht.‹ Und als ich immer noch nicht verstand, nahm er mich bei der Hand und ging mit mir in die Küche, wo meine Mutter Suppe kochte. ›Sieh mal‹, sagte er, ›du weißt doch, wir haben nicht sehr viel zu essen, und Mutter hat es schwer. Aber andere, für die ich arbeiten muß, leben von dem, was ich schaffe.‹ Er zeigte aus dem Fenster. ›Siehst du diesen Apfelbaum da. Stell dir vor, ich klettere 'rauf und hole die Äpfel 'runter. Und ein anderer steht dabei und guckt zu. Und wenn ich sie alle eingesammelt habe, dann gibt er mir ein paar, und die ganze Kiepe mit den vielen Äpfeln nimmt er für sich. Und das haben die in Rußland geändert. Jetzt kriegt jeder, was er verdient. Die Äpfel behält der, der sie pflückt. Und Frieden wollen sie auch machen. Und die Kohlengruben gehören nicht mehr wenigen, sondern allen, die da arbeiten. Und das hat Lenin gemacht. Und das« wollten »die Rosa und der Karl auch bei uns machen…«

Solche einfachen Erklärungen über Sinn und Kampf der Arbeiterbewegung erschienen einem siebenjährigen Jungen einleuchtend. Das Abenteuerliche der geheimnisvollen Versammlungen im Elternhaus, die spürbare Autorität, die der Vater bei den Kollegen und Genossen besaß, muß den Sohn aufnahmebereit und auch stolz auf diesen Vater gemacht haben. Wahrscheinlich war sein Vertrauen zu ihm grenzenlos, und es entspricht kindlicher Mentalität, daß er den Vater und dessen Arbeitskollegen bewunderte.

Unzweifelhaft wurde Erich Honecker von der Atmosphäre des Elternhauses geprägt. Aus dem Munde des fast siebzigjährigen Staatschefs wird diese Prägung zum alternativlosen Credo: »Damals, in den Tagen der November-Revolution und in den Jahren der revolutionären Nachkriegskrise, erklärte mir mein Vater in seiner einfachen Art, warum die Reichen reich und die Armen arm sind, woher die Kriege kommen, wer an den Kriegen verdient und wer unter ihnen leidet. Für mich war das einleuchtend. Ich gewann ein klares Weltbild. Ich nahm mir vor, mein Leben dem Kampf für eine Welt des Friedens und des Sozialismus zu widmen. An dieser Lebensaufgabe habe ich festgehalten, bis heute...«

Erich war als Schüler ein aufgeweckter Junge. Mitschüler erinnern sich Jahrzehnte später, daß er für sein Alter erstaunlich reif war. Er sei ein guter Rechner gewesen und galt als aufgeschlossen für alles, was um ihn herum vorging. Besonders liebte er den Geschichtsunterricht. Er las gerne in heimatgeschichtlichen Broschüren und griff da, wo es sich ermöglichen ließ, auch zu umfangreichen Büchern, in denen Jugendlichen in einer verständlichen Form Geschichte vermittelt wurde. Er war alles andere als ein Duckmäuser und verachtete vor allem jene Prügelpauker, die den Rohrstock lieber handhabten, als daß sie ihren heranwachsenden Zöglingen tolerant und verständnisvoll über die Hürden des Stoffes hinweghalfen. Gegen solche Vertreter althergewohnter »preußischer Zucht und Ordnung« setzte sich der Junge zur Wehr. Gelegentlich erzählte er später seinen Freunden und Funktionären der von ihm geleiteten Freien Deutschen Jugend: »Heute denke ich mit Schmunzeln an unseren Kampf gegen die ›schlagenden Argumente‹ eines Gesanglehrers, der den Rohrstock sinnigerweise im Geigenkasten aufzubewahren pflegte. Und wenn er, was hin und wieder passierte, den Geigenkasten in die Schule mitzubringen vergaß, dann schickte er Schüler los, ihn zu holen. Als ich einmal diesen Auftrag erhielt, öffnete ich unterwegs kurzerhand den Kasten, nahm den Stock heraus, zerbrach dieses Werkzeug des Untertanengeistes und warf es in die Blies. Natürlich besorgte sich der Prügelpauker einen neuen Stock. Doch ein Signal war gesetzt, und unser Selbstbewußtsein wuchs...«

Obwohl Erich Honecker von seinen Eltern atheistisch erzogen wurde und schon als Jugendlicher auch offiziell aus der Kirche austrat, wechselte er mit Beginn der dritten Volksschulklasse in eine evangelische Schule hinüber, die er bis zur Beendigung der achten Klasse besuchte. An deren Direktor, Peter Röser, hatte er freundliche Erinnerungen, er vergaß es ihm nicht, daß er später dem politischen Gefangenen Honecker im Zuchthaus Grüße übermitteln ließ. Respektvoll äußerte sich der kommunistische Spitzenfunktionär auch über den katholischen Prälaten Johann Schütz und die Nonnen aus dem Johannesstift in Wiebelskirchen, die seine Schwester Käthe während ihrer Tuberkulosekrankheit liebevoll pflegten und auch Erich und seinen Geschwistern in den Hungerjahren gelegentlich etwas zu essen gaben. Die materielle Lage der saarländischen Arbeiter besserte sich seit 1919 langsam. Der Streik vom Frühjahr 1919 hatte zumindest einen Teilerfolg gebracht: Die französische Militärbehörde führte den Achtstundentag und den wertbeständigen Franc als Währung ein. Allmählich zerbrach jedoch die anfängliche Solidarität der Bevölkerung gegen die Besatzungsmacht. Für viele Arbeiter waren bald nicht mehr die Franzosen die Klassenfeinde, sondern die bürgerlichen Parteien, die das alte Regime der wirtschaftlichen Ausbeutung vertraten, für das der Name des deutschen Großindustriellen Stumm als Symbol stand. Mit Hilfe nationaler Parolen bemühten sich die deutschen Industriellen, ihre einstige wirtschaftliche und politische Machtposition an der Saar wiederaufzurichten. Die Kommunisten und linken Sozialisten akzeptierten 1921 in einer Denkschrift an den Völkerbund sogar den Versailler Friedensvertrag und lehnten vorerst eine Opposition mit nationalistischen Motiven ab.

Erich Honecker, noch nicht zehn Jahre alt, geriet in einen Zwiespalt. In der Schule war vom Besatzungsregime die Rede, das einen Ausverkauf und eine Überfremdung der Saarheimat betreibe. Aber die Saar sei deutsch und müsse es bleiben. Doch zu Hause hatte sich der Wind gedreht. Als Erich den Vater um Aufklärung bat, sagte der ihm sinngemäß: »Was die da oben in Saarbrücken machen, geht uns nichts an. Wir Arbeiter an der Saar haben die Nase voll von diesem nationalistischen Gerede. Das neue Geld (gemeint war die französische Währung) schafft Mutter was in den Kochtopf. Und obwohl die einen nicht besser als die anderen sind, ist es vielleicht gar nicht so schlecht, daß wir jetzt zu Frankreich gehören. Schließlich haben unsere französischen Brüder und Genossen die gleichen Interessen wie wir. Und jeder französische Arbeiter ist mir lieber als die Herren Stumm und Röchling, die uns mit ihren nationalistischen Phrasen ja doch bloß wieder ihre kapitalistische Ausbeutung aufzwingen wollen.« Der Vater war inzwischen in die Kommunistische Partei übergewechselt. Frankreich, das Land der Großen Revolution von 1789 und der Pariser Kommune von 1871 war für viele Linke an der Saar attraktiver als das bereits sich wieder restaurierende Deutschland. Außerdem garantierten auch die französischen Behörden die Pressefreiheit, das gewerkschaftliche und politische Koalitionsrecht. Wilhelm Honecker und vielen Sozialisten schwebten für die Zukunft in ihrem Heimatland revolutionäre Lösungen auf internationaler Basis vor.

Es verging allerdings kein Jahr, bis sich das Blatt erneut wendete. Im Juni 1920 äußerten sich sowohl Lenin als auch der 11. Weltkongreß der Komintern äußerst kritisch zum Versailler Vertrag. Die Moskauer Führung sah in ihm einen Macht- und Raubfrieden, einen Anschlag auf die gesamte Arbeiterklasse der Welt. Gehorsam folgten die Kommunisten an der Saar der neuen Linie. Sie bezeichneten nun den Völkerbund als eine Vertretung kapitalistischer Staaten und übten schärfste Kritik an der französischen Regierungskommission im Saargebiet. Diese habe »die Aufgabe, die Interessen der französischen Bourgeoisie, der das Saargebiet auf fünfzehn Jahre zur Ausbeutung überlassen ist, wahrzunehmen... Die Anwesenheit französischen Militärs im Saargebiet, die im Gegensatz zum

Wortlaut des Friedensvertrages steht, bedeutet eine ständige Bedrohung der Arbeiterklasse ... In gemeinsamer Front mit der internationalen Arbeiterschaft wird der klassenbewußte Teil der Saararbeiter gegen den Versailler Machtfrieden zu kämpfen wissen.«

Noch war die Kommunistische Partei an der Saar zahlenmäßig nicht groß. Doch sie gewann in den Betrieben, unter den Gewerkschaftern und den Vertrauensmännern in den Gruben rasch an Einfluß. Ihm war es zuzuschreiben, daß die Gewerkschaften im Februar 1923 einen Streik begannen, der hundert Tage währte und zu den bedeutendsten Arbeitskämpfen an der Saar gehörte. Der zehnjährige Erich erlebte erstmals halbwegs bewußt diesen Konflikt zwischen den Arbeitern und Unternehmern. Im Sommer 1922, während er gerade in die fünfte Volksschulklasse versetzt wurde, trat er in die Kommunistische Kindergruppe ein, die sich stolz »Jungspartakisten« nannte. Die Gruppe wanderte durch die engere Heimat, trieb Sport und veranstaltete Singabende, an denen die Kampflieder der Arbeiterbewegung gesungen wurden. Begeistert lernten die Kinder auch die Texte revolutionärer Theaterstücke, so ein Spiel um Spartakus, den Sklavenbefreier der antiken Welt. An manchen Abenden traf sich die Jugendgruppe auf dem Dachboden des Bergarbeiterhauses der Honeckers. Erich war mit Feuereifer bei der Sache. Vor allem sang er gerne in und mit der Gruppe. Eines seiner Lieblingslieder wurde das bis heute in der Arbeiterbewegung populäre

Wann wir schreiten Seit' an Seit'
Und die alten Lieder singen
Und die Wälder widerklingen,
Fühlen wir, es muß gelingen:
Mit uns zieht die neue Zeit!
Mit uns zieht die neue Zeit!

Erich Honecker wird nicht anders empfunden haben als viele junge Menschen, denen Sehnsucht nach Gerechtigkeit, Freiheit, Kameradschaft und Hilfsbereitschaft, nach Gemeinschaftserlebnissen wie Sport, Spiel und Wandern zu allen Zeiten Bedürfnisse waren. Sicherlich kannte er damals noch nicht das ebenso lapidare wie zutreffende Wort Karl Liebknechts, der schon am Beginn des Jahrhunderts ausgerufen hatte: »Wer die Jugend hat, der hat die Zukunft!« Die Jungspartakus-Mitglieder von Wiebelskirchen wuchsen in ihrem Wollen, Denken und Fühlen jedoch bald über die romantischen Erlebnisse innerhalb eines organisierten Jugendlebens hinaus. Der Hunderttagestreik von 1923 war ihre Bewährungsprobe, und der spätere FDJ-Vorsitzende vergaß die Erfahrungen des Jungspartakisten niemals. Bei einem Demonstrationszug der streikenden Metallarbeiter von Neunkirchen marschierte auch die Wiebelskirchener Kindergruppe in die düstere Zechenstadt und wußte sich dabei listig an Polizeiposten vorbeizuschlängeln. Nachdem sich der Zug der Streikenden in Bewegung gesetzt hatte, rannten die Kinder an die Spitze und marschierten voran. Als die Landjäger, die die Demonstration verhindern sollten, auf die Kinder der Spitzengruppe einschlagen wollten, stürzten die Arbeiterfrauen vor und trieben die Polizisten in die Flucht. Drei Jahrzehnte später rief Erich Honecker bei Demonstrationen der FDJ in Westberlin, im Ruhrgebiet, in Hamburg oder an der Saar: »Vergeßt niemals – die Kinder an die Spitze! Dann kann die Polizei nichts ausrichten und macht sich mit ihrem brutalen Einsatz bei allen Menschen unbeliebt!«

Damals, 1923, gab es aber auch noch andere Aufgaben für die Wiebelskirchener Jungkommunisten. Die Kinder wurden zur Versorgung der Streikposten mit Lebensmitteln und Flugblättern eingesetzt, Zeitungen und Spendenlisten mußten verteilt werden, exmittierte Bergarbeiter waren solidarisch zu unterstützen. Bei allem half Erich mit großer Begeisterung, wie Augenzeugen später bekundeten. Honecker selbst sprach Jahrzehnte später vor Kindergruppen und Funktionären der DDR-»Thälmann-Pioniere« gern über diese »praktischen Erfahrungen eines jungen Sozialisten«: »Wir sammelten Solidaritätsgroschen für streikende Arbeiter, für die Unterstützung der politischen Gefangenen, auch für Sowjetrußland. Wir lernten das Morsealphabet, um Nachrichten übermitteln zu können. Bei Demonstrationen der Arbeiter waren wir immer dabei...«

Was das Kind Erich Honecker damals nicht wissen konnte, womit sich der Erwachsene jedoch später vollkommen identifizierte, war, daß die Tätigkeit der Kindergruppe in Wiebelskirchen völlig den Beschlüssen entsprach, die im Dezember 1920 der »Reichskongreß der Kommunistischen Jugend Deutschlands« in Berlin gefaßt hatte. Dort wurde in politischen Thesen die »geistige und körperliche Verkrüppelung der Proletarierkinder« angeprangert und die Forderung aufgestellt, »daß das Proletariat, in stärkerem Maße als bisher, den Schutz und die Erziehung seines Nachwuchses in die Hand zu nehmen« hat. Hauptaufgaben der kommunistischen Kindergruppen wurden: »die Sammlung proletarischer Kinder, die Weckung des Klassenbewußtseins, Erziehung zur proletarischen Solidarität und zum Kampf gegen die Ausbeuter«.

Heutzutage ist es schwer vorstellbar, wie groß die Not der Arbeiterfamilien, besonders in den industriellen Ballungsgebieten, nach dem verlorenen Ersten Weltkrieg war. Grafiken von Heinrich Zille und Käthe Kollwitz könnten das statistische Material illustrieren, das der Publizist Otto Rühle 1922 in seinem Buch »Das proletarische Kind« in München veröffentlichte. Nach seinen Untersuchungen besaßen in Nürnberg im Mai 1921 von mehr als vierzigtausend Volksschulkindern 16,8 Prozent keine Schuhe. In München kamen im Winter 1919/1920 rund fünfunddreißig Prozent der Volksschüler sogar bei Schneegestöber barfuß oder ohne festes Schuhwerk in die Schulen. Im Februar 1920 waren von 3,3 Millionen deutschen Schulkindern über zweihunderttausend tuberkulös und über achthundertdreißigtausend ernstlich unterernährt. Wohnungselend, hohe Säuglingssterblichkeit, Unterernährung vieler Kinder und als Folge Untergewicht und Wachstumsschwierigkeiten, Tuberkulose und Skrofulose wurden in ungezählten Familien zu Dauerleiden.

Gegenüber den Kindern in den Ballungsgebieten lebten die Wiebelskirchener Jugendlichen zumindest in einer Beziehung fast privilegiert: Die meisten besaßen einen eigenen Garten, man hielt Ziegen, Kaninchen und manche – so auch später die Honeckers – hielten sich sogar eine Kuh. Man gelangte in wenigen Minuten in den Wald, Wiesenhänge und das Flüßchen Blies ließen die Landschaft um das Dorf im Gegensatz zu Neunkirchen oder anderen Industrierevieren geradezu als idyllisch erscheinen.

Erich Honecker war stolz, daß »seine« Jugendgruppe an dem zumindest in Teilbereichen erfolgreichen Streik mitgewirkt hatte. Zweiundsiebzigtausend Saararbeiter (das waren 99 Prozent aller Beschäftigten) hatten hundert Tage lang gegen Grubenherren und französische Besatzungstruppen für ihre Rechte gekämpft. Die Jugend war, so empfand es jedenfalls Erich Honecker, an diesem Sieg beteiligt. Und noch eine Lehre – der Wert »internationaler Solidarität« – wurde schon den Kindern vermittelt: Durch parallele Streiks der Bergarbeiter in Frankreich war sogar die Kohleversorgung der französischen Schwerindustrie ernstlich gefährdet worden, was die Besatzungsmacht bei der Gewährung verschiedener Forderungen der Saarkumpel zu berücksichtigen hatte.

Die Honeckers erhielten mitten in diesen dramatischen Tagen noch einmal »Nachwuchs« – der jüngste Bruder Erichs, Robert, wurde geboren. Das brachte neue finanzielle Sorgen für die Familie. Es war nicht einfach für die Mutter, die Kinder mit den karg fließenden Groschen aus der gewerkschaftlichen Streikkasse zu sättigen. Durch den großen Streik war die Öffentlichkeit weit über die Grenzen des Saarlandes hinweg mit der sozialen Not vor allem der Bergarbeiterfamilien konfrontiert worden. Die Regierungskommission des Völkerbundes ließ den Gesundheitszustand der Schulkinder untersuchen, eine Art Kinderlandverschickung für gefährdete Schüler wurde organisiert. Und weil seine Schwester Käthe schwer tuberkulosekrank war, konnte Erich in den großen Ferien seiner letzten beiden Schuljahre zu einem pommerschen Bauern reisen. Es war allerdings nicht die Art von Erholung, die man sich heute bei Ferienreisen von Kindern vorstellt. Der dreizehn- und vierzehnjährige Erich mußte kräftig zupacken. Bauer Streich in Neudorf im Kreise Bublitz bei Neustettin hatte keinen Sohn, sondern nur sechs Töchter. Da er kriegsverletzt war, fiel die eigene Arbeitskraft nicht ins Gewicht. Ein Knecht, die Bäuerin, zwei der noch unverheirateten Töchter und im Sommer billige Schnitter aus dem benachbarten Polen mußten die Ernte einbringen. Erich half gern, es gefiel ihm auf dem Hof, obwohl er in einem Verschlag neben dem Pferdestall nur eine äußerst bescheidene Unterkunft fand. Erstaunt sah der junge Saarländer die Armut der Bauern in den weitläufigen Provinzen des deutschen Ostens. Es überraschte ihn auch, daß noch mit Sense und Dreschflegeln bei der Ernte gearbeitet werden mußte. Dennoch war er froh, hier seinen ersten Arbeitsplatz zu finden. Als Erich nämlich zu Ostern 1926 mit der achten Klasse die Volksschule abschloß, fand er keine Ausbildungsstelle. Überall hörte man nur von Entlassungen im Bergbau, der Vater sprach von bevorstehenden harten Zeiten und »Feierschichten«. Selbst als Kolonnenarbeiter bei der Eisenbahn konnte er nicht unterkommen.

Zwei ganze Jahre verbrachte der junge Honecker nun in Pommern. Bauer Streichs Sympathien für den Jungen waren gewachsen, er erwog – so erzählte Honecker später in aufgelockerter Runde – ihn als Schwiegersohn für eine der beiden noch unverheirateten Töchter zu gewinnen. Der Jüngling von der Saar war ein fleißiger Arbeiter, und inzwischen hatte der Knecht den Hof verlassen. Doch Erich fand wenig Zeit für eine der Töchter seines bäuerlichen Arbeitgebers. Freie Stunden nutzte er für politische Arbeit. Auf dem Lande wollte niemand etwas mit den Kommunisten zu tun haben, aber Honecker unterstützte seine Genossen, wenn sie zur Agitation in die Dörfer kamen. Bauer Streich erlaubte seinem jungen Landarbeiter sogar, zur Maidemonstration in das Kreisstädtchen Bublitz zu marschieren. Er war der einzige Neudorfer.

1928 schrieb Erichs Onkel, der Dachdecker Ludwig Weidenhof aus Wiebelskirchen, daß er ihm helfen wolle, eine Lehrstelle in seinem Beruf zu finden. Erich fuhr in die Heimat und fand nach vorübergehender Tätigkeit bei diesem Onkel eine Lehrstelle bei dem Dachdeckermeister Müller. Dem jungen Mann gefiel dieser Beruf. Jedenfalls sprach er in reiferen Jahren gern über die Lehrzeit und bekannte: »Ich habe meinen Beruf liebgewonnen, weil mit ihm eine gewisse Freizügigkeit verbunden war. Man kam herum, sah die Welt von oben, konnte immer ›hoch hinaus‹ und spürte den Reiz einer nicht ungefährlichen Tätigkeit, die stets Aufmerksamkeit, Umsicht, Genauigkeit und Geschicklichkeit verlangte...«

Die Abende gehörten wieder seinem politischen Engagement. Er war inzwischen in den »Kommunistischen Jugendverband« und in den »Roten Jungsturm«, der Jugendorganisation des militanten »Rotfrontkämpferbundes« eingetreten. Hier erhielt er seine erste Uniform: Windjacke und Mütze, Koppelschloß und Schulterriemen, Uniformhemd und Hose. Honecker gehörte zu den Aktivsten der achtzig Mitglieder umfassenden KJV-Gruppe. Sein Onkel Ludwig und der Dachdeckermeister Müller waren ihm wohlwollend gesonnen. Weil er nicht an einen festen Arbeitsplatz gebunden war, konnte er manchmal aktuelle Aufträge der Jugendorganisation auch tagsüber erledigen. So wurde er Ortsgruppenkassierer. Bald galt er als zuverlässiger und besonders aktiver Jugendgenosse, der Fäden nach vielen Seiten zu knüpfen vermochte. Er trat in die Gewerkschaft ein und betätigte sich im »Arbeiterturnverein Fichte«. Mit dem Vater und seinem Bruder Willi nahm er an Proben und später auch öffentlichen Auftritten des Spielmannszuges einer Schallmeienkapelle teil. Während Vater Wilhelm die große Trommel schlug, handhabte Sohn Erich die kleine Trommel. Diese Schallmeienkapelle, die nach dem Zweiten Weltkrieg neu gegründet wurde, nahm den einstigen Trommler 1973, anläßlich eines Besuches in Ostberlin, als Ehrenmitglied auf.

Die entscheidenden Anstöße für seine weitere politische Entwicklung, den Eintritt in die Kommunistische Partei, empfing der noch nicht Achtzehnjährige in der proletarischen Jugendorganisation, die ihn neben der starken Ausstrahlung des väterlichen Vorbildes prägte. Unumwunden gab er nahe dem siebzigsten Lebensjahr eine überzeugende Einschätzung für diese wichtigste Lebensentscheidung an der Schwelle zum Erwachsensein:

»Im Grunde waren der Eintritt in die KPD und der Weg des politischen Funktionärs, der sich damit für mich verband, eine natürliche Konsequenz meiner Herkunft, Kindheit und Jugendzeit. Mein Vater war aktives Mitglied dieser Partei. Seine besten Arbeitskollegen gehörten zur Partei der deutschen Kommunisten. Ich selbst hatte in der kommunistischen Kindergruppe und bei Jung-Sparta-kus erste politische Erfahrungen erworben. Und nach meinem Schulabschluß Ostern 1926 war die Arbeit im Kommunistischen Jugendverband zu meinem wichtigsten Lebensinhalt geworden.«

Wenn man mit Honecker über seinen schnellen Aufstieg zum kommunistischen Funktionär sprach, verneinte er stets, daß persönlicher Ehrgeiz die Triebfeder seines Handelns gewesen sei. Aber zweifellos war er nicht nur gefühlsmäßig dabei, wenn es um die Vertretung politischer Ziele ging: Lernbegierig und mit wachem Verstand nahm er am Gruppenleben der Jugendorganisation teil. Selbstverständlich war er auch schon frühzeitig zutiefst von der historischen Rolle der Arbeiterklasse überzeugt, wie sie in Schulungsmaterialien und Kursen der Basisgruppen in der Sprache der kommunistischen Doktrin gelehrt wurden. Er hoffte darauf, daß die Erhebung der deutschen Arbeiter dem Beispiel der Oktoberrevolution folgen würde und daß eines nicht allzufernen Tages die Proletarier in den Industriestaaten der Welt den Traum von der siegreichen Internationale verwirklichten. Nach den irrigen Vorstellungen der deutschen Kommunisten regierten »Sowjets«, also Räte, als frei gewählte Vertreter der Arbeiter und Soldaten das einstige Zarenreich. Es war deshalb nur folgerichtig, daß die deutschen Kommunisten offen verkündeten, auf revolutionärem Wege ein »Räte-Deutschland« oder noch eindeutiger, ein »Sowjetdeutschland« anzustreben. Erst wenn die Kapitalisten, die Herren der Gruben und Stahlwerke, die Besitzer der Banken und Aktiengesellschaften ihre wirtschaftliche Macht, das heißt, ihren Privatbesitz an den Produktionsmitteln verloren, wenn die Großgrundbesitzer ihre Güter und landwirtschaftlichen Nutzflächen einbüßten und die besitzlosen Landarbeiter und Kleinbauern den Boden bewirtschafteten, dann war – nach Marx und Lenin – der Aufbau einer sozialistischen Gesellschaftsordnung möglich. Der gesamte Staatsapparat, die Beamtenschaft und alle Regierungsbehörden mußten dann selbstverständlich von Vertretern der Arbeiterklasse gestellt werden. Die der Parteidisziplin verpflichteten kommunistischen Funktionäre würden in der neuen sozialistischen Republik die Macht ausüben.

Nachdem sich Erich Honecker als Ortsgruppenkassierer bewährte und auch seine übrigen Aktivitäten im Jugendsturm des
halbmilitärischen Rotfrontkämpferbundes, in der Holzarbeiterge-
werkschaft und im Arbeitersportverein Fichte von den Leitungsor-
ganen des Kommunistischen Jugendverbandes anerkannt wurden,
übertrug man ihm 1928 die politische Führung der Wiebelskirchener Jugendorganisation. Er war nun oft in der Unterbezirksleitung
in Neunkirchen, erwies sich offenbar als aufgeschlossen, zuverlässig und erfolgreich. Die Wiebelskirchener Gruppe wuchs und bewährte sich bei verschiedenen politischen Agitationseinsätzen. Dabei diskutierten die jungen Kommunisten mit Menschen aus allen
Bevölkerungsschichten über Tagesereignisse oder politische Ge-
schehnisse. Erich Honecker stieg zum politischen Instrukteur und
bereits ein Jahr später zum Mitglied der Bezirksleitung des KJV für
das ganze Saargebiet auf. Zu diesem Zeitpunkt etwa entschloß sich
der Jugendfunktionär, auch den letzten Schritt eines werdenden Berufsrevolutionärs zu gehen – er stellte den Antrag auf Mitgliedschaft
in der Kommunistischen Partei Deutschlands.

Diese Partei hatte im ganzen Reich etwa einhundertdreißigtau-
send Mitglieder. Ihre Schwerpunkttätigkeit lag in den großen Industrierevieren und Wirtschaftszentren – in Berlin, dem Ruhrgebiet,
in Hamburg und auf den Werften an der Nord- und Ostseeküste,
ferner in den mitteldeutschen Industriezentren zwischen Magdeburg, Halle, Leipzig, Chemnitz und den oberschlesischen Kohle-
förderungsrevieren. Zum Führer der KPD war nach Jahren aufrei-
bender Fraktionskämpfe der Hamburger Transportarbeiter Ernst
Thälmann aufgestiegen. Er baute die Kommunistische Partei
Deutschlands zu einer proletarischen Kaderpartei aus. Der Einfluß
der einst bestimmenden Intellektuellen, die auch nach der Ermordung von Rosa Luxemburg und Karl Liebknecht die Parteiführung
und damit Strategie und Taktik der Parteilinie maßgebend bestimmten, ging immer mehr zurück. Thälmann und die Männer seines Politischen Büros entwickelten sich zu stalinistischen Apparat-
funktionären. Der frühere Transportarbeiter Thälmann war der
Wunschkandidat Stalins gewesen, der in den Jahren nach Lenins

Tod zunehmend zum Alleinherrscher der Sowjetunion aufstieg und auch die Politik der Komintern zu bestimmen wußte. Schon 1925 hatte Stalin seine zwölf Bedingungen für die Bolschewisierung der deutschen Partei aufgestellt, die noch im Juli desselben Jahres auf dem zehnten Parteitag der deutschen Kommunisten übernommen worden waren. Die wichtigsten Forderungen Stalins waren in den Punkten eins, zehn und elf zusammengefaßt, in denen es hieß: »Es ist notwendig, daß die Partei sich nicht als Anhängsel des parlamentarischen Wahlapparats betrachtet, wie es im Grunde genommen die Sozialdemokratie tut... Es ist notwendig, daß die Partei die soziale Zusammensetzung ihrer Organisation systematisch verbessert und sich von zersetzenden opportunistischen Elementen reinigt... Es ist notwendig, daß die Partei eine eiserne proletarische Disziplin entwickelt, die auf der Grundlage der ideologischen Einheit, der Klarheit der Ziele der Bewegung, der Einheit des praktischen Handelns... zu den Aufgaben der Partei erwächst...«

Von dem jungen Wiebelskirchener Bergarbeitersohn Honecker, der die einschlägige Literatur las und diese in der von ihm geleiteten Gruppe im Kommunistischen Jugendverband interpretierte, forderte die »eiserne proletarische Disziplin«, die Beschlüsse und Richtlinien der kommunistischen Zentrale gründlich zu studieren. Zweifellos kannte er sowohl die Beschlüsse des zehnten Parteitages der KPD als auch Stalins Bedingungen für die Bolschewisierung der deutschen Organisation und bejahte sie. Bereits 1924 hatte die KPD-Führung gegen die parlamentarische Republik Stellung bezogen. Sie überschüttete vor den Reichstagswahlen von 1924 das Parlament mit Hohn und Verachtung und forderte dazu auf, mit der Stimmabgabe für die »proletarische Revolution« direkt zum »Sturz des bürgerlichen Parlaments« beizutragen. Auch der »Hauptfeind« der Kommunisten wurde schon bei den Vorbereitungen für die Reichstags-Wahlen von 1924 ins Auge gefaßt. Es waren – und daran sollte sich in den acht Jahren bis zu Hitlers Machtübernahme nichts ändern – die deutschen Sozialdemokraten. »Das Geschick der arbeitenden Massen entscheidet nur die proletarische Revolution. Nicht mit dem Stimmzettel, nur im offenen Kampfe der Klassen, im

Betriebe, im Kontor, auf der Straße, durch den Kampf der ungeheuren Millionenmassen der Ausgebeuteten gegen die organisierte und bewaffnete Macht der Ausbeuter wird euer Elend gewendet, werdet ihr zum Herren eures Schicksals«, verkündete ein Aufruf der Kommunistischen Partei Deutschlands am 2. April 1924. Nach einer dramatischen Beschreibung der sozialen Nöte der Arbeiter, vehementen Anklagen gegen die Großkapitalisten, vor allem die Schwerindustriellen, wendet sich die Proklamation gegen die »Agenten der Reichen und Mächtigen«, die Sozialdemokraten. »Deutschland ist das Paradies der Kapitalisten, Spekulanten und Wucherer geworden, der einheimischen wie ausländischen, der christlichen wie der jüdischen. Wer sind die Schuldigen? Alle Parteien sind schuldig, die auf dem Boden des bürgerlichen Staates stehen, und vor allem die Partei Eberts und Noskes, die deutsche Sozialdemokratie. Die Sozialdemokratie tritt unter der Maske einer Arbeiterpartei auf. Tausendmal hat sie versprochen, die Interessen der Ausgebeuteten zu vertreten, tausendmal hat sie die Massen des arbeitenden Volkes an das deutsche und ausländische Großkapital verraten. Ob Gewerkschafts- oder Parteiführer: Immer sind die Sozialdemokraten dem kämpfenden Proletarier in den Rücken gefallen... Die Sozialdemokratie muß geschlagen werden, daß sie nicht mehr wagen darf, sich eine Arbeiterpartei zu nennen...«

Die Kommunisten kämpften mit offenem Visier gegen den jungen republikanischen Staat. Sie scheuten sich nicht, ihre Ziele eindeutig öffentlich darzustellen. Zum Abschluß des Wahlaufrufes heißt es klar und für jeden Wähler unmißverständlich: »Jeder, der seine Stimme abgibt für den Kommunismus, gibt sie ab für die proletarische Revolution und gegen den bürgerlichen Parlamentarismus. Jeder, der seine Stimme für die Kommunisten abgibt, sagt damit: Wir wollen die Diktatur des Proletariats erkämpfen, den Rätestaat aufrichten.«

Vor allem auf junge Menschen wirkte die Radikalität dieser Forderungen in ihrer Einfachheit mobilisierend. Hinzu kam, daß die Kommunisten an der Saar politisch in der zweiten Hälfte der zwanziger Jahre im Vormarsch waren. Die Parteimitgliedschaft des Saarlandes betrug etwa eintausendzweihundert Genossen. Während bei den Wahlen von 1928 im Industriegebiet von Ostsachsen die KPD 10,3 Prozent erhielt, stimmten die Bürger des Saargebietes im gleichen Jahr mit 16,7 Prozent für die Kommunisten. Die SPD erhielt lediglich 15,6 Prozent der Stimmen. In Erich Honeckers Heimat spielte bei diesen Erfolgen eine Rolle, daß sich die feste Verankerung der Kommunisten in der Gewerkschaftsbewegung (übrigens eine der Forderungen Stalins an die KPD) als äußerst positiv erwies. Parteimitglieder waren vielfach Betriebsräte und Vertrauensleute in Zechen, Gruben und Fabriken. Das Vertrauen der Arbeiter zu ihren Interessenvertretern führte dazu, daß sie ihre in den Betrieben bereits bewährten Kollegen auch in die Parlamente wählten. Wilhelm Honecker, Erichs Vater, der als Betriebsrat einen guten Ruf unter seinen Kumpeln besaß, konnte die kommunistische Fraktion im Wiebelskirchener Gemeinderat ebenfalls verstärken. Noch im Alter sagte er voller Stolz: »Wir hatten elf Sitze, die Sozis nur drei!«

Über Erich Honeckers Arbeit als Agitator und Werber für seine kommunistischen Ideen im Jugendverband, später auch als junges Parteimitglied, gibt es zwei interessante Zeugenberichte. Artur Mannbar, damals ein persönlicher Freund des Leiters der Wiebelskirchener KJV-Gruppe, später als Antifaschist im Zuchthaus eingekerkert und nach dem Krieg als Journalist in Ostberlin tätig, schrieb über den Kampfgefährten der Jugendzeit: »Er war schon damals ein prächtiger Kamerad. Die jungen Menschen seiner Organisation vertrauten ihm. Und abends, nach Feierabend, traf man sich meist bei ihm in dem kleinen, ärmlichen, aber blitzsauberen Häuschen seiner Eltern. Und während die jungen Hitzköpfe leidenschaftlich über die Arbeit ihres Verbandes debattierten, war Mutter Honecker damit beschäftigt, für die ganze Gruppe Stullen zu schneiden und Kaffee zu kochen. Vater Honecker war meist unterwegs. Er, der Bergarbeiter, hatte bei allen Kumpels seiner Zeche einen Stein im Brett...«

Erich Voltmer, der weder als junger Mensch noch in reiferen Jahren kommunistisch orientiert war, sondern der katholischen Jungmännerbewegung entstammte, machte ebenfalls eine journalistische Karriere. Bis in die siebziger Jahre hinein war er als stellvertretender Chefredakteur in der »Saarbrücker Zeitung« tätig. In einem Rundfunkinterview erzählte er von Begegnungen mit dem jungen Honecker, von vielen Gesprächen, die auf der Hauptstraße, unter der alten Dorflinde in Wiebelskirchen stattfanden. Beteiligt waren junge Menschen aus den Reihen der Kommunisten, Sozialdemokraten und Katholiken. »Honecker war einer der Wortführer oder *der* Wortführer der Kommunisten. Und es ging nächtelang – die Diskussion spielte sich damals auf der Straße ab.« Voltmer sprach dann von den politischen Debatten. Das »waren meistens sehr laute Diskussionen, aber Honecker machte dabei eine Ausnahme. Er war kein Brüller, kein Schreier, er hat versucht, durch Argumente zu überzeugen.«

Die Idylle unter der Wiebelskirchener Dorflinde trügt freilich. Honecker war ja auch im Jungsturm des Rotfrontkämpferbundes aktiv, trug dessen graue militärische Uniform und fuhr mit den Jugendgenossen auch manchmal zu Einsätzen in Nachbarstädte. So gab es 1928 in Pirmasens eine regelrechte Straßenschlacht zwischen der »Sturm-Abteilung« (SA), der Hitler-Partei und den kommunistischen Verbänden. In Wiebelskirchen, wo die Kommunisten durch ihre Mehrheit im Gemeinderat ohnehin als angesehene Mitbürger keine Gegner zu fürchten hatten, war der politische Alltag undramatisch. Erich Honecker trieb gerne Sport. Der Arbeiterturnverein Fichte bot die Möglichkeit zum Handballspielen, Geräteturnen und zur Gymnastik. Rauchen und Trinken lehnte er in seiner Jugend ab, räumte allerdings später in zwangloser Runde von Freunden und in seiner Autobiographie »Aus meinem Leben« ein, daß er »kein Heiliger war, nie ein Kind von Traurigkeit. Habe auch damals gern ein Bier getrunken, obgleich das Geld knapp war und ich auch wußte, daß der Alkohol ein schlimmer Feind der Proletarier sein kann...« Die Jugendgruppe wanderte, reiste gelegentlich ins benachbarte Frankreich hinüber und verbrüderte sich mit jungen Sozialisten an den Soldatengräbern des Ersten Weltkrieges. Es war in Verdun, wo die langen Reihen der Gräber die Mädchen und Jungen tiefer und nachhaltiger beeindruckten als das Auswendigler-

Das gesellschaftliche Sein bestimmt das Bewußtsein

Oben: Das Haus der Familie Honecker in Wiebelskirchen, Wilhelmstraße 54 (Zustand vor 1945). *Unten links:* Die Eltern Karoline und Wilhelm Honecker bei einem ihrer letzten Besuche in Berlin. *Unten rechts:* Erich Honecker (2. v. l.) mit Mutter Karoline und den Geschwistern Willi, Käthe und Frieda (etwa 1915/16).

Oben: Kommunistische Kindergruppe Wiebelskirchen, etwa 1922, mit Erich Honecker (*) und den Geschwistern Gertrud (**) und Frieda (***). *Unten:* Spielmannszug des Roten Frontkämpferbundes in Wiebelskirchen, etwa 1929. Hinter der großen Trommel Wilhelm, rechts davon Erich Honecker.

Erich Honecker während seines Studiums an der Lenin-Schule der Kommunistischen Internationale (1930/31).

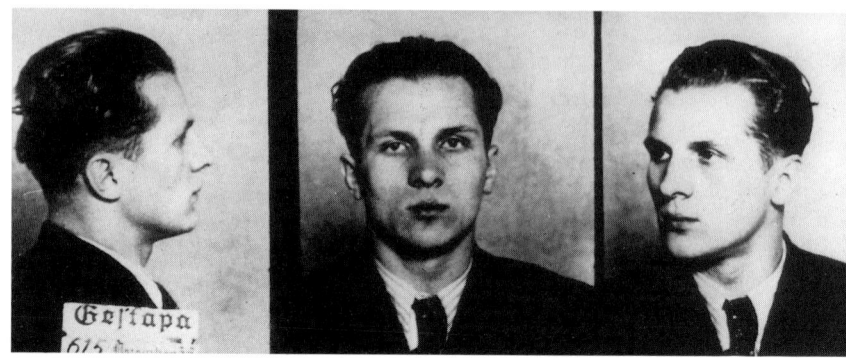

Oben: Aufnahme von 1937 aus der Zentrale der Geheimen Staatspolizei Berlin.
Unten: Das Zuchthaus Brandenburg-Görden, Zellenhaus II, Flügel A, in dem
Honecker eingekerkert war.

nen von Schlachtennamen und Jahreszahlen aus wilhelminischen Geschichtslesebüchern.

Der politische Kampf forderte von dem jungen Kommunisten Honecker immer wieder die Bereitschaft, seine Freizeit zu opfern, sei es für Aktionen vor Fabriktoren, auf öffentlichen Plätzen oder vor dem Denkmal des Großindustriellen Stumm am Eingang eines seiner Werke in Neunkirchen. Hier, in der rußigen Bergarbeiterstadt, in seinem Geburtsort, war er oft beim Flugblattverteilen zu sehen. Streikaufrufe, Kampagnen zur Solidarität mit Sowjetrußland oder die Beteiligung an einer Demonstration für die Ziele der KPD – an all dem nahm er als disziplinierter Jungkommunist teil. Auf einem achttägigen Lehrgang vermittelte die Leitung des Kommunistischen Jugendverbandes ihrem jungen Genossen einen ersten Einblick in die Theorie des Marxismus-Leninismus. Dabei wurde auch über das Organisationsstatut ausführlich gesprochen, in dem es wörtlich hieß: »Die strengste Verbandsdisziplin ist die höchste Pflicht aller Verbandsmitglieder... Die Beschlüsse... aller Instanzen müssen strikt und genau durchgeführt werden.« Bedingungsloser Gehorsam, unabdingbare Treue gegenüber der Parteiführung und deren Beschlüssen waren die Voraussetzung, um in die Kaderhierarchie der proletarischen Revolution aufgenommen zu werden. Aber der »einfache Genosse«, der Mann und die Gruppe an der Basis wurden nicht nur zu Parteidisziplin, Gehorsam und Beschlußtreue erzogen, für alle Parteigenossen hatte auch die Sowjetunion als »führende Kraft des Weltproletariats« zu gelten. Das Land des 1924 verstorbenen Lenin, in dem von Jahr zu Jahr der Einfluß und die Macht Josef Stalins wuchsen, war zum Heimatland aller Werktätigen, ja sogar zum »Paradies der Arbeiter und Bauern« erklärt worden. Der achtzehnjährige Honecker las das nicht nur in den Tageszeitungen der KPD und in den Broschüren, die der Agitationsapparat herstellte und vertrieb, er hörte es auch aus kompetentem Munde der Parteiführer.

Unvergeßlich über Jahrzehnte hinweg blieben Erich Honecker die jährlichen Reichsjugendtreffen des Kommunistischen Jugendverbandes, an denen er seit 1928 teilnahm. Sie fanden anläßlich des

Osterfestes statt und führten ihn mit seinen Freunden nach Chemnitz (1928), Düsseldorf (1929) und Leipzig (1930). Seiner Begeisterungsfähigkeit entsprach der Gemeinschaftsgeist solcher Jugendtreffen. Hier manifestierte sich der Wunsch und Wille Zehntausender Mädchen und Jungen, sich für eine neue und, wie sie glaubten, gerechtere Welt einzusetzen. Gewiß spielte dabei auch jugendliche Reise- und Abenteuerlust eine Rolle, noch entscheidender war jedoch das missionarische Empfinden, für die Wahrheit zu streiten, gegen alles Morsche und Verfaulende einer »imperialistischen Gesellschaftsordnung« angetreten zu sein, im Bruderbund und gemeinsamer Front mit allen sozial Ausgebeuteten und politisch Unterdrückten zu stehen. Der Bergarbeiterjunge aus Wiebelskirchen war einer dieser jungen kommunistischen Idealisten. Wenn der Fernzug den Bahnhof verließ, die Vorfreude auf die weite Fahrt alle erfüllte, war es häufig Erich Honecker, der das alte Lied der Sozialisten anstimmte:

> Brüder, zur Sonne, zur Freiheit,
> Brüder, zum Lichte empor,
> Hell aus dem Dunkeln vergangen
> Leuchtet die Zukunft hervor...

Eine solche Reise zum Treffen des Kommunistischen Jugendverbandes in Leipzig 1930, hat Honecker später eindringlich beschrieben: »Schon die Fahrten stellten für proletarische Mädchen und Jungen unvergeßliche Erlebnisse dar. Reisen waren für sie damals Raritäten. Wir mußten die Reisekosten Centime für Centime oder Pfennig für Pfennig zusammensparen. Um so größer war die Freude über die gemeinsame Fahrt und beim Treffen mit vielen Tausenden jungen Genossen und Freunden, die von überallher kamen, um machtvoll für ihre Ziele zu demonstrieren. Das 5. Reichsjugendtreffen des Kommunistischen Jugendverbandes im April 1930 in Leipzig vereinte Zehntausende Jungkommunisten mit zahlreichen Gruppen der Sozialistischen Arbeiterjugend und christlich orientierten Jungarbeitern. Der KJVD an der Saar hatte besonderen

Wert darauf gelegt, junge christliche Bergarbeiter für die Teilnahme am Leipziger Treffen zu gewinnen. Gemeinsam mit vielen anderen Jungkommunisten von der Saar war auch ich bestrebt, unbedingt daran teilzunehmen. Das stellte besondere Anforderungen an die ›Kasse‹ jedes einzelnen. Für mich bedeutete es, das mir von meinen Eltern geschenkte Fahrrad zu verkaufen, um in Leipzig dabei zu sein. Das tat ich mit einem lachenden und einem weinenden Auge. Aber es hat sich gelohnt. Rund hunderttausend kamen zu der großen Kundgebung des Jugendtreffens, auf der Ernst Thälmann sprach. Erstmalig erlebte ich aus nächster Nähe die Ausstrahlungskraft dieser damals schon legendären Arbeiterpersönlichkeit…«

Ernst Thälmann, der Führer der KPD, sprach in der schlichten Sprache der Arbeiter. Der breitschultrige, kahlköpfige einstige Transportarbeiter aus dem Hamburger Hafenviertel genoß das Vertrauen vieler Arbeiter. Seine Gesten, die häufig geballte Faust, die seine einfachen klaren Worte unterstützte, hatten nichts Gekünsteltes. Zumeist sprach er auf solchen Kundgebungen – im Gegensatz zu heutigen Führern der kommunistischen Welt – frei. Was Honekker in seinen Erinnerungen verschweigt, ist die Tatsache, daß sich auch auf dem KJV-Reichstreffen von 1930 der Schwerpunkt des politischen Angriffs gegen den »Hauptfeind«, die Sozialdemokratische Partei Deutschlands richtete. Honecker sagt – inzwischen an der neuen Parteilinie orientiert – weniger als die Teilwahrheit, wenn er meint: »Auch in Leipzig 1930 galt unsere Hauptsorge der proletarischen Einheitsfront, der Aktionseinheit junger Kommunisten, Sozialdemokraten und Christen im Kampf gegen die heraufziehende faschistische Gefahr. Dieses Ziel und die Entschlossenheit, die Sowjetunion bei einem neuen Interventionskrieg imperialistischer Mächte aktiv zu verteidigen, bildeten die politischen Schwerpunkte des Leipziger Reichsjugendtages.«

Die Hauptsorge um die »Einheitsfront« zwischen Sozialdemokraten und Kommunisten galt jedenfalls keineswegs einem antifaschistischen Bündnis der beiden Arbeiterparteien, sondern sollte sozialdemokratische Parteimitglieder ihrer »sozialfaschistischen« Parteiführung abspenstig machen.

Honecker kommt der Wirklichkeit näher, wenn er schreibt: »Während des Reichsjugendtreffens ging die von rechten Sozialdemokraten geführte Leipziger Polizei mit brutaler Gewalt gegen die proletarischen Mädchen und Jungen vor. Sie feuerte bei den Zusammenstößen sogar in die Menge. Während wir Kommunisten konstruktiv für die antifaschistische Einheitsfront wirkten, gab es solche rechten SPD-Führer, wie etwa den preußischen Innenminister Carl Severing oder den Berliner Polizeipräsidenten Karl Friedrich Zörgiebel, die auf Kommunisten schießen ließen und den Hitlerfaschismus mit einer Politik der ›Beschwichtigung‹ zumindest objektiv begünstigten...«

Daß Polizei und Gerichte in der Weimarer Republik häufig härter gegen die Kommunisten als gegen die Rechtsradikalen vorgingen, ist eine unbestreitbare Tatsache, und ebenso verständlich ist die Erbitterung der Kommunisten darüber, daß sich Repräsentanten der Sozialdemokraten dabei mitunter besonders militant gebärdeten. Die Pose der verfolgten Unschuld, in der sich die Kommunisten zu allen Zeiten gern gefallen, entsprach dennoch nur bedingt der Wirklichkeit. Abgesehen davon, daß sie ausgerechnet von der Republik, die sie mit außerparlamentarischen Mitteln beseitigen wollten, Schutz verlangten, standen den Bluttaten der Nazis und dem manchmal unverhältnismäßigen Vorgehen der Behörden auch nicht wenige Gewaltakte der Kommunisten gegenüber. Über den Terror auf den Straßen informiert eine Denkschrift des von Honekker kritisierten Innenministers Carl Severing:

»Es vergeht kaum ein Tag, an dem nicht irgendwo in Deutschland, zumeist an mehreren Stellen, auf politisch Andersdenkende geschossen, eingeschlagen oder eingestochen wird... Die Ursache dieser betrübenden Erscheinungen ist die hemmungslose Verhetzung durch Wort und Schrift, die von den Gegnern der Republik auf der äußersten Rechten und auf der äußersten Linken betrieben wird. Am 25. 8. 1929 wurden in Essen vier von einer Veranstaltung des Reichsbanners Schwarz-Rot-Gold kommende Mitglieder dieses Verbandes auf ihrem Heimweg von Nationalsozialisten überfallen; ein Reichsbannermitglied erhielt mit einem Schlagring einen

Hieb über den Kopf. Am 8. September 1929 wurden in Berlin am Wittenbergplatz jüdisch aussehende Passanten von Anhängern der NSDAP überfallen und geschlagen... Am 1. September 1929 überfielen in Köln einige Kommunisten zwei der Hitlerjugend angehörende junge Leute und verletzten einen durch Messerstiche. Am 17. November 1929 wurden Mitglieder der SPD in Breslau, als sie die für ihre Partei angebrachten und von den Kommunisten abgeänderte Wahlaufschriften wiederherstellen wollten, von etwa dreißig Kommunisten angegriffen. Der Sozialdemokrat Fischer wurde dabei mit einem Kalkpinsel ins Gesicht geschlagen und der Kellner Schröter durch einen Tritt vor den Leib so schwer verletzt, daß er starb...«

Im Januar 1930 war einer von Hitlers engsten Mitarbeitern seit dem Münchner Feldherrnhallenputsch von 1923, Wilhelm Frick, bereits Minister für Inneres und Volksbildung in der Regierung des Landes Thüringen. Noch im selben Jahr zog die NSDAP mit einhundertsieben Abgeordneten (gegenüber nur zwölf Mandatsträgern 1928) in den Reichstag ein. Aber Thälmann und seine KPD-Genossen folgten weiterhin bedenkenlos der Strategie Stalins, der seit dem Jahr 1924 die aberwitzige These verfocht:»Der Faschismus ist eine Kampforganisation der Bourgeoisie, die sich auf die aktive Unterstützung der Sozialdemokratie stützt. Die Sozialdemokratie ist objektiv der gemäßigte Flügel des Faschismus...« Fünf Jahre später, auf dem Weddinger Parteitag der KPD 1929, hieß es in törichter Verkennung der politischen Realität in Deutschland lapidar: »In der gegenwärtigen Periode ist die ›linke‹ Sozialdemokratie der Hauptfeind des revolutionären Proletariats innerhalb der Arbeiterbewegung, weil ihre Methoden zur Unterstützung der imperialistischen Politik die geschmeidigsten und wirksamsten sind...«

Erich Honecker kehrt mit seinen Freunden voller Begeisterung von der Pleiße an die Saar zurück. Nach dem New Yorker Börsenkrach vom 25. Oktober 1929, der als »Schwarzer Freitag« in die Geschichte einging und das Finanzgefüge des Weltmarktes erschütterte, wurde auch die deutsche Wirtschaft von der sich ausbreitenden Weltwirtschaftskrise erfaßt. 1930 zählte man in Deutschland bereits mehr als drei Millionen Arbeitslose. Reichskanzler Brüning fand für seine Notstandspolitik keine Mehrheiten im Reichstag mehr und regierte nur noch mit Hilfe des greisen Reichspräsidenten von Hindenburg mittels eines Notverordnungsrechts nach Paragraph 48 der Verfassung, der dem Staatsoberhaupt im Fall der Gefährdung von Sicherheit und Ordnung faktisch diktatorische Vollmachten gab.

Im Sommer 1930 delegierte die Partei und die Leitung des Jugendverbandes den Jungkommunisten Erich Honecker für einen einjährigen Lehrgang an die Lenin-Schule der Kommunistischen Internationale in Moskau. Gemeinsam mit achtundzwanzig jungen deutschen Kommunisten aus allen Gegenden des Reiches fuhr Honecker unmittelbar vor seinem achtzehnten Geburtstag voller Erwartungen mit der Eisenbahn über Saarbrücken, Berlin, Warschau, Brest, Minsk und Smolensk in die Hauptstadt der Union der Sozialistischen Sowjet-Republiken. Die jungen Parteimitglieder waren durch die kommunistische Presse, Broschüren und Bücher über den Aufbau des Sozialismus im »Arbeiterparadies« bestens informiert – allerdings entsprach das völlig unkritische Bild, das ihnen die Parteipresse bot, nur im seltensten Fall der Wirklichkeit. Aber das eindrucksvollste Buch oder der packendste Film vermittelten nicht annähernd den Eindruck, den der persönliche Augenschein gewährte. Ein halbes Jahrhundert nach diesem Erlebnis schrieb der fast siebzigjährige Partei- und Staatschef über die Impressionen aus dem Jahre 1930: »Noch heute kann ich mich gut an jenen Tag erinnern, als der Zug im ersten Morgenschein auf der Strecke zwischen Baranowitschi und Minsk in langsamer Fahrt die polnisch-sowjetische Grenze passierte. Polnische Soldaten mit aufgepflanzten Bajonetten sprangen ab, Rotarmisten stiegen zu. Für mich war das ein Vorgang von ungeheurer, symbolischer Kraft. Wir passierten eine Staatsgrenze ganz besonderer Art, keine gewöhnliche Grenze zwischen zwei beliebigen Ländern, nicht eine Grenze, wie die zwischen dem Saarland und Frankreich oder zwischen dem Saargebiet und dem ›Reich‹. Nein, das hier war eine völlig andere Grenze, eine Grenzlinie zwischen zwei Welten, eine Grenze, an der die Macht des Kapitals endete und die Macht der Arbeiter und Bauern begann, eine Grenze, vergleichbar etwa mit der heutigen Staatsgrenze zwischen der BRD und der DDR... Das Land Lenins war buchstäblich zum Vaterland aller Werktätigen geworden. Hierher kamen Kommunisten aus aller Herren Länder, um sich Rat, Kraft, Zuversicht zu holen für den revolutionären Kampf in aller Welt. Auch für mich war das Land Lenins mein Vaterland, seine Partei war meine Partei, sein Jugendverband mein Jugendverband. In den Rotarmisten, die auf die Trittbretter des Waggons sprangen, sah ich, obgleich mir persönlich unbekannt, meine Brüder und Genossen. Am liebsten hätte ich sie umarmt und nach russischer Sitte geküßt, weil sie das Land der Arbeiter und Bauern vertraten, weil sie an ihren Budjonny-Mützen den roten Stern trugen, der auch das Abzeichen der KPD war. Dieser Stern war mir schon als Kind lieb und teuer. Er leuchtete in die Zukunft...«

Das Pathos dieser Schilderung läßt einen Augenblick vergessen, daß sie von einem Mann stammt, der gewiß im Verlauf eines halben Jahrhunderts auch manche Position der eigenen Jugendjahre kritisch überdacht haben mag. Doch Nüchternheit und Distanz gegenüber den Erlebnissen der Aufbruchszeit sind nicht die Stärke des grau gewordenen einstigen Revolutionärs. Fast sein ganzes politisches Leben hindurch bewundert Honecker die Sowjetunion. Immer wieder gab er in Reden, Artikeln, Ansprachen – so erst wieder im Herbst 1986 in Moskau bei der Einweihung des Thälmanndenkmals – zu erkennen, daß er von seiner in jungen Jahren empfundenen Ergebenheit gegenüber der UdSSR niemals abzugehen bereit sei. Die zwölf Monate auf der Internationalen Lenin-Schule der Komintern, die Begegnungen mit prominenten Führern der sowjetischen Partei und hochkarätigen Dozenten haben ihn endgültig geprägt.

Abenteuerlich war schon die Reise, die von Anfang an unter konspirativen Regeln verlief. Weder Polizei – noch Paßbehörden sollten die Zahl und die Namen der jungen Revolutionäre kennenlernen, die von der KPD-Führung zur Schulung nach Moskau geschickt wurden. So fuhr Honecker unter falschem Namen in das

Heimatland aller Werktätigen. »Fritz Molter« lautete sein Partei-
name, den er in allen Fragebogen einzutragen hatte, es war sein erstes politisches Pseudonym, dem noch viele andere folgen sollten.
Während alle Angaben zur Person, sein Geburtsdatum, der Geburtsort, die Stadt Neunkirchen, die soziale Herkunft und seine berufliche Entwicklung, die politische Laufbahn mit allen Funktionen
zutreffend angegeben wurden, behielt der junge Saarländer während der gesamten zwölf Monate in der Sowjetunion seinen Decknamen. Denn die »Agenten des Klassenfeindes« lauerten überall.
Die »Sicherheit eines Genossen« aus dem kapitalistischen Ausland
ging der Partei über alles, außerdem verschärfte sich der Klassenkampf nach den »Erkenntnissen« der Parteiführung fortgesetzt.
Auf dem Fragebogen mußte auch geschildert werden, wo und wie
der Kursant sich als Revolutionär bewährt hatte. Konkret lautete
die Frage: »Hast du dich aktiv am Bürgerkrieg, an Streiks usw. beteiligt, wann, wo und worin äußerte sich deine Beteiligung?« Nicht
ohne Stolz schrieb der Kursant »Fritz Molter«: »Streiks – illegale
Flugblattverteilung vor Neunkirchener Eisenwerk im Februar
1930.«
Fassungslos, von Gefühlen überwältigt, stand der Achtzehnjährige an einem heißen Augusttag nach der tagelangen Reise auf dem
Belorussischen Bahnhof der sowjetischen Hauptstadt. Er sah die
Menschen aus dem Vielvölkerstaat: Hirten aus Kasachstan neben
eleganten Funktionärsgattinnen, modisch gekleidet wie in Berlin
oder Saarbrücken, braungebrannte Kaukasier und asiatische Step-
penbewohner neben blonden Ukrainerinnen. Er verstand und
sprach noch kein Wort russisch und war ungeachtet seiner Freude,
endlich das Vaterland aller Werktätigen erreicht zu haben, für einen
Augenblick verunsichert. Doch als er die alte Twerskaja, die heutige
Gorkistraße hinunterging, die vom Bahnhof in die Stadtmitte zum
Roten Platz führt, verlor er das Gefühl der Einsamkeit. Es gab noch
keinen Autoverkehr, über das Kopfsteinpflaster dieser Hauptstraße
rollten vorwiegend Pferdefuhrwerke. Erst seit wenigen Monaten
kamen Lastkraftwagen vom Fließband eines neuen Werkes, das in
Nishni Nowgorod an der Wolga aufgebaut wurde. Später erhielt die

Stadt den Namen des Dichters Maxim Gorki. Wirkten die Panjewagen schon provinziell, so hätten die ärmlichen Geschäfte in der Twerskaja, die keine Auslagen, aber um so mehr Propagandalosungen aufwiesen, den Ankömmling eigentlich stutzig machen müssen. »Erfüllt den Fünfjahresplan vorfristig«, stand auf den meisten grell bemalten Plakaten. Lebensmittel wurden nur auf Marken abgegeben, das Angebot war dreizehn Jahre nach der siegreichen Revolution kläglich. Doch den jungen Deutschen beeindruckte das alles wenig, da er nach eigenen Worten nie genug Geld besessen hatte, um sich »von den reichhaltigeren Schaufensterinhalten daheim das Gewünschte leisten zu können...« Und in seinen Erinnerungen kommentiert er den ersten Erkundungsgang vom Belorussischen Bahnhof zum Roten Platz: »Für mich bestand das Wichtigste eben darin, im Land des roten Oktober zu sein, wo – seit Lenins Tod 1924 unter Führung von J. W. Stalin – zielstrebig der Sozialismus aufgebaut wurde, unter großen Entbehrungen zwar, aber mit noch größerem Enthusiasmus.«

Josef Wissarionnowitsch Dschugaschwili, genannt Stalin, der Generalsekretär der Kommunistischen Partei der Sowjetunion, faszinierte den deutschen Jungkommunisten offensichtlich schon damals. Er sah in ihm den würdigen Erben des Leninschen Werkes und die Verkörperung des von der Partei Ernst Thälmanns viel gerühmten »bolschewistischen Geistes« der revolutionären Lehre und Praxis, dem die deutschen Kommunisten sich verpflichtet wußten. Obwohl der Stalinsche Terror erst in den dreißiger Jahren seinen Höhepunkt erreichte, hörten die Kursanten der Internationalen Leninschule schon jetzt von harten Fraktionskämpfen innerhalb der Parteiführung. 1928 war Leo Trotzki, einst Stalins bedeutendster Konkurrent um die Nachfolge Lenins, nach seinem Ausschluß aus der Partei in das viertausend Kilometer entfernte Alma-Ata deportiert worden. 1929 hatte man den brillanten Intellektuellen über die türkische Grenze abgeschoben. Gegen Politbüromitglieder und bekannte Spitzenfunktionäre der sowjetischen Partei wie Sinowjew, Bucharin, Kamenew, Tomski und Rykow nahm der Kremlchef eine immer drohendere Haltung ein. Er bezichtigt die Altkommunisten des »Abweichlertums«, droht ihnen mit Parteiausschluß und forderte ihre Absetzung. Seit 1928 fanden in Moskau auch die ersten Schauprozesse gegen »Agenten, Saboteure und Spione« statt, in denen man in- und ausländische Techniker und Spezialisten beschuldigte, im Auftrag von Emigrantenorganisationen den ersten Fünfjahresplan, und damit den wirtschaftlichen und industriellen Aufbau des Landes sabotiert zu haben.

Am 21. Dezember 1929 hatte sich Stalin anläßlich seines fünfzigsten Geburtstages als »Führer des Weltproletariats« und als »Lenin von heute« feiern lassen. Wenige Tage danach forderte er öffentlich eine radikale Wende in der Landwirtschaftspolitik. Damit leitete er die Zwangskollektivierung von mehr als zwanzig Millionen Bauernwirtschaften ein und gab die Weisung, die »Kulaken« genannten Mittel- und Großbauern »als Klasse zu liquidieren«. Nach einem Eingeständnis gegenüber seinem späteren Kriegsverbündeten Winston Churchill fielen Millionen von Bauern der mit brutalen Methoden durchgeführten völligen Enteignung und Verbannung in die unbesiedelten Gebiete des fernen Ostens und Nordens des Riesenlandes zum Opfer. Eine Hungersnot, die in den folgenden Jahren weiterer Millionen Menschen das Leben kostete, war die Folge. Von den schrecklichen Auswirkungen der Zwangskollektivierung konnte sich Honecker persönlich überzeugen, als er ein halbes Jahr nach dem Stalinschen Liquidations-Befehl in Moskau eintraf. Die Kinder der Enteigneten und in die Verbannung getriebenen Kulaken, junge verzweifelte Bettler, die in Lumpen gehüllt, zumeist barfuß, überall umherstreunten, um einen Bissen Brot oder eine verfaulte Kartoffel zu ergattern, begegneten dem deutschen Jungkommunisten überall in den Straßen der großen Metropole. In seinen Erinnerungen erwähnt er sie lapidar, nachdem er zuvor die altertümlichen Holzhäuser, aber auch Spekulanten und Schwarzmarkthändler in den Moskauer Straßen geschildert hatte: »Es gab auch noch ›Besprisornis‹, eltern- und heimatlose Jugendliche, Strandgut des Bürgerkriegs. Trotz der vielen Heime und Kinderkolonien schliefen sie im Freien und wärmten sich im Winter an öffentlichen Feuerstellen auf Straßen und Plätzen...«

Den Kursanten aus Deutschland und anderen kapitalistischen Ländern ging es verhältnismäßig gut. Sie wohnten im Kominternhotel Lux, unweit des Kreml. Dort waren die Zimmer gut eingerichtet, und es gab reichlich bemessene Sonderverpflegung für die ausländischen Genossen, die sich nicht nur theoretisch, sondern auch in der Praxis von den hervorragenden Lebensbedingungen in der Sowjetunion überzeugen sollten. Zu den wichtigsten Unterrichtsfächern gehörten eine Einführung in den Marxismus-Leninismus, die Geschichte der Arbeiterbewegung in den fortgeschrittenen Industrieländern und die Strategie und Taktik der Kommunistischen Internationale im Kampf um den Sieg der Revolution. Ein besonderes Lehrfach war die militärische und politische Vorbereitung von Aufständen, ferner eine Anleitung für Klassenkämpfe und Bürgerkriegshandlungen unter den speziellen deutschen Bedingungen. Vordringliches Ziel des Lehrplans war es, die Studenten der Internationalen Lenin-Schule von der führenden Rolle der KPdSU und der Sowjetunion innerhalb der Kommunistischen Internationale zu überzeugen und sie mit den historischen Erfahrungen der bolschewistischen Revolution des Jahres 1917 vertraut zu machen. Das Studium war psychologisch wie pädagogisch auf junge Zuhörer zugeschnitten. Bekannte kommunistische Funktionäre sahen Erich Honecker und seine Mitstudenten sowohl in der Lenin-Schule, wo sie gelegentlich Gastvorlesungen hielten, als auch auf Veranstaltungen, bei Feiern und Demonstrationen in den Straßen Moskaus oder in den Kongreßtagungsstätten. Nach fünfzig Jahren erwähnt er in seinen Erinnerungen ausdrücklich die führenden bolschewistischen Staatsmänner Molotow, Kaganowitsch, Kalinin, Woroschilow und Budjonny, die letztgenannten waren zwei berühmte Marschälle der Roten Armee.

Erstaunlich ist immerhin, daß er auch jener alten Mitstreiter Lenins gedenkt, die Stalin wenige Jahre später von der Geheimpolizei verhaften, foltern und hinrichten ließ, nachdem sie sich vorher in spektakulären Schauprozessen auf makabre Weise selbst bezichtigt hatten. Bucharin, dessen Bücher über die Revolution der junge Saarländer verschlungen hatte, Sinowjew, Kamenew, Rykow und

Radek begegnete Honecker mehrmals. Über ihre Hinrichtung und die aberwitzigen Beschuldigungen des Generalstaatsanwalts Wyschinski, der seine Plädoyers mit dem Satz beendete: »Ich fordere, daß diese toll gewordenen Hunde allesamt erschossen werden!«, verliert der ehemalige Komintern-Schüler in seinen Erinnerungen jedoch kein Wort. So, wie er fünfzig Jahre lang im persönlichen Gespräch wie in öffentlicher Rede den Namen Stalins nur mit Ehrerbietung und Zuneigung nannte, erwähnte ihn der siebzigjährige Staatsratsvorsitzende der DDR auch in seinen Erinnerungen noch mit völlig unkritischer Achtung. Die 1956 von Nikita Chruschtschow auf dem 20. Parteitag der KPdSU gemachten Enthüllungen der millionenfachen Verbrechen Stalins scheinen Erich Honecker kaum berührt zu haben. »Jedenfalls gab es schon bei mir keinen Zweifel an der Richtigkeit und Notwendigkeit der entfalteten Offensive des Sozialismus an allen Fronten, die unter Führung der bolschewistischen Partei, ihres Zentralkomitees, geleitet von Stalin, entscheidende Voraussetzungen für den Sieg der Sowjetunion im Zweiten Weltkrieg und für den weiteren erfolgreichen Weg des Sowjetlandes schuf. In der Nähe Stalins weilte ich während meines Aufenthaltes in Moskau zweimal. Auf dem IX. Kongreß des Leninschen Jugendverbandes der Sowjetunion (Komsomol) vom 16.–26. Januar 1931 im Moskauer Bolschoi-Theater saß ich vier Reihen hinter ihm im Präsidium, und ich sah ihn anläßlich einer Sitzung des Obersten Sowjets im Großen Saal des Kreml…«

Gleich zu Beginn seines Studiums wurde Honecker zusammen mit den anderen Kursanten mit den Beschlüssen, Reden und Dokumenten des gerade vor seiner Ankunft abgeschlossenen XVI. Parteitages der KPdSU bekannt gemacht. Ausgewertet werden sollten auch die Berichte des Generalsekretärs der Partei. In seinen zehnstündigen Ausführungen hatte Stalin die scharfen Maßnahmen gegen Kritiker verteidigt, von denen in drei Jahren sechstausendfünfhundert wegen trotzkistischer Gesinnung Parteistrafen erhielten. Unter dem Druck des Zentralkomitees hatten sich fünftausendachthundert Funktionäre und Parteigenossen von Trotzkis Ideen losgesagt. Insgesamt – so verkündete Stalin stolz auf dem Parteikongreß

– habe die »Rechtsopposition« durch Parteiausschlüsse zwischen 1927 und 1930 vierunddreißigtausend Mitglieder verloren. Man darf vermuten, daß die Lenin-Schüler in den Abendstunden auf ihren Zimmern über den Parteitag des Gastgeberlandes ihre Meinungen austauschten. Honeckers Zimmergefährte hieß Anton Ackermann. Er wurde später ein prominenter SED-Politiker, nachdem er sich während des Zweiten Weltkrieges in der Moskauer Emigration als Propagandist und Journalist bewährt und auf Weisung der Parteiführung die Theorie von einem besonderen deutschen Weg zum Sozialismus ausgearbeitet hatte. Zweiundzwanzig Jahre später, als Anton Ackermann innerhalb des Politbüros der SED für die Ablösung Walter Ulbrichts eintrat, gehörte sein sieben Jahre jüngerer Bettnachbar aus dem Hotel Lux bereits zu den Mächtigen, die ihn aus der Spitze der Partei »hinwegsäuberten«, indem sie ihn aus dem Politbüro und Zentralkomitee der SED ausschlossen.

Die Moskauer Zeit verging wie im Fluge. Dem jungen Honecker machte das Studium viel Freude, er lernte fleißig und gehörte zu den diszipliniertesten Schülern. Die Vorlesungen und Seminare wurden gelegentlich durch praktische Arbeit unterbrochen. Die Kursanten lernten das Leben der sowjetischen Arbeiter kennen. Sie besuchten auch nach Feierabend junge Aktivisten des russischen Jugendverbandes in ihren bescheidenen Wohnungen oder Gewerkschaftshäusern. Nach Einsätzen als Schweißer im größten Elektroindustriewerk Moskaus, dem »Elektrosawod«, wurden achtundzwanzig deutsche Lenin-Schüler im Sommer 1931 einer »Stoßbrigade« zugeteilt, die als internationale Hilfskolonne für mehrere Wochen in den Südural fuhr. Zehntausende mühten sich dort ab, im Schlamm und auf feuchtem Boden ein »Projekt der sozialistischen Zukunft« – das Metallurgische Kombinat Magnitogorsk – aufzubauen. Honecker war zusammen mit den meisten jungen Genossen voller Enthusiasmus bei der Arbeit und gewiß auch von Gefühlen der Bewunderung für den gigantischen Plan eines solchen Werkes inmitten der Steppe erfüllt. Später erinnerte er sich: »Die Arbeitsbedingungen waren unvorstellbar schwierig. Dort, wo heute hochgeschossige, komfortable Wohnhäuser und viele zweckmäßige Gesellschaftsbauten eine

45

moderne sozialistische Stadt mit dreihundertvierzigtausend Einwohnern bilden, standen Zelte und Lehmhütten in freier, unwirtlicher Steppe. Die Verpflegung war von wechselnder Qualität. Viele Bauarbeiter, meist gerade angeworbene Bauern, trugen noch – daran erinnere ich mich genau – selbstgeflochtene Bastschuhe. Nachts, wenn der Arbeitslärm abebbte, klangen Lieder durch die Steppe, russische Volkslieder und Lieder der Revolution. Dort, wo bis 1929 nichts als ein weitgehend unberührter Berg aus Eisenerz gestanden hatte, floß im Januar 1932 das erste Roheisen. Im Juli 1933 floß dann auch der erste Stahl…«

Was der Memoirenschreiber in Erinnerung an den fleißig zupackenden Brigadehelfer aus Deutschland verschweigt, waren die Häftlingseinsätze aus den Lagern des GULAG, über die eine damals ebenfalls überzeugte kommunistische Genossin später berichtete. Margarete Buber-Neumann hatte lange Jahre für die KPD und Komintern-Presse gearbeitet, sie hatte mit ihrem Mann, dem Politbüromitglied Heinz Neumann, als Gast Stalins mehrfach die Sowjetunion bereist und war mit ihrem Partner 1933 vor Hitler in die UdSSR geflohen. Nach der Erschießung ihres Mannes in den dreißiger Jahren war sie selbst lange Zeit Häftling in den Lagern des GULAG, bis sie von Stalin an die Gestapo ausgeliefert wurde. Als sie sich noch als Gast Stalins auf der Krim aufhielt, beobachtete sie zufällig beim Spaziergang in Simferopol eine Kolonne von solchen Zwangsarbeitern: »Ich ging die Straße hinunter, die am Gelände des Güterbahnhofs entlang führte. Plötzlich sah ich über die Schienen einen gespenstigen Menschenhaufen herankommen, Männer mit zerzausten Bärten, Pelzmützen auf den Köpfen, obwohl die Sonne sommerlich warm schien, und Lumpen um Beine und Füße gewickelt. Schreiende Soldaten mit aufgepflanzten Bajonetten trieben diese Menschen wie Tiere vorwärts. Erschrocken rannte ich zurück und fragte den russischen Begleiter unserer Delegation, was das wohl für Menschen gewesen seien. Das seien Verbrecher, Staatsfeinde gewesen, meinte er verächtlich, Kulaken…«

Auch Magnitogorsk war ihr nicht unbekannt: »In Wirklichkeit waren die Lebensbedingungen beim Bau dieses riesigen Kombinats

– die Stadt Magnitogorsk, die aus dem Nichts gestampft wurde, katastrophal. Unterbringung und Ernährung der Arbeiter waren vollständig unzureichend. Neben den freien Arbeitern gab es über fünfzigtausend Häftlinge, die im sogenannten Besserungs-Arbeitslager lebten und von bewaffneten Wächtern bewacht, am Aufbau von Magnitogorsk mithelfen mußten... Solche Konzentrationslager gab es in großer Zahl vom europäischen Rußland bis in den fernen Osten, vom Polargebiet bis in die Gebiete vom Balkasch- und Baikalsee. In der Landwirtschaft, in Kohlengruben, in Erzbergwerken, in Goldgruben, beim Straßen- und Kanalbau arbeiteten, litten und verkamen Millionen Häftlinge. Es waren vor allem ihre Knochen, auf denen in Sowjetrußland der ›Sozialismus‹ aufgebaut wurde...«

Diese Beobachtungen auf der Krim stammen aus dem Frühsommer des Jahres 1931. Zum gleichen Zeitraum sah der Lenin-Schüler Honecker in Magnitogorsk ähnlich erschütternde Bilder. Aber den »linientreuen« Jungkommunisten scheinen sie nicht sonderlich beeindruckt zu haben.

Der junge Honecker erhielt zum Abschluß des Jahres-Lehrgangs von der Leitung der Lenin-Schule eine vorzügliche Beurteilung: »Zeigte beim Studium Interesse und Begabung, ein starker und selbständiger Junge. Er wird zur Teilnahme an der Prüfung empfohlen.« Alle mündlichen und schriftlichen Prüfungsarbeiten wurden mit der Note »gut« ausgezeichnet. Die Dozenten, erprobte, sorgfältig ausgesuchte und vielfach bewährte Kommunisten, hatten ihren Zögling gründlich beobachtet und beurteilten ihn sehr positiv: »Ein sehr begabter und fleißiger Genosse. Tat sich durch seine aktive Teilnahme an Konferenzen und Konsultationen hervor. Hat sich den Stoff des Lehrgangs gründlich angeeignet. Versteht es ganz gut, die Theorie mit dem Klassenkampf in Deutschland zu verbinden. Erfüllte den Studienauftrag gewissenhaft. Wissensaneignung – Note 5!«

Nicht ohne Stolz kommentierte Erich Honecker später: »Mit der Note 5, der besten nach der russischen Notenskala, konnte ich zufrieden sein; denn neben dem eigentlichen Studium waren wir ja noch gesellschaftlich tätig. Ich wurde Mitglied des Komsomol (des sowjetischen Jugendverbandes, D. B.). Wir nahmen an den Wahlen zum Moskauer Stadtsowjet teil und stellten sogar Vertreter in der Kommission für Stadtreinigung. Regelmäßig leisteten wir Arbeitseinsätze in den Betrieben...«

Zwanzig Jahre später erzählte der so Gelobte im Kreise seiner Jugend-Funktionäre in der FDJ: Am wichtigsten sei für die Kursanten der Internationalen Lenin-Schule die vormilitärische Ausbildung gewesen: Schießen und Reiten, aber auch die Technik des Bürgerkrieges als untrennbarer Teil des Klassenkampfes, seien am besten in der Jugend erlernbar. »Als Revolutionäre, Klassenkämpfer und Kommunisten im Geist von Lenin und Stalin« – belehrte Honecker seine jungen Zuhörer auf der Jugendhochschule der FDJ am Bogensee, nördlich von Berlin, und auf Sonderlehrgängen für Jugendfunktionäre an SED-Parteischulen in der DDR – »lehnen wir jeden Pazifismus ab. Darum müssen wir die Waffentechnik und das Waffenhandwerk gründlich erlernen und hervorragend zu handhaben wissen!«

Bevor der Lehrgang in Moskau zu Ende ging, ließen die sowjetischen Parteipädagogen, die viel Verständnis für die Bedürfnisse ihrer Zöglinge nach revolutionärer Romantik aufbrachten, die Kursanten noch einmal als geschlossene Reiter-Schwadron durch die Hauptstadt traben. Ein knapper, aber vielsagender Satz Honeckers ist diesem Tag in seinen Erinnerungen gewidmet: »Ich werde niemals den letzten Ritt unserer Schwadron durch die Straßen Moskaus am 2. Mai 1931 vergessen...«

Im Sommer 1931 fuhr Erich Honecker heim an die Saar. Die Weimarer Republik wurde von der Weltwirtschaftskrise geschüttelt. Fast täglich fanden Straßenschlachten zwischen Kommunisten und Nationalsozialisten statt. Betriebe schlossen, Konkurse und Pleiten bestimmten den Alltag. Die Arbeitslosenzahl in Deutschland hatte nahezu die Fünfmillionengrenze erreicht. Und während der junge Mann quer durch Deutschland reiste, dachte er an Lenin, den verehrten Genius der proletarischen Revolution. An Lenin, an dessen gläsernem Sarg im Mausoleum auf dem Roten Platz er vorbeidefiliert war, wobei er gelobt hatte, stets pflichtbewußt und diszipliniert als revolutionärer Kämpfer zu dienen. Dem Heimfahrenden drängte sich ein Satz Lenins ins Bewußtsein, den dieser vierzehn Jahre zuvor in seiner Schrift »Staat und Revolution« niedergeschrieben hatte: »Der Staat ist das Produkt und die Äußerung der *Unversöhnlichkeit* der Klassengegensätze. Der Staat entsteht dort, dann und insofern, wo, wann und inwiefern die Klassengegensätze objektiv nicht versöhnt werden können. Und umgekehrt: das Bestehen des Staates beweist, daß die Klassengegensätze unversöhnlich sind... Die Ablösung des bürgerlichen Staates durch den proletarischen ist ohne gewaltsame Revolution unmöglich... Das ganze klassenbewußte Proletariat wird mit uns sein im Kampf nicht um eine ›Verschiebung der Machtverhältnisse‹, sondern um den *Sturz der Bourgeoisie*, um die Zerstörung des bürgerlichen Parlamentarismus, um die demokratische Republik vom Typus der Kommune...«

Bewährung und Widerstand

»Versteht es ganz gut, die Theorie mit dem Klassenkampf in Deutschland zu verbinden...«, hatte der entscheidende Satz in der Abschlußbeurteilung nach den mündlichen und schriftlichen Prüfungen an der Kominternschule gelautet. In der nun systematisch zu führenden Kaderakte begleitete ihn der Satz nach Deutschland und markierte die künftigen Aufgaben. Der junge Kommunist mußte beweisen, was in ihm steckte. Nun erhielt er Gelegenheit zu zeigen, wie er das Wissen des Leninismus beherrschte und die taktische Linie Stalins in die revolutionäre Praxis umzusetzen verstand.

Der erste Abschnitt seiner Jugend war beendet. Erich Honecker verließ das Elternhaus im dörflichen Wiebelskirchen und gab auch seinen Beruf auf.

Die Partei und ihr Jugendverband ernannten ihn bereits unmittelbar nach der Heimkehr aus der Sowjetunion zum hauptamtlichen Funktionär des KJVD, des Kommunistischen Jugendverbandes in Deutschland. Als Sekretär für Agitation und Propaganda hatte er die Partei- und Jugendpresse zu unterstützen. Gelegentlich mußte Honecker Artikel schreiben und ständig Informationsmaterial an die Redaktionen leiten, das er aus Betriebszellen der Partei und an den Stempelstellen, auf Besprechungen in Arbeitslosenversammlungen oder bei Gewerkschaftszusammenkünften sammelte. In der Saarbrückener Herbertstraße (heute Dr. Mauer-Straße) befanden sich die Büros der Bezirksleitungen der saarländischen KP und ihres Jugendverbandes. Hier traf der Jungfunktionär täglich zur »Anleitung« mit erfahrenen Genossen im politischen Sekretariat zusammen. Im gleichen Haus waren auch die Druckerei und die Redaktion der »Arbeiter-Zeitung« untergebracht, für die der junge Agitator Berichte verfaßte oder nach Betriebsbesuchen und Arbeiterdiskussionen den politischen Redakteuren seine Erfahrungen mitteilte.

Im Lauf des Jahres 1931 führte die wirtschaftliche Not zur Verelendung immer breiterer Bevölkerungsschichten. Gegen Ende des Jahres näherte sich die Arbeitslosenzahl im Reich der Sechsmillionengrenze. Viele Nichtbeschäftigte erhielten keine Erwerbslosenunterstützung mehr. Sie und ihre Familien waren auf die kargen Groschen der Wohlfahrt angewiesen. Diese Gruppe, die weit unter dem Existenzminimum dahinvegetierte, zählte 1931 fast eine Million Menschen. Obwohl das Saarland nach wie vor unter französischem Besatzungsstatut stand, unterschied sich die wirtschaftliche Entwicklung nicht von der im Reich. Waren 1931 an der Saar 13,11 Prozent Arbeitslose gezählt worden, so steigerte sich die Zahl der Beschäftigungslosen bis 1932 noch einmal um mehr als das Doppelte – 30,17 Prozent der Arbeitswilligen konnte keine berufliche Tätigkeit vermittelt werden. Auch Kurzarbeit war weit verbreitet, und selbstverständlich versuchten die noch bestehenden Firmen angesichts dieser Arbeitsmarktlage die Löhne und Gehälter noch weiter zu kürzen. Handwerker und kleinere Geschäftsleute kämpften mit Konkursen, viele Mittelbetriebe machten Pleite. Besonders schlimm ging es den Jugendlichen, die nach ihrem Schulabschluß keine Ausbildungsstellen fanden. Hatte ein Familienmitglied noch Arbeit und Verdienst, konnten arbeitslose Jugendliche mit keinerlei staatlicher Unterstützung rechnen.

Solche jungen Leute anzusprechen, sie für den »revolutionären Kampf zum Sturz der kapitalistischen Gesellschaft« zu gewinnen, war der politische Auftrag des Agitations-Funktionärs Honecker. Er reiste durch das ganze Saarland, besuchte die noch arbeitenden Gruben, Zechen und Werke im Kohle- und Stahlrevier, in deren näherer Umgebung er selbst großgeworden war. Aber er lernte auch viele Stempelstellen kennen, besuchte kleine Arbeiterkneipen und Notküchen, wo die Verzweifelten um einen Teller Suppe anstanden. Er diskutierte auf Versammlungen in Vereinssälen und Gastwirtschaften und forderte die politisch bewußt Denkenden zu Protest- und Hungermärschen auf. Bei vielen Demonstrationen war er dabei. Seine Abendstunden gehörten im Spätsommer des Jahres 1931 einem besonderen Parteiauftrag: »Genosse Honecker wertet vor jungen Genossen und Parteilosen seine Erlebnisse im Sowjetland, dem Paradies der Arbeiter und Bauern, dem Land, in dem die Weltrevolution siegreich ist, aus!« Nicht nur in Wiebelskirchen oder Neunkirchen, in Saarlouis und Saarbrücken, in Dörfern und Städten sprach der Lenin-Schüler stundenlang, oft bis zur Heiserkeit, über die vielen Erlebnisse und Eindrücke, die ihm die Sowjetunion während des Einjahreslehrgangs vermittelt hatte. Er tat es mit Begeisterung, nicht nur weil er als junger Kommunist den Parteiauftrag ernst nahm, sondern weil er das Bedürfnis hatte, seinen Dank für all das abzustatten, was ihm dieser Aufenthalt in der Sowjetunion bedeutet hatte. Diese Vorträge waren jedoch keine bloßen Reiseberichte, in denen er von Land und Leuten oder den Schönheiten Moskaus erzählte. Stets war der Grundgedanke des Jungkommunisten, Aufklärung über die Erfolge der proletarischen Revolution zu vermitteln, überzeugend darzustellen, daß Lenins Ideen verwirklicht wurden. Rußland – so wurde er nicht müde zu berichten – hatte sich vom armseligen Agrarland der Zarenzeit in einen blühenden Arbeiterstaat verwandelt, in dem die Industrialisierung vorangetrieben und die Leninschen Parolen realisiert wurden: »Kommunismus, das ist die Elektrifizierung plus Sowjetmacht!«

Besonders beeindruckt waren die vielen Arbeitslosen und Jugendlichen ohne Lehrstelle, wenn der KJV-Funktionär Erich verkündete, daß in diesem riesigen Land Arbeitskräfte fehlten und aus dem westlichen Ausland zahlreiche qualifizierte Kräfte, Ingenieure und Techniker angeworben worden seien. Immer stand am Schluß seiner Ausführungen die Forderung des Referenten, in Deutschland die Klassenherrschaft des Großbürgertums, der arbeiterausbeutenden »Bourgeoisie« zu beseitigen: »Wir Kommunisten sind für die Einheitsfront aller Arbeiter, auch der jungen Parteilosen, Sozialdemokraten und der jungen Christen.« Allerdings sollten die Sozialdemokraten vorher die Bonzenherrschaft ihrer korrupten Führer abschütteln, die die Arbeiterklasse verraten hatten. Immer wieder stellte der vertrauensvoll wirkende junge Agitator die Frage, auf die er sogleich selbst die Antwort wußte: »Was hat die Jugend bei uns von diesem Leben? Wir sind arbeitslos, rechtlos, ohne Perspektiven, viele sind unterernährt. Wir Kommunisten zeigen den Ausweg: die Revolution ermöglicht die Diktatur des Proletariats, die eine Diktatur der Mehrheit über die Minderheit von Junkern und Schlotbaronen sein wird, wenn wir erst die Macht errungen haben...«

Der schon erwähnte parteilose Journalist Erich Voltmer, der zur katholischen Jungmännerbewegung gehörte und in Wiebelskirchen oft mit Honecker diskutierte, berichtete vierzig Jahre später aus eigenem Erleben: »Die entscheidenden Erinnerungen an den jungen Kommunisten Erich Honecker gehen in die Zeit der harten Auseinandersetzungen zwischen Kommunisten und Nationalsozialisten, etwa von 1930 bis 1934. In diese Jahre fallen auch die persönlichen Begegnungen, die sich fast ausschließlich auf der Straße abspielten. Handgreifliche Auseinandersetzungen mit dem politischen Gegner in jenen heißen Jahren waren nicht seine Sache; diese überließ er seinen Genossen, die, meist um vieles älter als er, in ihm ihren unumstrittenen An- und Wortführer sahen. Er, der Honecker Erich – wie man ihn bei Freund und Feind nannte –, war in der Diskussion allen politischen Gegnern nicht nur gewachsen, er war ihnen überlegen. Mit achtzehn und zwanzig Jahren bereits ein herausragender Redner, spielte er in Gruppendiskussionen an den Straßenecken Wiebelskirchens alle aus. Er bediente sich dabei nicht des typischen Wiebelskirchener Dorfjargons. Er war hart in der Diskussion und ließ keine andere Meinung gelten als seine – und er hatte Erfolg.«

Solche Leistungen in der Agitation und Propaganda wurden auch von den führenden Funktionären der KPD honoriert. Noch im Herbst des Jahres 1931, also nach nur wenigen Monaten praktischer hauptamtlicher Tätigkeit im Saarland, wurde Honecker zum neuen Sekretär des politischen Ressorts in der Bezirksleitung des Jugendverbandes ernannt. Zusätzlich übernahm er als »Gauführer« den Vorsitz der militanten »Roten Jungfront«, der Jugendorganisation des »Rotfrontkämpferbundes« (RFB), den der sozialdemokratische Innenminister im Reichsgebiet schon 1929 verboten hatte. Das Gehalt eines »Berufsrevolutionärs« blieb freilich bescheiden. Seine Eltern in Wiebelskirchen unterstützten ihn, damit er sich bei den Fahrten durchs Land einen Abstecher leisten konnte. Die Mutter konnte ihrem hungrigen Sohn stets etwas Eßbares auf den Tisch stellen, da die Eltern im Garten hinter dem Bergarbeiterhaus nicht nur Gemüse zogen, sondern auch Schweine, Kaninchen, ein paar Hühner und eine Kuh hielten. »Von den Stullen, die Mutter mir mit nach Saarbrücken gab, hat mancher arbeitslose Genosse seinen Teil abbekommen. Wir halfen einander, wo wir konnten. Wir waren eben eine verschworene Gemeinschaft im Kampf für eine bessere Welt«, erzählte Honecker in späteren Jahren.

Im Saarland entwickelte sich die politische Lage unter dem französischen Besatzungsstatut für die Kommunisten weitaus günstiger als im Reichsgebiet jenseits des Rheins. Zwar hatte die NSDAP auch hier Stimmenzugewinne zu verzeichnen, doch während Hitlers Partei im Reichsgebiet im Juli 1932 einen sensationellen Erfolg erzielte und ihre Abgeordnetenmandate im Reichstag von einhundertsieben auf zweihundertdreißig erhöhte und die Kommunisten ihre Fraktion nur von siebenundsiebzig auf neunundachtzig Abgeordnete vergrößern konnten, war die Lage an der Saar umgekehrt. Hier gewannen Hitlers Gefolgsleute 1932 noch nicht einmal sieben Prozent der Stimmen, während die KPD dreiundzwanzig Prozent verbuchen konnte. Auch im Gemeinderat von Honeckers Heimatort Wiebelskirchen spiegelte sich der Erfolg der kommunistischen Basisarbeit: In ihm saßen jetzt neun Kommunisten (darunter Honeckers Vater), fünf Sozialdemokraten, fünf Demokraten, drei Zentrumsleute und nur zwei Nationalsozialisten.

Offenbar begünstigte die besondere Situation des Saarlandes die Kommunisten. Zu den »Besonderheiten des Klassenkampfes an der Saar« erklärte die Bezirksleitung der KPD die Tatsache, daß nur die Kommunisten wirklich gegen den »Versailler Raubvertrag« kämpften, der die Basis für die »doppelte deutsch-französische Ausbeutung« des Saarproletariats sei. Nach der populären Forderung, das

Saargebiet wieder Deutschland anzugliedern, hieß es in dieser Programmerklärung wörtlich:»Die nationale und soziale Befreiung des werktätigen Volkes des Saargebietes kann nicht durch die verlogenen demagogisch-nationalen Phrasen der Nationalsozialisten erreicht werden, sondern nur im schärfsten Kampf, Seite an Seite mit dem gesamten revolutionären Proletariat Deutschlands gegen die eigenen und fremden Ausbeuter und Unterdrücker bis zum Sturz der Kapitalisten und zur Errichtung eines Sowjetdeutschlands.« Den Arbeitern und ihren Familien wurde von den Kommunisten eine leuchtende Zukunft verheißen:»Das siegreiche Proletariat Deutschlands und des Saargebietes wird sowohl die im Besitz des französischen Staates befindlichen Saargruben als auch die Hütten und Fabriken der deutschen Unternehmer und die von den internationalen Aktionären beherrschten entschädigungslos enteignen und sie ihrem rechtmäßigen Besitzer, den werktätigen Massen, zuführen... Wir werden durch die Einführung des Siebenstundentages, der Fünftagewoche, durch Steigerung der Produktion zur Befriedigung aller Bedürfnisse die Erwerbslosigkeit aus der Welt schaffen. Wir werden die Löhne erhöhen, indem wir die Unternehmerprofite, die unproduktiven Unkosten der kapitalistischen Wirtschaftsweise, beseitigen und die Tribut- und Zinszahlungen aus allen imperialistischen Raubverträgen und Abmachungen sowie die Reparationszahlungen sofort einstellen...«

Dieses Programm der Saarland-KP sprach die verzweifelten Menschen an, und es störte deren Funktionäre nicht, daß sie mit der Naziparole »Nieder mit dem Versailler Schandvertrag!« wetteiferten. Alle Versprechungen der saarländischen KP, die sich gegen das System der französischen Besatzungsmacht und ihre aus dem Friedensvertrag von Versailles abgeleiteten Ansprüche richteten, scheiterten jedoch schon allein an der Nähe der französischen Truppen. Frankreich konnte gemäß der bestehenden Verträge bis 1935 alle Rechtstitel notfalls unter Einsatz seiner Armee verteidigen. Aber wenn Verzweiflung, Hunger und Entbehrungen Millionen Menschen über Jahre hinweg begleiteten, beeindrucken politische Utopien, radikale Parolen und demagogische Losungen auch breitere

Wählerschichten. Im Krisenjahr 1932 überschritt die Arbeitslosenzahl im Reich zeitweise die Sechsmillionengrenze. Aus der apathischen Masse des grauen Elendsheeres, das sein Stempelgeld oder die kärglichen Wohlfahrtspfennige an den Zahlschaltern abholte, rekrutierten sich mehr und mehr jene Menschen, die nur noch hofften, mit Gewalt etwas bewirken zu können. Hitlers SA und SS zogen mit dröhnendem Marschschritt durch die Arbeiterviertel der Großstädte und meldeten immer vernehmlicher den Anspruch auf die Machtergreifung ihres Führers an. Auf der Gegenseite standen die radikalen Revolutionäre der Kommunistischen Partei, organisiert im Rotfrontkämpferbund, der trotz des Verbots in den Arbeitervierteln unter Ernst Thälmanns Kommando weiterexistierte. Die paramilitärischen Organisationen beider Parteien lieferten sich nahezu jeden Tag und während der Nacht mörderische Auseinandersetzungen. In den neun Monaten von Januar bis September 1932 starben als Opfer politischer Gewalttaten allein in Preußen einhundertfünfundfünfzig Menschen, Tausende wurden verletzt. Ein herausragendes Ereignis war der Altonaer Blutsonntag am 17. Juli 1932. Der Aufmarsch von siebentausend Nationalsozialisten unter ihren Hakenkreuzfahnen wurde von den Bewohnern des roten Arbeiterviertels als eine Provokation empfunden. Aus Fenstern, von Balkonen und Dächern ging ein Geschoß- und Steinhagel auf die braununiformierten Todfeinde der Kommunisten nieder. Rasch entstanden Barrikaden, eine regelrechte Straßenschlacht begann, die Polizei war machtlos. Am Ende zählte man siebzehn Tote und zahlreiche Schwerverletzte. Von den achtundsechzig Menschen, die allein im Juli des Jahres 1932 in Deutschland ihr Leben verloren, waren dreißig auf seiten der Kommunisten gefallen, achtunddreißig hatten zur Nazibewegung gehört. Wenige Wochen nach dem folgenschweren Aufmarsch von Hitlers gewalttätigen Garden in Altona bei Hamburg sah sich die Reichsregierung unter Reichskanzler Franz von Papen veranlaßt, eine Verordnung gegen den politischen Terror zu erlassen. Mit der Todesstrafe wurde nun bedroht, wer »in der Leidenschaft des politischen Kampfes aus Zorn und Haß einen tödlichen Angriff auf seinen Gegner unternimmt...« Bereits in der folgenden Nacht, am 10. August 1932, gaben Hitlers SA-Leute eine ihrem Geist entsprechende Antwort. Fünf Braununiformierte drangen im oberschlesischen Dorf Potempa in die Wohnung eines kommunistischen Arbeiters ein, zogen ihn aus dem Bett und traten ihn vor den Augen seiner Mutter zu Tode.

Die Führung der Kommunistischen Partei lehnte den individuellen Terror gegen politische Gegner offiziell ab, da er im Widerspruch zu den Fundamenten stehe, auf denen Marx und Engels die Strategie und Taktik der revolutionären Arbeiterbewegung aufgebaut hatten. Doch konnte die Parteiführung – selbst wenn sie ernsthaft bemüht gewesen wäre – nicht verhindern, daß in dunklen Hinterhöfen, armseligen Arbeiterwohngebieten und weitflächigen Laubenvierteln der Vorstädte der Haß zwischen den radikalisierten Gegnern immer wieder aufflammte, und es überall im Reich auch unter dem Symbol der roten Fahne mit Hammer und Sichel ständig zu Gewalttaten kam.

Erich Honecker, der als Gauführer der Roten Jungfront im Rotfrontkämpferbund gern die graue Uniform mit Schirmmütze, Stiefeln, Schulterriemen, Blechkoppelschloß und Ledergurt trug, schrieb gemeinsam mit dem politischen Redakteur der »Arbeiterzeitung« in Saarbrücken einen Leitartikel, in dem er ausdrücklich private Racheakte im Sinne terroristischen Verhaltens als eines Kommunisten unwürdig bezeichnete. Offenbar hatten manche Genossen der KPD oder des roten Jungsturms auch an der Saar schon Rechnungen mit ihren Nazigegnern gewaltsam und blutig zu begleichen gesucht, sonst wäre eine solche Abmahnung nicht notwendig gewesen. Honecker schrieb in der Parteizeitung der KPD: »Die bewaffneten Überfälle, die Mordtaten, die unzähligen Verbrechen der Nationalsozialisten können die Gedanken der individuellen Rache und des Einzelterrors erzeugen. Aber derjenige ist kein Kommunist, der sich von den Gefühlen und Stimmungen fortreißen läßt. Gegen faschistische Überfälle helfen keine individuellen Schießereien, sondern nur der Massenkampf, die organisierte Abwehr, der wirkliche Massenselbstschutz auf der Grundlage der proletarischen Einheitsfront...«

Gauführer Honecker verwies später oft darauf, daß der Rotfront-kämpferbund, der im Saargebiet bis zum Jahre 1935 »fast legal« arbeitete, sich »in diszipliniertem Auftreten und im Wehrsport« übte. Vornehmlich habe diese uniformierte Organisation den »Saalschutz bei Veranstaltungen, Ordnungsdienste bei Demonstrationen und Kurierdienste« übernommen. Honecker, nicht ohne Stolz: »Ich habe nie erlebt, auch bei unseren Wahlhilfseinsätzen 1928 und 1932 im Reich nicht, daß sich die aus den Millionenspenden der Rüstungsindustrie besoldeten und ausstaffierten Banden von Hitlers ›Sturmabteilungen‹ (SA) an eine diszipliniert aufmarschierende RFB-Formation herangetraut hätten. Die braunen Schläger waren – wie alle Söldner – von Natur aus feige. Nur aus dem Hinterhalt oder in der Überzahl oder mit Unterstützung der Polizei wagten sie sich zu ihren terroristischen Anschlägen vor.«

Allerdings traten auch die Hitlerschen Sturmabteilungen gelegentlich als disziplinierte Verbände auf und gewannen dadurch passive und aktive Anhänger aus dem nationalgesinnten Bürgertum. Auch sie behaupteten, sich »nur wehrsportlich« zu betätigen und vor allem Saalschutz bei Naziversammlungen zu leisten. Viele Mitglieder der SA waren arbeitslose Proletarier und von der damals oft beschworenen »antikapitalistischen Sehnsucht« jener Zeit erfüllt; sie hofften auf den von Adolf Hitler, Gregor und Otto Strasser, Josef Goebbels und Robert Ley versprochenen »nationalen Sozialismus«. Die meisten von ihnen erkannten zu spät, daß ihre Partei- und SA-Führer wie Ernst Röhm, Edmund Heines oder Graf Helldorf wildgewordene und deklassierte Beutemacher waren, die rücksichtslos nach Macht und Reichtum gierten und denen die verschwommene Ideologie des »nationalen Sozialismus« lediglich als Aushängeschild für ihre obskuren Ambitionen diente. Keine politische Organisation – egal wie es um die Moral ihrer Führer oder die von ihnen verheißene Zukunftswelt bestellt ist – kam je ohne eine gläubige Schar von Idealisten aus. Diese Erkenntnis trifft auch auf die rechts- und linksradikalen Parteien der Weimarer Republik und ihre verschiedenen Hilfsorganisationen zu.

Daß die Führung der Kommunistischen Partei Deutschlands

nicht grundsätzlich gegen Terrorakte war, beweisen manche historisch verbürgten »Todesurteile«, die von der Zentrale der KPD verhängt wurden. So meldete am 10. Oktober 1930 der Polizeiliche Pressebericht aus Hannover: »Als am Freitagnachmittag der stellungslose Kaufmann Erich Schmidt das Arbeitsamt am Königswörther Platz verlassen wollte, wurde er von einem jungen Mann niedergeschossen. Die Kugel drang ihm durch das Kinn in den Mund und scheint dann die Halsschlagader getroffen zu haben. Erich Schmidt wurde als Leiche in das Arbeitsamt getragen. Der Täter entkam durch die Flucht.« Die illegal erscheinende Zeitschrift des Militärapparates der KPD »Oktober – Militärpolitisches Mitteilungsblatt«, kommentierte den Fememord in ihrer Nummer 5/1930 lakonisch und nicht ohne Genugtuung: »Schmidt gehörte früher der KPD an, wurde aber vor längerer Zeit ausgeschlossen... In der letzten Nummer des ›Oktober‹ wurden... Schmidts abgefeimte Spitzeleien im Dienste der SPD und der Politischen Polizei geschildert. Er war der Liebling der SPD, weshalb der ›Vorwärts‹ prompt schreit: ›Auch schon kommunistische Feme?‹ Gleichzeitig fungierte er als Paradespitzel des Reichsanwaltes Neumann und des Untersuchungsrichters beim Reichsgericht Braune in einer Reihe laufender Prozesse gegen revolutionäre Arbeiter und Funktionäre der KPD. Sein plötzliches Ende macht einen Schlußstrich unter seine Verbrechen am revolutionären Proletariat...«

Ein Doppel-Mord von erheblicher politischer Bedeutung, den die führenden Männer um Thälmann im Zentralkomitee der KPD ein Jahr später befahlen und im Stadtzentrum Berlins ausführen ließen, erregte die Öffentlichkeit nachhaltig. Am 9. August 1931 fand ein Volksentscheid statt, zu dem verschiedene reaktionäre Gruppierungen, darunter die NSDAP, die Deutschnationale Hugenbergpartei und deren Wehrorganisation »Stahlhelm« aufgerufen hatten. Er richtete sich eindeutig gegen die sozialdemokratische Regierung Preußens, dem größten Land des Reiches und verschärfte die politische Krise des bereits angeschlagenen republikanischen Systems. Ursprünglich lehnten die Kommunisten diese Aktion ab. Noch am Vortag einer radikalen Wende in der Politik des Zentralkomitees

der KPD bekannten einzelne Bezirksleitungen (wie die in Ostpreu-
ßen), daß die Kommunisten Gegner eines »Volksentscheides der
preußischen Junker und ihres ›Stahlhelms‹ seien«. Die verhängnisvolle Direktive, sich in letzter Minute an dieser republikfeindlichen
Aktion zu beteiligen, kam von der Kominternleitung aus Moskau.
Sie »verlangte die Teilnahme der KPD, und die Parteiorganisationen mußten wieder einmal eine ›Wendung‹ vornehmen«, schreibt
Herbert Wehner in seinen 1946 verfaßten »Notizen«, die 1982 unter
dem Titel »Zeugnis« als Buch erschienen. Wehner war damals als
Sekretär des Politbüros und »technischer Sekretär« Ernst Thälmanns enger Mitarbeiter des Parteivorsitzenden und intimer Sach-
kenner der Situation innerhalb des KPD-Zentralkomitees. Er berichtet rückblickend: »Es ist mir unvergeßlich, in welch schmähli-
cher Lage die Partei und ihre vielen Arbeiterfunktionäre dadurch
versetzt wurden. Die Kluft, die sich nun zwischen uns und den Sozialdemokraten befand, war kaum noch zu überbrücken. Andererseits wurde die an und für sich stark feindliche Einstellung vieler
kommunistischer Funktionäre gegen die Sozialdemokraten im Verlauf dieses Abstimmungskampfes zu einem giftigen Haß gesteigert...«
Am Tag des Volksentscheides, der wegen zu geringer Stimmen-
abgabe scheiterte, kam es zu einem eiskalt und lange vorbereiteten
Mord an zwei Offizieren der Berliner Schutzpolizei. Das Schwur-
gericht I beim Landgericht Berlin beschreibt den Tatvorgang folgendermaßen: Am Abend des Augustsonntags hätten sich die Poli-
zeihauptmänner Paul Anlauf (mit dem Spitznamen »Totenkopf«),
Franz Lenck (»Schweinebacke«) und der Polizeioberwachtmeister
Willig (»Husar«), von ihrem Revier in der Hankestraße her kom-
mend, dem Bülowplatz genähert. »Da hörte Willig plötzlich unmittelbar hinter sich eine Stimme: ›Du – Husar, du – Schweinebacke
und du – den anderen‹. Er wußte in diesem Augenblick, daß auf sie
ein Anschlag verübt werden sollte. Er hörte es aus der Art, wie die
Worte fielen, heraus. Willig griff in die rechte Seitentasche seines
Waffenrocks, um seine Pistole zu ziehen, und wollte sich nach links
zu dem Sprecher umdrehen. In diesem Augenblick fiel salvenartig

eine Anzahl Schüsse aus kurzer Entfernung. Anlauf fiel seiner ganzen Länge nach vornüber auf das Pflaster. Lenck stürzte ebenfalls, erhob sich aber wieder, zog seine Pistole, lief in den Vorraum des Kinos ›Babylon‹ und von dort auf den linken Parketteingang zu. Dort brach er zusammen. Willig ging in die Knie, erhob sich sofort wieder, zog seine Pistole und feuerte sein ganzes Magazin auf einzelne Personen, in denen er die Täter vermutete. Als er sein zweites Magazin in seine Pistole einführen wollte, bemerkte er, daß er an der linken Hand verletzt war. Das Magazin entglitt seiner Hand und fiel zu Boden...«

Die beiden gerichtlich festgestellten Schützen hießen Erich Mielke und Erich Ziemer. Beide entkamen auf dem verkehrsreichen Platz in der sich rasch ansammelnden Menge. Sie besaßen vorbereitete falsche Pässe. Mielke fand in Moskau Asyl. Er besuchte wie Erich Honecker die Kaderschmiede der Komintern, die Internationale Lenin-Schule, und arbeitete dort nach dem Studium als Aspirant. Später war Mielke Stabsoffizier im Spanischen Bürgerkrieg, stieg nach dem Krieg bis zum Politbüromitglied der SED auf und ist bis heute amtierender Minister für Staatssicherheit – einer der gefürchtetsten Männer der DDR. Die Spur des zweiten Täters Erich Ziemer verliert sich nach der Flucht.

Die junge Kommunistin Margarete Buber-Neumann, damals Mitarbeiterin der »Internationalen-Presse-Korrespondenz«, die als Nachrichtendienst der Komintern im Berliner Karl-Liebknecht-Haus, dem Sitz der KPD-Führung, untergebracht war, erinnert sich des Ereignisses: »An einem heißen Nachmittag im August des Jahres 1931 saßen wir in der Redaktion bei der Arbeit. Plötzlich wurde die Tür aufgerissen, und eine erregte Stimme schrie uns zu, daß man soeben auf dem Bülowplatz ›Totenkopf‹ und ›Schweinebacke‹ erschossen habe. ›Totenkopf‹ und ›Schweinebacke‹ waren die Spitznamen der beiden in kommunistischen Kreisen sattsam bekannten Polizeioffiziere Anlauf und Lenck. Diese Nachricht stürzte uns in wilde Aufregung. Auf dem Bülowplatz, das war ja direkt vor dem Karl-Liebknecht-Haus! Ich erinnere mich, daß die Aufnahme dieser Nachricht unter uns Redakteuren geteilt war. Manche von ihnen waren geradezu begeistert. Endlich sei etwas geschehen! Nur so werde man den Faschisten beibringen können, nicht mehr auf unschuldige Arbeiter zu schießen. Aus einigen der friedfertigen ›Versöhnler‹ unserer Redaktion waren plötzlich blutrünstige Terroristen geworden. Die Schüsse vom Bülowplatz wirkten auf sie wie eine Erlösung. Psychologisch ist das vielleicht auf den gleichen Ursprung zurückzuführen wie die Attentatssucht der alten russischen Anarchisten, nämlich ein Wunsch nach direkter Aktion, eine Ungeduld, zu der besonders die Intellektuellen unter den Kommunisten manchmal neigten...«

Margarete Buber-Neumann, die Ehefrau des Politbüromitgliedes Heinz Neumann, dem theoretischen Kopf des Zentralkomitees der KPD, bestreitet entschieden, daß ihr Mann etwas mit den Morden zu tun hatte. »Am Abend des Mordtages kam Neumann sehr erregt nach Hause. Er zweifelte keinen Augenblick daran, daß jemand versucht hatte, ihn mit dieser Provokation in den Augen der Komintern schwer zu kompromittieren. Er wußte auch, wer dieser Jemand war: Walter Ulbricht. Diese Überzeugung Neumanns wurde mir später in verschiedenen Gesprächen mit Eingeweihten bestätigt...

Neumann bewies mir mit erregter Stimme immer wieder, wie wohldurchdacht das Attentat vorbereitet war. Ich selber erinnerte mich daran, einige Tage vor dem Mord neben dem Haupteingang der Volksbühne am Bülowplatz an der Hauswand in großen weißen Buchstaben die drohenden Worte gelesen zu haben: ›Totenkopf, stell deine Uhr! Der RFB ist dir auf der Spur!‹ Ulbricht hatte schon Wochen vorher wiederholt erklärt: ›Bei uns in Sachsen hätten die Polizisten längst einen Denkzettel bekommen! Hier in Berlin geht es auch nicht mehr so weiter. Demnächst bekommt die Polizei eins auf den Hut...‹«

Von wem die Idee zu dem Mord an den beiden Polizeioffizieren ausging, konnte nie eindeutig geklärt werden. Daß sowohl der KPD-Vorsitzende Ernst Thälmann, wie auch der Spitzenfunktionär Walter Ulbricht, der als Bezirkssekretär für Berlin und die Mark Brandenburg zuständig war, das Vorhaben billigten, ist kaum zu bezweifeln. Für die praktische Durchführung des Terroraktes war Hans Kippenberger, der Chef des militärpolitischen Apparates der KPD und »Reichsleiter« des Parteiselbstschutzes zuständig. Diesem »Parteiselbstschutz«, dessen bewaffnete Wächter die Parteizentrale und andere wichtige Objekte der KPD zu sichern hatten, gehörten Erich Mielke und Erich Ziemer an, die das Verbrechen ausführten.

Herbert Wehner fällte ein vernichtendes Urteil über die Sinnlosigkeit des zweifachen Mordes: »Weil die Polizei Anhaltspunkte dafür hatte, daß es sich um eine vorbereitete Mordtat gehandelt hatte, wurde das Karl-Liebknecht-Haus polizeilich geschlossen. Es wurde erst nach vierzehn Tagen wieder geöffnet. Die Schließung des zentralen Gebäudes der Partei und die damit verbundenen Polizeimaßnahmen wurden parteioffiziell als Kennzeichen einer neuen, vom sozialdemokratischen Staatsapparat veranlaßten, Terrorwelle bezeichnet, mit der sich die Parteiorganisationen im ganzen Reich sofort zu befassen hatten...« Wehner erkannte, »daß der Mord von einer Geheimgruppe organisiert worden war... um durch die Tat und die zu erwartenden Repressalien die Aufmerksamkeit vom Ergebnis des Volksentscheides abzulenken und eine neue Situation zu schaffen. Und das war kaltblütig vorher geplant worden als Alternative zu einem... nicht für wahrscheinlich gehaltenen Erfolg der Volksabstimmung... Die Parteimitgliedschaft und die meisten Funktionäre haben von solchen Machenschaften nichts gewußt. Sie hätten sich, wären sie ihnen bekannt geworden, dagegen ausgesprochen. Aber in der Partei gab es keine wirkliche Demokratie. Die Parteiorganisationen wurden dirigiert wie militärische Einheiten...«

Es ist verständlich, daß derartige Terrorakte nicht nur das Bürgertum verschreckten. Gerade die sozialdemokratischen Arbeiter und viele Wähler, die für die demokratischen Grundrechte in der Weimarer Republik eintraten, beobachteten das Anwachsen des Extremismus innerhalb der Kommunistischen Partei mit großer Sorge. In der Zeit, in der Kompromißbereitschaft, ja sogar Bündnisfähigkeit zwischen Sozialdemokraten und Kommunisten besonders erforderlich gewesen wären, um dem Vordringen der Hitler-Partei einen Riegel vorzuschieben, entfernten sich die beiden Arbeiterparteien immer mehr voneinander. Gewiß, an der »Basis« der Partei, in Betriebszellen und manchen Wohngruppen, gab es immer wieder Beispiele für ein mögliches Zusammenwirken von Sozialdemokraten und Kommunisten, besonders wenn es um Aktionen gegen die braununiformierten SA-Marschierer ging. Doch eine »Einheitsfront« von oben kam nicht zustande, obwohl die führenden NSDAP-Politiker, allen voran Adolf Hitler, keine Unklarheit über ihre Absichten aufkommen ließen. In aller Öffentlichkeit hatte Hitler seine Absichten, der Republik und den politischen Gegnern nach seiner Machtübernahme den Garaus zu machen, schon 1930 vor dem Leipziger Reichsgericht als Zeuge im Prozeß gegen einige junge Reichswehroffiziere verkündet, als er auf die Fragen des Gerichtspräsidenten, was er unter der »nationalen Revolution« verstünde, erklärte: »Wenn die nationalsozialistische Bewegung in ihrem Kampfgeist siegt, dann wird ein nationalsozialistischer Staatsgerichtshof kommen, dann wird der November 1918 seine Sühne finden, dann werden auch Köpfe rollen...«

Daß es vor allem die Köpfe von Kommunisten und Sozialdemokraten sein würden, die unter das Fallbeil geraten würden, wenn Hitler an die Macht käme, war auch 1930 schon erkennbar. Trotzdem bekämpften die Kommunisten die Sozialdemokraten nicht weniger erbittert als die Nazis. Wilhelm Pieck, damals Politbüromitglied der KPD, seit 1946 Parteivorsitzender der SED und von 1949 bis 1960 Staatspräsident der DDR, berichtete anderen Führern der Partei später davon, wie die Arbeiter reagierten, als Reichskanzler Franz von Papen den sozialdemokratischen Innenminister Preußens, Carl Severing, am 20. Juli 1932 mit einem Handstreich absetzte und damit das letzte Bollwerk der Republik vor der braunen Flut zerstörte. Pieck sprach gerade in Kassel, als er die Mitteilung von Severings Absetzung erhielt und den Zuhörern sofort mitteilte. Die kommunistisch eingestellten Arbeiter bekundeten stürmischen Beifall, weil sie den »Sozialfaschisten« Severing noch mehr ablehnten als den Erzreaktionär und Repräsentanten des »Kabinetts der

Barone«, das nicht einmal über eine parlamentarische Mehrheit im Reichstag verfügte und ausschließlich im Namen und mit Vollmacht des Reichspräsidenten von Hindenburg und seiner konservativen Berater regierte. Von der Genugtuung über den Sturz der sozialdemokratischen Regierung in Preußen waren es nur noch wenige Schritte bis zum haßerfüllten Aufeinanderschlagen der verfeindeten Klassenbrüder.

Da schrieb die Jugendzeitung der Partei »anleitend« für KVJ-Funktionäre, zu denen auch Erich Honecker zählte, daß man sich selbst von den Kindern sozialdemokratischer Genossen distanzieren müsse: »Verjagt die kleinen Zörgiebel von den Spielplätzen«, hieß eine dieser Parolen, die dazu aufforderten, das Band zwischen kommunistischen und sozialdemokratisch erzogenen Kindern zu zerschneiden. Aber auch der Haß auf den sozialdemokratischen Polizeipräsidenten Zörgiebel kam nicht von ungefähr. Schließlich hatte er seinen Polizisten befohlen, in eine zuvor verbotene Maikundgebung der KPD in Berlin-Wedding hineinzuschießen.

Gewiß, die Situation im Saarland war in mancher Hinsicht nicht vergleichbar mit der in den Ländern des rechtsrheinischen Gebietes. Nach wie vor war hier die katholische Zentrumspartei stärker als die Sozialdemokratie. Erich Honecker erkannte die veränderte politische Aufgabenstellung: »Deshalb kam es für uns darauf an, vor allem unter den christlichen Arbeitern für die proletarische Einheitsfront zu wirken. Wir stellten weltanschauliche Streitfragen bewußt zurück, um in politischen Fragen einen gemeinsamen Nenner zu finden. Und wir diskutierten nicht nur mit christlichen Jungarbeitern freundschaftlich, sondern auch mit Geistlichen beider christlicher Konfessionen. Später, nach Hitlers Machtantritt im Reich, sollten sich aus manchen dieser Kontakte verläßliche antifaschistische Aktionsgemeinschaften ergeben...«

Auch Honeckers Jugendfreund Artur Mannbar bestätigt die Aktivitäten seines jungen Genossen: »Ich werde nie vergessen, mit welcher Eindringlichkeit er in den Jahren, als die Nazis begannen, die Jugend zu verwirren und sie für die verderblichen Kriegspläne einzufangen, in den gemeinsamen Besprechungen der Vertreter des

Kommunistischen Jugendverbandes und der sozialistischen Arbeiterjugend für die Einheit der Jugend eintrat. Und es war nicht zuletzt sein persönlicher Erfolg, daß sich damals in den Kohlengruben und den Dörfern des Saargebietes Jungkommunisten und Jungsozialisten zum gemeinsamen Handeln zusammenfanden.«

Im Herbst 1932 fuhr Erich Honecker nach Berlin. In Prieros, einem idyllischen Ferienort im märkischen Seengebiet südöstlich der Reichshauptstadt, tagte das Zentralkomitee des Jugendverbandes zum letzten Mal legal vor Hitlers Machtübernahme. Für den jungen Funktionär aus dem Saarland blieben die beiden Tage – der 14. und 15. November – unvergeßlich. Denn nun sah er Ernst Thälmann erstmals aus der Nähe und konnte sogar persönlich mit ihm sprechen. Sein Bericht über diese Tagung ist sehr knapp: »Wir hatten zuerst das Referat des Vorsitzenden des Kommunistischen Jugendverbandes, Fritz Große, über die Lage und den Kampf der deutschen Arbeiterjugend gegen den Faschismus entgegengenommen. Gleichzeitig hatten wir alle jene Bestrebungen verurteilt, die damals die KPD vom Kampf um die Herstellung der Einheitsfront, das heißt vom Kampf gegen die Machtergreifung des Faschismus, wegführen sollten. Am zweiten Tag der Konferenz hatte auch ich Gelegenheit, über die Erfahrungen der KJV-Bezirksorganisation an der Saar im Ringen um die antifaschistische Einheitsfront der Jugend zu berichten. Ich erwähnte auch unsere gute Zusammenarbeit mit den französischen Genossen und versicherte, daß wir den Faschisten an der Saar weiterhin den Weg verlegen würden. Dann sprach Ernst Thälmann. Wir hatten ihn vor dem Hause herzlich empfangen, als er aus dem Beiwagen eines Motorrades stieg. Jetzt stand er vor uns. Er gab uns wertvolle Ratschläge zur Methodik unserer politischen Arbeit. Er mahnte, stets zu lernen, theoretisches Wissen zu erwerben und nach den besten jugendgemäßen Formen der politischen Führungstätigkeit zu suchen. Er riet uns, die Sprache der Jugend zu sprechen, revolutionäre Romantik zu pflegen, kameradschaftliche Beziehungen unter den Jugendlichen zu fördern sowie die jungen Bauern, Schüler und Studenten nicht zu vergessen. Den Schlußsatz Ernst Thälmanns habe ich nie vergessen, auch nicht im Zuchthaus.

Ich ahnte damals nicht, daß ich Thälmann nie wiedersehen würde. Und er konnte nicht ahnen, was die nächsten Monate im einzelnen bringen würden. Er sagte: ›Nicht nur ihr Jungen, sondern auch wir Alten werden noch den Sieg des Sozialismus in Deutschland erleben...‹«

Ernst Thälmann (1886–1944) erlebte den Aufbau des »realexistierenden« Sozialismus östlich von Elbe und Werra nach 1945 nicht mehr. Am 3. März 1933 verhaftete die Gestapo den Führer der KPD in seinem illegalen Quartier in Berlin-Charlottenburg. Ein enger Mitarbeiter Thälmanns, Alfred Kattner, hatte sich von den Nazis als Spitzel anwerben lassen und lieferte ihnen Thälmann und andere führende Kommunisten in die Hände, bis er 1934 von einem Kommunisten in seiner Wohnung erschossen wurde. Der angekündigte Prozeß gegen den inhaftierten KPD-Führer fand nie statt. Als sich das Ende des Dritten Reiches abzeichnete, befahl Adolf Hitler im August 1944 dem Reichsführer der SS und Reichsinnenminister, Heinrich Himmler, den politischen Gefangenen Ernst Thälmann ohne Prozeß zu töten. Nach dem Transport von der Haftanstalt Bautzen in das Konzentrationslager Buchenwald wurde Ernst Thälmann von SS-Mannschaften hinterrücks am 18. August 1944 erschossen und sein Leichnam verbrannt.

Margarete Buber-Neumann war durch die enge Verbindung ihres Ehemannes zu Thälmann, dessen Reden und Aufsätze er schrieb, über Jahre hinweg häufig mit ihm zusammen. Sie schildert ihn auch nach ihrem Bruch mit der Partei nicht nur negativ: »Sein Anblick hatte etwas Gesundes, Starkes, ja eigentlich sehr Sympathisches. Er sah genauso aus, wie man sich den Hamburger Hafenarbeiter vorstellte. Breitschultrig, ungelenk in den Bewegungen, mit einem gutmütigen Proletengesicht. Die kommunistischen Arbeiter hingen an Thälmann. Sie sahen in ihm einen der Ihren, und das ganz mit Recht.«

Im November 1932, etwa in den Tagen der Funktionärstagung des Kommunistischen Jugendverbandes, schätzten allerdings sowohl Ernst Thälmann als auch die meisten führenden Männer des Zentralkomitees der KPD die Gefahren der kommenden Naziherrschaft völlig falsch ein. Die intellektuellen Grenzen Thälmanns, seine Unfähigkeit, die im Schlepptau der Moskauer Kominternführung schlingernde deutsche Kommunistische Partei auf einen eigenen nationalen und unabhängigen Kurs zu steuern, offenbarten sich bis 1933 immer eindeutiger. Margarete Buber-Neumann urteilt: »Er war das geeignete Aushängeschild und gewann in kurzer Zeit die allgemeine Popularität, die für den Führer der Kommunistischen Partei so wichtig war. Allerdings zeigten sich in den Jahren der Krise die Nachteile mit immer größerer Deutlichkeit. Es erwies sich, daß er seiner Aufgabe keineswegs gewachsen war. Während man in deutschen Parteikreisen Thälmann um seiner Popularität willen akzeptierte, argumentierten die Russen: ›Er ist ein Mann, der tut, was man ihm sagt.‹ Karl Radek – führender Kominternfunktionär, Deutschlandspezialist und KPD-Berater – 1933: ›Es war eines der Verhängnisse, daß man diesen Mann groß gemacht hat. Man hätte ihn niemals aus seinem Milieu, aus Hamburg, herausnehmen dürfen!‹

Thälmann gehörte wirklich in ganz starkem Maß dorthin. Er war alles andere als ein Ehrgeizling und litt oft unter der Rolle, die man ihm aufgezwungen hatte. Immer wieder rettete er sich nach seiner Vaterstadt in den Schoß seiner Familie oder in die Kneipe zu seinen Freunden, wo er sich so geben durfte, wie er in Wirklichkeit war. Anhänglichkeit an seine alten Kameraden und starkes Verantwortungsgefühl gegenüber seiner Familie gehörten zu seinen liebenswertesten Charakterzügen...«

Dem Politbüromitglied Paul Merker (1894–1969) hatte Thälmann von einem Gespräch mit Stalin erzählt, in dem ihn der Sowjetführer die Gesichtspunkte erläuterte, unter denen eine Führung zusammenzustellen sei: »Es schadet nichts, wenn die Leute beschränkt seien, die Hauptsache sei, daß sie unbedingt ergeben seien.« Merker fügte lachend hinzu, Thälmann habe diesen Ausspruch als tiefe Wahrheit betrachtet.

Herbert Wehner zog eine kritische Bilanz über das Wirken und die Struktur des Führungsapparates der KPD im Krisenjahr 1932: »Die starken Männer zeichneten sich nach unten sowohl durch

Brutalität als auch durch eine gewisse Jovialität und Lässigkeit aus. Mit eiserner Zucht hielten sie ihre anwachsenden Apparate im Gang und vertrauten im übrigen darauf, daß sie das Ohr Thälmanns besaßen. Das Neben- und Durcheinander straff von oben nach unten aufgebauter Apparate schuf in der Partei eine Atmosphäre rastloser Geschäftigkeit und trug mit dazu bei, die Organisation zu militarisieren und den genossenschaftlichen Zusammenhalt zu schwächen... Diese Apparatatmosphäre hat dazu beigetragen, daß keine Verständigung zwischen Genossen, die über die Lage nachzudenken begonnen hatten, zustande kam, und daß es überhaupt nicht zum Meinungsaustausch und zur Formierung einer politischen Gruppierung, die versucht hätte, die Partei auf richtige Bahnen zu bringen, gekommen ist. Die Apparate absorbierten viel Energie. Sie verführten manchen zu der Auffassung, er könne allmählich in seinem speziellen Ressort und von da aus über größere Gebiete politischen Einfluß gewinnen. Und sie korrumpierten in feinerer und gröberer Form, soweit sie nicht einfach Kräfte verbrauchten. Versteht man die Apparathierarchie, dann versteht man nicht nur die tatsächliche politische Ohnmacht der Partei angesichts der brennenden Probleme, sondern auch die innere Zersetzung der Denkfähigkeit und geistigen Widerstandskraft der Genossen... Von diesem Verstehen führt ein Weg zum Verstehen des Totalitarismus...«

Wehner, der in jenen dramatischen Monaten der Jahreswende von 1932 bis 1933 im Führungsapparat der KPD Einblick in alle wesentlichen Vorgänge der Parteiarbeit erhielt, darf mit seinem Urteil durchaus die Rolle eines historischen Kronzeugen beanspruchen. Er, der nur sechs Jahre älter als Erich Honecker war, nahm schon mit sechsundzwanzig Jahren eine Spitzenfunktion an der Seite Ernst Thälmanns ein. Nur eineinhalb Jahre später begegneten sich Wehner und Honecker im Saargebiet, um die Erfahrungen und Lehren der inzwischen eingetretenen Niederlage zu diskutieren. Nicht einen Moment zögerten die beiden überzeugten Kommunisten, weiter zu kämpfen, um das wichtige Industrieland nach Beendigung der französischen Besatzungszeit nicht an das nun von Hitler regierte deutsche Reich zurückfallen zu lassen.

Honeckers begeisterter Bericht über die letzte Tagung der Leitung des Jugendverbandes in Prieros spart viele interessante Aspekte aus, die zum besseren Verständnis der kritischen Situation der KPD und Honeckers eigener Position in der Endphase der legalen Parteiarbeit dienen könnten. Nur ein Satz verweist auf etwas, was damals von hoher Brisanz gewesen sein mochte und was noch heute für den um historische Detailkenntnis und eine differenzierte Einschätzung Bemühten von besonderem Interesse ist. »Wir hatten alle jene Bestrebungen verurteilt, die damals die KPD vom Kampf um die Herstellung der Einheitsfront, das heißt vom Kampf gegen die Machtergreifung des Faschismus, wegführen sollten.« Von dieser »Einheitsfront«, mit der, wenn überhaupt, nur die Mitglieder der SPD, aber nicht die Sozialdemokratische Partei als eigenständige politische Kraft gemeint waren, lassen die historischen Vorgänge in jenen Tagen nichts erkennen. Erst sechs Tage vor dem Treffen des KJV war der Streik der Berliner Verkehrsarbeiter zusammengebrochen, bei dem die KPD gemeinsam mit der NSDAP gegen die sozialdemokratisch geführten Verkehrsbetriebe einen Arbeitskampf geführt hatte. SA-Leute in braunen Uniformen und Rotfrontkämpfer der Kommunisten ließen sich damals als Streikposten vor Straßenbahn- und Autobusbahnhöfen zusammen fotografieren. In gemeinsamen Parolen forderten sie, die sozialdemokratischen »Bonzen« zu schlagen.

Obwohl kein Text der Rede Ernst Thälmanns auf der Prieroser Tagung überliefert ist, dürfte er sich kaum mit der bürgerlich-demokratischen Kritik an der taktischen Zusammenarbeit zwischen dem Berliner Gauleiter der NSDAP, Josef Goebbels, und dem Bezirksleiter der KPD, Walter Ulbricht, beschäftigt haben.

Eher ist zu vermuten, daß der zwanzigjährige Erich Honecker Ausführungen vernahm, die etwa den Tendenzen jener Rede entsprachen, die der Parteichef einige Monate zuvor, am 19. Februar 1932, auf einer Tagung des Zentralkomitees der KPD in Berlin gehalten hatte. Da hieß es unverblümt: »Bei der Durchführung des faschistischen Kurses finden wir bis zum heutigen Tage in der Politik der deutschen Bourgeoisie das eigenartige System der wechselseitigen Ausnutzung der Sozialdemokratie und der Hitlerpartei, wobei das Schwergewicht nach wie vor bei der SPD als der sozialen Hauptstütze der Bourgeoisie liegt... Nichts wäre verhängnisvoller als eine opportunistische Überschätzung des Hitlerfaschismus. Wollten wir uns darauf einlassen, gegenüber dem riesigen Anschwellen der Hitlerbewegung unseren richtigen klassenmäßigen Maßstab zu verlieren und uns in eine ähnliche Panikstimmung drängen zu lassen, wie sie die Sozialdemokratie künstlich in den Massen zu erzeugen versucht, so müßte das zwangsläufig zu einer falschen Fragestellung in unserer praktischen Politik sowohl gegenüber den Nazis wie vor allem gegenüber der SPD führen...«

Als wichtigste und verhängnisvollste Entscheidung dieser Tagung des Zentralkomitees der KPD im Februar 1932, lehnte Thälmann ausdrücklich Verhandlungen oder gar Bündnisse mit den Sozialdemokraten und kleineren sozialistischen oder kommunistischen Splittergruppen ab: »Die Einheitsfront kann nicht parlamentarisch durch Verhandlungen zustande kommen. Sie kann nicht durch Abkommen mit anderen Parteien oder Gruppen zustande kommen, sondern sie muß aus der Bewegung der Massen erwachsen... Gemeinsame Verhandlungen der KPD mit der SPD, SAPD oder Brandlergruppe gibt es nicht, darf es nicht geben!« Die Entscheidung des Zentralkomitees der deutschen Kommunisten war freilich nur der Nachvollzug einer von Stalin und der Komintern verordneten Politik.

Erich Honecker glaubte damals an die Richtigkeit der politischen Linie des Zentralkomitees der KPD und seines Führers Ernst Thälmann. Es fragt sich angesichts seiner verkürzten Darstellungen der Beratungen und Beschlüsse der Leitungen der Partei und ihrer Jugendorganisationen, ob er jemals die ganze Tragweite der verhängnisvollen Fehler jener Zeit begriffen hat. Sein späterer »Oberberater« Herbert Wehner, der im Namen des KPD-Politbüros dem Genossen Honecker 1934 Weisungen für die aktuelle politische Arbeit im Saargebiet überbrachte, zog als Spitzenfunktionär nach der unumwunden eingestandenen katastrophalen Niederlage Lehren und später auch Konsequenzen: »Äußerlich betrachtet war die KPD eine starke, kämpferische Partei, die ihre Kraft effektiv einzusetzen verstand. Im Innern war sie ein Gefüge von Apparaten, eine Maschinerie, die wohl tauglich zur Durchführung von Beschlüssen, aber unfähig zur schöpferischen Meinungsbildung und Austragung von Auffassungsverschiedenheiten war... Die Jahre vor 1933 boten wiederholt Gelegenheit zur Sammlung der antinazistischen Kräfte. Es wäre noch nicht zu spät gewesen. Selbst nach dem Potempa-Mord (August 1932) gab es noch eine Chance. Die KPD hat alle Möglichkeiten versäumt, vor allem, weil sie die falsche Vorstellung hatte, es komme darauf an, auf Sowjetdeutschland zuzusteuern. Sowjetdeutschland aber war für sie gleichbedeutend mit der Alleinherrschaft der Kommunistischen Partei und ihrer Organe. Um so besser, wenn vorher alle Konkurrenten einander zerschlagen hatten...«

Es war ein grauer Novembertag des Jahres 1932, als Erich Honecker von Berlin aus die Rückreise ins Saarland antrat. Die Schlagzeilen der Zeitungen verkündeten, daß an diesem 17. November der Reichskanzler Franz von Papen zurückgetreten war. Hindenburg, der greise Reichspräsident, ließ verlautbaren, daß er mit Adolf Hitler über die Regierungsbildung verhandeln wolle. Unruhe und Ungewißheit lagen über der Reichshauptstadt. Gerüchte und Vermutungen wurden diskutiert. Die NSDAP hatte zwar am 6. November gegenüber den letzten Wahlen im Juli 1932 zwei Millionen Stimmen verloren, doch blieb sie mit einhundertsechsundneunzig Abgeordnetenmandaten die stärkste Fraktion des Reichstages. Die Kommunisten hatten zugelegt, sie verfügten jetzt über hundert Abgeordnetensitze. Die Sozialdemokraten gewannen einhunderteinundzwanzig Mandate. In der Mitte – gewissermaßen als Zünglein an der Waage – behauptete das katholische Zentrum mit neunzig Abgeordneten eine starke Position. Der parlamentarische Staat wäre im Moment der Krise noch zu retten gewesen, wenn die demokratischen antifaschistischen Kräfte Hitlers innerpolitischen Unterdrückungs- und Machtanspruch sowie sein außenpolitisches Kriegs- und Eroberungsprogramm als Jahrhundertkatastrophe erkannt und sich zu einem handlungsfähigen Kompromiß bereitgefunden hätten. Aber war es nicht verständlich, daß die bürgerliche Zentrumspartei die kommunistische Ankündigung, aus dem Reich ein »Sowjetdeutschland« zu machen, als Bedrohung empfand? Selbst die Sozialdemokraten, die immer noch – wenn auch verschwommen – vom Sozialismus als einer Zukunftshoffnung sprachen, beobachteten befremdet die radikalisierten Arbeitermassen, die unter roten KPD-Fahnen mit geballter Faust »Heil Moskau« riefen und täglich lautstärker die Abrechnung mit dem System, den revolutionären Umsturz und die Beseitigung der Bonzenrepublik forderten.

Es war wie ein Menetekel: Ein General wurde letzter Kanzler der Republik. Kurt von Schleicher, der starke Mann in der Reichswehr, bisher im Verborgenen intrigierend, keiner Partei, nur seinem Ehrgeiz verpflichtet, wollte den Versuch wagen, die in Auflösung befindliche Republik nach seinen Intentionen zu retten. Sein Ziel war die Bildung eines Kabinetts der Mitte unter Beteiligung kompromißbereiter Politiker möglichst aller einflußreichen Parteien und der Gewerkschaften – außer den Kommunisten natürlich.

Es ist kaum anzunehmen, daß der zwanzigjährige Saarländer Erich Honecker, als er nach der Prieroser Leitungstagung des KJV gemeinsam mit anderen jungen Funktionären aus dem Südwesten des Reiches seiner Heimat entgegenfuhr, ein differenziertes Wissen über die Vorgänge um die Regierungsbildung in Berlin besaß. Er träumte von der bevorstehenden proletarischen Revolution, vom baldigen Sieg der Arbeiterklasse über ihre Feinde. Ermutigt vom Zusammensein und dem Erfahrungsaustausch mit gleichgesinnten Genossen, begeistert von der Begegnung mit dem verehrten Arbeiterführer Ernst Thälmann und gefestigt in dem Bewußtsein, für die gerechteste Sache der Welt einzustehen, kehrte der politische Sekretär des Kommunistischen Jugendverbandes an der Saar in den politischen Alltag zurück.

Wie ein Donnerschlag traf ihn am 30. Januar 1933 die Nachricht, daß der Reichspräsident von Hindenburg den Führer der NSDAP zum Reichskanzler ernannt habe. Nun, da es zu spät war, unterbreitete das Zentralkomitee der KPD dem Parteivorstand der SPD den

Vorschlag, gemeinsam einen Generalstreik gegen Hitlers Machtübernahme auszurufen. Die Erinnerung an den reaktionären Kapp-
Putsch im März 1920, der in wenigen Tagen an einem Generalstreik
scheiterte, ließ bei vielen Arbeitern die Hoffnung aufkommen, mit
einer Massenaktion die braune Diktatur verhindern zu können.
Doch der sozialdemokratische Parteivorstand lehnte die Aufforde-
rung Thälmanns ab. Schon am 31. Januar teilte die SPD-Führung
mit, daß ihrer Meinung nach die Regierung »verfassungsmäßig« an
die Macht gekommen sei. Weil die SPD fest auf dem Boden der Verfassung der Republik stehe, werde sie zu außerparlamentarischen
Aktionen erst schreiten, wenn Hitler die Verfassung breche.

Dreihundertsechzigtausend Mitglieder hatte die KPD im Januar
1933. Die meisten deutschen Kommunisten werden ähnlich wie
Erich Honecker empfunden haben, der über die Tage nach der
Schreckensnachricht glaubhaft bekundet: »In jenen schicksals-
schweren Stunden und Tagen fieberten wir in Saarbrücken jeder
neuen Nachricht aus dem Reich entgegen. Jede Meldung über Pro-
testkundgebungen, Protestaktionen und Proteststreiks ließ neue
Hoffnungen wachwerden. Jede neue Information über die Weige-
rung rechter SPD- und Gewerkschaftsführer, mit den Kommunisten gemeinsam gegen Hitler zu kämpfen, löste Niedergeschlagenheit aus. Und jede neue der nun lawinenartig anschwellenden Nachrichten über faschistische Gewalttaten gegen Kommunisten und
entschiedene Sozialdemokraten löste bei uns neuen Zorn und wachsende Empörung aus. Es war ein beklemmendes Gefühl, von jenseits der Reichsgrenze zuschauen zu müssen, wie der vereinigte
Machtapparat von SA, Polizei und Reichswehr sich mit beispiello-
ser Brutalität zuerst und vor allem auf die Kommunisten stürzte,
ihre Parteibüros besetzte, ihre Wohnungen demolierte und ihr Leben bedrohte...«

Nüchterner analysierte Herbert Wehner die Atmosphäre innerhalb der Gesamtpartei und das Versagen ihrer Führer: »Die Wochen nach dem 30. Januar bedeuteten die Besiegelung der Niederlage der antinationalsozialistischen Kräfte. Die knappe Zeit zwischen dem Amtsantritt der Hitlerregierung und der Nacht des

Reichstagsbrandes verging, ohne daß die antinationalsozialistischen Kräfte sie als letzte Chance für die Abwendung der Katastrophe verstanden und genützt hätten... Die Parteiführung betrieb vom 30. Januar an hauptsächlich die Überführung der Parteiorganisation in die Illegalität. Fast alle ihr zur Verfügung stehenden Kräfte wurden zur Kontrolle und Instruktion in der Richtung der technischen Vorbereitung auf illegale Arbeitsmethoden verwandt... Die Organisation in den Bezirken und Orten war sowohl mit der Umstellung auf illegale Arbeitsmethoden als auch mit der Vorbereitung der zum 5. März anberaumten Wahlen beschäftigt. In den Reihen der sogenannten Berufsparlamentarier, jener Abgeordneten der Partei, die als Sachbearbeiter in den Fraktionen des Reichstages und des preußischen Landtages tätig waren, herrschte die Auffassung, daß die Partei noch längere Zeit legal oder zumindest halblegal werde existieren können. Torgler (Chef der KPD-Reichstagsfraktion, D. B.) bekannte sich ebenfalls zu dieser Auffassung und meinte wiederholt, die Gefahren würden übertrieben. Pieck machte sich geradezu einen Spaß daraus, in seinem Arbeitszimmer im Landtag zu sitzen und damit zu prahlen, daß er dies tue.

Daß die Parteileitung weit davon entfernt war, die ganze Tragweite der mit dem 30. Januar eingetretenen Veränderung zu erfassen, zeigte sich am 30. Januar selbst und wurde nochmals betont in der Reichstagsbrandnacht... Ich erinnere mich, Auseinandersetzungen zwischen Ulbricht (Politbüromitglied der KPD, D. B.) und Werner Hirsch (Thälmanns politischer Berater und Sekretär, D. B.) gehört zu haben, bei denen es um die Einschätzung der neuen Regierung ging. Einer von beiden behauptete, dies sei noch nicht die reine faschistische Diktatur, vielmehr sei Hitler durch die Zusammenkoppelung mit Hugenberg und Papen als Gefangener des Finanzkapitals zu bezeichnen... Die Parteiführung und ihr schwerfälliger zentraler Apparat versuchten vom 30. Januar an unterirdisch zu arbeiten. Es entstand ein enormer Leerlauf von Kurierverbindungen, Treffs und verdeckten Telefonanrufen. Das ganze System war so überzentralisiert und aus den früher charakterisierten Verhältnissen in der Parteileitung geboren, daß es unmöglich schien, mit diesem Apparat mehr leisten zu können, als ihn notdürftig in Gang zu halten...«

Eine Bilanz des Scheiterns der kommunistischen Strategie und Taktik im Jahre 1933 aus der Perspektive des Historikers und Politologen zog Ossip K. Flechtheim: »Die kommunistische Rechnung erwies sich schließlich als eine phantastische Fehlkalkulation. Die Kommunisten hatten sie ohne den Wirt, das heißt die Massen, gemacht. In Deutschland reagierten diese auf die Wirtschaftskrise durchaus nicht eindeutig im Sinne des Kommunismus. Das Gros des Bürgertums und des Kleinbürgertums folgte den Nationalsozialisten – ebenso wie sogar ein Teil der Arbeitslosen, von denen sich allerdings auch viele der KPD anschlossen. Die Kernschichten der beschäftigten Arbeiter klammerten sich um so verzweifelter an die SPD, die ihrerseits die Kommunisten immer stärker haßte und verachtete... Vollkommen versagt hat die KPD zunächst in ihrem Kampf mit der SPD um die Führung des deutschen Proletariats. Entgegen allen Erwartungen ist es ihr in all jenen Jahren nie gelungen, die eindeutige Mehrheit auch nur der deutschen Industriearbeiter für sich zu gewinnen. Die gerade nach kommunistischer Auffassung so wichtigen Gewerkschaften blieben Bollwerke des Reformismus. Selbst im Krisenwinter 1932 auf 1933 konnte die bereits vom Nationalsozialismus geschwächte SPD immer noch mehr Stimmen gewinnen als die KPD. Der kommunistische Einfluß unter den nichtproletarischen Werktätigen, den Angestellten und Beamten, Kleingewerbetreibenden und Bauern, war nicht der Rede wert. Darüber hinaus ist aber auch die KPD in ihrer Bemühung, die eigenen, in der Weimarer Republik errungenen Machtpositionen zu behaupten und auszubauen, total gescheitert. Die Partei, die es immerhin auf Hunderttausende von Mitgliedern und Dutzende von Zeitungen, auf Millionen von Wählern und Hunderte von Parlamentsabgeordneten gebracht hatte, war nach der Reichstagsbrandnacht nur noch ein Häuflein von gehetzten Funktionären und führungslosen Mitläufern...«

Die gehetzten Funktionäre lebten spätestens seit dem Tag der letzten, kaum noch als frei zu bezeichnenden Wahlen am 5. März

1933, wenn sie der KPD treu bleiben wollten, in der Illegalität. Es gibt zahlreiche Zeugnisse eines vielfach bewiesenen aufrechten und tapferen Bekennermutes junger und alter Kommunisten. Oft naiv und allzu optimistisch an frühere Parolen anknüpfend, führten sie von einer Stunde auf die nächste, häufig völlig auf sich allein gestellt, mit ihren Mitteln den Kampf gegen den verhaßten Gegner weiter. Viele Genossen wurden aber auch gewogen und zu leicht befunden. In Scharen verließen deklassierte Arbeiter, Lumpenproletarier und nur am unmittelbaren materiellen Erfolg der verheißenen Revolution interessierte KPD- und Rotfrontkämpfer ihre Organisationen. Sie schworen leise oder laut – oft sogar öffentlich – dem alten Idol der roten Fahne mit Hammer und Sichel ab und huldigten der braunen Standarte mit dem Hakenkreuz. NSDAP, SA und andere Nazi-Organisationen hatten so viel Zulauf, daß der neue Propagandaminister Dr. Goebbels höhnisch von den »Märzgefallenen« sprach und sich für eine Mitgliedersperre in den braunen Verbänden einsetzte. Kommunistische Spitzenfunktionäre, die noch Stunden vor Thälmanns Verhaftung von einer legalen Weiterarbeit der KPD geträumt hatten, schlüpften in Berlin oft auf geradezu groteske Art irgendwo unter. Wilhelm Pieck (1876 bis 1960), Senior des Zentralkomitees, Mitbegründer der Partei, und im Jahr 1919 nur mit Mühe und Not im Berliner Hotel Eden der Ermordung durch die Soldateska entkommen, der Karl Liebknecht und Rosa Luxemburg zum Opfer fielen, stülpte sich eine Perücke auf den Kopf und klebte sich einen Bart ins Gesicht. Dergestalt kostümiert verkaufte er im Arbeiterbezirk Neukölln einige Wochen lang Zigarren und Tabak, bis der Befehl der Kominternleitung die Reise ins Ausland gebot.

Walter Ulbricht, jahrelang Goebbels Gegenspieler im Kampf um die Arbeiter in Wedding und Prenzlauer Berg und als Berliner Parteichef der KPD ein kalter und wütender Hasser der Sozialdemokratie, kroch monatelang bei einem hilfsbereiten sozialdemokratischen Garagenbesitzer unter und schaukelte dessen Töchterchen auf den Knien, wenn die Kuriere des Parteiapparates das kleine Haus in Berlin-Hermsdorf besuchten. Er, der nach dem ironischen Zeugnis von Herbert Wehner trotz aller Gefahren nach Hitlers

Machtübernahme »den Eindruck außerordentlicher Frische« erweckte, strebte nach der Verhaftung des Parteivorsitzenden Thälmann nach der ganzen Macht. »Es erwies sich binnen kurzem, daß er versuchte, die Fäden in seiner Hand zu zentralisieren«, beobachtete Herbert Wehner, bei dem noch für lange Zeit in Groß-Berlin die Drähte der illegalen Tätigkeit des Parteiapparates zusammenliefen. Ulbricht, damals vierzig Jahre alt, später Generalsekretär der KPD und SED, schließlich SED-Parteichef und Staatsratsvorsitzender der DDR bis 1971, arbeitete zweifellos schon damals an seiner späteren Karriere, die natürlich in Moskau von der Kominternleitung und Josef Stalin abgesegnet werden mußte. Bereits 1933, als illegaler Apparatfunktionär, entwickelte Ulbricht beachtliche Energien. Herbert Wehner berichtete: »Pieck hielt sich seit Thälmanns Verhaftung im Hintergrund... Ulbrichts Stärke bestand in einer unermüdlichen Geschäftigkeit. Er hielt seine Mitarbeiter und Untergebenen (er brauchte Untergebene) fortgesetzt in Bewegung und kontrollierte unnachsichtig deren Arbeit. Seine Überlegenheit über andere bestand nicht in tieferer Einsicht oder größerer Reife, sondern in seiner Fähigkeit, stets besser informiert zu sein als andere und viel hartnäckiger der Durchführung von Einzelheiten nachzugehen. Schon während seiner Tätigkeit als Berliner Bezirkssekretär hatte ich beobachtend die Erfahrung gemacht, daß Ulbricht in großem Umfange Kader verbrauchte, aber nur Nachbeter und Stümper erzog. Jetzt bekam ich Gelegenheit, diese Erfahrung zu vertiefen. Hermann Schubert (Politbüromitglied, Freund Thälmanns, 1933 bis 1935 Kominternfunktionär, 1937 Opfer des Stalin-Terrors, D. B.) war, im Gegensatz zu Ulbricht, ein plumper, brutaler und träger Bonze, dessen Stärke eben seine Brutalität und sein Pochen auf ein vertrauliches Verhältnis zu Thälmann waren. Mit Ulbricht verband ihn vorübergehend nur die gemeinsame Gegnerschaft gegen die Einsetzung eines Dritten an Thälmanns Stelle...«

Wilhelm Pieck hielt sich vorerst zurück und sparte seine Kraft für den kommenden Diadochenkampf auf. Er, der älteste und erfahrenste Mann in der Führungsgruppe um Thälmann, wußte, daß letztlich die wichtigen Personal- (Kader-)Entscheidungen in Moskau fallen würden. Doch die im Untergrund ohne reale Macht lebenden jüngeren Funktionäre konnten ihren Ehrgeiz kaum zügeln. Unter ihnen meldeten Wilhelm Florin und Franz Dahlem, vor allem aber John Schehr ihre Ansprüche auf Führungsaufgaben an. Schehr, der bereits 1932 als Organisationsleiter der KPD Stellvertreter Thälmanns war, übertrug die Komintern nach einer Moskau-Reise im März 1933 die Leitung der Partei. Er wurde jedoch bereits nach wenigen Monaten verhaftet; die Nazis folterten und mißhandelten ihn, bevor sie den standhaften Kommunisten »auf der Flucht« erschossen.

Herbert Wehner erlebte nach John Schehrs Gesprächen in der Sowjetunion eine böse und ihn erschütternde Überraschung: »Mit Schehrs Rückkehr von Moskau kam auch die offizielle Einschätzung der Lage seitens der Kominternführung. Kurz gesagt: Die Niederlage wurde nicht als solche anerkannt. Es wurde so getan, als spiele sich in Deutschland ein gewaltiger, noch keineswegs entschiedener Kampf zwischen den nazistischen Kräften einerseits und der unter Führung der KPD stehenden Arbeiterklasse andererseits ab. Als gefährlichster Feind wurden die linken Sozialdemokraten bezeichnet, die – nach jener Lesart – jetzt besonders gefährlich seien, weil sie auch vom Faschismus verfolgt würden. Daß die Feindseligkeiten zwischen Kommunisten und Sozialdemokraten sogar in den Kellern und Konzentrationslagern der SA fortgeführt wurden und sich mitunter in Tätlichkeiten äußerten, wurde von verschiedenen Stellen berichtet. Die Reibungen und Differenzen zwischen Ulbricht, Schubert einerseits und Schehr andererseits wurden in der Folge kaum noch zu verdecken versucht. Ulbricht höhnte über Schehrs Langsamkeit. Schubert schimpfte in Gossentönen und Schehr selbst verhehlte nicht, daß er die Verhältnisse als sehr ernst und auf lange Sicht unhaltbar ansehe... Ulbricht und Schubert versuchten Umbesetzungen an einigen zentralen Stellen vorzunehmen und verlangten eines Tages von mir (das Wort führte dabei Ulbricht), die Leute aus dem zentralen Apparat zu entfernen, die mit Teddy (Spitzname Thälmanns, D. B.) herumgesoffen hätten...«

Wahrlich ein depremierendes Bild der Zersetzung und des Zusammenbruchs einer Partei, die eben noch stolz darauf gewesen war, keine bloße Wählergemeinschaft zu sein, sondern eine zum letzten entschlossene Schar von Klassenkämpfern oder wie der Jungkommunist Erich Honecker gerne formulierte »eine verschworene Gemeinschaft«. Die KPD hatte sich gerühmt, die wissenschaftlich begründete Lehre des Marxismus-Leninismus zu vertreten, wonach auf den Eintritt des Kapitalismus in sein »höchstes Stadium« die proletarische Revolution folgte. Diese Theorie schien sich am Ende des Ersten Weltkrieges zu bewahrheiten. Nach den Revolutionen in Rußland 1917, in Österreich und Deutschland 1918, dem Aufstieg der kommunistischen Parteien in den großen Industrieländern Westeuropas, vor allem in Deutschland, Frankreich und Italien, propagierten die Kommunisten ihren bevorstehenden endgültigen Sieg, der sich mit »gesetzmäßig notwendiger historischer Logik« als ein Triumph des menschlichen Fortschritts gerade im revolutionsreifen Heimatland der Lehren von Marx und Engels ereignen sollte. »Wer Berlin hat, dem gehört Deutschland, wer Deutschland hat, dem gehört Europa!« war einer der Glaubensartikel, den die deutschen Kommunisten als vielzitierten Lehrsatz von Lenin übernahmen. Und nun besaß ein »wildgewordener Anstreicher und vom Kapitalismus gekaufter Kleinbürger« namens Hitler, wie die Anhänger des historischen Materialismus ihren Todfeind herablassend charakterisierten, die Macht in Berlin und in Deutschland.

Erich Honecker gehörte im Jahr 1933 nicht zu den von Herbert Wehner dargestellten Funktionären, die neue und höhere Führungsaufgaben anstrebten. Er mußte auch nicht aus dem nach wie vor unter französischen Besatzungsstatut stehenden Saarland emigrieren. Für ihn, den zwanzigjährigen Bergarbeitersohn und Berufsfunktionär, war die Situation klar: Nach dem von Hitler veranstalteten Wahlspektakel vom 5. März 1933, bei dem die Nazipartei trotz rigorosen Machtmißbrauchs, stärkster Propaganda und üppiger finanzieller Unterstützung der interessierten Wirtschaftskreise nur vierundvierzig Prozent der Wählerstimmen erhielt, doch noch immer fünf Millionen deutsche Wähler für die Kommunisten stimmten, wurde die Kommunistische Partei Deutschlands verboten. Aber während sich der Haß Hitlers und seiner Paladine in besonderem Maße gegen die Kommunisten richtete und die braunen Schläger-Kolonnen gegen die »marxistischen Verbrecher« ungehemmt vorgingen, blieben im Saargebiet Kommunisten und Sozialdemokraten weiterhin legal. Emigranten aus dem Reich strömten im Frühjahr 1933 ins Land und berichteten über die Folgen der Hitlerschen Machtübernahme. Schon am 1. Mai, dem Tag, an dem die Arbeiter gewohnt waren, für den sozialen Fortschritt und ihre Rechte zu demonstrieren, organisierte Erich Honecker einen eindrucksvollen Aufmarsch in der Landeshauptstadt Saarbrücken. Hier gelang es Honecker auch, Verbindung zu sozialdemokratischen Jugendlichen aufzunehmen. Allerdings wurde keine Massenbasis oder gar ein Bündnis mit den »Klassenbrüdern« der SPD erreicht. Die sozialdemokratischen Mädchen und Jungen, die in der »Sozialistischen-Arbeiter-Jugend« (SAJ) organisiert waren, kamen nur in einzelnen Gruppen zur Saarbrückener Mai-Kundgebung. Der auch vom KJV-Sekretär Erich Honecker noch immer aufrechterhaltene Führungsanspruch der Kommunisten und das nach wie vor von ihm propagierte Ziel eines »roten Saargebietes in einem Räte-Deutschland« stießen viele Menschen vor den Kopf. Die SPD-Führer wurden getreu der noch immer nicht geänderten politischen Linie Thälmanns weiterhin als Gegner betrachtet. Die Kommunisten des Saarlandes beschimpften die Sozialdemokraten als »Wegbereiter des Chauvinismus«, »Vertreter des Separatismus« und Anbeter des »französischen Annexionismus«. Angesichts der bemerkenswerten Erfolge der Hitlerpropaganda, die früh einsetzte, um die Volksabstimmung an der Saar im Januar 1935 mit der »Heim ins Reich«-Parole vorzubereiten, hätten es Logik, Einsicht und Lernfähigkeit im Lager der Kommunisten erfordert, ihre verhängnisvolle Agitation gegen die SPD schnellstens aufzugeben. Doch dazu waren sie 1933 und bis weit in das Jahr 1934 hinein noch nicht bereit.

Erich Honecker und seine Genossen vermochten in diesem Schicksalsjahr der Arbeiterbewegung auch unter internationalem

Gesichtspunkt noch keine neuen Positionen zu beziehen. Frankreich, in dem seit Januar Tausende deutscher Emigranten Zuflucht suchten, blieb für sie noch lange Zeit ein »Vasall des Imperialismus«. Auch der Völkerbund in Genf, der nominell für das Besatzungsstatut des Saarlandes verantwortlich war, wurde von den Kommunisten beschimpft. Erst langsam weitete sich Honeckers politischer Horizont. Immerhin besuchte er im Frühjahr und Frühsommer 1933 mehrfach das von Hitler regierte Deutschland. In Mannheim, Mainz und Frankfurt am Main traf der politische Leiter des KJV aus dem Saarland mit leitenden Funktionären des Jugendverbandes zusammen. Man beriet über neue Formen der illegalen Arbeit unter der Jugend. Honecker sah und erlebte den Alltag im Dritten Reich, wenn er durch die Straßen großer Städte ging. In vielen Gesprächen erfuhr er schreckliche Einzelheiten von Gewaltmaßnahmen, Verhaftungen, Verhören und Folterungen. Zurückgekehrt warb er verstärkt unter jungen Katholiken, evangelischen Jugendlichen, Naturfreunden und Mitgliedern der Sozialistischen Arbeiter-Jugend in Wiebelskirchen, wo man sich gegenseitig gut kannte. Er propagierte die gemeinsamen antifaschistischen Ziele. Schon jetzt trafen sich diese Jugendgruppen häufig im Freien, um unbeobachtet zu sein. Man wanderte durch die schöne Umgebung von Wiebelskirchen, Sulzbach oder Neunkirchen. Das Naturerlebnis, gemeinsames Singen und offene Gespräche vermittelten eine gute Basis für vertrauensvolles Zusammenwirken in der Zukunft. Allerdings verweigerten die Jugendlichen gemeinsame politische Aktionen oder gar Vereinbarungen, wie sie die Kommunisten immer wieder vorschlugen. Das Mißtrauen war zu groß.

Mit einer kleinen von ihm geleiteten Jungarbeiterdelegation reiste Erich Honecker im Frühsommer 1933 nach Paris zu einem antifaschistischen Arbeiterkongreß. Sie fuhren nicht mit der Bahn, sondern hatten einen alten Mercedes aufgetrieben und waren deshalb in den Kongreßpausen in der Lichterstadt beweglich. Unter den Sehenswürdigkeiten der Seine-Metropole behielt Honecker besonders die »Mauer der Föderierten« in Erinnerung, an der 1871 die Kämpfer der Pariser Kommune nach ihrer Niederlage erschossen worden waren. Ein Besuch im Walde von Compiègne, wo im November 1918 der Waffenstillstand den Ersten Weltkrieg beendete, stimmte die jungen Reisenden nachdenklich. Besonders beeindruckten die jungen Saarländer auch Begegnungen mit antifaschistischen Schriftstellern wie Henri Barbusse, André Gide und Romain Rolland. Honecker hatte den Auftrag, namens der deutschen Jugend Grüße an das internationale Forum zu übermitteln. Es fiel ihm nicht schwer, seiner Verehrung Thälmanns Ausdruck zu geben und den Zuhörern leidenschaftlich die Warnung des eingekerkerten Führers der deutschen Kommunisten zu übermitteln: »Wer Hitler wählt, der wählt den Krieg!«

Nach der Heimkehr bemühte sich Honecker, seine jungen Genossen im Reich zu unterstützen. In Mannheim und Frankfurt besuchte er illegal arbeitende Gruppen des KJV und informierte sich dabei über die begrenzten Möglichkeiten der politischen Arbeit in den Betrieben, Wohngebieten und Lagern des neuen »Arbeitsdienstes«, der in der Anfangsphase noch viele arbeitslose Jugendliche zu staatlich verordneter Arbeit ohne Lohn heranzog. Selbstverständlich handelte es sich bei Honeckers Besuchen um eine illegale Tätigkeit, die ganz neue Formen der Konspiration erforderlich machte.

Im August fuhr Erich Honecker nach Amsterdam. Hier tagte das Zentralkomitee des Kommunistischen Jugendverbandes auf einem großen Motorboot, das durch die alten Grachten in den Nordseekanal hinausfuhr, um polizeilicher Überwachung zu entgehen. Der Beschluß, den Genossen Honecker ins Ruhrgebiet zu entsenden und ihn zum Politischen Leiter des Kommunistischen Jugendverbandes in Essen zu ernennen, bewies, daß die illegale Leitung des KJVD großes Vertrauen in ihn setzte. Er wurde unter dem Decknamen »Herbert Jung« auch als Instrukteur des Zentralkomitees des KJV mit besonderen Leitungsaufgaben betraut. Honecker wußte, was ihn erwartete. »Wir Kommunisten waren damals Tote auf Urlaub«, pflegte er noch nach Jahrzehnten, wenn er im kleinen Kreis von Genossen und Jugendfunktionären aus der illegalen Kampfzeit erzählte, Eugène Leviné zu zitieren. Die gesamte Leitung des Jugendverbandes im Ruhrgebiet – einst ein Zentrum kommunistischer Parteiarbeit, hatte die Gestapo verhaftet. »Anfang Juni 1933 waren von zweiundzwanzig Bezirksleitungen der KPD siebzehn fast völlig zerschlagen. Dem KJVD ging es ähnlich wie der Partei. Doch die Organisation blieb bestehen, weil sich stets neue Kämpfer des Zusammenhalts der Genossen annahmen. In Essen, wie im ganzen Ruhrgebiet, gab es trotz der Verfolgungen zahlreiche politisch aktive illegale Gruppen von Jungkommunisten...«

Als Genosse »Herbert Jung« den ersten Verbindungsmann in Essen traf, zeigte er – so verlangten es die Gesetze der konspirativen Arbeit – die abgerissene Hälfte eines Bildes, das als Werbung einer bestimmten Zigarettenpackung beilag. Der Ansprechpartner hatte auf geheimnisvollen Kanälen die andere Hälfte des Bildes bekommen. So »erkannte« man sich. Honecker erhielt ein einfaches Quartier bei einem Genossen in einer abgelegenen Laubenkolonie in Essen-West. Hier empfing er die Kuriere aus dem »Kohlenpott«.

Einige Tage lang las er ihre Berichte und hörte mündliche Mitteilungen, um sich ein genaues Bild der vorhandenen politischen Kräfte zu machen. Dann führte er neue Methoden der politischen Arbeit ein, die vor allem eine Verkleinerung der Gruppen betraf. Fünfer- und später Dreiergruppen entzogen sich leichter der polizeilichen Observation; hob man sie trotzdem aus, wurden weniger Menschen gefährdet. Honecker leistete gute und gründliche Arbeit. Der Gestapo gelang es 1933 und 1934 nicht, in die kleinen KJV-Gruppen des Ruhrgebiets einzudringen, Verhaftungen blieben aus. Unter den jungen Genossen wuchs allmählich wieder ein Gefühl der Sicherheit, ohne das keine erfolgreiche Arbeit möglich war. Aber der junge Parteifunktionär begriff, daß keine wirklichen Erfolge erzielt werden konnten, solange man die Jugendlichen nur spontan handeln ließ. Daß die Kommunisten vor der Machtergreifung der Nazis ihre natürlichen Verbündeten bekämpften, hatte sich furchtbar gerächt. Jetzt vertrat Erich Honecker unter den jungen Ruhrarbeitern die Parole: »Weg vom sektiererischen Denken, hin zur Sammlung aller antifaschistischen Kräfte!« Er propagierte auch die Neubildung politisch unverdächtiger Sport- und Gesangsvereine, in denen Kommunisten Einfluß ausübten.

Im Herbst 1933 konnte sich Honecker über seine Erfolge freuen: Die KPD-Jugendgruppen in Essen und Umgebung hatten sich organisatorisch stabilisiert, es waren sogar Verbindungen zu anderen Parteigruppen wieder geknüpft worden. Die Jungkommunisten versuchten jetzt mit illegalem Propagandamaterial zu agieren. Zunächst wurden Flugblätter, Zeitungen und Broschüren aus dem Ausland – etwa aus dem benachbarten Holland – eingeführt. Getarnt als Mondamin-Kochbücher oder kleine, handliche Reclamhefte mit unverfänglichen Titeln gelangten die Publikationen über die Grenze. Erich Honecker wollte jedoch auch aktuelle Informationen aus dem Inland verbreiten. Deshalb entwarf er eigene Flugblattexte. Ein Abziehapparat, den ein Jungkommunist besaß, eine Schreibmaschine und andere Vervielfältigungsgeräte, die man im Heizungskeller eines katholischen Krankenhauses versteckt hielt, gehörten zum technischen Inventar der von Honecker geleiteten illegalen Organisation. Die jungen Antifaschisten um den Wiebelskirchener Genossen waren stolz darauf, daß bei der Abstimmung über den Austritt Deutschlands aus dem Völkerbund im Ruhrgebiet noch viele Menschen den Mut aufbrachten, mit »Nein« zu stimmen. Allein in der Rheinischen Straße in Dortmund votierten zweitausend Bürger dagegen. Im Reich blieben zwei Millionen Wahlberechtigte der Abstimmung fern. Die jungen Essener Antifaschisten wagten es sogar, mit ihrem Anführer abends in die Wahllokale zu gehen, um die Stimmenauszählung zu kontrollieren. Die Genugtuung darüber, daß die eigene Agitation nicht ganz vergeblich gewesen war, konnte jedoch nicht darüber hinwegtäuschen, daß immer mehr Menschen auch aus den arbeitenden Schichten und selbst frühere Parteigenossen ihren Frieden mit den neuen Machthabern gemacht hatten.

Eine besondere Zielgruppe des KJV-Leiters Honecker bei seiner Suche nach Verbündeten waren die katholischen Jugendorganisationen. Da Hitler am Anfang seiner Regierung ein Arrangement mit dem Vatikan und dem deutschen Klerus anstrebte, verhielt er sich vor dem Abschluß des Reichskonkordats im Sommer 1933 gegenüber der katholischen Kirche maßvoll. Gegen die katholischen Jugendorganisationen wurde deshalb auch nicht mit derselben Brutalität vorgegangen wie gegen die Arbeiterjugendverbände.

Mit Unterstützung zuverlässiger Genossen bemühte sich Honecker um den Kaplan Dr. Joseph Rossaint, der ihm in Oberhausen und danach an der Marienkirche in Düsseldorf auch Verbindungen zu anderen katholischen Gruppen herstellte. So gelang es, daß geschulte Kader der Moskauer Lenin-Schule im Düsseldorfer St.-Anna-Kloster, anderen kirchlichen Heimen und sogar im Zentralen Jugendhaus vor den »Katholischen Sturmscharen« über geplante Kampfaktionen gegen den Faschismus sprechen konnten. Diesen Sturmscharen gehörten im Reich noch vierzigtausend Mitglieder an. Ihr Reichsführer Franz Steber und Kaplan Rossaint setzten sich für eine an christlichen Wertmaßstäben orientierte Gestaltung der staatlichen und gesellschaftlichen Verhältnisse ein und lehnten aus ihrer religiösen Überzeugung Hitlers Diktatur ab. Sie mußten beide für viele Jahre den Weg in die Zuchthäuser antreten. Erich Honecker scheute sich in jenen Tagen auch nicht, um seiner politischen Zielsetzung willen an manchen Sonntagen die Kirche zu besuchen. An seiner persönlichen atheistischen Grundeinstellung änderte sich dadurch nichts.

Trotz all der gefährlichen Aktivitäten, Sorgen und Bedrohungen erlebten die jungen Illegalen auch manchmal Stunden der Ausgelassenheit. Am Silvesterabend 1933 kam eine improvisierte Feier zustande. Honecker und andere illegale Jungkommunisten, die von bescheidensten unregelmäßigen Einkünften lebten, wurden überraschend von einem Genossen als Aushilfsbeifahrer für den Konsumverein »Eintracht« vermittelt. Tagsüber mußten Getränke, Würstchen, Krapfen und verschiedenes Gebäck ausgefahren werden, abends genoß man dann die Kostbarkeiten, die eine Genossin aus der Konsumzentrale ihren jungen Freunden zugesteckt hatte.

Im Winter 1933 hatte Erich Honecker in der Lauben-Gartenanlage »Sonnenschein« in Essen-Haarzopf ein neues Versteck gefunden. In der Dunkelheit trüber Winterabende trafen sich die Jungkommunisten mit ihrem politischen Leiter in einer kleinen abgelegenen Laube. Kuriere und Boten aus dem ganzen Ruhrgebiet fanden sich hier ein. Sie lieferten ihren Bericht ab, packten Flugblätter in die Taschen und verschwanden wieder in der Dunkelheit.

Zu Beginn des Jahres 1934 wollte Erich Honecker zum ersten Mal ein öffentliches Signal setzen. Was in Berlin mehrfach praktiziert worden war, »mußte auch in Essen möglich sein, wo am Limbecker Platz, einer verkehrsreichen Kreuzung nahe dem Stadtzentrum, das Kaufhaus Althof stand. An der Ecke zum Limbecker Platz hin hatte das Kaufhaus einen turmartigen Dachausbau. Dort befand sich ein Café mit Toiletten. Die Ortsbesichtigung ergab: für die Flugblattaktion ideal! Ich entwarf einen zündenden Text. Auf unserem Abziehapparat wurde ein schöner Packen Flugblätter, mindestens zweihundertfünfzig Stück, hergestellt. Wir warteten einen windigen Tag ab, wählten einen Zeitpunkt mit möglichst starkem Publikumsverkehr aus und begaben uns, nicht ohne ein gewisses anfängliches Herzklopfen, zum Ort des Geschehens. Hinter einer verriegelten Tür, die außen das Zeichen »Besetzt« trug, packte ich die Blätter aus und warf sie in einigen gut gezielten Portionen aus dem Fenster in den Wind…«

Nach getaner Arbeit floh der ideenreiche Agitator eilends aus dem Warenhaus und suchte das Weite, kehrte aber nach einer Weile mit der Straßenbahn aus der entgegengesetzten Richtung zurück und sah mit Befriedigung, wie SA- und Polizeieinheiten eilfertig die Flugblätter einsammelten und die Passanten nach den Tätern befragten. Natürlich zeitigten solche »revolutionären Aktionen«, die bei der Ergreifung der Täter schwerwiegende Folgen für die Beteiligten nach sich gezogen hätten, keine erkennbare Wirkung und haben das politische Bewußtsein der Straßenpassanten vor dem Essener Kaufhaus wohl auch kaum verändert.

Honecker schilderte viele Jahre später gern derartige Widerstandshandlungen in Funktionärs- und Freundeskreisen der DDR. Bemerkenswert dabei war, daß der nun immerhin vierzigjährige Führer einer Millionen Menschen erfassenden Jugendorganisation keinen substantiellen Unterschied machte zwischen den Widerstandsaktionen gegen das NS-Regime und Propaganda-Aktionen in der Bundesrepublik, in der bis zum Verbot der KPD 1956 auch

Kommunisten bei den Wahlen kandidierten. Honecker zögerte in den fünfziger Jahren nicht, die Angehörigen der Freien Deutschen Jugend in Westberlin, Hamburg, Düsseldorf, München oder Essen ebenfalls zu »Widerstands-Aktionen« aufzufordern, um dem »Bonner Unrechtssystem«, der »reaktionären Adenauer-Clique« oder dem »wiedererstandenen deutschen Imperialismus« politische Kampfentschlossenheit zu signalisieren. Für einen Kommunisten, der nach der Definition Stalins im Faschismus nur die höchste und letzte Entwicklung des Kapitalismus zu sehen hatte, ist die mangelnde Differenzierung allerdings so verwunderlich wiederum auch nicht.

Im Februar 1934 entging Honecker nur in letzter Minute der Verhaftung durch die Gestapo. Während es ihm auf dem Düsseldorfer Hauptbahnhof bei einer Paß- und Personenkontrolle noch gelungen war, der Polizei zu entkommen, geriet er in Essen vor dem Kino »Lichtburg« in eine Razzia und mußte zur Feststellung seiner Personalien die Dienststelle der Kriminalpolizei aufsuchen. Anscheinend war seine Garderobe ziemlich abgerissen. Vielleicht trug er auch schon deutlich die Spuren des »Untergetauchten«, des Gehetzten und Verfolgten im Gesicht – jedenfalls verdächtigte die Polizei ihn des Vagabundierens. Honecker erklärte, daß er nur für kurze Zeit an der Ruhr sei, um sich über die Arbeitsbedingungen in Essen zu orientieren. Als Bürger des Saarlandes wies er sich mit seinem legalen Paß aus und hoffte auf die Chance, großzügiger behandelt zu werden, da die Hitlerregierung sich bemühte, die Saardeutschen für sich zu gewinnen. Die Abstimmung, ob das wichtige Industriegebiet sich für Deutschland oder Frankreich entscheiden würde, stand für das kommende Jahr bevor.

Nachdem ihn die Polizei entlassen hatte, war Eile geboten. Es erwies sich, daß die Gestapo den kleinen Zellen des KJV, die Erich Honecker im Verlauf eines Jahres mühevoll aufgebaut hatte, bereits gefährlich nahe auf der Spur war. Ihre Enttarnung, das Aufspüren der Kader und die Verhaftung vieler aktiver Jungkommunisten standen bevor. Der Konsolidierung der nationalsozialistischen Herrschaft in dem für die Kriegswirtschaft so entscheidenden

Ruhrgebiet hatten die jungen Antifaschisten auf Dauer nur ihren Mut entgegenzusetzen. Die Mehrheit des deutschen Volkes, einschließlich der Arbeiterschaft, ließ sich von den augenscheinlichen Erfolgen Hitlers, vor allem bei der Arbeitsbeschaffung, blenden. Das Regime hielt vorerst eine seiner Versprechungen ein: Es brachte den »Volksgenossen« nach Jahren der Krise und des Hungers Arbeit und Brot. Die Rechnung dafür wurde ihnen erst später präsentiert.

Im Verlauf des Jahres 1934 entschlossen sich die Kommunisten viel zu spät zur Festlegung ihrer Taktik für die bevorstehende Abstimmung über die Zukunft des Saarlandes. Logischerweise konnte die KP des Saarlandes nicht für eine Rückgliederung des Gebietes an Deutschland eintreten, solange dort die NSDAP die Macht ausübte. Eine Entscheidung zugunsten Frankreichs kam ebenfalls nicht in Frage. So blieb nur noch das Festhalten am Status quo, auf das sich die KPD und SPD miteinander verständigten. Angesichts der politischen Realität war dies ein ebenso verständliches wie aussichtsloses Unterfangen. Die Menschen an der Saar hatten fünfzehn Jahre die Vereinigung mit dem deutschen Reich gewünscht, ihre Hoffnungen waren auch von den Kommunisten vertreten worden. Aber da nun für die alte Parole von einer »roten Saar innerhalb Sowjetdeutschlands« alle Voraussetzungen fehlten, blieb derzeit nur die Propagierung des vordem bekämpften »Separatismus« übrig. Dagegen wurden die nationalen Zukunftsaussichten für die Bewohner an der Saar von Hitler und seinen Agitatoren in leuchtenden Farben geschildert. Der Stahlmagnat Hermann Röchling aus Völklingen, ein Vertrauter Hitlers, unterstützte mit großen finanziellen Aufwendungen die »nationale Lösung« einer »Heimkehr ins deutsche Vaterland«. Die Arbeiter, Bauern, Handwerker und Geschäftsleute vertrauten in ihrer großen Mehrheit der »Deutschen Front«, zu der sich auch die meisten Priester und Pastoren bekannten. Das Dilemma der saarländischen Kommunisten, die westlich der Rheingrenze ihren letzten legalen politischen Kampf führten, war offensichtlich. Daran änderte auch die massive Unterstützung ihrer prominenten Genossen nichts, die aus dem Reich emigriert waren.

Diese Exilgenossen besetzten die wichtigsten Parteifunktionen der Bezirksleitung und übernahmen die Pressearbeit. Wilhelm Pieck und andere Parteiführer wohnten zeitweise sogar in Saarbrücken; im Februar 1934 tagte dort auch das Zentralkomitee der in Deutschland längst illegalen Partei.

Im Sommer 1934 reiste Erich Honecker häufig durch das südliche Deutschland. Er war aufgrund seiner Erfolge im Ruhrgebiet zum Oberberater des Jugendverbandes in den Bezirken Pfalz, Hessen, Baden und Württemberg ernannt worden und nahm diese Arbeit sehr ernst. Im Herbst, als die Kampagne für die im nächsten Jahr stattfindende Abstimmung in ihr letztes Stadium eintrat, erhielt Honecker den Parteiauftrag, in seine Heimat zurückzukehren. Er war in der zurückliegenden Zeit seiner illegalen Tätigkeit gereift und hatte sich auch äußerlich verändert. Die fröhliche, jungenhafte Unbeschwertheit, die sich in Jugendfotos widerspiegelt, war einem ernsten Gesichtsausdruck gewichen. Die Gefahr einer jederzeit möglichen Verhaftung, darauf folgender Mißhandlungen, jahrelanger Kerkerzeit oder gar eines Todesurteils hinterließ ihre Spuren in Physiognomie und Charakter. Viele der damals noch jungen Parteifunktionäre, mit denen er später in der SED beim Aufbau der DDR zusammenarbeitete, lernte Erich Honecker nun persönlich kennen: Paul Verner, Albert Norden, Alexander Abusch, Franz Dahlem, den späteren westdeutschen KPD-Führer Max Reimann, aber auch die Schriftsteller Erich Weinert und Hans Marchwitza, die sich täglich auf vielen Kundgebungen für die aussichtslose Status-quo-Lösung einsetzten. Mit den damals führenden Mitgliedern des Zentralkomitees der KPD, Hans Kippenberger und Hermann Schubert, war Honecker in jenen Monaten bis zur Abstimmung ebenfalls häufig zusammen, und er war stolz, von den engen Mitarbeitern Thälmanns als Partner anerkannt zu werden. Über die nur zwei Jahre später erfolgende Verhaftung und das sinnlose Sterben beider Kommunisten als Opfer von Stalins Terror verlor er allerdings in seinem Lebensbericht kein Wort.

Kurz bevor die Abstimmung vollzogen wurde, hielt Erich Honecker im Zeichen der Einheitsfront aller Antifaschisten eine Rede auf dem Kongreß der saarländischen Jugend. In Anwesenheit katholischer, sozialdemokratischer und gewerkschaftlicher Vertreter, die sich alle gegen die Vereinigung des Saarlandes mit Hitler-Deutschland erklärten, bekannte Honecker: »Das höchste Ideal der Jugend aller Zeiten, das war der Kampf um ihre Freiheit gegen die Tyrannei, das war der Kampf um ihr Lebensrecht...«

Im Herbst 1934 lernten sich während des Saarkampfes zwei Männer näher kennen, die auch heute noch enge vertrauliche Kontakte unterhalten. Als Oberberater des KPD-Zentralkomitees entsandten die führenden Politbüromitglieder Wilhelm Pieck und Walter Ulbricht den Genossen »Kurt Funk« nach Saarbrücken. Unter diesem Parteinamen lebte und arbeitete damals Herbert Wehner, der sich als KPD-Funktionär in Sachsen und zuletzt als Sekretär des Politbüros unter Thälmann die Sporen verdient hatte. Honecker, damals zweiundzwanzig Jahre alt, gefiel offenbar dem achtundzwanzigjährigen Wehner. Man traf sich oft, Erich lud den erfahrenen Genossen auch in sein Elternhaus nach Wiebelskirchen ein, wo man bei Kaffee und Gebäck die Bekanntschaft vertiefte. Wehner staunte über die Urteilsfähigkeit des jungen KJV-Funktionärs. Erich Honecker lobt in seinen Erinnerungen den damaligen KPD-Führungskader Wehner knapp, aber mit einer bei ihm sehr seltenen Formulierung: »Ich habe damals viel von ihm gelernt!«

Kurz vor der Abstimmung, bei der mehr als neunzig Prozent der Saarbevölkerung für die Wiedervereinigung ihres Landes mit dem Reich stimmten, stand der übermüdete und abgespannt wirkende Erich Honecker noch einmal in der Winterkälte am Denkmal des Saarindustriellen Stumm vor dem Portal des Eisenwerkes in seiner Geburtsstadt Neunkirchen. Ein Wiebelskirchener erinnert sich, daß der Jungkommunist große Packen von Flugblättern in den Armen hielt, die er an die zum Schichtwechsel herauskommenden Arbeiter verteilte, um mit ihnen anschließend zu diskutieren. Der Bekannte aus Wiebelskirchen sprach Honecker an: Er bewundere seinen Mut angesichts der überwältigenden Zahl von Nationalsozialisten in den Betrieben und Gemeinden. Honecker antwortete unpathetisch: »Das ist meine Überzeugung, dazu gehört kein Mut!«

Im Februar 1935 verließen zwei Männer das Saarland, in dem die Sieger ihre Hakenkreuzfahnen hißten. Die beiden jungen Kommunisten trugen schwer an der Niederlage, doch als Geschlagene fühlten sie sich nicht. Damals lebten Kommunisten noch in dem Bewußtsein, für eine historisch neue fortschrittliche Gesellschaftsordnung zu kämpfen, deren Durchsetzung auch durch die größten Niederlagen nicht aufzuhalten war. Im Auftrag der KPD-Führung sollten die Genossen verschiedene Aufgaben übernehmen. Herbert Wehner reiste nach Prag, wo das Politbüro ihn erwartete. Anders als sein junger Genosse Erich verfügte Wehner über umfassende parteiinterne Informationen. Er wußte, daß die neue Taktik der KPD eine Zusammenarbeit mit der SPD unter Verzicht auf den offenen Führungsanspruch und die bisherigen Beschimpfungen und Beschuldigungen der Sozialdemokraten einer neuen Linie der Moskauer Komintern entsprach. In seinen »Notizen« kritisierte Herbert Wehner, daß die Unterstützung des KPD-Politbüros für die Kommunisten an der Saar »zweifelhafter Art« gewesen sei und erzählt, welche Hektik die neue Linie im Politbüro auslöste.

»Für die Politbüromitglieder war offenbar nicht der Saarkampf an und für sich, sondern seine Ausnützung zur Aufbesserung des Prestiges der deutschen Parteiführung in den Augen der Kominternführung wesentlich... Ulbricht, der es immer verstanden hatte, eher und besser als die anderen informiert zu sein, hatte sich in Moskau umgehört und mit einem Artikel in der ›Neuen Weltbühne‹ für eine weitgehende Einheitsfrontpolitik mit der Sozialdemokratie plädiert. Ulbrichts Artikel wurde zum Ausgangspunkt einer fieberhaften Tätigkeit aller Politbüromitglieder; jeder sammelte Material und Zeugen, die für die Richtigkeit der einen oder anderen Politik ins Feld geführt werden konnten. Alle waren für Einheitsfront, waren es stets gewesen; jeder legte die Einheitsfront anders aus... Eigentlich wollte jeder der ›Einheitsfront‹ einen besonderen Charakter verleihen und aus ihr speziellen Nutzen ziehen... Die kampagnemäßige Behandlung des Problems der Zusammenarbeit mit den Sozialdemokraten stieß mich ab, weil ich aus den Erfahrungen im Lande die Erkenntnis gewonnen hatte, daß die Initiative zu einer

Neuorientierung der ganzen Arbeiterbewegung ergriffen werden müßte, während aus der rein taktischen Behandlung dieses Problems nur neue Gegensätze entstehen würden...«

Erich Honecker fuhr in entgegengesetzte Richtung. Sein Parteibefehl führte ihn vorerst nach Paris, wo ihn die Auslandsleitung der KPD erwartete. Am 28. Februar 1934 verließ er für länger als ein Jahrzehnt sein Elternhaus in Wiebelskirchen. Er umarmte die Mutter und den Vater, drückte seinen Geschwistern die Hand. Seine Brüder Willi und Robert sollte er nicht wiedersehen. Willi blieb Kommunist, er mußte jedoch in Hitlers Armee in den Krieg ziehen und fiel 1944 bei den Rückzugskämpfen in Ungarn. Robert war zunächst gezwungen worden, die braune Uniform der Hitlerjugend anzuziehen, wurde dann ebenfalls Soldat und starb 1947 unmittelbar nach seiner Rückkehr aus einem Gefangenenlager an einer Krankheit, die er sich in der Kriegsgefangenschaft zugezogen hatte.

Die letzte Nachricht, die Erich Honecker über die Informationskanäle der KPD in Saarbrücken erhielt, stärkte sein Selbstbewußtsein und erfüllte ihn mit Freude. Die in Moskau stattgefundene Tagung des Zentralkomitees des Kommunistischen Jugendverbandes hatte ihn in Anerkennung seines erfolgreichen illegalen Kampfes im Ruhrgebiet zum Mitglied des Führungsgremiums gewählt. Auch in Paris erkannte Honecker, daß man seine Einsatzbereitschaft zu würdigen wußte. Er erhielt von der Parteiführung der KPD den schwierigsten Auftrag, den man damals in der Jugendarbeit zu vergeben hatte. Erich Honecker sollte die Leitung der illegalen Arbeit des zerschlagenen Jugendverbandes in der Reichshauptstadt Berlin übernehmen. Es war mehr als nur eine Reise in die »Höhle des Löwen«, wie der altgewordene Funktionär später selbst seinen Auftrag ironisch kommentierte. Wenn man alle Risiken abwog, welche die von der Partei geforderten Aktionen unter Soldaten der bereits im Aufbau befindlichen Wehrmacht, den jungen Männern des Reichsarbeitsdienstes oder den Arbeitern der Berliner Großbetriebe in sich bargen, dann war unschwer zu erkennen, daß auf den jungen Saarländer eine Art Todeskommando wartete. Die Auslandszentrale der KPD ging davon aus, daß Honeckers Name bei der Gestapo aus der Ruhrgebietsarbeit und seinem Auftreten vor der Saar-abstimmung wohlbekannt und registriert sein mußte. Honecker er-hielt einen falschen holländischen Paß auf den Namen eines Am-sterdamer Seemanns »Martin Tjaden«, der mit einem in Paris aufge-nommenen Paßbild in der Schweiz angefertigt wurde. Tjaden alias Honecker fuhr nach Mühlhausen und überschritt illegal die Gren-ze.

In Zürich las er die politisch brisanten Materialien des soeben in Moskau tagenden Kominternkongresses. Bildung einer Volksfront im Kampf gegen Hitler hieß jetzt die Losung. Das Ziel war ein sehr weitgespanntes Bündnis aller Menschen, die sich zur Gegnerschaft gegenüber dem Naziregime bekannten. Im Gegensatz zu den frühe-ren Parolen von einer Einheitsfront, die nur eine Solidarisierung der Basis unter Ausschaltung der Parteiführung vorsahen, sollte jetzt ein Bündnis mit den anderen antifaschistischen Parteien angestrebt werden. In diesen vier Wochen, die Honecker in Zürich verbrachte, bereitete er sich durch Literatur- und Zeitungslektüre auf seinen Deutschlandaufenthalt vor. Im August reiste er nach Prag und er-hielt vom dort residierenden Zentralkomitee des KJV die letzten Anweisungen für die Reise nach Berlin. Den Grenzübergang Eger konnte er mit dem falschen Paß ohne Schwierigkeiten passieren. Über Nürnberg gelangte Honecker am 28. August 1935, drei Tage nach seinem dreiundzwanzigsten Geburtstag, nach Berlin. Am S-Bahnhof Putlitzstraße, im Norden der Reichshauptstadt, erfolgte das erste illegale Treffen mit dem bisherigen Verantwortlichen für die kommunistische Jugendarbeit, dem Genossen Bruno Baum. Honecker wurde durch Vermittlung eines Funktionärs ein möblier-tes Zimmer im Arbeiterbezirk Wedding beschafft. Seiner Wirtin, Frau Semiller in der Brüsseler Straße 26, stellte er sich mit höflichen Manieren – als »gutbürgerlicher Typ«, der den Beruf eines Reise-vertreters ausübte, vor. Seinen Namen gab er mit »Herbert Jung« an.

Der junge Provinzler aus dem Saarland erlebte die Weltstadt Ber-lin im dritten Jahr nach Hitlers Machtantritt als eine pulsierende Metropole. Äußerlich hatte sich das Gesicht der Reichshauptstadt nicht wesentlich verändert gegenüber den flüchtigen Eindrücken bei seinen Durchreisen auf der Fahrt nach Pommern oder 1932, als er in Prieros bei der KJV-Leitungskonferenz mit Ernst Thälmann zusammentraf.

Verschwunden waren allerdings die Arbeitsuchenden aus dem Stadtbild. Zwei Drittel von sechs Millionen Stellungslosen waren durch die Arbeitsbeschaffungsprogramme der neuen Regierung – darunter viele Rüstungsaufträge – und die abklingende Weltwirtschaftskrise im ganzen Reich wieder zu Lohn und Brot gekommen. Der junge Honecker sah in Berlin auffallend viele Uniformträger. Hitler hatte im März 1935 die Einführung der allgemeinen Wehrpflicht verkündet. Er ignorierte dabei den Versailler Vertrag, der dem Reich nur ein Hunderttausend-Mann-Heer zubilligte, ohne daß die Vertragsmächte entschieden dagegen protestierten.

Mehr noch als im Ruhrgebiet mußten Erich Honecker und seine Genossen im illegalen Jugendverband erkennen, daß vor allem viele junge Menschen unter den Sympathisanten der KPD ihre Ansichten geändert hatten. Hitlers Erfolge und die Betonung der »Volksgemeinschaft« anstelle der Klassenkampfparolen ließen viele einst eher den linken Parteien verbundene Menschen von ihren früheren Überzeugungen abrücken. Anpassung und Mitläufertum taten ein übriges, damit radikale Kampfaufrufe gegen die NSDAP oder ihre Gliederungen, Streiklosungen und Widerstandsappelle weiterhin ohne Echo verhallten oder sogar Unwillen erweckten. Übrig blieben kleine, zumeist isolierte Gruppen von entschlossenen Antifaschisten, politisch bewußt denkende und handelnde Menschen.

Zu den Herbstmanövern, an denen diesmal nicht nur Berufssoldaten, sondern die als erste eingezogenen Wehrpflichtigen des Jahrgangs 1914 teilnahmen, wollten die Berliner Jungkommunisten ein Flugblatt für die Soldaten herausbringen. Honecker, der sich bei seinen Treffs mit Genossen und Antifaschisten auf den Straßen, Plätzen und in kleinen Eckkneipen der Arbeiterbezirke Berlins unter dem Decknamen »Franz« vorstellte, begeisterte sich an dem Gedanken, mit seinem Flugblatt den »neuen Militarismus ins Herz zu treffen«. Gerhard Rolack, ein KPD-Veteran, der zeitweilig zum illegalen »Dreierkopf« des KJV in Berlin gehörte, berichtet über ein Treffen mit Honecker alias Franz: »Was mich beeindruckte, war der politische Weitblick und die sachliche Ruhe, die er auch in den kompliziertesten Situationen ausstrahlte. Ich gehörte zum Jahrgang 1914, und da ich damals noch legal lebte, bekam ich meinen Einberufungsbefehl. In einer Sitzung des Dreierkopfes sagte mir Franz dem Sinne nach: Du bist einer der ersten Kommunisten, die in die faschistische Wehrmacht eingezogen werden. Du mußt Erfahrungen sammeln, wie Kommunisten in der Wehrmacht politisch arbeiten können. Merk dir eins: Du mußt das Waffenhandwerk gut erlernen, und du mußt vor allem den anderen Soldaten, die den Kommißstiefel ebenso hassen, ein guter Kamerad sein. Nur so kannst du Einfluß gewinnen und den antifaschistischen Widerstand organisieren. Das ist die Richtschnur, an die du dich halten mußt. Über alle Erfahrungen, die du in der Rekrutenausbildung gewonnen hast, reden wir, wenn du das erste Mal Ausgang hast...«

Doch der von Erich Honecker gewünschte Gedankenaustausch über die Möglichkeiten der Zersetzungsarbeit in der Wehrmacht fand nicht mehr statt. Die Gestapo hatte das Tarnnetz der Widerstandsgruppen des KJV zerrissen. Die Betriebszellen in den großen Werken, bei Siemens oder Knorr-Bremse, der AEG oder Borsig wurden bespitzelt und systematisch zerschlagen. Um das notwendige Geld für die illegale Tätigkeit aufzutreiben, fuhr Honecker im Herbst 1935 nach Prag zur Zentrale des Jugendverbandes der KPD. Dort erfuhr er, daß auch die Auslandsorganisation in großen finanziellen Schwierigkeiten sei. Es werde aber demnächst mittels Kurier Geld nach Berlin übermittelt und außerdem schon in wenigen Wochen Propagandamaterial in der Reichshauptstadt der illegalen Leitung des KJV überbracht.

Erfreulich für Erich Honecker war immerhin, daß er sein Dezember-Monatsgehalt als »Berufsrevolutionär« in Prag erhielt – einhundertzwanzig Reichsmark. Sein nächster Treff mit dem Prager Kurier sollte am 3. Dezember 1935 im Norden Berlins, in der Solinger Straße stattfinden. Als Erkennungszeichen mußte er eine rote Nelke ins Knopfloch stecken, während der Kurier aus Prag

Bilder einer Karriere

Oben:
Rückkehr einer Delegation
der Freien Deutschen Jugend
aus der Sowjetunion
am 5. August 1947.
V. l. n. r.: Robert Menzel,
Edith Baumann, Erich
Honecker, Heinz Keßler.
Links:
Auf dem Deutschlandtreffen
der FDJ in Berlin
am 31. Mai 1950.
V. l. n. r.: Erich Honecker,
Margot Feist,
Wilhelm Pieck.

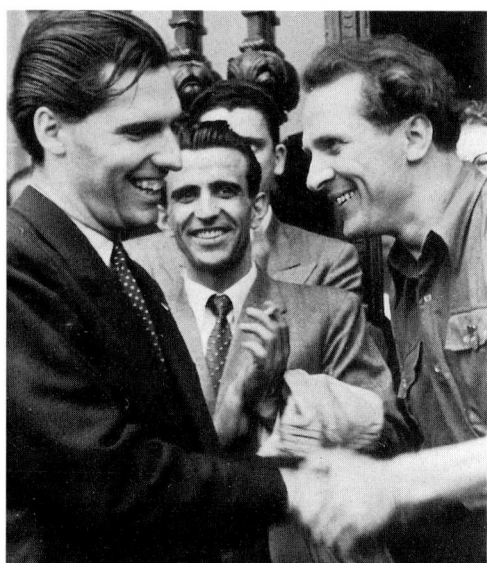

Oben links: Erich Honecker begrüßt als Vorsitzender der FDJ Guy de Boisson, den Vorsitzenden des Weltjugendbundes, 1950 in Berlin. *Unten:* Als Mitglied des Politbüros der SED im Mai 1963 mit Walter Ulbricht auf dem VII. Parlament der FDJ. *Oben rechts:* Staatsratsvorsitzender Ulbricht mit »Kronprinz« Honecker (1966).

Oben: Im Jahr der Entscheidung 1971 mit Walter Ulbricht und Willi Stoph. *Unten:* Gratulationscour zum 80. Geburtstag Walter Ulbrichts am 30. Juni 1973: Der Nachfolger ehrt den Entmachteten.

Oben: Der Generalsekretär im Gespräch mit der Schriftstellerin Anna Seghers am 17. September 1976. *Unten:* Der Staatsratsvorsitzende mit Bürgern in Halle (1986).

eine illustrierte Zeitung tragen sollte und den Berliner KJV-Leiter mit den Worten: »Sind sie Herr Meier?« ansprechen würde. Wie verabredet erwartete Honecker den ihm noch unbekannten Kurier. Eine hübsche junge Dame sprach ihn weisungsgemäß an und schwenkte eine Illustrierte in der Hand. Die Genossin Sarah Fodorovà studierte in Prag Medizin. Honecker ging mit ihr zum Essen in das Restaurant Aschinger am Bahnhof Zoo und verabredete sich für den Abend, um den geheimnisvollen Koffer mit dem wichtigen Material zu übernehmen. Zur Unterstützung seiner Widerstandsgruppe erhielt Honecker vom Kurier Sarah dreihundertfünfzig Mark, die ihn der dringendsten Sorgen enthoben. Abends verpaßten sich die beiden Verabredeten am Potsdamer Platz vor dem Haus Vaterland. Erst kurz vor ihrem Hotel Habsburger Hof traf Honecker auf seine tschechische Genossin in der Saarlandstraße. Sie vereinbarten, daß sie den Koffer in der Gepäckaufbewahrung des Anhalter Bahnhofs abgab, wo er ihn abholen sollte. Danach aßen beide am Bahnhof Friedrichstraße zusammen zu Abend, anschließend wollte sich Sarah einen Film ansehen. Erich Honeckers Pflichteifer gestattete ihm nicht, mit der hübschen Tschechin ins Kino zu gehen. Er fuhr vom Bahnhof Friedrichstraße zum Anhalter Bahnhof. Als er den Koffer am Schalter der Gepäckaufbewahrung abholte, fühlte er sich beobachtet und floh mit einer Taxen-Kraftdroschke zum Bahnhof Zoo. Im Tiergarten bemerkte er den Verlust des Koffers. Am 4. Dezember 1935 wurde er von der Gestapo verhaftet. Das illegale Material der Prager Zentrale des Kommunistischen Jugendverbandes, das die Genossin Sarah im Koffer mit einem doppelten Boden nach Berlin gebracht hatte, bestand aus achtunddreißig Exemplaren von verschiedenen Zeitungen der KPD, der Komintern und der Gewerkschaften. Eine Sondernummer der »Roten Fahne«, des illegalen Zentralorgans der KPD, war darunter, deren Schlagzeile der Gestapo-Kommissar dem jungen Häftling höhnisch vorlas: »Freiheit für unseren Genossen Ernst Thälmann«.

Als Gefangener in Hitlers Kerker

Nur wenige hundert Schritte von Hitlers Reichskanzlei in der Berliner Wilhelmstraße entfernt, in der Gestapo-Zentrale Prinz-Albrecht-Straße, begannen für den politischen Gefangenen die schwersten Wochen seines Lebens. Die Polizei hatte die illegale Leitung des Kommunistischen Jugendverbandes verhaftet; bei insgesamt acht Inhaftierten war fraglos die Gefahr gegeben, daß sie sich gegenseitig belasteten. Auch die tschechische Genossin Sarah Fodorovà saß in einer Zelle des großen Gebäudes der ehemaligen Kunstgewerbeschule, die seit 1933 das Geheime-Staats-Polizeiamt beherbergte. Die jungen Kommunisten, von denen die meisten wenig älter als zwanzig Jahre alt waren, mußten die ganze Brutalität nazistischer Verhörmethoden über sich ergehen lassen. Ihnen war sicherlich bewußt, daß es um ihr Leben ging, denn auf Delikte, die als Hochverrat gewertet wurden, standen höchste Haft- oder die Todesstrafe. Zeitweise wurden Honecker und seine Genossen in die Kaserne der Elitetruppe des Regimes, der »SS-Leibstandarte Adolf Hitler« überstellt, um die Verhöre noch brutaler durchführen zu können.

Wie die Nazis mit ihren politischen Gegnern umgingen, schildert ein ebenso kompetenter wie jeder Sympathie mit dem Kommunismus unverdächtiger Zeuge. Oberregierungsrat Rudolf Diels, vom preußischen Ministerpräsidenten Hermann Göring mit der Neuorganisation der politischen Polizei beauftragt, beschrieb in seinen Memoiren, die nach 1945 erschienen, seine Eindrücke nach der Besichtigung eines Untersuchungsgefängnisses: »Die Vernehmungen hatten mit Prügel begonnen und geendet, dabei hatte ein Dutzend Kerle in Abständen von Stunden mit Eisenstäben, Gummiknüppeln und Peitschen auf die Opfer eingedroschen. Eingeschlagene Zähne und gebrochene Knochen legten Zeugnis von den Torturen ab. Als wir eintraten, lagen diese lebenden Skelette reihenweise mit eiternden Wunden auf dem faulenden Stroh. Es gab keinen, dessen Körper nicht vom Kopf bis zu den Füßen die blauen, gelben und grünen Male der unmenschlichen Prügel an sich trug. Bei vielen waren die Augen zugeschwollen, und unter den Nasenlöchern klebten Krusten geronnenen Blutes. Es gab kein Stöhnen und Klagen mehr, nur starres Warten auf das Ende oder neue Prügel...« Unter derartigen Umständen nicht zu verzweifeln, seine Gesinnung nicht zu verraten und sich solidarisch gegenüber den Haftkameraden zu verhalten, indem man bis zuletzt alles abstritt, was den Schergen hätte dazu dienen können, die Genossen zu überführen, dazu gehörten Charakterstärke und Selbstbehauptungswillen. Honecker selbst sprach wenig über die erlittenen Torturen. In seinem Lebensbericht teilt er mit, daß die meisten jungen Kommunisten in den Verhören bestritten, von ihm und seinem politischen Auftrag etwas gewußt zu haben. Aus den Gefängnissen von Herford und Hannover wurden Zeugen vorgeführt, die bereits zu langen Haftstrafen verurteilt waren. Entweder spielten sie die Unwissenden oder sie nahmen unter Druck gemachte Aussagen sogar zurück. Die Leiterin des Kommunistischen Jugendverbandes im Berliner Bezirk Tempelhof, Grete Walter, hielt die Qualen der physischen und psychischen Folter nicht länger aus. Um der Gefahr zu entgehen, wider ihren Willen zur Aussage gezwungen zu werden, stürzte sich die junge Frau im Gestapo-Gebäude auf dem Gang zur Vernehmung aus dem dritten Stockwerk den Treppenschacht hinunter.

Honecker bekannte später oft, daß er stolz auf diese jungen Genossen und den Jugendverband gewesen sei. Über seine erste Haftzeit als Untersuchungsgefangener schrieb er: »Die dem 4. Dezember 1935 folgenden Tage im Hauptquartier der Gestapo in der Berliner Prinz-Albrecht-Straße sowie in der Kaserne der ›SS-Leibstandarte Adolf Hitler‹ haben sich während meiner fast zehnjährigen Inhaftierung so nicht wiederholt. Sie gehören wohl zu jenen, die man nicht vergißt. Zugleich waren sie für einen Menschen, der noch sein ganzes Leben vor sich hatte – ich war gerade dreiundzwanzig Jahre alt –, Tage der Bewährung. Weder durch physische und psychische Torturen der Gestapo-Beamten noch in den zahlreichen Verhören durch faschistische Untersuchungsrichter während der anderthalbjährigen Untersuchungshaft war ich von meiner kommunistischen Weltanschauung abzubringen...«

Nach fünfzehn Monaten zermürbender Wartezeit fand in Berlin der Prozeß vor dem zweiten Senat des sogenannten Volksgerichtshofes statt, der auf Hitlers persönliche Weisung gegründet worden war, um der politischen Terrorjustiz ein willfähriges Instrument zu verschaffen. Am zweiten Tag des Hauptverfahrens sprachen Hitlers Richter das Urteil. Der Elektromonteur Bruno Baum, Honeckers Vorgänger als Leiter des Kommunistischen Jugendverbandes in Berlin, und der Dachdecker Erich Honecker erhielten »wegen Vorbereitung zum Hochverrat unter erschwerenden Umständen und dem Verbrechen der schweren Urkundenfälschung« eine hohe Zuchthausstrafe. Ferner wurde die Aberkennung der bürgerlichen Ehrenrechte ausgesprochen. Baum sollte dreizehn Jahre hinter Gitter kommen, Honecker zehn Jahre Haft verbüßen. Die Mitangeklagte Tschechin Sarah Fodorovà wurde freigesprochen, weil ihr der Volksgerichtshof die Schutzbehauptung nicht widerlegen konnte, daß sie vom Inhalt des Kurierkoffers und dem Sinn des Auftrages nichts gewußt habe. Es war dem solidarischen Auftreten aller Zeugen und dem geschickten Verhalten Honeckers zu verdanken, daß seine politische Arbeit im Ruhrgebiet nicht aufgedeckt wurde. Der illegale Leitungsfunktionär des KJV in Essen, der unter dem Pseudonym »Herbert« arbeitende Honecker, blieb während der Hauptverhandlung »der große Unbekannte«. Wären alle Aktivitäten des Saarländers vor dem Tribunal offenbart worden, hätte ihm die Todesstrafe gedroht.

Die Aberkennung der bürgerlichen Ehrenrechte bewahrte Erich Honecker davor, Soldat in Hitlers Wehrmacht werden zu müssen. Selbst 1943, als nach den Niederlagen in Afrika und Stalingrad die Gefängnisse und Zuchthäuser nach Wehrfähigen ausgekämmt wurden, galt der Strafgefangene Honecker noch immer nicht als »wehr-

Wehrnummer

Potsdam I 12 / 165 / 9 / 17

49/504-258-

Polizeil. Meldebehörde	Wehrbezirkskommando
Brandenburg	Potsdam I

Ausschließungsschein

Der *Wachtmeister*
(Beruf, Vor- und Familienname)

Fritz Honecker

geb. am 25. 8. 1912 zu *Neunkirchen*
(Tag, Monat, Jahr)   (Ort)

Saargebiet
(Gemeinde, Kreis usw., Regierungsbezirk, Land)

wird hiermit vom Dienst in der Wehrmacht im Frieden *für immer*

ausgeschlossen.

Er scheidet auf die vorstehend eingetragene Dauer aus dem Wehrpflichtverhältnis aus.

Brandenburg, den 4. Nov. 1939
(Musterungsort)   (Tag, Monat, Jahr)

Die Kreispolizeibehörde	Der Wehrbezirkskommandeur
(Dienststempel) (Unterschrift)	(Dienststempel) (Unterschrift)
Polizeihauptm.	Hauptmann

Zur Beachtung

1. Alle Eintragungen sind mit Tinte oder mit Hilfe der Schreibmaschine auszuführen.
2. Der Verlust dieses Scheines ist sofort dem zuständigen Wehrmeldeamt zu melden.
3. Fälschung und mißbräuchliche Benutzung dieses Scheines wird als Urkundenfälschung gerichtlich verfolgt.

Im Namen
des Deutschen Volkes

Beglaubigte Abschrift.
17 J 28 / 36

2 H 24 / 37   *In der Strafsache gegen*

1.) den Elektromonteur Bruno B a u m aus Berlin, Usedomer Straße 19,
geboren am 13.Februar 1910 in Berlin, ledig, bestraft,

2.) den Dachdecker Erich H o n e c k e r aus Berlin, Brüsseler
Straße 26, geboren am 25.August 1912 in Neunkirchen (Saar), ledig,
unbestraft,

3.) die Medizinstudentin Sarah F o d o r o v à geborene Libun aus
Prag-Podoli, Doudova 23, geboren am 21.Juni 1912 in Spola (Ukraine),
verheiratet, tschechoslowakische Staatsangehörige, unbestraft,

4.) den Feinmechaniker Edwin L a u t e n b a c h aus Berlin-Charlottenburg, Herschelstraße 12, geboren am 18. April 1909 in Berlin-
Neukölln, ledig, unbestraft,

            sämtlich zur Zeit in Untersuchungshaft,

wegen Vorbereitung zum Hochverrat unter erschwerenden Umständen und
                    schwerer Urkundenfälschung,

hat der Volksgerichtshof, 2. Senat, in der öffentlichen Sitzung vom
8. Juni 1937 auf Grund der mündlichen Verhandlungen vom 7. und 8. Juni
1937, an welchen teilgenommen haben

            als Richter:
                Volksgerichtsrat Hartmann als Vorsitzender,
                Landgerichtsrat Waller,
                Gauamtsleiter Fischer,
                SA-Brigadeführer Bunge,
                Bezirksstadtrat Friedlein,
                    als Beamter der Staatsanwaltschaft:
                Staatsanwalt Dr. Drullmann,
                    als Urkundsbeamter der Geschäftsstelle:
                Justizsekretär Sonnenschein,

für Recht erkannt:

   I. Die Angeklagte F o d o r o v à wird freigesprochen,

  II. Die Angeklagten B a u m , H o n e c k e r und L a u t e n -
      b a c h werden wegen Vorbereitung eines hochverräterischen Unter-
      nehmens unter erschwerenden Umständen, Baum und Honecker in Tat-
                                            einheit

einheit mit einem Verbrechen der schweren Urkundenfälschung,
verurteilt:

Baum zu einer Zuchthausstrafe von 13 - dreizehn - Jahren,
Honecker zu einer Zuchthausstrafe von 10 - zehn - Jahren,
Lautenbach zu einer Zuchthausstrafe von 2 - zwei - Jahren
und 6 - sechs - Monaten.

III. Die bürgerlichen Ehrenrechte werden aberkannt:
Baum und _Honecker_ auf die Dauer von je 10 - zehn - Jahren,
Lautenbach auf die Dauer von 3 - drei - Jahren.

IV. Baum, Honecker und Lautenbach werden je 18 - achtzehn - Monate
der erlittenen Untersuchungshaft auf die erkannte Strafe ange-
rechnet.

V. Die auf Seite 47 der Angeklageschrift unter Beweismittel III
zu 2, 3, 4, 6 und 7 bezeichneten Gegenstände werden eingezogen.

VI. Die verurteilten Angeklagten tragen die Kosten des Verfahrens,
soweit Freisprechung erfolgt ist, trägt die Reichskasse die
Kosten des Verfahrens.

Von   Rechts   wegen.

Die Richtigkeit der vorstehenden Abschrift wird beglaubigt und die Vollstreckbarkeit des Urteils bescheinigt.

Berlin, den 9. Juni 1937.
gez. Heinrich, Amtsrat.
Beglaubigt:

Sonnenstein Justizsekretär,
als Urkundsbeamter der Geschäftstelle.

würdig«. Für die Gestapo war der Fall Honecker mit der Urteils-
verkündung jedoch nicht erledigt. Bei der Übergabe der Häftlinge
an die Strafjustizorgane kündigten die Kommissare Honecker zynisch ein »gutes Wiedersehen« an. Wie in ähnlichen Fällen üblich,
mußte auch Honecker nach der im Dezember 1945 anstehenden
Entlassung aus dem Zuchthaus mit der Überstellung in ein Konzentrationslager rechnen.

Die Urteilsbegründung des Volksgerichtshofes enthält eine Pas-
sage, die nach der Befreiung Erich Honeckers im Jahre 1945 in die
Kaderakte beim Zentralkomitee der KPD aufgenommen wurde, eine
»Beurteilung«, die den jungen Antifaschisten zweifellos schon 1937
mit Stolz erfüllte: »Die Angeklagten Baum und Honecker sind, wie
Umfang und Intensität ihrer illegalen Arbeit für den KJVD und auch
ihre Erklärungen in der Hauptverhandlung erweisen, überzeugte
und unbelehrbare Anhänger des Kommunismus. Sie haben sich den
ihnen gestellten hochverräterischen Aufgaben mit außerordentlicher Einsatzbereitschaft gewidmet. Aus der Stellung, welche sie in
der illegalen Organisation einnahmen, geht die Wertschätzung hervor, deren sie sich bei den maßgeblichen Stellen erfreuten…Zur inneren Tatseite hat der Angeklagte Honecker in der Hauptverhandlung erklärt, daß er bereits lange Zeit vor der Tat Kommunist gewesen sei und seine Überzeugung auch heute nicht geändert habe noch
ändern wolle. Seine illegale Arbeit in Deutschland habe ausschließlich den umstürzlerischen Zielen der KPD gegolten.«

Am 6. Juli 1937 wurde Erich Honecker von Berlin aus in das
Zuchthaus Brandenburg-Görden überführt. Diese moderne Strafanstalt, von der sozialdemokratischen Regierung Preußens während der Weimarer Republik erbaut, galt als eines der sichersten Gefängnisse der Welt. Auf Honecker, der fast acht Jahre hier gefangen
war, wirkte die mit hohen Mauern von der Außenwelt abgeschlos-
sene Strafanstalt »wie ein modernes Verlies, darauf angelegt, die Gefangenen einzuschüchtern und niederzudrücken. So war dort auch
die Atmosphäre. Der Strafvollzug hatte zum Ziel, vor allem die politischen Gefangenen – etwa zweitausendzweihundert von insgesamt dreitausend Häftlingen – zu demoralisieren und zu vernichten.

Nicht wenige Aufseher behandelten die politischen Gefangenen äußerst brutal. Hinsichtlich Verpflegung, Hygiene und Gesundheit bestanden zum Teil katastrophale Zustände. Der Hunger war in all den Jahren unser ständiger Begleiter. Zahlreiche Genossen sind an Tuberkulose und anderen Krankheiten zugrunde gegangen.«

An die Stelle des Terrors fanatisierter SS- oder SA-Mannschaften trat nun der vom Reglement altgedienter Justizwachtmeister geprägte Alltag des Zuchthauses. Trotzdem wurde der Gefangene immer wieder mit dem Tod konfrontiert, die Guillotine befand sich in bedrohlicher Nähe. Honecker erinnert sich bis zur Gegenwart an dieses Instrument einer gnadenlosen Justiz: »Das Schrecklichste aber waren die Hinrichtungen in einer Garage des Zuchthauses. Die meisten, die dort in den Tod gingen, waren unsere Genossen, oftmals gute Bekannte und enge Freunde. Anfangs noch selten, nahmen die Hinrichtungen bald mehr und mehr zu – bis über dreißig an je zwei Tagen der Woche. Und das Monat für Monat, Jahr für Jahr. Insgesamt wurden in der Hinrichtungsstätte des Zuchthauses bis April 1945 über zweitausend Antifaschisten ermordet...«

Der Häftling Honecker blieb zunächst ein halbes Jahr in strenger Einzelhaft. Schon bald spürte er jedoch die Solidarität seiner Genossen. Informationen wurden ihm übermittelt, und dann und wann steckte man ihm auch ein Stück Brot zu. Die Gewißheit, nicht völlig allein zu sein, im Kreise politisch Gleichgesinnter auch hinter Zuchthausmauern an ihrer Kameradschaft teilzuhaben, gab dem Dreiundzwanzigjährigen die Kraft zum Durchhalten. Was ihn besonders belastete, war das ungewisse Schicksal der Eltern und Geschwister im fernen Wiebelskirchen. Vater Wilhelm Honecker war als langjähriger Kommunist arbeitslos geworden. Die Nazis übten politischen Druck auf seine Angehörigen aus. Besuche durch die Schwester Gertrud und ihren Mann wurden nur selten genehmigt. Die Briefe gingen durch die Zensur der Gefängnisbeamten und vermochten die wirklichen Gedanken nur verschleiert wiederzugeben.

Während der sechs Monate seiner Einzelhaft erfreute sich Honecker einer Vergünstigung, die besonders politische Gefangene außerordentlich zu schätzen wissen: Er durfte lesen und fand vermutlich erstmals Zeit und Gelegenheit, Werke der Klassik kennen-zulernen. Shakespeares Dramen, Schillers und Goethes Werke, Bü-cher mit naturwissenschaftlicher Thematik und selbst historische Romane wie »Ein Kampf um Rom« des deutschnationalen Autors Felix Dahn las der junge Mann in der Einzelzelle. Er empfand die Lektüre als Trost und innere Bereicherung. Die Zuchthausbiblio-thek wurde von Bruno Leuschner verwaltet, einem intelligenten überzeugten Kommunisten, der seine Genossen bei der Bücherаus-leihe beriet und bei wertvoller Literatur bevorzugte. Leuschner er-rang später Spitzenfunktionen in der DDR, er wurde Politbüromit-glied der SED, Stellvertreter des Ministerpräsidenten und Vorsit-zender der Staatlichen Plankommission. Robert Menzel, ebenfalls ein früherer Funktionär des Kommunistischen Jugendverbandes, sorgte dafür, daß Honecker verhältnismäßig bald in die »Aristokra-tie« der Häftlinge aufstieg. Menzel brachte es Jahrzehnte später bis zum Stellvertreter des Ministers für Verkehrswesen. Genosse Erich wurde Kalfaktor für die Arbeitsverteilung, was ihm eine gewisse Bewegungsfreiheit verschaffte und den Kontakt zu anderen politi-schen Zuchthausinsassen ermöglichte. Unter streng konspirativen Regeln, zu denen auch äußerste Zurückhaltung gegenüber politisch Andersdenkenden oder Kriminellen gehörte, entfaltete sich inner-halb des Zuchthauses eine rege illegale Parteiarbeit der KPD-Mit-glieder. Honecker, der im Laufe der Jahre verschiedene Kalfaktor-funktionen ausübte, galt als verschwiegen, zuverlässig und einsatz-bereit. Was andere Häftlinge nach 1945 als kaltschnäuziges Verhal-ten oder gar Liebedienerei gegenüber den Aufsehern und höheren Strafvollzugsbeamten charakterisierten, mochte in Wahrheit der Tarnung gedient haben. Um unter den strengen Haftbedingungen antifaschistisch arbeiten zu können, bedurfte es gegenüber der An-staltsleitung korrekter und guter Arbeitsergebnisse, eines zumin-dest dem Schein nach disziplinierten und gehorsamen Verhaltens gegenüber allen Weisungen der Beamten.

Daß Erich Honecker den Ruf eines »Individualisten« genoß, der vor allem an guten Arbeitsergebnissen interessiert war, und ihn seine Mithäftlinge gelegentlich als Einzelgänger oder Egoisten beschimpften, ist kein Beweis für seine politische Passivität oder ein mangelhaft ausgeprägtes Kameradschaftsgefühl. Zu berücksichtigen ist dabei auch, daß Honecker bereits seit Jahren im konspirativen politischen Handeln »geübt« war. Er wußte, daß die Gestapo auch hinter den Zuchthausmauern ein Spitzelsystem eingerichtet hatte, um antifaschistische Aktivitäten der Widerstandskämpfer so früh wie möglich in Erfahrung zu bringen. Zu den verschiedenen Tätigkeiten, die Honecker nach der Einzelhaft ausübte, gehörte auch das Schleißen von Bettfedern und Zupfen von Sisalhanf. Unter dem als korrupt bekannten Wachtmeister Schilling mußte er mit ansehen, wie dieser Aufseher die von den Häftlingen erarbeiteten Produkte unter der Hand zu seinen Gunsten verschob.

Eine erheblich wichtigere Funktion erlangte Honecker, als man ihn zum Arztgehilfen beim Anstaltsarzt Medizinalrat Dr. Müller ernannte. Die illegale KPD-Parteiorganisation war bereits so einflußreich, daß sie im Laufe der Zeit nahezu alle Kalfaktorenposten mit zuverlässigen Genossen besetzen konnte. Unter den Augen der Wärter und des höheren Aufsichtsdienstes knüpften die Kommunisten ein enges Verbindungsnetz, tauschten Informationen und Nachrichten aus, die auch die illegale Arbeit außerhalb des Zuchthauses einschlossen, erteilten Parteiaufträge und diskutierten die weltpolitische Entwicklung. Dabei beurteilten die späteren Parteifunktionäre ihre Genossen bereits unter kaderpolitischen Gesichtspunkten. Gespräche über die Niederlage der KPD im Januar 1933 oder über wechselnde taktische Bündnisse, wie die auf Befehl der Moskauer Zentrale seit 1935 eingeleitete Volksfrontstrategie, wurden bis zur Erbitterung geführt. Erich Honecker selbst machte nach seiner Befreiung nur spärliche Mitteilungen über derartige Hafterlebnisse. Manches Interessante sparte er aus. Immerhin erfuhr man auch aus seinem Lebensbericht, daß er als Arztkalfaktor ein wichtiges Glied in der Kette der KPD-Untergrundzellen war. »Unsere Tätigkeit als Kalfaktoren bei den Amtsärzten war für die illegale Parteiorganisation von nicht zu unterschätzendem Wert. Konnten wir dadurch doch Kontakte zwischen den Kommunisten und anderen Gefangenen herstellen und aufrechterhalten, Nachrichten übermitteln und denjenigen Genossen Hilfe gewähren, die sie am dringendsten brauchten. Da uns die Ärzte bei der Einteilung der Gefangenen für die Untersuchung und Behandlung bald freie Hand ließen, teilten wir den Kalfaktoren in den Zellentrakten mit, an welchem Tag sich welche Genossen beim Arzt melden sollten. Wir schlossen sie in eine Wartezelle und holten sie erst im letzten Augenblick zur Behandlung, was ihnen Gelegenheit und Zeit zu Gesprächen bot. In der Regel wurden neu eingelieferte Gefangene dem Arzt vorgestellt. Mit den Genossen konnten wir daher ersten Kontakt aufnehmen und die Verbindung zur illegalen Parteiorganisation herstellen...«

Die Namen von Honeckers Mitgefangenen in Brandenburg, die nach 1945 führende Positionen in der KPD und SED einnahmen, belegen, daß sich das Zuchthaus Brandenburg – aber auch die anderen Haftanstalten des Dritten Reiches – durch das zielbewußte und planmäßige Handeln der Kommunisten zum »Kaderreservoir für die verbotene und verfolgte Partei entwickelte«. Neben den bereits erwähnten Führungskadern Bruno Leuschner und Robert Menzel kam es im Verlauf der Haftjahre zu engen Kontakten mit Alfred Neumann, der wie Bruno Leuschner bis ins Politbüro der SED aufstieg und heute noch als Stellvertreter des Ministerratsvorsitzenden amtiert, zu intensiven Begegnungen mit Fritz Lange, Alfred Lemnitz (beide nach 1949 Minister der DDR-Regierung), Kurt Seibt, Artur Mannbar, Erich Paterna, Hans Mikisch, Erich Ziegler und vielen anderen.

Drei Kommunisten, die nach 1945 und in den folgenden Jahrzehnten zu publizistischer und politischer Prominenz gelangten und deren Schicksale weit über die deutschen Grenzen bekannt wurden, erwähnt Erich Honecker in seinen Erinnerungen nicht einmal namentlich, obwohl Heinz Brandt, Ernst Niekisch und Robert Havemann als bewährte antifaschistische Intellektuelle, Widerstandskämpfer und (bis auf Niekisch) auch KPD-Mitglieder im Zuchthaus Brandenburg bekannt waren und Honecker ihnen auch begegnet sein dürfte. Heinz Brandt, als Neunzehnjähriger in die KPD eingetreten, war seit 1933 inhaftiert, 1935 überstellte man ihn als sogenannten »Langstrafer« in das Zuchthaus Brandenburg, wo er bis 1942 verblieb, um anschließend die Konzentrationslager Sachsenhausen, Auschwitz und Buchenwald zu überleben. Nach 1945 war Brandt Spitzenfunktionär der SED-Landesleitung Groß Berlin, 1958 floh er in die Bundesrepublik, wo er als Sozialdemokrat und Gewerkschaftler hervortrat. 1961 verschleppten ihn Agenten des Staatssicherheitsministeriums in die DDR. Dort verurteilte man ihn zu dreizehn Jahren Zuchthaus. 1964 kehrte er im Austausch gegen einen DDR-Agenten in den Westen zurück und blieb als unabhängiger Sozialist und Gewerkschaftler bis zu seinem Tod 1985 aktiv tätig.

Ernst Niekisch, 1918 Arbeiter- und Sodatenrat in Bayern, hatte sich in der Weimarer Republik zum Sozialismus bekannt und war für ein Bündnis zwischen Deutschland und Sowjetrußland eingetreten; von Hitlers Volksgerichtshof zu lebenslänglicher Haft verurteilt, war er von 1939 bis 1945 in Brandenburg inhaftiert. Niekisch erhielt 1948 an der Berliner Humboldt-Universität einen Lehrstuhl für »Politische und soziale Probleme der Gegenwart«. Er wurde Mitglied des Präsidialrates im Kulturbund und ab 1949 Volkskammerabgeordneter der DDR. In den fünfziger Jahren zog er sich aus dem politischen Leben zurück, nachdem ihn die SED unter entwürdigenden Umständen aus dem Lehramt verdrängt und seine Bücher verboten hatte.

Der Wissenschaftler Dr. Robert Havemann schließlich, der von der Hitler-Justiz als kommunistischer Widerstandskämpfer zum Tode verurteilt worden war, arbeitete nach der Intervention befreundeter prominenter Wissenschaftler als Chemiker an angeblich kriegswichtigen Forschungen für das Heereswaffenamt. Deshalb war seine Hinrichtung aufgeschoben worden. Seine wissenschaftlichen Fähigkeiten kamen der KPD-Widerstandsgruppe im Zuchthaus zugute. Er hatte einen kleinen leistungsfähigen Kurzwellenempfänger gebaut, mit dem täglich Nachrichten aus der Außenwelt empfangen werden konnten. Da Robert Havemann für die Abfassung seiner wissenschaftlichen Studien eine Schreibmaschine besaß, hatte die Parteizelle der KPD beschlossen, daß der zuverlässige Genosse eine »Zeitung« mit Meldungen von Radio Moskau, BBC London, Wehrmachtsgeheimsendern und dem amtlichen Wehrmachtsbericht aus dem Führerhauptquartier zusammenstellen sollte. Die Zeitung hieß »Der Draht« und »erschien« von August 1944 bis zum 27. April 1945, fast ein dreiviertel Jahr über, bis die Rote Armee das Zuchthaus besetzte. Das Blatt wurde sogar am Sonntag verteilt, da Havemann auch an den Wochenenden in seinem Labor arbeitete. Da die meisten Kalfaktoren Kommunisten waren, machte die Verbreitung der Informationen wenig Schwierigkeiten. Auch Erich Honecker hat aus den Informationen großen Gewinn gezogen, solange er im Zuchthaus war.

Nach dem Zweiten Weltkrieg wirkte Havemann in der DDR als Professor, Akademiemitglied und Institutsdirektor für physikalische Chemie, Abgeordneter der Volkskammer und SED-Mitglied. Er galt seit seiner aufsehenerregenden Vorlesung über »Naturwissenschaftliche Aspekte philosophischer Probleme« im Jahre 1964 als der führende deutsche Reformkommunist. Die SED verstieß ihn statutenwidrig aus der Akademie der Wissenschaften, nahm ihm alle Ämter und schloß ihn aus der Partei aus. Bis zu seinem Tod umstellten Staatssicherheitsbeamte sein Haus bei Berlin und behinderten rigoros seine Freizügigkeit.

Die Eindrücke dieser drei Sozialisten, die sich vom orthodoxen Kommunismus trennten, erlauben es, die für die Persönlichkeitsentwicklung Erich Honeckers bedeutsamen Haftjahre objektiver und umfassender darzustellen, als dies aufgrund der mündlichen und schriftlichen Mitteilungen des SED-Chefs möglich ist. Verließe man sich nur auf die von der SED geförderten oder genehmigten Kronzeugenberichte, würde das Bild jener Jahre vor allem der historischen Genauigkeit ermangeln.

Eine der großen und folgenschweren politischen Auseinandersetzungen unter den vom Naziregime inhaftierten Kommunisten – aber auch unter den Emigrierten – beschäftigte sich mit der Haltung der Sowjetunion und der Strategie und Taktik der von Stalin geführten KPdSU sowie der in ihrem Gefolge wirkenden bolschewistischen Weltorganisation Komintern. Über diesen Klärungsprozeß in den

Reihen der eingesperrten Kommunisten gelangt Heinz Brandt zu einem ganz anderen Urteil als sein Mithäftling aus dem Saarland:

»In Brandenburg-Görden begannen die wirklich verbissenen, erbitterten Auseinandersetzungen unter uns. Die Ereignisse stellten uns vor die Frage, ob nicht die Grundlagen unseres Denkens unzureichend, ja weitgehend falsch gewesen waren. Jetzt ging es nicht mehr nur um die ›Fehler‹ Stalins oder Ulbrichts, es ging auch um unser mystisches Bild von Lenin und der Oktoberrevolution. Selbst bei Trotzki war ja der Marxismus-Leninismus nicht in Zweifel gezogene Grundlage des Denkens. Seine Kritik richtete sich im wesentlichen gegen Stalin und die entartete stalinistische Bürokratie. Stalin habe den Leninismus verraten. In der Zeit der Brandenburger Haft fallen auf uns Hammerschläge, die unser bisheriges ›geschlossenes‹ Weltbild weithin in Frage stellen, überfluten uns Ereignisse, von denen eines in immer schreienderem Widerspruch zu unserer ›Theorie‹ steht als das andere... Immer schärfer schälen sich zwei Gruppen heraus. Die unbedingt Linientreuen, die nichts hinzugelernt haben, durch die Haft noch verhärtet werden und der Politik Stalins und der Komintern blindlings vertrauen. Sie diffamieren den geringsten Zweifel bereits als beginnende ›Zersetzung‹. Diese Linientreuen erhalten laufend Verstärkung durch Kettenverhaftungen im oberen illegalen Funktionärsapparat. Aber auch die andere Gruppe, die der nachdenklich gewordenen Kommunisten, wächst an. Sie verbindet sich mit all jenen Genossen, die schon lange zuvor nicht stalinistisch waren. Hauptdiskussionspunkte: die Moskauer Schauprozesse, die Entwicklung des Spanischen Bürgerkrieges, später die Ermordung Trotzkis und – und nun beginnt die Diskussion lebensgefährlich zu werden – der Hitler-Stalin-Pakt und der anschließende Finnlandfeldzug.«

Unter den Diskussionspartnern Heinz Brandts befanden sich auch enge Kampfgefährten Erich Honeckers wie Fritz Große (vor 1933 Leiter des KVJ, D. B.) und Bruno Baum, mit dem Honecker zuletzt in Berlin die illegale Arbeit des KJV leitete und gemeinsam vor dem Volksgerichtshof stand. Dieser Bruno Baum, nur zwei Jahre älter als Honecker, gehört zu den von Brandt als »allzeit Eisernen« bezeichneten Verfechtern der stalinistischen Parteilinie. Nach 1945 war er in führenden Funktionen der SED tätig. Sogar im Zuchthaus ist er über kommende Entwicklungen der sowjetischen Politik informiert. Heinz Brandt berichtet:

»Das Verdienst für diese frühzeitige Information kann Bruno Baum für sich buchen, der unmittelbar nach der sensationellen Märzrede Stalins auf dem achtzehnten Parteitag der KPdSU, 1939, deren Text übermittelt bekam. Er verstand seinen Stalin richtig. Deshalb lehnte er die Version der Entschuldiger Stalins brüsk ab, jener, die da meinten, Stalin habe nur geblufft mit seiner Drohung, daß die Panzer Hitlers auch gen Westen gedreht werden könnten; in Wirklichkeit wolle Stalin damit nur günstigere Bedingungen für einen Pakt mit den Westmächten herausschinden. Bruno Baum trat ebenfalls gegen diese Ansichten auf, allerdings mit ganz anderen Argumenten: ›Was kann uns Besseres passieren‹, so meinte er, ›als daß die imperialistischen Räuber sich gegenseitig in die Haare geraten, die Sowjetunion so aus dem Kriege herausbleibt, um erst im Endstadium einzugreifen?!‹ Schon Lenin habe gelehrt, daß Kommunisten die imperialistischen Gegensätze ausnutzen müßten. Mit welchem Räuber man sich dann vorübergehend verbände, sei eine rein taktische, aber keine prinzipielle Frage. Warum nicht mit Hitler, wenn das für das ›sozialistische Vaterland‹ das Vorteilhafteste sei? Das Verhängnisvolle an dieser Betrachtung war die Gleichsetzung der westlichen Demokratie mit dem faschistischen Blutregiment, ganz zu schweigen von der Einschätzung der stalinistischen Despotie des ›sozialistischen Vaterlandes aller Werktätigen‹. Es ist eine Tatsache, daß die Stalin-Brille, richtiger gesagt der Mythos, mit dem man die Sowjetunion umgab, den Unentwegten die Sicht so trübte, daß sie alles hinnahmen, wenn es nur aus Moskau kam, wenn es nur der ›weise Lehrer aller Völker‹ deklariert hatte. Der Stalinismus hat von jeher, wenn Tatsachen seinen Behauptungen offensichtlich entgegenstanden, diese Tatsachen geleugnet, gefälscht und umgeschrieben. Es ist also kein Wunder, daß Bruno Baum und seine Anhänger (dazu gehörte auch Erich Honecker, D. B.) das Zustandekommen des sogenannten Nichtangriffspaktes im August 1939 begrüßten, gerade weil damit der Krieg ausgelöst, herbeigeführt wurde – der erwünschte Krieg der ›Imperialisten untereinander‹.«

Bis zu diesem Zeitpunkt hatte im Zuchthaus Brandenburg unter den Kommunisten eine Art Familiengesinnung geherrscht. Am Hitler-Stalin-Pakt schieden sich jedoch die Geister. Das System der gegenseitigen moralischen und materiellen Hilfe, das so ausgezeichnet funktioniert hatte, brach zusammen. Der Austausch von Informationen mittels Kassibern, die Beschaffung von Zeitungen oder gar die Verteilung von manchmal lebensrettenden Nahrungsmitteln hörte auf. Die Stalinisten »zerrissen die bisherigen Bande der Solidarität. Es trat eine sehr komplizierte Lage ein«, berichtete Heinz Brandt. Die Mehrzahl der bisher »Unentschiedenen« äußerten Niedergeschlagenheit, ja Verzweiflung, zumindest schwankten sie in ihrem Vertrauen auf die Moral und Weisheit Stalins.

Heinz Brandt bemerkte mit Erschütterung, daß eine ganze Reihe von politischen Häftlingen dem Hitler-Stalin-Pakt aber auch gute Seiten abzugewinnen begannen, »in der illusionären Hoffnung, er werde zu einer Massenamnestie für die Antifaschisten, zu unserer aller und auch zu Ernst Thälmanns Befreiung führen: Vielleicht sei auch an einen Austausch von uns in die Sowjetunion gedacht, das sei doch das mindeste, was Stalin jetzt von Hitler verlangen würde. Mit den Schüssen gegen Polen erloschen die Amnestieträume. Selbst linientreue Häftlinge waren erschüttert, als sie dem Naziblatt ›Völkischer Beobachter‹ Molotows (damals Regierungschef der UdSSR, D. B.) obskures Telegramm an Hitler lasen, in dem Hitler der ›ewigen Freundschaft‹ zwischen beiden Ländern versichert wurde, die durch das ›gemeinsam geopferte Blut besiegelt‹ worden sei. Gemeint war das Blut der – bei dem gemeinsamen Feldzug zur Aufteilung Polens – gefallenen deutschen und russischen Landser.« Der Häftlingsaustausch fand dann auch tatsächlich statt. Allerdings nicht so wie mancher deutsche Kommunist sich das erträumt hatte. Genauer gesagt wurde auch nicht ausgetauscht, sondern ausgeliefert, als Stalin 1940 deutsche Antifaschisten und Kommunisten, die in der Sowjetunion Zuflucht gesucht hatten, darunter Margarete Buber-Neumann, an die Gestapo abschob. Die von Heinz Brandt geschilderten Konflikte unter den im Zuchthaus Brandenburg inhaftierten Kommunisten erreichten einen Höhepunkt, als die Stalinisten drohten: »Später einmal wird euch die Partei wegen eurer Abweichungen, eurer parteifeindlichen Kritik zur Rechenschaft ziehen.« Die Orthodoxen deklarierten die Kritiker der Stalinschen Politik »als ›trotzkistische und bürgerliche‹ Agenten des Faschismus, mit denen die Diskussion abzubrechen sei. Sie versuchten, uns moralisch und politisch zu isolieren (wer Stalin kritisiert, hilft Hitler) – uns gegenüber höre die Zuchthaussolidarität auf...«

Bruno Baum, Erich Honecker und die Gruppe der Stalinisten setzten auf die von der KPdSU und der Komintern vertretene Generallinie. Die in Moskau residierende Leitung der Exil-KPD verwarf 1939, nach Beginn des Zweiten Weltkrieges, ihre erst vor vier Jahren verkündete Volksfront-Theorie eines gemeinsamen Widerstandes aller antifaschistischen Demokraten. Wilhelm Pieck, der als Nachfolger Thälmanns zum Vorsitzenden der KPD avanciert war und sein immer mächtiger werdender »junger Mann« Walter Ulbricht stellten sich unmittelbar vor Hitlers Angriff gegen Nord- und Westeuropa auf den Standpunkt, daß der englische Imperialismus der Hauptfeind sei und zum Frieden mit Hitler-Deutschland gezwungen werden müsse. KPD-Parteichef Pieck schrieb im Dezember 1939 in der Kominternzeitschrift »Die Kommunistische Internationale«: »Um was geht es in diesem europäischen Krieg, der zwischen dem englischen und französischen Imperialismus einerseits und dem deutschen Imperialismus andererseits geführt wird? Die Chamberlain-Regierung hat kategorisch erklärt, und die Daladier-Regierung ist ihr darin gefolgt, daß sie den Krieg nicht beenden, den Frieden nicht herbeiführen wollen, sondern daß sie entschlossen sind, den Krieg gegen Deutschland fortzusetzen bis zur ›Vernichtung des Hitlerismus‹...Der englische Imperialismus ist in seiner auswärtigen Politik immer sehr gewundene Schleichwege gegangen, um seine wahren Absichten zu verbergen und andere Völker für seine Machterweiterung bluten zu lassen. Diese Politik setzt er auch mit diesem Kriege fort. Sein Ziel ist die Unterwerfung des deutschen Volkes...

Das deutsche Volk soll durch Hungerblockade und militärische Gewaltmittel auf die Knie gezwungen werden. Es soll ihm ein noch schlimmeres Versailles als 1918 auferlegt werden... Die sozialdemokratischen Führer, auch die deutschen, unterstützen diese Kriegsziele des englischen Imperialismus durch die gemeinste Hetze gegen die Sowjetunion und gegen die Kommunisten; sie rufen zur Unterstützung des Krieges gegen Deutschland auf... Der Krieg zwischen England, Frankreich und Deutschland ist ein imperialistischer Krieg... Mit dem Pakt, den die Sowjetunion mit Deutschland abschloß, wurde den werktätigen Massen der größte Dienst erwiesen... Gegenüber dem verbrecherischen Plan des englischen und französischen Imperialismus, durch den Krieg das deutsche Volk zu schlagen... steht vor der englischen und französischen Arbeiterklasse die Aufgabe, die Durchführung dieses Verbrechens unmöglich zu machen und die englische und die französische Regierung zum Abbruch des Krieges gegen Deutschland zu zwingen...«

Honecker blieb gegenüber der wechselnden Taktik der kommunistischen Linie stets loyal. Er war zutiefst von der Richtigkeit der Stalinschen Politik überzeugt, die nach seinem Glauben den Endsieg der Bolschewisten über alle anderen politischen Vorstellungen und jede Spielart des bürgerlich-demokratischen Parlamentarismus garantierte. Er kommentiert noch als Siebzigjähriger den Hitler-Stalin-Pakt folgendermaßen: »Als am frühen Morgen des 24. August 1939 faschistische Zeitungen die Unterzeichnung des Vertrages meldeten, organisierten Max Uecker und ich noch vor sieben Uhr eine Zusammenkunft mit Max Maddalena und Fritz Große in der Wartezelle des Zahnarztes. Wir waren uns einig, daß der Abschluß des Vertrages ein diplomatischer Erfolg der Sowjetunion war. Entging sie dadurch doch der Gefahr, isoliert einem einheitlichen Block der imperialistischen Mächte gegenüberzustehen...Zugleich behielt sie das Gesetz des Handelns und gewann Zeit, ihre Verteidigungskraft zu stärken...«

Wie aberwitzig die Vorstellung der Stalinisten zu jener Zeit waren, geht aus dem Zellengespräch hervor, das Heinz Brandt mit dem von Honecker erwähnten Fritz Große im August 1939 führte.

Große, vor 1933 Führer des KJV – ein Vorbild und Vorgesetzter Honeckers –, äußerte Heinz Brandt gegenüber entwaffnend treuherzig: »Hitler sei durch Stalin in den Kampf gegen England, das Bollwerk der Weltreaktion, die kapitalistische Hauptmacht gedrängt worden. Die Nazis – vollgesogen mit wirren, noch unklaren sozialistischen Vorstellungen – hätten die reaktionärsten Imperialisten angegriffen. Unter dem Druck der befreundeten Sowjetmacht würde diese Auseinandersetzung die ideologisch unklare NSDAP zersetzen, kanalisieren, bolschewisieren und über diese ›Umwandlung‹ der NSDAP den Weg für eine sozialistische deutsche Entwicklung ebnen...«

Nach sieben Zuchthausjahren erwogen die Justizorgane im Herbst 1942 eine Haftverkürzung für den jetzt dreißigjährigen Sträfling Honecker. Auf eine Anfrage des Oberreichsanwaltes beim Volksgerichtshof beurteilte die Zuchthausverwaltung sein Verhalten positiv. Der Strafgefangene Honecker habe »sich bisher gut geführt und ordentlich gearbeitet«. Es könne daraus der Schluß gezogen werden, daß er im Laufe der »Strafzeit zur Einsicht gekommen« sei. Die Zentrale der Gestapo in Berlin entsandte daraufhin einen, wie Honecker berichtete, »jungen, schlanken Mann mit guten Manieren, abgeschlossenem Studium und offenbar humanistischer Bildung«, der sich im Amtszimmer des Anstaltsdirektors ausführlich und »menschlich« mit dem Häftling unterhielt. Dessen Beurteilung Honeckers fiel jedoch negativ aus, in ihr hieß es: »Wie aus der politischen Vergangenheit des Honecker und seiner intensiven Arbeit für die illegale KPD hervorgeht, handelt es sich bei ihm um einen überzeugten kommunistischen Funktionär. Er hat sogar während der Untersuchungshaft seine staatszersetzende Tätigkeit fortzusetzen versucht. Das erkennende Gericht hat ihn ebenfalls als unbelehrbaren Anhänger des Kommunismus bezeichnet. Von seiner inneren Wandlung bin ich daher nicht überzeugt. Angesichts der Kriegslage besteht auch die Gefahr, daß er erneut in die illegale KPD hineingezogen wird, zumal eine ausreichende Überwachung nicht gewährleistet ist. Ich bin deshalb nicht in der Lage, eine vorzeitige Haftentlassung zu befürworten...«

Dieses Naziverdikt macht dem Antifaschisten Honecker alle Ehre. Vermutlich hat er auch dem intelligenten Vernehmungsbeamten gegenüber keine staatstreue Gesinnung geheuchelt, obwohl gerade zum Zeitpunkt des Gesprächs die Siege des Hitler-Regimes ihren Höhepunkt erreichten. Deutsche Truppen standen im Kaukasus, hatten bereits die Wolga erreicht und behaupteten die eroberten Stellungen von Narvik in Norwegen bis nach Nordafrika; die deutsche Marine meldete große Erfolge im U-Bootkrieg. Zum Opportunisten war Erich Honecker nach sieben schweren Haftjahren nicht geworden. Plumpe Anbiederung bei den »faschistischen Todfeinden« war nicht seine Sache. Dabei muß noch bedacht werden, daß sich die Situation der politischen Gegner Hitlers in den Kerkern im Verlauf des Krieges erheblich verschlechtert hatte.

Zu eben der Zeit, da Honecker erfuhr, daß die Gestapo eine Strafverkürzung ablehnte, wurde ein politischer Häftling namens Erich Hanke in die überfüllte Strafanstalt eingewiesen, der schon bald eine engere Bindung zu Honecker aufnehmen sollte. Er beschreibt die Lebensumstände der letzten Kriegsjahre in Brandenburg-Görden: »Ich kam in eine Zelle von acht Quadratmetern, die schon mit drei Mann belegt war. In ihr befanden sich ein Zweietagenbett, eine Pritsche, die nachts von der Wand heruntergeklappt wurde, der Tisch, der Schemel und die Toilette. Die Masse der Gefangenen – bis auf die Kalfaktoren, die sich in einer etwas besseren Lage befanden – war halb verhungert. Ich erinnere mich noch heute mit Schrecken an jene Tage, an denen die Mittagsmahlzeit aus einem Achtelliter in Wasser gekochtem Kohl und vier Kartoffeln bestand, von denen oft zwei bis drei völlig schwarz und ungenießbar waren...«

Erich Hanke, Kommunist, gerade zweiunddreißigjährig und wie Honecker zu zehn Zuchthausjahren verurteilt, war von Beruf Maurer. Um eine »kriegswichtige« Produktionshalle der Arado-Flugzeugwerke aufzubauen, wurde in unmittelbarer Nähe des Zuchthauses eine Häftlingsbaukolonne eingesetzt, zu der Hanke gehörte. Hier begegneten sich die beiden Genossen zum ersten Mal, deren Lebensweg sich in den letzten Kriegsjahren zeitweilig auf dramati-

sche Art miteinander verband. Honecker war als gelernter Dachdecker der Baukolonne zugeteilt worden, um seine Berufskollegen
bei der Fertigstellung der Arado-Halle anzuleiten. Honecker erzählt: »In Brandenburg-Görden waren nur zwei Dachdecker inhaftiert. So wurde ich eher, als ich gedacht hatte, Meister. Als solcher
hatte ich große Bewegungsfreiheit, denn auf die Dächer konnte mir
kein Aufseher nachturnen, sei es auf den Brennabor-Werken, den
Arado-Flugzeugwerken oder dem Stahl- und Walzwerk Brandenburg...«

Erich Hanke bezeugt die Solidarität seines Genossen: »Einige
Zeit vor Abschluß der Bauarbeiten an der Arado-Halle kam auch
Erich Honecker auf die Baustelle. Wie es unter Genossen üblich
war, halfen wir uns gegenseitig, die Ernährung zu verbessern. Ich
hatte manchmal die Möglichkeit, aus den in der Nähe des Baugelän-
des liegenden Mieten Kartoffeln zu beschaffen. Erich verfügte bei
den Dacharbeiten über eine Tonne, in der Teer gekocht wurde. Sie
mußte nun außerdem zum Kochen der Kartoffeln dienen. Wenn es
mir gelungen war, Kartoffeln zu besorgen, bereitete ich alles vor,
wusch sie, schüttete sie in einen alten Marmeladeneimer und füllte
ihn mit Wasser. In einem günstigen Augenblick, wenn die Bewachung abgelenkt war, ließ Erich vom Dach ein Seil herab. Hatte ich
den Eimer befestigt, zog er ihn wieder hoch. Nachdem er die Kartoffeln gekocht hatte, ließ er meinen Teil wieder herab. Eines Tages
erwartete mich eine besondere Überraschung. In dem herunterpen-
delnden Eimer befanden sich – anstatt der erwarteten Pellkartoffeln
– in Papier gewickelte Quetschkartoffeln, die mit Zwiebellauch und
Salz angerichtet waren. Kein Gänsebraten, den ich sehr gern esse,
bereitet mir heute so viel Genuß wie damals diese Quetschkartoffeln. Etwa zweihundert Meter entfernt von der Baustelle befand
sich eine Anstaltsgärtnerei. Gefangene hatten dort Zwiebeln geern-
tet und mußten den Lauch auf einen Komposthaufen werfen. Erich
war es gelungen, etwas von diesem Zwiebellauch und auch Salz zu
beschaffen und eine schmackhafte Speise zu bereiten. Dieses Glück,
Kartoffeln zu beschaffen, hatten wir damals nicht oft; normaler-
weise wühlte der Hunger in unseren Eingeweiden. Die Tagesration

von dreihundert Gramm Kartoffelklitschbrot aßen wir schon morgens, ohne daß unser Hungergefühl verschwand. Abends war es dann am furchtbarsten. Die ›warme Mahlzeit‹ bestand aus einem Dreiviertelliter Wassersuppe, die wir hinuntertranken. An Tagen, an denen wir Kaltverpflegung erhielten, bekamen wir nur zehn Gramm Fett und dreißig Gramm Gummiwurst. Manchmal hatten Erich oder ich die Kraft, von dem Brot, das morgens ausgegeben wurde, ein kleines Stückchen oder mittags eine Kartoffel zurückzulegen, und abends wurde beides zwischen uns geteilt…«

Im Herbst 1943 wurde Honecker auf einem dem Zuchthaus gehörenden landwirtschaftlichen Gut am Plauer See zur Arbeit eingesetzt. Hier begegnete er russischen Soldaten, die man als Kriegsgefangene besonders brutal behandelte. Sie litten schrecklichen Hunger. Honecker erzählte später über seine Hilfe: »Im Plauer Hof befanden sich sowjetische Kriegsgefangene, die meisten von ihnen fast verhungert. Um sie vor dem Untergang zu bewahren, steckten wir ihnen hin und wieder ein Stück Brot zu. Aus Kartoffelmieten, die auf dem Gelände dieses Außenlagers angelegt worden waren, entwendeten wir heimlich Kartoffeln. Das mußte unter den Augen der Wachposten geschehen. Für die Dacharbeiten hatten wir einen Teerofen. Darauf kochte ich die Kartoffeln und ließ sie den sowjetischen Genossen bringen…«

Das Jahr 1943, in dem die Kriegswende nicht mehr zu übersehen war und die Hiobsbotschaften aus Hitlers Führerhauptquartier im amtlichen Wehrmachtsbericht gemeldet wurden – die Niederlage von Stalingrad, die Kapitulation des Afrikakorps, der Sturz Mussolinis nach der alliierten Landung in Italien –, stärkte bei den politischen Gegnern des Nazisystems die Hoffnung auf Befreiung von der Tyrannei. Erich Honecker und die kommunistischen Häftlinge im Zuchthaus Brandenburg blickten wie gebannt auf den Vormarsch der Roten Armee, die seit dem Frühjahr 1943 an allen Frontabschnitten zur Offensive gegen die deutsche Wehrmacht überging. Nun traten jene politischen und militärischen Ereignisse ein, die überzeugte Kommunisten stets vorausgesagt hatten. Honecker selbst bekannte in seinen Erinnerungen im Rückblick auf diese Zeit: »Eines stand für mich felsenfest: Die sozialistische Sowjetmacht würde den räuberischen faschistischen deutschen Imperialismus vernichtend schlagen. Ich war davon überzeugt, daß sich die Sowjetmenschen dem Aggressor niemals beugen würden. Hatte ich doch 1930/1931 in Moskau und Magnitogorsk ihren Enthusiasmus, ihre Schöpferkraft und ihren unbändigen Willen kennengelernt, mit allen, auch den größten Schwierigkeiten fertig zu werden...«

Jeder Sieg der Roten Armee und ihrer Verbündeten wurde von den eingekerkerten Hitler-Gegnern mit »unbeschreiblicher Freude« aufgenommen. Andererseits konnten sich die inhaftierten Antifaschisten ausrechnen, daß die Nazis dafür sorgen würden, daß ihre konsequentesten Gegner das eigene Ende nicht überlebten. Weder würden sie ihnen den Triumph gönnen, Zeugen des alliierten Sieges zu werden, noch sollten sie Gelegenheit erhalten, Vergeltung für alle Unrechtstaten der Nazis zu üben.

Im Herbst 1943 und im Frühjahr 1944 verschärften sich mit der veränderten Kriegslage auch die Haftbedingungen im Zuchthaus. Erich Honecker war mit seiner Dachdeckerkolonne unter Bewachung häufig in Berlin, wo man die Häftlinge zu Reparaturen an bombengeschädigten öffentlichen Gebäuden und zur Beseitigung von Blindgängern einsetzte. Die Bombenangriffe der amerikanischen und britischen Luftwaffe zerstörten planmäßig die deutsche Metropole, nachdem bereits viele andere Städte des Reiches in Schutt und Asche gesunken waren. Über diese gefährlichen Arbeiten schrieb Honecker: »Unsere Baukolonne wurde immer häufiger eingesetzt, um Bombenblindgänger zum Entschärfen freizulegen. Wenn notwendig, trugen wir sie unentschärft auf den Schultern ein Stück weiter. Wir gruben verschüttete Luftschutzkeller frei, bargen Tote und Verletzte oder räumten Trümmer von den Straßen. Gerieten wir dabei in einen neuen Bombenangriff – und das geschah immer öfter –, dann wurden wir eingesetzt, um Brandbomben und Brandkanister von den Dächern zu werfen. Ich war also sozusagen bei einem ›Himmelfahrtskommando‹ angelangt. Rückblickend läßt sich dazu sagen: Ein Wunder, daß wir am Leben blieben...«

Im Frühjahr 1944 trafen sich die Genossen Hanke und Honecker erneut in einer Reparaturkolonne, die man auf Anforderung von Dienststellen der Hauptstadt täglich auf Lastkraftwagen vom Zuchthaus Brandenburg-Görden nach Berlin fuhr. Als das Benzin immer knapper wurde, stationierte man die Häftlinge im Frauengefängnis Barnimstraße im Stadtbezirk Friedrichshain, einem alten Bau, in dem dreißig Jahre früher Rosa Luxemburg als Gegnerin der Kriegspolitik des wilhelminischen Deutschland inhaftiert gewesen war. Später wurden sie im Frauenjugendgefängnis Berlin-Lichtenberg in der Magdalenenstraße untergebracht. Die Aufsicht durch den SS-Hauptsturmführer Seraphim, der die Verantwortung für das Häftlingsarbeitskommando trug, lockerte sich im Laufe der Zeit.

Unter den Aufseherinnen des Frauengefängnisses Barnimstraße lernte Erich Honecker eine »kriegsdienstverpflichtete« junge Frau kennen, die früher dem Arbeitersportverein Fichte angehörte, in dem auch er einst aktiv gewesen war. Sie ermöglichte es ihm, während der Bomberanflüge ausländische Rundfunkstationen wie die BBC London und Radio Moskau abzuhören, was der exakten Information über die Kriegs- und Frontlage diente.

Täglich transportierte man die »Staatsfeinde« zu beschädigten Behördenhäusern. Honecker und Hanke empfanden Genugtuung über den sich allmählich abzeichnenden Zusammenbruch der Naziherrschaft. Sie sahen aber auch das Elend der Frauen, Kinder und Greise, die nun an der »Heimatfront« die Greuel des von Hitler im Namen des deutschen Volkes begonnenen und unmenschlich geführten Krieges selbst erlebten. Unter den dramatischen Umständen der englisch-amerikanischen Luftangriffe gewannen die Häftlinge mehr Bewegungsfreiheit, wenn sich die Posten beim Dröhnen der Flakgeschütze und niedergehenden Bomben in die Luftschutzräume flüchteten.

Wurde Entwarnung gegeben, saß der Zuchthäusler Erich Honecker im Zentrum der Reichshauptstadt, mitten im Regierungsviertel zwischen Wilhelmstraße und Potsdamer Platz, direkt gegenüber der protzigen Neuen Reichskanzlei Adolf Hitlers auf den Dächern der Akademie für Deutsches Recht, dem Amtsgericht Schöneberg, dem Kammergericht oder sogar dem Volksgerichtshof in der Bellevuestraße, wo einst sein Prozeß stattgefunden hatte und deckte die zerstörten Dächer neu.

Im Herbst 1944 waren die Amerikaner und Engländer nach der gelungenen Invasion in der Normandie bis an den Rhein vorgedrungen. Hitlers Ardennenoffensive im Dezember 1944 scheiterte, und damit waren seine letzten Reserven verbraucht. Die Sowjettruppen stießen im Januar 1945 mit einer sieben- bis zehnfachen Überlegenheit über die Weichselbrückenköpfe hinweg und überrannten Deutschlands Ostprovinzen. Bis Ende Januar waren sie in nur zwei Wochen fünfhundert Kilometer vorangekommen. Stalins Armeen standen vor Küstrin und Frankfurt an der Oder. Sie schlossen die schlesische Hauptstadt Breslau ein. Doch weiterhin flogen Tausende anglo-amerikanischer Bombenflugzeuge ihre verheerenden Luftangriffe gegen Berlin, Dresden und viele deutsche Städte.

Die Arbeit von Erich Honeckers Baukolonne glich dem sinnlosen Treiben des Sisyphus aus der antiken Mythologie. Waren nach einem der für die Berliner bereits zur Gewohnheit gewordenen Nachtangriffe die Dächer provisorisch gedeckt, Maurer- und Räumungsarbeiten notdürftig erledigt, schlug am nächsten Vormittag ein neuer Bombenangriff alles wieder in Trümmer. Einen solchen alliierten Luftangriff beschrieb Honecker unpathetisch, obwohl er ein schreckliches Erlebnis damit verband: »Unvergessen bleibt mir der Großangriff anglo-amerikanischer Bomber auf Berlin Ende Februar 1945, als das ganze Gebiet vom Alexanderplatz bis nach Lichtenberg in Schutt und Asche sank. Wir waren gerade im Einsatz auf den Dächern des Frauengefängnisses in der Barnimstraße und sahen bald aus wie die Bergarbeiter, wenn sie aus dem Schacht kommen. An diesem Nachmittag verdunkelte sich das Licht der Sonne, und der Tag verwandelte sich in die Nacht, erhellt von vielen Bränden. Es war die Hölle los. Immer wieder fielen auf die Dächer des Frauengefängnisses Brandbomben, die wir hinunterwarfen. Das war nicht ohne Risiko. Inzwischen hatte man in diese Stabbrandbomben Zeitzünder eingebaut, und wir wußten nie, wann sie explodierten. Während des Bombenangriffs wurde auch ein Zellenflügel getroffen und zerstört. Ich nahm die Rettungsarbeiten für die in ihren Zellen eingeschlossenen Frauen in die Hand. Wir holten aus dem Luftschutzbunker des Anstaltsdirektors Lampen, Schaufeln und Hacken und bargen die überlebenden, meist schwer verletzten Frauen aus den Trümmern. Für dreiundzwanzig von ihnen kam jede Hilfe zu spät...«

Im März traf der auch als Reichsverteidigungskommissar von Berlin fungierende Josef Goebbels im Auftrag Hitlers gemeinsam mit der Wehrmachtsgeneralität Vorbereitungen, um die Reichshauptstadt bis zum jüngsten Hitlerjungen und Greis im letzten Aufgebot zu verteidigen. Hitler hatte Mitte Januar das Führerhauptquartier nach Berlin verlegt. Tagsüber residierte er in der Reichskanzlei, nachts und bei Bombenangriffen wohnte er im darunterliegenden Tiefbunker. In der weithin zerstörten Stadt mußten Zivilisten unter Anleitung von Wehrmachtsangehörigen Panzersperren bauen.

Wenn Erich Honecker und sein Genosse Erich Hanke die Nächte im Frauenjugendgefängnis in der Magdalenenstraße des östlichen Stadtbezirks Lichtenberg verbrachten, lagen sie mit dreißig Strafgefangenen gut bewacht in einem großen Raum. Ihre Verpflegung wurde gelegentlich aufgebessert, weil ihnen die jungen weiblichen Gefangenen, die in der Häftlingsküche arbeiteten, etwas zusteckten. Wie in der Barnimstraße waren außer deutschen Kommunistinnen auch Polinnen, Französinnen und Mädchen aus anderen einst von Hitlertruppen eroberten Ländern hier untergebracht. Die meisten waren Widerstandskämpferinnen, Kriminelle befanden sich kaum unter ihnen. Wenn die zum Tod Verurteilten – die Jüngste war fünfzehn, die Älteste siebenundsiebzig Jahre alt – zur Hinrichtungsstätte nach Plötzensee gefahren wurden, gab es zwischen Honecker und seinem Genossen und den zumeist blutjungen Frauen nicht mehr als einen Abschiedsblick, ganz selten ein geflüstertes Wort der Solidarität.

Im März 1945 erfuhren Honecker und Hanke, daß der Generalstaatsanwalt, dem das Häftlingsarbeitskommando unterstellt war, angesichts der sich immer mehr auflösenden Ordnung in Berlin vom Bewachungsoffizier, dem SS-Hauptsturmführer Seraphim, als

Voraussetzung für den weiteren Einsatz für die Strafgefangenen eine Zuverlässigkeitserklärung verlangte. Der SS-Offizier lehnte eine solche Sicherheitsgarantie ab. Erich Honecker begriff, daß dies ein baldiges Ende bedeutete, denn der SS-Aufseher würde Zeugen seines brutalen Verhaltens gegenüber anderen Gefangenen nicht überleben lassen. Seinem Genossen Hanke erklärte er lapidar: »Jetzt ist jede Diskussion überflüssig! Wir müssen hier raus!«

Sorgfältig bereiteten sich Honecker und Hanke auf die Flucht aus dem Gefängnis vor. Sie wußten, daß die Gefahren, die sie in den Straßen Berlins erwarteten, außerordentlich groß waren. In der Stadt wimmelte es von Soldaten, Polizisten, Streifenkommandos der SS und der gefürchteten Feldgendarmerie, die nach Deserteuren und anderen Verdächtigen ohne Marschpapiere und Ausweisen fahndeten.

Am 5. März 1945 scheiterte ein erster Fluchtversuch aus dem Frauenjugendgefängnis Magdalenenstraße an einem Hauptwachtmeister, der in letzter Sekunde an der bereits geöffneten Kellertür erschien. Vierundzwanzig Stunden später, am 6. März gegen elf Uhr vormittags, setzte Erich Honecker seinen Vorschlag durch, den Weg über die Dächer zu nehmen. Über den Boden des alten Gefängnisbaues kletterten beide aufs Dach. Die Frühlingssonne schien, der Himmel war frei von Bränden und Rauch – doch es war ein kühler Tag. Dutzende von Gefangenen, die Schutt abräumten und Dachziegel beförderten, sahen plötzlich, wie zwei Männer aus ihren Reihen vom Gefängnisdach über den Blitzableiter auf das Nachbarhaus hinaufkletterten und noch einen Eimer nach sich zogen. Kein Häftling sagte ein Wort. Gefährlich war das Manöver Honeckers und Hankes auch deswegen, weil ihre Kletterpartie vom Gefängnishof aus beobachtet werden konnte. Doch die beiden Flüchtlinge hatten Glück. Über den Dachfirst des Wohnhauses entkamen sie bis zur nächsten Querstraße. Hier sprangen sie durch eine Dachluke, erreichten über den Boden das Treppenhaus und standen bald in der Alfredstraße.

Erich Hanke war im Stadtbezirk Lichtenberg aufgewachsen, er kannte hier nicht nur alle Straßen, sondern auch viele Häuser. Beide hatten die Fluchtroute vorher festgelegt. Sie waren sich einig, die Frankfurter Allee zu passieren, weil sie dort im starken Personenverkehr weniger auffallen würden als in den stilleren Seitenstraßen. Zu ihrem Entsetzen entdeckten Honecker und Hanke beim Einbiegen in die breite Allee, daß in Abständen von wenigen Metern Soldaten der Wehrmacht und Polizisten bei Aufräumungsarbeiten an zertrümmerten Häusern beschäftigt waren. Die Häftlinge trugen auffallende schwarze Drillichbekleidung mit breiten gelben Streifen auf der Hose und dem rechten Oberarm – eine Markierung, mit der sie sofort als Strafgefangene erkennbar waren.

Ohne sich zu verabreden, setzten die durch den illegalen Kampf erfahrenen Männer ein unverfängliches freundliches Lächeln auf, während sie mit ruhigem Arbeiterschritt an Soldaten und Polizisten vorübergingen. Hilfreich war jetzt ihr Gerät, das der umsichtig planende Erich Hanke mitgenommen hatte: Maurereimer und schwerer Hammer, dazu ein langer Meißel mit einem Strick. Im Keller eines zerbomten Mietshauses am Freiaplatz trennten die Männer ihre breiten gelben Streifen von der Drillichbekleidung. Doch dann war es mit dem Glück dieses Tages vorbei. Hankes Onkel war nicht daheim. Von der Wotanstraße aus, wo er wohnte, führte sie ein tagelanger Irrweg auf der Suche nach einem Quartier kreuz und quer durch Berlin. Von der Möllendorfstraße in Lichtenberg bis nach Alt-Stralau marschierten sie durch den Ostteil der Stadt. Keiner der Menschen, die sie um Hilfe bitten wollten, war zu erreichen. Entweder waren die Wohnungen zerbombt oder die Mieter waren nicht zu Hause. Acht Stunden nach ihrem Ausbruch, erschöpft von dem ununterbrochenen Herumlaufen, suchten die Flüchtlinge ein Nachtquartier. Sie fanden es viele Kilometer von der Magdalenenstraße entfernt in einem ausgebombten Ruinenhaus am Halleschen Tor, dessen Mauerreste noch die Wärme eines Brandes spüren ließen. Im Keller setzten sie sich in die wärmende Asche des tiefgelegenen Raumes. Bis jetzt hatten sie weder Hunger noch Durst verspürt, nun aßen sie heißhungrig ihre dünnen Scheiben feucht-klitschigen Brotes, die sie am Morgen aufgespart hatten, und fielen in einen tiefen Schlaf.

Am nächsten Tag marschierten Erich Honecker und sein Gefährte durch die Stadtmitte. An drei Anschriften in der Friedrichstraße erinnerten sie sich. Aber alle drei Häuser waren wie vom Boden weggefegt. Ihre Lage wurde verzweifelt. Da sie wegen der Kontrollen durch die Polizei auf Verkehrsmittel verzichten mußten, liefen sie erneut kilometerweit, diesmal in den Südosten der Stadt. Endlich – in Neukölln trafen sie auf eine Genossin, die ihnen ängstlich die Tür öffnete. Eine warme Suppe und Quartier für eine Nacht wurde ihnen angeboten, aber ein längeres Verbleiben war unmöglich. Die Neuköllner Genossin war die Frau von Erich Honeckers Brandenburger Mithäftling Alfred Perl. Sie stand unter Polizeiaufsicht, auch ein in dem Mietshaus wohnender Nazi beobachtete sie mißtrauisch. Aber ein kostbares Geschenk erhielt Erich Honecker dennoch: Er durfte die Gefangenenmontur gegen einen alten Anzug Alfred Perls vertauschen.

Wieder machten sich die bisher ihren Häschern Entkommenen auf den Weg. Und auch diesmal war der lange Fußweg nach Schöneberg umsonst, niemand war anzutreffen. Im Norden der Stadt, in der Oderberger Straße, gelang es den beiden, bei einem Verwandten Erich Hankes noch einmal für eine Nacht unterzutauchen. Unzählige Male waren die beiden Fliehenden vor Polizei- oder Wehrmachtsstreifen in letzter Sekunde in einen Hausflur oder hinter einer Schutthalde »abgetaucht« – nun beschlossen sie, sich zu trennen. Allein auf sich gestellt wollte jeder versuchen, die Verbindung zur illegalen KPD aufzunehmen und sich ein einigermaßen sicheres Quartier suchen.

Dreißig Jahre nach diesen dramatischen Tagen im letzten Stadium des Krieges schrieb Erich Hanke, der inzwischen viele Parteifunktionen in der SED ausgeübt und zuletzt als Professor für dialektischen und historischen Materialismus in Berlin gewirkt hatte, über seinen inzwischen zum SED-Chef avancierten Genossen Honecker: »Er war ein guter Kamerad, und uns verband eine feste Freundschaft. Unter den schwierigen Lebensbedingungen, in denen menschliche Schwächen und menschliche Größe schnell offenbar werden, beeindruckte mich die Persönlichkeit des Genossen

Honecker außerordentlich. Er ist ein Mensch von hervorragenden Qualitäten. Bescheidenheit, Sinn für Gerechtigkeit, die Fähigkeit, für das Wohl des Volkes jedes persönliche Opfer zu bringen, Mut, Willenskraft und Energie paaren sich mit großer Intelligenz, umfangreichem Wissen, großer Erfahrung, einem klaren Blick für das Wesentliche und Beharrlichkeit. In den Anforderungen, die die Haft stellte, und in den vielen stundenlangen Diskussionen erschloß sich mir ein guter Mensch und ein hervorragender Kommunist...«

Endlich, nach all den Irrwegen in einer feindlichen Umgebung, die noch immer Hitlers Befehlen gehorchte, konnte Erich Honecker bei der alten Genossin Grund, ihrer Tochter und Enkelin für einige Wochen unterschlüpfen. Das vom Luftkrieg gezeichnete Haus in der Landsberger Straße 37 lag zwischen Alexanderplatz und Königstor, wenige hundert Meter vom Frauengefängnis Barnimstraße entfernt. Nachts, wenn die Bomben fielen, durfte der Illegale nicht in den Luftschutzkeller, wo Naziamtswalter und Luftschutzwarte jeden Fremden kontrollierten. Wenn die Sirenen aufheulten, lief Honecker deshalb zum U-Bahnhof Alexanderplatz, wo Tausende von Menschen dichtgedrängt in den Schächten vor den Luftangriffen Schutz suchten und kaum noch Kontrollen möglich waren. Gelegentlich, wenn nur wenige Bombenflugzeuge Berlin anflogen, blieb er in der kleinen Hinterhauswohnung.

Während des letzten schweren amerikanischen Luftangriffs auf die Reichshauptstadt am 18. März 1945 wurde das Vorderhaus Landsberger Straße 37 schwer getroffen und sank in Trümmer. Die Gefahr, entdeckt zu werden, wurde dadurch noch größer, weil jetzt Behördenvertreter, Hausverwalter und Nazifunktionäre kamen, um die Schäden zu besichtigen. Täglich erwartete Erich Honecker ungeduldig die sowjetische Großoffensive, die von der nur siebzig Kilometer weit entfernten Oderfront Hitlers letztes Bollwerk schnell einnehmen würde, da die Mark Brandenburg ursprünglich nicht zur Verteidigung vorbereitet war. Doch Stalin wies seine vorwärtsdrängenden Kommandeure an, mit der Roten Armee an der Oder-Linie zu halten, um neue Munition, Panzerreserven, Artillerie und Verpflegung für den letzten Schlag bereitzustellen. Das verschaffte dem deutschen Oberkommando der Wehrmacht die Möglichkeit, im Verlauf von zweieinhalb Monaten tiefgestaffelte Stellungen zur Verteidigung vorzubereiten und Artillerie und militärische Reserven im Vorfeld von Hitlers Zitadelle heranzuschaffen.

Erich Honecker wartete umsonst auf die baldige Eroberung Berlins. Die Gefahr, denunziert zu werden, wuchs, als die Familie Grund unangemeldet Besuch erhielt. In dieser verzweifelten Lage entschloß er sich zur Rückkehr in das Häftlingsarbeitskommando. Er war vor seiner Flucht wegen des tapferen Einsatzes bei der Rettung verschütteter Frauen im Gefängnis Barnimstraße vom Generalstaatsanwalt am Berliner Kammergericht belobigt worden. Stellte er sich jetzt freiwillig, konnte er unter Umständen mit Milde rechnen. Tatsächlich ging die Rechnung auf, er entkam dem Henker.

Später beschrieb Erich Honecker diese Situation: »Meine Rückkehr ins Arbeitskommando war von meinen Bekannten so geschickt organisiert worden, daß der amtierende Generalstaatsanwalt am Kammergericht Berlin, der mich vorführen ließ und der mir einige Wochen zuvor im Zusammenhang mit der Rettungsaktion im Frauengefängnis Barnimstraße ein Lob erteilt hatte, sich jetzt gemäß unserer Absprache für mich, gegen den Kommandoführer Seraphim einsetzte. Ich hatte also Glück im Unglück. War es dem durch die ununterbrochenen Bombenangriffe entstehenden Durcheinander bei den faschistischen Behörden zuzuschreiben, der allmählichen Auflösung des Naziregimes, dem Bestreben faschistischer Beamter, sich kurz vor Toresschluß nicht noch mehr zu belasten oder sich keine Scherereien mit der Gestapo wegen unseres gelungenen Ausbruchs und ihrer unzureichenden Aufsichtspflicht einzuhandeln, oder meiner damals bereits angewiesenen Entlassung aus der Haft, daß ich glimpflich davonkam? Sicher hat das alles dazu beigetragen, insbesondere wohl aber das erstere.«

Zweifellos waren das Chaos, das in der verwüsteten Hauptstadt täglich mehr um sich griff, und die allgemeine Agonie, die auch den Verwaltungsapparat lähmte, Gründe für die ausgebliebene Bestrafung Honeckers durch die Justiz- und Polizeibehörden. Dennoch

Unter Genossen

Oben links: Am 4. Oktober 1979 bei einem Besuch Leonid Breschnews in Ostberlin. *Oben rechts:* Mit Konstantin Tschernenko während eines Moskaubesuches im Juni 1984. *Unten:* Gruppenbild nach dem Gipfeltreffen auf dem Prager Hradschin am 5. Januar 1983. V. l. n. r.: Janos Kadar (Ungarn), Todor Schiffkoff (Bulgarien), Jurij Andropow (UdSSR), Gustav Husak (ČSSR), Erich Honecker (DDR), Nicolae Ceaucescu (Rumänien) und Wojciech Jaruselski (Polen).

Bruderkuß mit Michail Gorbatschow auf dem 11. Parteitag der SED
am 18. April 1986.

Oben: Im Gespräch mit Josip Broz Tito am 27. Juni 1976 in Berlin-Niederschön-
hausen. *Unten:* Besuch von Enrico Berlinguer, dem Eurokommunisten und Führer
der italienischen Kommunisten.

Oben: Verabschiedung durch Fidel Castro auf dem Flughafen von Havanna am 14. September 1981. *Unten links:* Mit Deng Xiaoping am 23. Oktober 1986 in Peking. *Unten rechts:* Mit Daniel Ortega am 10. Oktober 1985 in Ostberlin.

bleibt einiges unklar, was die Rückkehr Honeckers zum Häftlings-arbeitskommando betrifft. Um welche »Bekannten« handelte es sich, die Honeckers »Rückkehr so geschickt organisierten«, daß der Generalstaatsanwalt (selbst ein hochgestellter Nazi) den Häftling vorführen ließ und ihn vor der Bestrafung durch den SS-Offizier Se-raphim schützte? Niemals hat Erich Honecker das Geheimnis ge-lüftet, wer eigentlich seine Bekannten waren.

Ein Menschenleben, noch dazu das eines zu zehn Jahren Zucht-haus verurteilten Antifaschisten, galt im April 1945 wenig. An den Bäumen und Straßenlaternen Berlins wurden damals nicht wenige Deserteure oder Widerstandskämpfer aufgehängt. Die SS-Männer machten wenig Umstände und übten schnelle Rache. Es müssen sehr einflußreiche Bekannte gewesen sein, die den jungen Kommu-nisten nach seiner Flucht und dem wochenlangen Untertauchen vor der Hinrichtung bewahrten. Möglicherweise wollte sich der hohe Justizbeamte, der Honecker »gemäß unserer Absprache« vor dem SS-Kommandoführer Seraphim schützte, ein Alibi für die ihm nach Hitlers Niederlage drohende eigene Strafverfolgung sichern. Alle diese Umstände könnte nur einer wirklich aufklären – Erich Ho-necker selber.

Frühere Zuchthauskameraden haben im übrigen darauf hinge-wiesen, daß Honeckers Flucht in der illegalen Parteigruppe der Haftanstalt Brandenburg-Görden einiges Aufsehen erregte. Die Flucht aus einer Häftlingskolonne bedurfte nach den Regeln der konspirativen Parteiarbeit einer Absprache und erforderte das Ein-verständnis der KPD-Untergrundzelle. Sie ist nicht erfolgt. Deswe-gen mußte Honecker einige Zeit nach der Befreiung vor einer Ka-derkommission des Zentralkomitees seiner Partei Rechenschaft über seine Handlungsweise ablegen. Bei diesem Verfahren wurde berücksichtigt, daß die häufig nach der Flucht von Häftlingen prak-tizierten »Vergeltungsmaßnahmen« im Fall des »Untertauchens« von Honecker und Hanke keine Opfer forderten. Erwiesen ist al-lerdings, daß der spätere Partei- und Staatschef der DDR, Walter Ulbricht, bei Jubiläumsfeiern zum »Tag der Befreiung« Erich Ho-necker von der Belobigung als »Aktivist der ersten Stunde« und der

Zeugenschaft bei der Befreiung des Zuchthauses Brandenburg ausdrücklich ausnahm. Es blieb in der Öffentlichkeit der DDR bis 1971 weithin unbekannt, wo Erich Honecker die Stunde der Befreiung erlebte. Ein Honecker-Porträt der Schriftstellerin Wera Skupin-Küchenmeister erweckte geradezu den Eindruck, daß Honecker vom Kriegsende in der Hinterhauswohnung Landsberger Straße 37 überrascht worden sei. Diese Vermutungen und vagen Darstellungen wurden in Erich Honeckers Lebensbericht 1980 korrigiert. In ihm erzählt er von seiner Rückkehr in das Frauengefängnis Barnimstraße, wo er bis zum 21. April 1945 im Häftlingsarbeitskommando arbeitete. Hier erlebte er auch den Beginn der letzten sowjetischen Offensive: »Mitte April 1945 hatte ich mit dem Arbeitskommando im Frauengefängnis Barnimstraße die Agonie des Naziregimes aus nächster Nähe miterlebt. Am 16. April 1945 war die Rote Armee aus den Brückenköpfen an der Oder zum Sturm auf Berlin angetreten. Am 20. April, dem Geburtstag Hitlers, feuerte die weitreichende Artillerie die ersten Salven auf Berlin ab. Ich werde die Mittagsstunden dieses letzten Führergeburtstages nie vergessen. Die erste Granate der sowjetischen Artillerie schlug genau gegenüber dem Frauengefängnis Barnimstraße, am Königstor, ein, die zweite unmittelbar neben dem Gefängnis, in dem wir inhaftiert waren. Die nächsten Einschläge lagen schon im Stadtzentrum. Offenkundig schossen sich die sowjetischen Artilleristen auf die Reichskanzlei, den letzten Unterschlupf der Nazigrößen, ein...«

Die Meldung, Stalins Panzer stünden bereits am nördlichen Stadtrand, veranlaßten die Wachmannschaften zum Abtransport der Strafgefangenen in Richtung Brandenburg. Auf dem Transport sah Honecker die ersten russischen Schlachtflugzeuge im Angriff auf Berlin. Für die sechzig Kilometer bis zum Zuchthaus Brandenburg-Görden brauchten die Häftlinge vier Tage. Dort war in den Wochen von Honeckers Abwesenheit viel geschehen. Seine Genossen waren angesichts der Kriegsereignisse nicht untätig gewesen. Sie hatten den bewaffneten Ausbruch vorbereitet, da die illegale KPD-Zelle beim Herannahen der Roten Armee mit einer Mordaktion der Nazieinheiten rechnete.

Robert Havemann beschrieb die geheimen Vorbereitungen: »Meuterei und Zusammenbruch der örtlichen Macht des NS-Regimes mußten zeitlich so eng wie möglich zusammenfallen. Die Voraussetzungen hierfür sicherte uns ›Der Draht‹. In den Werkstätten des Zuchthauses, hauptsächlich in der Schlosserei, wurden inzwischen die verschiedenartigsten Waffen geschmiedet, Brechstangen, Eisenknüppel, Totschläger, Messer und Dolche. Ich ließ mir als angeblich benötigte Chemikalie Sprengstoff besorgen und stellte außerdem dreißig Schwelkerzen her, die den äußerst wirksamen Reizkampfstoff Adamsit enthielten. Dieser Kampfstoff wird in Konzentrationen angewandt, die nicht lebensgefährlich sind. Er bewirkt eine Reizung der Nasenschleimhäute und der oberen Luftwege. Eine einzige meiner Schwelkerzen hätte genügt, in dem Innenraum eines unserer Zellenhäuser die sogenannte Verträglichkeitsgrenze zu erreichen. Wer nicht mit den Eigenschaften des Kampfstoffes vertraut gemacht worden ist, verfällt unter diesen Bedingungen in Panik und versucht unter allen Umständen zu fliehen...«

Es kam jedoch nicht zum Aufstand der Häftlinge in Brandenburg, da der Anstaltsleiter und die Aufseher in panischer Angst vor der Rache der ehemaligen Gefangenen flohen, als sich die Rote Armee dem Zuchthaus näherte. Am 27. April 1945 standen die ersten Panzer vor den Mauern. Erich Honecker, der am Morgen dieses Frühlingstages von einem KPD-Funktionär der illegalen Leitung aus seiner Zelle befreit wurde, erinnert sich: »Ich begab mich an das Haupttor. Die Bewachungsmannschaften waren bereits entwaffnet. Kurze Zeit später erreichte der erste Panzer das Zuchthaustor. Unvergessen wird mir immer die Begeisterung bleiben, mit der wir die Sowjetsoldaten in die Arme schlossen. Wohl keiner – auch ich nicht – schämte sich der Freudentränen, als wir die Rotarmisten begrüßten, die als Befreier, als Klassenbrüder und Freunde, als Bahnbrecher einer neuen, einer besseren Zukunft der Menschheit gekommen waren...«

Dicht neben ihm stand sein Genosse und Haftgefährte Robert Havemann. Auch er schilderte später die Stunde der Befreiung: »Es war um die Mittagszeit, als ein sowjetischer Panzer auf das Tor zurollte. Die Luke war geöffnet. Mehrere Männer standen auf dem Panzer und winkten. Wir öffneten das Tor, und der Panzer rollte in den ersten Hof vor dem Hauptgebäude. Wir umarmten unsere Befreier und führten sie ins Innere. Die Russen ließen sich die Schließerschlüssel geben und machten sich daran, alle Zellentüren aufzuschließen. Binnen kurzem füllten sich die Gänge mit den Massen der grauen, ausgemergelten Gefangenen. Es war ein tief erregender Augenblick. Die Russen wurden umarmt, schließlich hochgehoben, ein ohrenbetäubender Krach erfüllte den Raum. Mit einemmal begannen wir die Internationale zu singen: ›Wacht auf, Verdammte dieser Erde!‹ Wir waren frei. Es war ein schöner warmer Frühlingstag. Die Birken grünten, die Luft war weich und lind...«

Ernst Niekisch, von Hitlers Volksgerichtshof zu lebenslanger Haft verurteilt, der als schwerkranker Mann seit sechs Jahren im Lazarett lag, notierte seine Eindrücke aus den letzten Zuchthaustagen: »Am 20. April war der Geburtstag Hitlers. In der Frühe setzte ein heftiger Fliegerangriff auf den Brandenburger Flugplatz, die Motorenwerke und die Opelwerke ein... Nach dem Essen besuchte mich der katholische Pfarrer. Er hatte alle Fassung verloren. In der Frühe sei von Berlin noch ein Befehl Hitlers durchgedrungen, auf Grund dessen unverzüglich noch dreißig Gefangene hingerichtet werden sollten. Es waren politische Häftlinge und Offiziere, die geopfert wurden... Am 27. April... erhob sich in der Anstalt ein ungeheurer Tumult. Eine Panzerspitze hatte die Anstalt erreicht, ein sowjetischer Soldat bemächtigte sich der Schlüssel und schloß auch die Zellen der Kriminellen auf. Die Gefangenen strömten in den Hof und hießen die sowjetischen Soldaten mit Freudengeschrei willkommen. Inzwischen begannen kriminelle Gefangene die Vorratshäuser zu plündern und auch den Versuch zu machen, in die Kleiderkammer einzubrechen. Kurze Zeit danach kam ein sowjetischer General. Er hielt an die Gefangenen eine kleine Ansprache. Er sagte, daß die Anstalt unter sowjetischem Schutz stehe, daß die Absicht der Sowjets sei, den Deutschen die Freiheit zu bringen... Die Sowjets blieben nicht länger als eine halbe Stunde in der Anstalt, dann ging die Panzerspitze weiter vor. Die politischen Gefangenen organisierten sofort einen strengen Dienst. Sie sperrten die gefährlichsten Kriminellen wieder in die Zellen ein, stellten bewaffnete Wachen auf und sorgten in einigen Stunden für die Wiederkehr der Ordnung in der Anstalt...«

Wie schon erwähnt, widmet Erich Honecker, der diese unvergeßlichen Stunden der Befreiung zusammen mit Robert Havemann und Ernst Niekisch erlebte, den beiden Mithäftlingen in seinen Erinnerungen kein Wort, obwohl sie noch viele Jahre seine Parteigenossen waren und führende Positionen in der DDR innehatten. Sie, die innerhalb des Kulturbundes zur Demokratischen Erneuerung, als Abgeordnete der Volkskammer und in anderen Gremien Hervorragendes leisteten und Bücher veröffentlichten, erlebten noch, daß die SED ihre Werke verbot, sie aus der Partei entfernte und ihnen sogar, als sie alt und schwerkrank wurden, die Pensionen sperrte. Völlig verdrängt hat Erich Honecker die gemeinsame Haftzeit im Zuchthaus Brandenburg aber offensichtlich doch nicht. Bei Gedenkfeiern zum Jahrestag der Befreiung befand sich auch Robert Havemann unter den Gästen im Zuchthaus Brandenburg. Es ist selbstverständlich, daß der systematisch Geächtete nicht ohne Zustimmung des Staatsratsvorsitzenden eingeladen worden war.

Erich Honecker zog es an jenem Apriltag nach dem Einmarsch der Russen in Brandenburg mit allen Fasern nach Berlin. Zusammen mit Alfred Perl, dessen Frau ihm in Neukölln den alten Anzug ihres Mannes geschenkt hatte, machte er sich am 28. April zu Fuß auf den Weg. Noch kämpften die letzten Truppen Hitlers im Stadtzentrum verzweifelt gegen die siegreiche Rote Armee. In den Wäldern der Mark Brandenburg hielten sich noch versprengte SS-Truppen und Wehrmachtseinheiten auf, die der sowjetischen Gefangenschaft zu entkommen suchten. Erich Honecker und sein Gefährte trafen in den Abendstunden bei Oranienburg auf russische Soldaten. Die wenigen russischen Worte nutzten ihnen wenig, auch die Nazidokumente über ihre Verurteilung überzeugten die Sieger nicht. Beide mußten als Gefangene in einer Feldscheune zusammen mit SS-Männern, Deserteuren der Wehrmacht, Ausländern und Nazibeamten, die auf der Flucht waren, übernachten. Am 29. April gelang es Honecker, mit Hilfe einer Dolmetscherin seine sowjetischen Genossen über seine Identität aufzuklären. Ein Offizier entschied, daß der junge Deutsche dem Sekretär des Kommunistischen Jugendverbandes einer sowjetischen Einheit als Berater an die Seite zu stellen sei. Der Weg nach Berlin inmitten der sowjetischen Soldaten führte über Bernau und den Vorort Pankow in die brennende und zertrümmerte einstige Reichshauptstadt.

Furchtbare Bilder boten sich dem befreiten Häftling im Stadtzentrum. Inmitten einer Trümmerwüste auf dem Alexanderplatz, den er am 4. Mai 1945 passierte – es waren nur achtundvierzig Stunden seit der Kapitulation der Berliner Garnison vergangen –, lagen Hunderte von toten Soldaten der Roten Armee, aber auch Greise und Hitlerjungen, die auf Befehl ihres Führers noch in den letzten Stunden des Krieges in den Tod gehetzt wurden. Zwischen zerstörten Kanonen und Wracks von Panzern fand Erich Honecker in der Nähe des Alexanderplatzes das schwer angeschlagene Hinterhaus Landsberger Straße 37, in dem »Oma Grund«, ihre Tochter und Enkelin ihm erneut eine bescheidene Unterkunft boten. Der Zweiunddreißigjährige, schmal und mit aschgrauem Gesicht, wirkte älter und hätte einer guten Kost bedurft. Aber die Genossin Grund konnte ihm nicht mit opulenten Mahlzeiten dienen. Es gab kein Gramm Butter, kein Weißbrot, weder Wurst noch Honig.

Die damals sechzehnjährige Wera Skupin-Küchenmeister bewunderte den antifaschistischen Widerstandskämpfer. Aus ihrer Sympathie wurde Zuneigung und Freundschaft, die das Proletariermädchen aus sozialistischer Familie dem doppelt so alten Mann entgegenbrachte. Später beschrieb sie ihre Eindrücke von Erich Honeckers wochenlangem Aufenthalt in der ramponierten kleinen Arbeiterwohnung: »Ich sehe ihn vor mir wie damals: Er sitzt auf dem Fensterbrett der Küche und vernagelt mit flinken, geübten Händen das Fensterloch. Er sieht schmal aus – aber mager sind die meisten, die ich kenne, zu der Zeit. Das Gesicht, scharf umrissen, ist klar und offen. Seine Augen sind hell; sie sehen freundlich, fast prüfend auf die Sechzehnjährige, die stumm dabeisteht und dem Arbeitenden zusieht. Ich schweige, weil ich staune, daß er fröhlich wirkt. Einer aus dem Zuchthaus, denke ich, muß der nicht bitter sein oder zornig? Oder zumindest – warum greift er hier zu, anstatt sich im warmen Bett von allen Zuchthauskälten zu erholen?«

Aus den stehengebliebenen Häusern, von abgeschlagenen Balkonen und aus leeren Fensterhöhlen wehen die weißen Fahnen der Kapitulation. Erich Honecker ist schon vier Tage bei seinen Genossen, als der russische Marschall Schukow mit amerikanischen, englischen und französischen Generälen in Berlin-Karlshorst die Kapitulation der deutschen Wehrmacht entgegennimmt. Nun flattern neben den weißen Fahnen der Niederlage des Hitler-Reiches die Flaggen der vier Siegermächte. Marschmusik dröhnt durch die Ruinenstraßen, Stalins Artillerie schießt noch einmal, aber diesmal in die Luft – Salut für die Sieger.

Hier und da blüht in zerstörten Vorgärten eine Frühlingsblume, die Maiensonne meint es gut in diesem Jahr – es ist warm. In der Landsberger Allee sieht man einen jungen Mann auf dem Weg zu seinen Genossen im Stadtbezirk Friedrichshain. Er klopft an die Türen von Mietskasernen, die der Krieg verschont hat. Er spricht mit dem Wirt einer alten Arbeiterkneipe, mietet das Vereinszimmer, um dort mit den Genossen zusammenzutreffen, obwohl nur die wenigsten Berliner darauf hoffen, daß ihr Leben jemals wieder »normal« werden könnte. Der noch junge Mann, der nicht verzagt, der auf der Suche nach Menschen an seiner Seite ist, die das Ziel nicht aus den Augen verloren haben, heißt Erich Honecker. Hier, in Berlin, wo er zuletzt vor zehn Jahren für den Kommunistischen Jugendverband Verantwortung trug, will er den Neubeginn miterleben. Hier wird er Hand anlegen, mitgestalten und seinen Platz finden – daran besteht für ihn kein Zweifel.

Auf dem Weg nach oben

Inmitten der Ruinen Berlins bot sich dem jungen Mann, der in unmittelbarer Nähe des Landsberger Platzes – er heißt seit drei Jahrzehnten Leninplatz – seinen ersten freiwillig gewählten Arbeitsplatz aufsuchte, ein seltsames Bild des Neuanfangs. Wo zwischen Panzersperren, zerborstenen Straßenlaternen, herunterhängenden elektrischen Leitungen der Straßenbahnen, zwischen zerfetzten Bäumen, ausgebrannten Autowracks und verfaulenden Pferdekadavern Frauen und Männer in den Trümmern ihrer zerbombten Häuser nach Resten ihrer einstigen Habe herumsuchten, hämmerten und sägten Stalins siegreiche Soldaten das erste Propagandaschild in der eroberten Stadt. Angehörige der Roten Armee zimmerten eine riesengroße Holztafel, von der bald wenig künstlerisch, aber weithin sichtbar, ein Porträt herabblickte: Ein Mann in Marschalluniform – Josef Stalin, der Regierungschef der Sowjetunion, Generalissimus der Roten Arme, Roten Luftwaffe und Flotte, Generalsekretär der Kommunistischen Partei der Sowjetunion, stellte sich den besiegten Deutschen, den Überlebenden des vor wenigen Tagen vernichtend geschlagenen Reiches mit einem Grußwort vor, das die wenigsten Menschen erwartet hatten: »Die Hitler kommen und gehen, aber das deutsche Volk, der deutsche Staat bleibt!«

Hunderttausendfach prangte diese Parole seit den Maitagen 1945 in Städten und Dörfern zwischen der Ostseeküste und dem Erzgebirge. Sie stand in den ersten sowjetisch lizensierten Tageszeitungen des russischen Besatzungsgebietes, monatelang und noch nach Jahren wurde sie in Rundfunksendungen und Vorträgen der Bevölkerung mitgeteilt, kommentiert und erläutert. Anfangs waren es sowjetische Offiziere der Bezirkskommandanturen, die das Stalin-Zitat den ersten aufbauwilligen Antifaschisten mit auf den Weg gaben, später die Parteifunktionäre der KPD und der SED. Prominente Redner und gänzlich unbekannte Agitatoren wiederholten die Losung, die als Wandspruch öffentliche Gebäude zierte und bis zur Gründung der DDR die kürzeste Formel der sowjetischen Besatzungspolitik blieb, bis der mächtigste Mann der Sowjetunion im Oktober 1949 der neugegründeten DDR ein aktuelleres Geleitwort gewissermaßen in ihre Geburtsurkunde schrieb: »Die Bildung der friedliebenden Deutschen Demokratischen Republik ist ein Wendepunkt in der Geschichte Europas...«

Erich Honecker, der in jenen Tagen nach seiner Befreiung oft von seiner provisorischen Wohnung bei der alten Genossin Grund in der Landsberger Straße zu der in nächster Nähe liegenden Arbeiterkneipe ging, um sich dort mit anderen kontaktsuchenden Kommunisten zu treffen und zu beraten, sah in dem Stalinwort auf der Holztafel ein ermutigendes Zeichen. Es dauerte noch einige Tage, bis er in einer der ersten Ausgaben der auf Befehl von Marschall Schukow, dem Chef der sowjetischen Militäradministration für Deutschland, geschaffenen Tageszeitung »Tägliche Rundschau« den zusammenhängenden Text des Tagesbefehls Stalins vom 23. Februar 1942 anläßlich des Jahrestages der Gründung der Roten Armee lesen konnte: »In der ausländischen Presse wird manchmal darüber geschwätzt, daß die Rote Armee das Ziel habe, das deutsche Volk auszurotten und den deutschen Staat zu vernichten. Das ist natürlich eine dumme Lüge und eine törichte Verleumdung der Roten Armee. Solche idiotischen Ziele hat die Rote Armee nicht und kann sie nicht haben. Die Rote Armee setzt sich das Ziel, die deutschen Okkupanten aus unserem Land zu vertreiben und den Sowjetboden von den faschistischen deutschen Eindringlingen zu befreien... Es wäre aber lächerlich, die Hitlerclique mit dem deutschen Volke, mit dem deutschen Staate gleichzusetzen. Die Erfahrungen der Geschichte besagen, daß die Hitler kommen und gehen, aber das deutsche Volk, der deutsche Staat bleibt...«

Aus den Gesprächen, die Erich Honecker mit Bewohnern des

verwüsteten Arbeiterviertels führte, in dem er vorerst weiterhin sein Unterkommen fand, im Gedankenaustausch mit älteren und jüngeren Genossen gewann er Eindrücke, die manchen ideologisch weniger gefestigten Charakter entmutigt hätten. Hitler war zwar tot und die prominentesten Naziführer von den Siegermächten inhaftiert oder zeitweilig in die dörfliche Stille bayerischer, schwäbischer oder holsteinischer Wald- und Wiesenorte untergetaucht. Aber die Mehrzahl der Deutschen schienen sich für das politische Geschehen überhaupt nicht mehr zu interessieren. Kaum einer wollte Nazi gewesen sein, von Kriegsverbrechen, die im Namen Deutschlands vollbracht worden waren, wußten die meisten Menschen angeblich nichts. »Wir haben nur unsere Pflicht getan!« lautete eine weit verbreitete Redensart.

Inmitten des Chaos nach dem Zusammenbruch der staatlichen Ordnung, Verwaltung und Versorgung gab es für die aus Kellern und Luftschutzbunkern ans Tageslicht kriechenden Überlebenden zumeist nur eine Aufgabe: den Tag zu bestehen, um den kommenden Morgen zu erleben. Honecker erfuhr auch, daß sein Versuch, ein Arbeitsbüro für die versprengten Antifaschisten und Kommunisten des alten Arbeiterbezirks Friedrichshain zu gründen, im strengen Sinne des Wortes illegal war. Noch war jede politische Betätigung durch die Besatzungsmacht verboten.

Der dreiundzwanzigjährige Wolfgang Leonhard, der als einer von zehn sorgfältig ausgewählten Kommunisten unter Führung Walter Ulbrichts am Tag des Sieges der Roten Armee über die Berliner Garnison in einem sowjetischen Flugzeug östlich Berlins gelandet war, beschreibt in seinen Erinnerungen, wie verängstigt die ersten Deutschen waren, mit denen er sich unterhielt. Eine junge Frau, die sein Zimmer im sowjetischen Stabsquartier reinigte, schien ihm besonders bedrückt zu sein: »Ich begriff nicht ganz. Warum war sie so verängstigt? Der Krieg ist bald zu Ende, und die schweren Zeiten sind vorbei. Sie müßte sich doch freuen. Von den Nazis und dem Kriege schien sie nichts zu halten. Sie war froh, erklärte sie, daß bald wieder Frieden sein würde. ›Bloß, Sie müssen doch wissen, schließlich haben wir in den letzten Wochen sehr viel

Schreckliches durchgemacht...‹ ›Was haben denn die Nazis hier getan?‹ ›Aber ich meine gar nicht die Nazis... Sie müssen sich vorstellen, als die Russen hier einzogen...‹ Dann begann ihre Schilderung. Schilderungen, wie ich sie in den nächsten Tagen und Wochen zu Dutzenden und Hunderten in allen Variationen und Abwandlungen immer wieder hören sollte.«

Wolfgang Leonhard ist bei diesem ersten Gespräch mit einer jungen deutschen Frau aus der Mark Brandenburg nicht allein. Drei Spitzenfunktionäre der »Gruppe Ulbricht«, Otto Winzer, später Außenminister, Karl Maron, der einmal Innenminister sein wird, und Hans Mahle, nach kurzer Zeit bereits Generalintendant aller Rundfunksender, hören ungläubig, warum ihre Landsleute die Befreiung vom Hitler-Faschismus voller Skepsis, mißtrauisch oder sogar furchtsam erlebten. Alle vier Mitglieder der Gruppe Ulbricht hatten die zwölf Jahre der Hitlerherrschaft im Moskauer Exil verbracht und kehrten als »strenggläubige« Parteigenossen zurück. Leonhard beschreibt den Eindruck und die grotesken Schlußfolgerungen der kommunistischen Führungskader: »Sie (die junge Frau) fuhr mit ihrer Schilderung fort, und als sie von Vergewaltigungen zu sprechen begann, lief es mir kalt über den Rücken. Ich war erschüttert, glaubte aber fest daran, daß es sich um eine bedauerliche Einzelerscheinung gehandelt haben müsse. Bald hatte sich das Gespräch zu einer politischen Diskussion entwickelt. Es war eine eigentümliche Situation, als sich nun der spätere Generalintendant, der zukünftige Befehlshaber der Volkspolizei sowie der Chef der Präsidialkanzlei trotz bester Argumente vergeblich darum bemühten, eine einfache deutsche Frau von der Richtigkeit unserer politischen Auffassungen zu überzeugen. Sie hörte sich alles geduldig an – es war der einzige Fall, daß solche Intensität der politischen Bearbeitung einer einzigen deutschen Hausfrau gewidmet wurde –, aber sie war nun einmal von ihren Gedanken, die aus ihren eigenen Erlebnissen resultierten, nicht abzubringen. ›Sie brauchen mir doch nichts zu erzählen‹, sagte sie schon fast böse. ›Daß die Nazis schlecht sind, weiß ich doch selbst. Aber, wissen Sie, mit den Russen, das ist auch nicht das Richtige. Sie werden es schon noch merken...‹ Beim Rückweg diskutierten wir ihre Schilderung. Die Meinungen waren unterschiedlich. ›Reine Nazi-Propaganda. Sie ist bestimmt eine aktive Faschistin. Wahrscheinlich gehört sie sogar der Nazi-Untergrundbewegung an‹, meinte einer. ›Vielleicht ist sie einfach eine dumme Hausfrau, die der faschistischen Greuelpropaganda erlegen ist‹, schwächte ein anderer von unserer Gruppe ab. Mich stimmte das Gespräch sehr nachdenklich. Ich glaubte ihr und hatte mich innerlich damit abgefunden, daß sie tatsächlich die Wahrheit gesprochen hatte...«

Erich Honecker versuchte, so bald wie möglich aus seiner Isolation im Hinterhaus der Landsberger Straße herauszukommen. Auf einem langen Fußmarsch gelangte er zur Stadtkommandantur der Roten Armee in Berlin-Alt-Friedrichsfelde, wo sich zwei Männer jener Gruppe Ulbricht seiner annahmen, die nach gründlicher politischer Vorbereitung in Moskau in Abstimmung mit der Führung der KPdSU durch die Sowjets in Berlin eingeflogen worden waren. Der schon erwähnte Hans Mahle und Richard Gyptner, beide als Funktionäre des Kommunistischen Jugendverbandes vor 1933 mit Honecker gut bekannt, luden ihn ein, sie zum Sitz der provisorischen Leitung der KPD zu begleiten. Unweit dem Quartier von General Bersarin, dem Stadtkommandanten, befanden sich in der Lichtenberger Prinzenallee die Büros der offiziell noch nicht zugelassenen Kommunistischen Partei Deutschlands. Erich Honecker hatte an diesem Maitag in dem von den Russen für die KPD beschlagnahmten Mietshaus die für sein weiteres politisches Leben entscheidende Begegnung. Später beschrieb er sie in knapper Form: »Dort wurde ich zu Walter Ulbricht gerufen, der im Auftrag des Sekretariats des Zentralkomitees der KPD die ersten Schritte zur Normalisierung des Lebens in der Hauptstadt, zur Errichtung anti-faschistisch-demokratischer Verwaltungen und zur Vorbereitung der Partei auf die endlich wieder legale Tätigkeit in die Wege leitete. Es war unsere erste Begegnung, und mich beeindruckte die Energie, mit der er dieses gewaltige Arbeitspensum bewältigte. Nach einer Information über die Lage und die dringendsten Aufgaben beauftragte er mich, Grundlinien für die Jugendarbeit der KPD in den nächsten Wochen und Monaten auszuarbeiten...« Gewiß war es kein Zufall, daß Walter Ulbricht, den alte Kommunisten als eine Art »lebende Kaderkartei« bezeichneten, gerade dem früheren Spitzenfunktionär des Kommunistischen Jugendverbandes Erich Honecker diesen wichtigen Auftrag erteilte. Der Genosse aus dem Saarland war jetzt dreiunddreißig Jahre alt. Der an ihn ergangene Parteiauftrag entsprach seinen Erfahrungen aus der politischen Tätigkeit vor der Nazizeit und den Haftjahren. Zweifellos hätte Erich Honecker – wäre es nach ihm gegangen – die Jugendarbeit der Partei im Geist der alten untergegangenen KPD Ernst Thälmanns wieder aufgenommen. Noch als Siebzigjähriger fand er denn auch rückblickend nur ein begeistertes Lob für jene Organisation, die 1933 in die Illegalität gezwungen worden war. Diese Jugendarbeit war trotz mancher Versuche, auch Andersdenkende zu gewinnen, immer auf die Mädchen und Jungen des »klassenbewußten Proletariats« beschränkt geblieben, weil der Kommunistische Jugendverband für jedermann erkennbar als Unterorganisation der KPD auftrat.

Es ist geradezu eine Ironie der Parteigeschichte, daß Moskaus Vertrauensmann für die Zukunft des deutschen Kommunismus, Walter Ulbricht, nun den von ihm ausgewählten Erich Honecker eine Konzeption für die Jugendarbeit verordnete, die einer der erfolgreichsten und einfallsreichsten KPD-Funktionäre, der Publizist, Verleger und Parteimanager Willi Münzenberg bereits 1930 in der geistigen Auseinandersetzung mit den Dogmatikern der Thälmann-Führung entwickelt hatte. Münzenberg, der sich nach dem Hitler-Stalin-Pakt von Moskau lossagte und für ein Bündnis aller Sozialisten gegen Hitler eintrat, bevor er in Frankreich während des Krieges unbekannten Mördern zum Opfer fiel, hatte als ehemaliger Jugendfunktionär der Komintern am 15. Januar 1930 vor dem Zentralkomitee der KPD leidenschaftlich eine Änderung der Jugendpolitik gefordert: »Wir Kommunisten werden in der Jugendarbeit – das beweist die Tätigkeit des kommunistischen Jugendverbandes – keinen Erfolg haben, solange der Jugendverband mit der Partei organisatorisch verbunden ist. Wir werden bei den Massen der Jugend keinen Erfolg haben. Wir sollten den kommunistischen Jugendverband offiziell liquidieren und an seine Stelle eine von der Partei nach außen unabhängige, durch von uns ausgebildete Leute geführte Organisation setzen, die die Jugend dort aufsucht, wo sie sich bei Spiel, Sport und Arbeit aufhält.«

Münzenbergs stärkster Widersacher gegenüber diesen vom Verlauf der Ereignisse bestätigten Vorhersagen war damals Walter Ulbricht gewesen. Er bezichtigte den Kritiker der Abweichung von der Parteilinie und des Trotzkismus, des schlimmsten aller möglichen Verbrechen. Acht Mitglieder des KPD-Zentralkomitees hatten 1930 für die Vorschläge Münzenbergs gestimmt, zweiundsechzig Genossen waren dagegen gewesen. Unter denjenigen, die für die Verbreiterung der Jugendarbeit im Sinne eines überparteilichen Verbandes stimmten, befand sich auch Anton Ackermann, mit den Honecker zusammen den Kominternlehrgang der Lenin-Schule besuchte.

Nach der Niederlage von 1933, während der sogenannten Brüsseler Parteikonferenz der KPD (die tatsächlich in Moskau stattfand), griff Anton Ackermann 1935 die Münzenberg-Thesen auf: »Unsere Jugendarbeit hat sich vor 1933 vornehmlich auf die Kinder der Genossen beschränkt. Wir waren dadurch und durch die Organisationsform des Jugendverbandes von vornherein von der Masse der Jugend isoliert. Das Auftreten des Jugendverbandes als Teil der Partei stieß die Jugendlichen von uns ab. Haben wir denn in der Vergangenheit die Stimmungen und Bestrebungen der Jugendlichen studiert? Sie wollen lernen, sich kulturell betätigen, Sport treiben, wandern und sich unterhalten. Unsere Organisationen betrachten sich bisher ausschließlich als politische Organisationen. Kunst, Wissenschaft und alle Bedürfnisse der Jugend haben wir fast ignoriert. Aus dieser Situation müssen wir die Konsequenz einer an uns orientierten, von uns geleiteten, in ihrer Tätigkeit aber unabhängigen, fortschrittlichen und nach außen überparteilichen Jugendarbeit ziehen...«

Anton Ackermann erhielt den Auftrag, die Schaffung eines Jugendverbandes mit überparteilichem Charakter für die Zeit nach dem Sieg über Hitler vorzubereiten. Diese Linie entsprach auch der neuen Volksfronttaktik, mit der die Komintern Mitte der dreißiger Jahre ein Bündnis aller antifaschistischen Gruppierungen erreichen wollte.

Die Führung der KPdSU war sich schon lange vor Beendigung des Krieges bewußt, daß in den Ländern Europas, die die Rote Armee besetzen würde, eine sozialistische Umgestaltung nur in Etappen erreicht werden könne. Am Beginn sollte die Errichtung einer »antifaschistisch-demokratischen Ordnung« stehen, eine Phase, für die Stalins Funktionäre und die in seinem Sinn planende Komintern Kompromißbündnisse mit bürgerlichen Kräften und auch die Zulassung kleinbürgerlicher Parteien ins Auge faßten. Die Schaffung von »Räterepubliken«, deren Propagierung sich schon vor 1933 als äußerst negativ erwiesen hatte, ließ man endgültig fallen. Behutsam, aber im leninistischen Sinne konsequent, sollten die Staaten Ost- und Mitteleuropas mit Hilfe der antifaschistisch-demokratischen Umwälzung allmählich auf die »Diktatur des Proletariats« vorbereitet werden.

Eine solche politische Konzeption mußte ganz besondere Bedeutung für Deutschland gewinnen, wo nach dem Sturz des Hitlerregimes die Sowjetunion nur den kleineren Teil des Landes besetzt hielt. Die Kommunisten hofften, die Mehrzahl der Deutschen überzeugen zu können, daß Hitlers gescheiterter Weltherrschaftsanspruch nur eine Erscheinungsform der kapitalistischen und imperialistischen Wirtschaft und Gesellschaft war. Würde dies akzeptiert, dann mußten sich die Wähler auch für die Politik der »fortschrittlichsten Kraft«, der »Arbeiterklasse«, und der sie »führenden Partei« entscheiden. Eine wichtige Rolle spielte bei dieser Orientierung die Gewinnung jener jungen Menschen, die in den Jahren von Hitlers Unrechtsherrschaft in naiver jugendlicher Unerfahrenheit Opfer der nationalsozialistischen Ideologie geworden waren und nach dem Krieg von Reue und tätigem Drang nach Bewältigung der Vergangenheit erfüllt waren. Hier lag Erich Honeckers Zukunftsaufgabe.

Der damals zweiundfünfzigjährige Walter Ulbricht wird für den bescheidenen und ernst wirkenden dreiunddreißigjährigen Erich

Honecker einige Sympathie empfunden haben. Politisch vertraute er ihm ohnehin.

Anfang Juni 1945 lieferte Honecker sein Exposé über die Jugendarbeit ab. Walter Ulbricht machte ihn bei dieser Gelegenheit mit dem damals fünfundzwanzig Jahre alten, soeben aus Moskau eingetroffenen Heinz Keßler bekannt. Der ehemalige Gefreite in Hitlers Armee, Überläufer und jüngster Mitbegründer des von den Sowjets geförderten »Nationalkomitees Freies Deutschland« hatte als sogenannter Frontbeauftragter dieses Komitees die Rote Armee begleitet und ihre Stäbe in den vordersten Linien beraten. Heinz Keßler wurde von 1945 bis 1951 der engste Mitarbeiter Honeckers in der Jugendarbeit, baute danach die DDR-Luftstreitkräfte auf und gehört seit fünfunddreißig Jahren zur Führung der Volksarmee. Seit 1985 ist er Verteidigungsminister der DDR und Mitglied des SED-Politbüros.

Erich Honecker erfuhr Anfang Juni, daß er nach der Gründung der KPD zum Jugendsekretär des Zentralkomitees berufen werden sollte. Da er die Apparatstruktur aus seiner Tätigkeit im Zentralkomitee des Jugendverbandes vor 1933 kannte, wußte er, daß er von nun an die Verantwortung für die Jugendarbeit der KPD in ganz Deutschland zu tragen hatte. Noch war nicht vorauszusehen, wie sich die Dinge innerhalb der vier Besatzungszonen im einzelnen entwickelten. Aber da es der Sowjetunion gelungen war, die deutsche Reichshauptstadt zu erobern, hofften die meisten Kommunisten, auch Lenins Traum bald verwirklichen zu können: Wer in Berlin herrsche, der würde eines Tages ganz Deutschland besitzen.

In jenem Gespräch, das Walter Ulbricht mit den beiden jungen Genossen Honecker und Keßler Anfang Juni 1945 führte, erläuterte er ihnen die bevorstehenden Ereignisse und ihre Aufgabenstellung. »Einheit« hieß die neue Parole, Einheit der Arbeiterklasse, Einheit aller Schichten der Bevölkerung, Einheit der Jugend und schließlich als Ziel dieser Politik: Deutschlands Einheit unter der roten Fahne des siegreichen Proletariats. Nur im einheitlichen Handeln würde es möglich sein, einen Weg aus der schlimmsten Katastrophe der deutschen Geschichte zu bahnen. Selbstverständlich entsprach diese Einheit, soweit sie Deutschland betraf, einem Kalkül taktischer Art. Primär ging es darum, im sowjetisch besetzten Teil des ehemaligen Reiches die Generallinie der Kommunisten durchzusetzen und ihrem Führungsapparat die ungeteilte Macht zu verschaffen. Einheit um jeden Preis anzustreben, das wollten weder Pieck und Ulbricht noch Josef Stalin. Der Kremlführer, der Jahrzehnte zuvor als junger illegaler bolschewistischer Berufsrevolutionär selbst durch Deutschland gereist war, äußerste noch im Sommer 1944 gegenüber dem polnischen Politiker Stanislaus Mikolajczyk: »Der Kommunismus paßt für die Deutschen wie der Sattel auf die Kuh!«

Schon ein halbes Jahr später, im Winter 1944, formulierte der Real- und Machtpolitiker Stalin gegenüber seinen jugoslawischen Genossen – unter ihnen Milovan Djilas, der das Gespräch aufzeichnete –: »Dieser Krieg ist nicht wie in der Vergangenheit; wer immer ein Gebiet besetzt, erlegt ihm auch sein eigenes gesellschaftliches System auf. Jeder führt sein eigenes System ein, so weit seine Armee vordringen kann. Es kann gar nicht anders sein...« Als einer seiner Gesprächspartner bezweifelte, daß Deutschland sich nach der Niederlage innerhalb eines halben Jahrhunderts erholen könnte, bewies Stalin seinen Realitätssinn: »Sie werden sich wieder erholen, und zwar sehr rasch. Sie sind eine hochentwickelte Industrienation mit einer äußerst qualifizierten und zahlreichen Arbeiterklasse und einer technischen Intelligenzia. Gebt ihnen zwölf oder fünfzehn Jahre Zeit, und sie werden wieder auf den Beinen stehen...«

Diese Prognosen Stalins stammten aus einer Zeit, als die Rote Armee und ihre Verbündeten noch an den Grenzen des Reiches standen. Nun, knapp vier Wochen nach Hitlers Ende, eröffnete die Sowjetunion ihre politische Nachkriegsoffensive mit Maßnahmen der Militäradministration in Deutschland. Am 9. Juni 1945 wurde im »Befehl Nummer 1« die Errichtung der Sowjetischen Militäradministration für Deutschland bekanntgegeben. Bereits am folgenden Tag erfuhren die überraschten Deutschen, daß der Chef dieser neuen Besatzungsbehörde, der Sieger in der Schlacht von Berlin, Marschall Georgij Schukow, in seinem »Befehl Nummer 2« für das

Territorium der Sowjetischen Besatzungszone »die Bildung und Tätigkeit aller antifaschistischen Parteien« erlaubte, die sich »die endgültige Ausrottung der Überreste des Faschismus und die Festigung der Grundlage der Demokratie und der bürgerlichen Freiheiten in Deutschland zum Ziel setzten«. Die Sowjets bestimmten, daß jede neue Partei und die ebenfalls zu gründenden »freien Gewerkschaften« ihre Programme und Mitgliederlisten bei den Militärkommandanturen hinterlegen mußten. Außerdem fand sich in diesem Befehl noch der für die künftige gesellschaftliche Entwicklung höchst bedeutsame Passus, daß »für die ganze Zeit des Besatzungsregimes die Tätigkeit aller Organisationen unter der Kontrolle der Sowjetischen Militärverwaltung und entsprechend den von ihr gegebenen Instruktionen vor sich gehen wird«.

Wie ausgezeichnet und bis ins letzte Detail die Moskauer Zentrale ihre politischen Aktionen vorbereitet hatte, wurde deutlich, als schon am folgenden Tag, dem 11. Juni 1945, die Kommunistische Partei Deutschlands mit ihrem Gründungsaufruf an die Öffentlichkeit trat, der den taktischen Wandel der Parteilinie dokumentierte. Da hieß es: »Mit der Vernichtung des Hitlerismus gilt es gleichzeitig, die Sache der Demokratisierung Deutschlands, die Sache der bürgerlich-demokratischen Umbildung, die 1848 begonnen wurde, zu Ende zu führen, die feudalen Überreste völlig zu beseitigen und den reaktionären altpreußischen Militarismus mit allen seinen ökonomischen und politischen Ablegern zu vernichten. Wir sind der Auffassung, daß der Weg, Deutschland das Sowjetsystem aufzuzwingen, falsch wäre, denn dieser Weg entspricht nicht den gegenwärtigen Entwicklungsbedingungen in Deutschland. Wir sind vielmehr der Auffassung, daß die entscheidenden Interessen des deutschen Volkes in der gegenwärtigen Lage für Deutschland einen anderen Weg vorschreiben, und zwar den Weg der Aufrichtung eines antifaschistischen, demokratischen Regimes, einer parlamentarisch-demokratischen Republik mit allen demokratischen Rechten und Freiheiten für das Volk...«

Die Komintern, die Moskauer Zentrale der kommunistischen Internationale, war von Stalin zwar unter dem Druck seiner amerikanischen und englischen Verbündeten 1943 nominell aufgelöst worden, die Direktiven der Nachfolgeinstitution, die sich »Kommunistisches Informationsbüro« nannte, waren für die »Bruderparteien« jedoch zwischen 1947 bis 1956 nicht weniger verbindlich bei der Durchsetzung der Stalinschen Generallinie. Der Gründungsaufruf der KPD war in Moskau verfaßt worden. Viele alte Kommunisten in Deutschland vernahmen irritiert, daß die ihnen vertrauten Formeln aus der Kampfzeit von 1918 bis 1933 aus diesem Text eliminiert waren. Keine Rede war mehr von »Klassenkampf«, »Revolution«, »Sozialismus«, »Kommunismus« und »Entmachtung der Bourgeoisie«. Mit diesem Programm konnte jede progressive bürgerliche Partei vor die Öffentlichkeit treten. Aufhorchen ließen vor allem die ausdrückliche Ablehnung der Sowjetisierung Deutschlands und das Bekenntnis zur »parlamentarisch-demokratischen Republik mit allen demokratischen Rechten und Freiheiten für das Volk«.

Selbstverständlich sollte dieses Manifest weit über die Grenzen der Sowjetischen Besatzungszone hinauswirken. Innerhalb dieses Gebietes konnte das Bekenntnis zur parlamentarisch-demokratischen Republik und die äußere Vielfalt des politischen Spektrums allerdings nicht über die Tatsache hinwegtäuschen, daß die straffe Kontrolle und Anleitung durch die russische Militärbürokratie einer wirklich freiheitlich-demokratischen Entwicklung nicht den geringsten Spielraum ließen. Hinzu kam die vollkommene Apathie der Menschen, ihre Verzweiflung und Not. Die Schicht derjenigen, die ein wirkliches Interesse an politischer Betätigung hatte, war hauchdünn. Faktisch herrschte auf den Straßen Berlins, Mecklenburgs und Thüringens, in den Städten und Dörfern der Mark Brandenburg und Sachsens noch monatelang die Willkür der Besatzer.

Erst sechs Tage vor der KPD-Gründung, der wenige Tage später die Sozialdemokraten, die Christlichen-Demokraten und die Liberal-Demokraten mit der Bildung eigener Parteien folgten, hatten die vier Siegermächte die Übernahme der obersten Regierungsgewalt in Deutschland bekanntgegeben. Die Oberbefehlshaber, Marschall Schukow, General Eisenhower, Feldmarschall Montgomery und

General Lattre de Tassigny definierten im Namen der UdSSR, der Vereinigten Staaten, Großbritanniens und Frankreichs in ihrer Erklärung die näheren Bestimmungen der Kapitulation und stellten fest, daß es »in Deutschland keine zentrale Regierung oder Behörde« mehr gebe, »die fähig wäre, die Verantwortung für die Verwaltung des Landes und für die Ausführung der Forderungen der siegreichen Mächte zu übernehmen...« Gleichzeitig wurde die »Aufteilung Deutschlands für Besatzungszwecke« in vier Zonen und Berlins in vier Sektoren sowie die Bildung des Alliierten Kontrollrats verkündet.

Erich Honecker, der für seine von Ulbricht geforderte Analyse der Jugendprobleme mit vielen jungen Menschen sprach, erinnerte sich später oft an die geistige Leere und Hoffnungslosigkeit bei den meisten Jugendlichen: »In den Tod und Verderben bringenden Tagen des Frühjahrs 1945 hatte die Jugend den Boden unter den Füßen verloren. Handelte es sich doch um junge Menschen im Alter von vierzehn bis einundzwanzig Jahren, die fast alle ehemalige Zwangsmitglieder der ›Hitlerjugend‹ und des ›Bundes Deutscher Mädchen‹, der faschistischen Jugendorganisation, gewesen waren. Unter der Macht und dem Einfluß des Faschismus waren sie aufgewachsen, waren geformt, irregeführt und mißbraucht worden. Die Naziideologie wirkte bei ihnen nach. Viele waren verzweifelt und resignierten angesichts des vollständigen Zusammenbruchs vermeintlicher Ideale. Ausweglosigkeit und Hoffnungslosigkeit hatten sie erfaßt. Das alles erschwerte es außerordentlich, die Jugendlichen für den demokratischen Neuaufbau zu gewinnen. Hunger, Obdachlosigkeit, Arbeitslosigkeit, Krankheit und Seuchen taten ein übriges. So standen die meisten dem Neuen abwartend, etliche ablehnend oder gar feindselig gegenüber...«

Schon im Juni 1945 stellte sich Erich Honecker im sowjetischen Hauptquartier in Berlin-Karlshorst dem Chef der Sowjetischen Militäradministration (SMAD) Marschall Schukow persönlich vor. Er und die Kommandeure der Roten Armee übten eine strenge Kontrolle über alle führenden Kaderfunktionäre der KPD und später der SED aus. Neben dem Marschall, der nach einem Jahr von Marschall Sokolowski abgelöst wurde, lernte Honecker den damaligen Generaloberst Tschuikow kennen, dem viele Jahre später ebenfalls die Marschallwürde und die Leitung der sowjetischen Behörden in Deutschland übertragen wurde.

Die eigentliche Schlüsselfigur für die ständige Anleitung und Kontrolle der Politiker aller Parteien in der Sowjetischen Besatzungszone war Oberst Sergej Tulpanow, der die Politische Informationsverwaltung der SMAD leitete. Für die Probleme der Jugend und den Aufbau der Jugendausschüsse, aus denen die Freie Deutsche Jugend hervorging, setzte Tulpanow besonders geschulte Jugendoffiziere der Militäradministration ein. Mit ihnen stand Erich Honecker von nun an über ein Jahrzehnt lang in täglichem Kontakt. Es gab keine wesentliche Frage der Kaderbesetzung und des Organisationslebens, die nicht mit den Führungsoffizieren der Sowjets zu klären war. Honecker rühmte später an den russischen Genossen, daß er »immer bei ihnen ein offenes Ohr für die Probleme der Jugend fand. Sie halfen, wo sie nur konnten…« Ähnliche Aufgaben erfüllten in den fünf Ländern Brandenburg, Sachsen, Mecklenburg, Sachsen-Anhalt und Thüringen sowjetische Jugendoffiziere bei den Landesverbänden der Jugendorganisation noch viele Jahre. So wie sich die KPD-Führer in der politischen Praxis bemühten, die bereits am 14. Juli 1945 vereinbarte »Einheitsfront« mit den drei anderen zugelassenen Parteien als »antifaschistisch-demokratische Blockpolitik« zu realisieren, sollte Honecker nach einem konkreten »Stufenplan« der einheitlichen Jugendpolitik zu Erfolg verhelfen.

Erich Honecker nahm am 25. Juni 1945 an der ersten Funktionärskonferenz der KPD teil, auf der Walter Ulbricht den überraschten Genossen lapidar mitteilte: »Wir verzichten auf die Schaffung eines Kommunistischen Jugendverbandes, denn wir wollen, daß eine einheitliche, freie Jugendbewegung entsteht.« Die Zeit drängte. Schon entstanden in allen Zonen Deutschlands wieder jene Jugendverbände, die die Nazis 1933 verboten hatten. So waren bereits in Sachsen, Thüringen, aber auch im Rheinland und in Süddeutschland Initiativgruppen der Sozialistischen Arbeiterjugend, des Kommunistischen Jugendverbandes, antifaschistische Zirkel, christliche

Gruppen und Pfadfinderzellen im Entstehen begriffen. Nichts betrachteten die Genossen des KPD-Zentralkomitees mit solchem Unbehagen, wie die Entstehung wirklich unabhängiger Vereine, die schwer zu kontrollieren, zu überwachen oder gar anzuleiten waren.

Der von Erich Honecker und seiner sich formierenden Mannschaft für die KPD-Führung ausgearbeitete Stufenplan sah folgende Maßnahmen vor:

1. Gründung von örtlichen Jugendausschüssen mit einem breitgefächerten Programm, dessen Dringlichkeit sich aus der lokalen Situation ergab.

2. Bildung eines Zentralen Jugendausschusses in Berlin, der die in den fünf Ländern entstandenen Komitees zu gemeinsamen Besprechungen und der Erteilung von Arbeitsaufgaben einladen sollte.

3. Gründung von Organisationskomitees zur Propagierung und Vorbereitung der überparteilichen Jugendeinheitsorganisation. Auf der zentralen Arbeitstagung der Jugendausschüsse sollte dann eine Kampagne vorbereitet werden, die von den alliierten Besatzungsbehörden die Zulassung der Freien Deutschen Jugend forderte.

4. Die Gründung der FDJ.

Marschall Schukow kam diesen Bestrebungen zu Hilfe, indem die von ihm geleitete Militäradministration am 31. Juli 1945 den Befehl erteilte, die Bildung von Jugendausschüssen in die Wege zu leiten. »Die antifaschistischen Jugendkomitees befinden sich bei den Bürgermeistereien und werden auf deren Kosten unterhalten...« Aufsichtsführend – selbst das vergaß die Militäradministration nicht zu verordnen – sollten bei den Magistraten die Dezernenten für Volksbildung sein, deren Stellen auf Weisung Walter Ulbrichts mit Kommunisten zu besetzen waren. Alle Mitarbeiter der Gruppe Ulbricht hatten seit dem 2. Mai 1945 die Hauptaufgabe erhalten, bei der Bildung der Bezirksmagistrate in Berlin auf eine sorgfältige Kaderauswahl zu achten. Dieser Parteiauftrag galt ebenfalls für die inzwischen aus Moskau eingeflogenen Führungsstäbe der KPD, die ihre Arbeit in anderen Städten und Provinzen der Sowjetischen

Zone aufnahmen. Walter Ulbrichts Anweisungen werden von seinem damaligen Mitarbeiter Wolfgang Leonhard wörtlich zitiert: »Die Bezirksverwaltungen müssen politisch richtig zusammengestellt werden. Kommunisten als Bürgermeister können wir nicht brauchen... Sucht euch zunächst einmal den Bürgermeister. Wenn ihr erst einen Bürgerlichen oder Sozialdemokraten habt, dann werdet ihr an andere herankommen. Und nun zu unseren Genossen. Der erste stellvertretende Bürgermeister, der Dezernent für Personalfragen und der Dezernent für Volksbildung – das müssen unsere Leute sein. Dann müßt ihr noch einen ganz zuverlässigen Genossen in jedem Bezirk ausfindig machen, den wir für den Aufbau der Polizei brauchen...« Ulbrichts Anweisungen gipfelten in der Direktive: »Es ist doch ganz klar: Es muß demokratisch aussehen, aber wir müssen alles in der Hand haben...«

Diese Kaderpolitik Walter Ulbrichts, des für die folgenden Jahrzehnte maßgeblichen kommunistischen Führers in Mitteldeutschland, war auch für den Aufbau der Massenorganisationen verbindlich, die Stalin durchaus zutreffend als »Transmissionsriemen der Partei« bezeichnet hatte. An dieser Richtlinie orientierte sich auch Erich Honecker, der als neuer Vorsitzender des zentralen Jugendausschusses der Sowjetischen Besatzungszone entsprechende Weisungen zur Besetzung aller Posten in den örtlichen – und Landesjugendausschüssen an die Basis erteilte. Wie konsequent die Hilfe der Sowjets für den zu gründenden Jugendverband war, zeigt der letzte Satz von Marschall Schukows Befehl über die Schaffung der antifaschistischen Jugendausschüsse: »Alle anderen Jugendorganisationen: gewerkschaftliche und Sport-Vereine, sozialistische und ähnliche gemeinschaftliche Organisationen außer den oben erwähnten antifaschistischen Jugendkomitees sind verboten.«

Mit dem Befehl Marschall Schukows waren endgültig alle Versuche unterbunden, auch in der Sowjetischen Besatzungszone an die Tradition der Jugendarbeit vor 1933 anzuknüpfen. Honecker und seine führenden Funktionäre sahen sich allerdings nicht selten genötigt, manchen Altkommunisten oder Sozialdemokraten unmißverständlich über das sowjetische Besatzungsrecht zu belehren, um bereits im Aufbau befindliche Jugendgruppen wieder aufzulösen. Nur widerstrebend fügten sich einige von ihnen dem russischen Befehl, auf den sich die Genossen der KPD im Notfall beriefen. Es waren vor allem Antifaschisten, die mit dem Ende der Nazidiktatur auf die Stunde der Freiheit gehofft hatten und sich jetzt in ihrer Erwartung getäuscht sahen.

Ein zweiter Punkt des sowjetischen Befehls erwies sich auch in materieller Hinsicht als äußerst bedeutungsvoll. Die Magistrate und in ihnen die Dezernenten für Volksbildung mußten den technischen Apparat der Jugendausschüsse finanzieren. Räume, Clubzimmer, Möbel und Bürogeräte, Schreibkräfte und Leitungskräfte, für alles mußte der Etat der Kommunen oder Länderverwaltungen aufkommen. Mit einer solchen Subventions-Garantie wurden bereits die Voraussetzungen für den Aufbau der späteren Jugendorganisation im Gebiet der Sowjetischen Besatzungszone geschaffen.

Inzwischen war das Zentralkomitee der KPD aus der Lichtenberger Prinzenallee in die Stadtmitte umgezogen. Erich Honecker residierte als Jugendsekretär der Parteizentrale in der Wallstraße in bescheidenen Räumen des obersten Stockwerks, während der Antifaschistische Jugendausschuß in den Hinterzimmern des einstigen Kultusministeriums in der Wilhelmstraße als eine Abteilung der Zentralverwaltung für Volksbildung untergebracht war. Die Kommunisten etablierten ihre Behörden bewußt im alten Regierungszentrum. Heinz Keßler, inzwischen Leiter des wichtigen Berliner Hauptjugendausschusses, amtierte in den Räumen von Goebbels ehemaligem Propagandaministerium.

Honeckers Hauptproblem war die Kaderfrage. In kürzester Frist mußten fähige junge Menschen gefunden werden, die in der Lage waren, die Masse der Mädchen und Jungen anzusprechen und sie für die neuen Ideale zu gewinnen. Verhältnismäßig einfach waren die Führungspositionen im Zentralen Jugendausschuß zu besetzen. Hier arbeiteten außer dem Vorsitzenden Erich Honecker fünf erprobte Kommunisten, unter ihnen Paul Verner und Hermann Axen, und fünf Sozialdemokraten, darunter Theo Wiechert und Edith Baumann. Um den Eindruck der Überparteilichkeit zu wahren, wollte Honecker einige jüngere Vertreter der katholischen und evangelischen Kirche gewinnen.

Wie die Werbung vonstatten ging, beschrieb später Manfred Klein, der in der Nazizeit als Katholik von der Gestapo verfolgt worden war und im Sommer 1945 als zwanzigjähriger Kriegsgefangener im sowjetischen Lager Rüdersdorf in der Mark Brandenburg an einem Kurs der Antifa-Schule des Lagers teilnahm. Solche Lehrgänge hatten seit 1943 Zehntausende gefangener deutscher Soldaten besucht. Sie erhielten als Anreiz bessere Verpflegung und Unterbringung als ihre Mitgefangenen. Russische Offiziere und bereits umerzogene Aktivisten des »Nationalkomitees Freies Deutschland« schulten die Kader nach den Vorstellungen der Komintern im Sinne leninistischer Strategie und Taktik.

Begrüßt hatte die Kursanten ein hoher sowjetischer Offizier, der ihnen erklärte: »Die deutsche Verwaltung wird aufgebaut, sie braucht frische politische Kräfte. Ihr habt die Möglichkeit, euch hier zu bewähren, um dann ein neues sozialistisches Deutschland aufzubauen...« Zwei in russische Offiziersuniformen gekleidete ehemalige deutsche Stalingrad-Kämpfer waren als Leiter und Hauptlehrer der Schule eingesetzt. »Von diesen«, so berichtete Manfred Klein später, »wurden wir sechs Wochen lang in die geistigen Grundlagen des Kommunismus eingeführt. Der Geschlossenheit des Systems und der für einen Zwanzigjährigen nicht ohne weiteres zu widerlegenden scheinbar lückenlosen Logik waren wir ziemlich hilflos ausgeliefert. Gewiß gab es für mich, der im katholischen Glauben erzogen und in der katholischen Jugendarbeit groß geworden war, immer noch manchen Vorbehalt gegen diese Ideologie. Hier aber zeigte sich die psychologische Kunst der Lehrer des Nationalkomitees. Sie wollten mir Zeit lassen und bestanden nicht darauf, ein Bekenntnis von mir zu hören. Man ging davon aus, daß wir alle, eingedenk der Großzügigkeit der Sieger uns gegenüber, nun eben Kommunisten geworden waren. Äußerlich wurden dafür die Anrede ›Genosse‹ und das dafür selbstverständliche ›Du‹ gebraucht...«

Eines Tages kam aus Berlin »hoher Besuch«. »So saß ich plötzlich vor einem Tisch, mir gegenüber die Lehrer der Schule und mehrere Herren des Zentralkomitees, von denen mir Erich Honecker in fester Erinnerung geblieben ist. Mir wurde verkündet, daß ich geeignet sei zum Aufbau des Jugendfunks in Berlin. Mit Heftigkeit widersprach ich diesem Auftrag, da ich keinerlei Erfahrung mit dem Rundfunk hatte. Vielleicht war es ein Zufall, vielleicht eine menschliche Regung, daß Honecker mich plötzlich fragte, wo ich denn Erfahrungen zu haben glaubte. ›In der Jugendarbeit‹, schoß ich hervor. Da ging ein Leuchten über Honeckers Gesicht: »Du hast ja recht, Genosse, darauf hätte ich auch selber kommen können. Natürlich, hier steht es ja, du kommst aus der katholischen Jugend! Genau so einen brauchen wir. Du wirst im Zentraljugendausschuß die katholische Jugend vertreten. Melde dich am 23. September bei mir in der Wallstraße...«

Der gläubige Katholik Manfred Klein vertraute sich seinem Seelsorger an und bat um dessen Rat. Dieser, der Berliner Domvikar Lange, besprach den Fall mit dem katholischen Bischof von Berlin, Graf von Preysing. Die Sorge um die Christen unter der sowjetischen Besatzungsmacht bestimmten den Kirchenoberen, seine Zustimmung zu Manfred Kleins Mitarbeit im Zentralen Jugendausschuß zu geben. Klein solle sich jedoch darüber klar sein, daß es vielleicht ein schwerer Weg für ihn werde: »Denn über die grundsätzliche Gegnerschaft der Kommunisten zu den Kirchen bestände ja wohl kein Zweifel.«

Erich Honecker, der dem Sechswochenlehrgang, den Manfred Klein auf der Antifa-Schule des Kriegsgefangenenlagers Rüdersdorf absolviert hatte, die Bedeutung einer KPD-Parteischule beimaß, begrüßte den jungen christlichen Antifaschisten außergewöhnlich freundlich. Er ließ sich ausführlich von Kleins Erlebnissen während der Nazizeit berichten und erzählte ihm über seine Kerkerjahre im Zuchthaus Brandenburg. »Honecker, damals noch von den Spuren seiner Haftzeit gezeichnet, hatte durch die Natürlichkeit seines Umgangs etwas Gewinnendes«, erinnerte sich Klein. »Er protzte nicht mit dieser Zeit, vielmehr ließ er die viel harmloseren Plänkeleien, die ich in der katholischen Jugend mit der Gestapo gehabt hatte, durchaus daneben gelten und überspannte beides mit einer Atmosphäre antifaschistischer Solidarität. Ganz bewußt unterließ er jeden Versuch zu differenzieren. Auch war er selbstsicher genug, um aus seinem bescheidenen Berufsabschluß als Dachdecker keine Minderwertigkeitskomplexe abzuleiten. Ja, er war so selbstsicher, daß er schon damals eine innere Berufung zu Höherem anklingen ließ. Wer ihn nicht enttäuschte, der konnte sich wohl auf ihn verlassen. So ließ er es schon bei diesem ersten Gespräch nicht an Andeutungen fehlen, welche Möglichkeiten mir in dem späteren Arbeiter- und Bauernstaat auf deutschem Boden offenstehen würden. Ich sollte nur immer das rechte Vertrauen zu ihm haben...«

In der Wilhelmstraße stellte Honecker seinen neuen Mitarbeiter persönlich dem Präsidenten der Zentralverwaltung für Volksbildung, Paul Wandel, vor. Der Altkommunist, als Komintern-Beauftragter schon seit Jahren an der Schulung Hunderter von Kaderfunktionären beteiligt, verhielt sich reservierter und ließ seinen neuen »Dezernenten für Kulturarbeit« im Zentralen Jugendausschuß die Distanz seines hohen Amtes spüren. Klein saß nun Zimmer an Zimmer mit Edith Baumann, die als Sozialdemokratin und Honeckers Stellvertreterin im Ausschuß eine wichtige Funktion ausübte. Er lernte den Organisationsleiter Hermann Axen und den Propagandachef Paul Verner gründlich kennen. Über Axen urteilte Klein: »Ein quicklebendiger kleiner Sachse, der den Eindruck erweckte, als sei er Hansdampf in allen Gassen. Mit oberflächlichem Humor und breitem Sächsisch überdeckte er sein raffiniertes Spiel. Es gab wohl kaum einen größeren Stadtjugendausschuß, über dessen Zusammensetzung er nicht genau Bescheid wußte. Ein ausgesprochener Kadermann...«

So wie Hermann Axen alle »Säuberungen« und Krisen der Partei überstand und bis in das Politbüro, das Führungszentrum der SED gelangte – gegenwärtig ist er im Apparat des Zentralkomitees Sekretär für internationale Verbindungen und steht dem Generalsekretär Honecker persönlich nahe –, genauso erfolgreich verlief die Karriere von Paul Verner, der bis zu seinem Tod im Dezember 1986 einer der engsten Mitarbeiter Honeckers blieb.

Für Klein erwies sich Paul Verner als intelligenter, aber ausgesprochen doktrinärer Funktionär. Als dritte wichtige Persönlichkeit im Zentralen Jugendausschuß erkannte der junge Katholik den Verantwortlichen für Berlin, Heinz Keßler. Manfred Klein beeindruckte dessen Vitalität und ein »originäres Gespür des Klassenkämpfers, gepaart mit der Robustheit des Gefreiten mit Fronterfahrung...«

Vorerst begegneten sich Honeckers Interessen beim Aufbau des Apparates mit den Vorstellungen Manfred Kleins, die Mitwirkung der Kirchen wenigstens im bescheidenen Rahmen zu gewinnen. Domvikar Robert Lange, dem sich Klein von Anfang an anvertraute, wurde als Vertreter der katholischen Kirche in den Zentralen Jugendausschuß berufen. An seiner Seite befand sich bald der evangelische Jugendpfarrer Oswald Hanisch, der sich als Bekennender Christ mit den Nazis auseinandergesetzt hatte.

Aus diesen Monaten gibt es außer dem Urteil Manfred Kleins noch eine Charakterisierung Erich Honeckers, die von seinem langjährigen Mitarbeiter Heinz Lippmann stammt, der 1945 als Kommunist in Thüringen die Jugendausschüsse mitaufbaute, in Weimar Landessekretär der FDJ wurde, danach als Sekretär des Zentralrates der Jugendorganisation in Berlin die westdeutschen Aktivitäten der FDJ leitete, bis er 1953 mit Millionen DM aus den ihm zur Verfügung stehenden Geldern in den Westen floh, wo er 1974 starb.

Lippmann beschreibt im Gegensatz zu Klein Erich Honecker als einen Mann »mit Minderwertigkeitskomplexen. Er trat sehr bescheiden auf und erweckte den Eindruck, als nähme er gern Gedanken und Anregungen anderer auf und sei stets bereit zu lernen... Im Grunde war Honecker von einer tiefen Abneigung gegen bürgerliche Vertreter mit klerikaler Bindung erfüllt. Im Kreise von Genossen äußerte er diese Einstellung auch unumwunden. Es fiel ihm schwer, Bürgerlichen gegenüber Freundlichkeit und Toleranz zu heucheln. Hinzu kam seine Unsicherheit, die in dem unterschiedlichen Bildungsniveau ihren Ursprung hatte...«

Überliefert ist umgekehrt aus den ersten Nachkriegsjahren, daß manche Gesprächspartner bürgerlicher Herkunft Honecker geradezu unterwürfig gegenübertraten. Für sie war er als Kommunist ein Vertreter der siegreichen Besatzungsmacht, der mit Wissen, Willen und im Auftrag der Russen handelte und dem noch eine Karriere bevorstand. Gerade gegenüber diesen Menschen aus dem Bürgertum, die er zur Mitarbeit gewinnen wollte, verhielt sich Honecker in jenen ersten beiden Jahren nach 1945 kompromißbereit. Er machte sogar Zugeständnisse, die gelegentlich zu harscher Kritik proletarischer Genossen führte, zum Beispiel des Landessekretärs für Jugendfragen in Sachsen, Robert Bialek. Dieser KPD-Funktionär war drei Jahre jünger als Honecker, hatte aber ebenfalls als Widerstandskämpfer mehr als fünf Jahre in Nazizuchthäusern verbracht. Bialek wünschte eine proletarische Jugendorganisation, die dem Nachwuchs der KPD und SPD offenstehen sollte. Über diese Frage kam es zwischen Bialek und Honecker zu einer Auseinandersetzung, in der Honecker scharf reagierte: »Das schlag dir aus dem Kopf. Natürlich wäre mir eine sozialistische Jugendorganisation auch lieber, aber das entspricht nicht den gegenwärtigen Erfordernissen. Wir sind Kommunisten und müssen leider unsere Wünsche der politischen Situation anpassen. Jede bürgerliche Partei würde ihre Jugendorganisation fordern und die Kirchen natürlich auch. Eine solche Zersplitterung können wir uns nicht leisten. Wir müssen an die ganze Jugend heran und denken gar nicht daran, einen Teil der Jugend den bürgerlichen Kreisen zu überlassen...«

Robert Bialek fragte Honecker, wie man sich als Kommunist der Kirche gegenüber verhalten solle. Honecker interpretierte die Linie der KPD-Führung: »Wir werden am Anfang sehr weitgehende Kompromisse machen müssen. Wir werden auch eine kirchliche Jugendarbeit ohne organisatorischen Rahmen gestatten. Wir müssen die Kirchen dazu bewegen, daß sie selbst die Zustimmung zu einer einheitlichen Jugendorganisation geben. Wir müssen schnellstens an die Ausbildung von Jugendfunktionären gehen. Wir müssen bei einer kommenden Jugendorganisation die Funktionäre der bürgerlichen und kirchlichen Jugendarbeit beschäftigen. Wir werden ihnen in den höheren Gremien so viele Sitze einräumen, daß sie uns nie vorwerfen können, wir benachteiligen sie. Wir müssen darauf achten, daß wir die Arbeiten unten, an der Basis, in unsere Hand bekommen. Dort, wo der Jugendliche arbeitet, im Betrieb, in der Wohngruppe, müssen die Leiter der Jugendgruppen unsere Leute sein. Sie müssen das Vertrauen der Jugendlichen durch ihre Aktivität und die Kunst, die Jugend zu führen, erringen. Wenn uns das gelingt, dann ist es unwichtig, wieviel Vertreter der bürgerlichen Parteien und der Kirchen in den höheren Leitungen sitzen...«

Diese Ausführungen Honeckers zeigen, wie konsequent er die Weisungen der Partei befolgte, obwohl er, wäre es nach seiner eigenen Neigung gegangen, mit Robert Bialek übereingestimmt hätte.

Alle Bemühungen Erich Honeckers und seines Führungsstabes mußten im Herbst und Winter 1945 allerdings einen wesentlichen Negativfaktor in Rechnung stellen, den Honecker selbst mit dem lapidaren Satz umriß: »Die Masse (der Jugend) blieb noch abseits und verhielt sich abwartend!« Im Dezember 1945 fand die erste Großveranstaltung aller Länderjugendausschüsse mit dem zentralen Gremium in Berlin statt. Honecker empfand tiefe Bewegung, als er ans Rednerpult trat. Genau zehn Jahre zuvor war er hier in Berlin von der Gestapo verhaftet worden. Er gedachte nun vor den ersten vierhundert Aktivisten der neuen Jugendpolitik der toten Widerstandskämpfer gegen Hitlers Barbarei. Außer den Kommunisten erwähnte er auch die Christen Hans und Sophie Scholl, in deren Geist der Aufbau Deutschlands beginnen solle: »Die Achtung vor der Auffassung des anderen schafft die Voraussetzung zu ersprießlicher gemeinsamer Arbeit. Die Verschiedenartigkeit des Glaubens und des weltanschaulichen Bekenntnisses sind für uns kein Grund zur Trennung. Wir sind auf diesem Gebiet für volle Toleranz. Entscheidend ist allein, daß alle Kräfte zusammenfließen zur gemeinsamen Arbeit an dem Werk des Wiederaufbaus...«

Auf Initiative des sächsischen KPD-Jugendsekretärs Robert Bialek wurde beim KPD-Vorsitzenden Wilhelm Pieck beantragt, daß sich im Gegensatz zur ursprünglichen sowjetischen Weisung auch Mitglieder der früheren Nazijugendorganisationen an der Arbeit der Jugendausschüsse beteiligen durften. Ohne diese Mädchen und Jungen, die zwangsweise in Hitlers braununiformierten Jugendscharen organisiert waren, hätte sich Honeckers jugendpolitische Zielsetzung nicht verwirklichen lassen. Wilhelm Pieck und danach auch die sowjetische Militäradministration waren einverstanden.

Zur Weihnachtszeit verband Erich Honecker einen Parteiauftrag mit einem langgehegten persönlichen Wunsch. Nach einer beschwerlichen Fahrt nahm er Kontakte zu west- und süddeutschen KPD-Führern auf, die er im Auftrag von Wilhelm Pieck zu Besprechungen nach Berlin einlud, und konnte endlich seine Eltern in Wiebelskirchen wiedersehen. Er reiste zunächst mit der Eisenbahn in einem total überfüllten Zug von Berlin nach Erfurt und Eisenach. Marschall Schukow hatte ihm einen persönlich unterschriebenen Reisepaß ausstellen lassen. Die Passagiere des ramponierten Zuges »saßen auf Trittbrettern, Puffern oder Wagendächern«. Verärgert war er, weil sich der Grenzübergang schwierig gestaltete. Schon die Rotarmisten waren trotz des Reisedokuments von Marschall Schukow nicht gerade umgänglich. Aus Sorge vor der amerikanischen Militärpolizei ging er illegal über die »grüne Grenze«, fuhr ohne Fahrkarte in einem leeren Zug weiter und stieg dann aus Angst vor der Kontrolle auf einen Güterzug um. In Fulda empfingen ihn seine KPD-Genossen, die ihn im Auto nach Frankfurt am Main brachten. Für die französische Zone hatte ihm Manfred Klein über Domvikar Lange bei den französischen Besatzungsbehörden in Westberlin eine Einreisegenehmigung beschafft. Im kleinen Wohnhaus der Honeckers gab es ein paar glückliche Tage: »Während der Reise konnte ich auch meine Eltern, meine Schwestern Gertrud und Frieda und zahlreiche Freunde in Wiebelskirchen besuchen. Als ich dort eintraf, hatte meine Mutter gerade den Weihnachtskuchen gebacken. Unbeschreiblich groß war die Freude über unser Wiedersehen nach über zehn Jahren. Wir hatten uns viel zu erzählen...«

Auch Manfred Klein, den zuweilen bereits Skrupel plagten, erwartete am Vorabend der ersten Friedensweihnacht eine Überraschung. Die Arbeit im Zentralen Jugendausschuß wurde nicht nur durch ein angemessenes Gehalt und Wohnraumbeschaffung honoriert. Die Sowjets belohnten ihre Mitarbeiter am gemeinsamen Werk noch zusätzlich: Manfred Klein erinnerte sich: »Es war der

23. Dezember 1945. Ich hatte mir einen kleinen Tannenbaum besorgt und war gerade dabei, unter diesen die Krippe aufzustellen. Ich war in ziemlich melancholischer Stimmung. Plötzlich klingelte es. In dieser Situation, wo ich keinen Bekannten erwartete, hatte das immer etwas Erschreckendes. Ich öffnete – und vor mir stand ein sowjetischer Major. ›Guten Tag, Genosse Klein. Ich bin Major Bejdin, der Jugendoffizier der sowjetischen Militäradministration. Sie haben schon von mir gehört. Darf ich eintreten?‹ Mir war völlig unklar, was dieser Besuch sollte; auch war merkwürdig, daß er mich noch als ›Genosse‹ ansprach. Staunend betrachtete Major Bejdin den Weihnachtsbaum und die Krippe. Nach fünf Minuten erklärte er mir, er müsse jetzt noch zu Probst Grüber fahren, riß das Fenster auf und pfiff gellend durch die Zähne auf den Hof hinab. Dann klopfte er mir auf die Schulter und wünschte ein gutes Weihnachten. Noch wußte ich mir kein Bild zu machen. Da stampften zwei Soldaten durch meine Wohnungstür und luden zwei große Säcke ab. Was in diesen Säcken an Kostbarkeiten enthalten war, brachte mich vollends durcheinander: Würste, Speck, Tabakwaren, Alkoholika – kurzum Dinge, von denen sich der Normalbürger Weihnachten 1945 kaum etwas erträumte.«

Das neue Jahr 1946 begann für Erich Honecker mit außerordentlicher Aktivität, um die bereits in Terminverzug geratene Gründung der Freien Deutschen Jugend baldmöglichst zu realisieren. Im Februar erteilte er den Genossen in den Jugendausschüssen der Länder und Gemeinden den Auftrag, eine »Massenbewegung« zu initiieren, die in zahlreichen Briefen und Telegrammen »die Gründung einer demokratischen einheitlichen Jugendorganisation« fordern sollte. Geld für diese »teure Post« würde die sowjetische Militäradministration zur Verfügung stellen, erfuhren die Ausschüsse. Die »Demokratie nach Anleitung« funktionierte: innerhalb von zehn Tagen gingen in Berlin zweiundzwanzigtausend Telegramme und Briefe mit dreihundertachtzigtausend Unterschriften ein, in denen die Zulassung einer antifaschistischen, demokratischen, überparteilich-unabhängigen und überkonfessionellen Jugendorganisation gefordert wurde.

Auf einer der üblichen Sitzungen des Zentralen Jugendausschusses Anfang Februar 1946 erhob sich Honecker und erklärte zur Verblüffung der völlig überraschten bürgerlichen Vertreter: »Liebe Jugendfreunde! Ich glaube, es wird Zeit, daß wir uns organisieren. Ich habe schon Vorgespräche mit den sowjetischen Freunden geführt. Ihr Vertrauen in unsere Arbeit ist gewachsen. Sie sind bereit, uns zum Beweis dafür eine Organisation zu gestatten. Ich habe mir auch schon überlegt, wie diese Organisation, die übrigens schon von vielen Jugendausschüssen stürmisch gefordert wird, heißen soll: ›Freie Deutsche Jugend‹. Dagegen kann doch niemand etwas haben. Frei wollen wir sein, deutsch und jung sind wir auch. Damit unsere Freunde von den Kirchen nicht abgestoßen werden, wollen wir auch keine rote Fahne. Ich denke, daß gegen eine blaue Fahne – Blau ist doch die Farbe der evangelischen Kirche – mit aufgehender Sonne niemand etwas haben kann...«

Nachdem sich die christlichen Mitarbeiter des Jugendausschusses von der ersten Überraschung erholt hatten, wagte Domvikar Lange den Einwand, er hätte vom »stürmischen Verlangen« noch nichts bemerkt, die bisherige Form der Jugendarbeit bewähre sich doch sichtlich. Schmunzelnd führte Hermann Axen die Tagungsteilnehmer in einen Nebenraum und präsentierte dort Wäschekörbe, die mit Briefen, Resolutionen und Telegrammen der Ausschüsse aus Städten und Gemeinden, die Honeckers Vorschlägen entsprachen, angefüllt waren. Die Kirchenvertreter forderten nun einen Dachverband, unter dem sich verschiedene Jugendgruppen organisieren könnten. Doch davon wollte Honecker nichts wissen. Er wäre nicht dagegen, wenn in irgendeinem Ort katholische Jugendliche die FDJ leiteten und in einem anderen die evangelischen Mädchen und Jungen den Vorstand bildeten. Aber die Organisation müsse einheitlich als Freie Deutsche Jugend gebildet werden, die sowjetische Besatzungsmacht lasse nur eine Jugendorganisation zu. Er beendete die Diskussion abrupt mit dem Vorschlag, jetzt solle man die Satzung und Geschäftsordnung ausarbeiten und die gute Zusammenarbeit im Zentralen Jugendausschuß für die neue Organisation übernehmen.

Die bürgerlichen Jugendausschußmitglieder ahnten nicht, daß sich die Führung von KPD und SPD bereits am 7. Februar 1946 über Ziele und Organisationsaufbau des Jugendverbandes geeinigt hatten. Erstmals gerieten besonders die Kirchenvertreter an der Basis unter Beschuß, denen vorgeworfen wurde, sich »von den Kommunisten überrollen und einwickeln« zu lassen. Solche und ähnliche Bedenken wurden häufig geäußert. Aber Erich Honecker, Hermann Axen, Paul Verner, Heinz Kessler und Edith Baumann waren gegenüber den Nichtkommunisten noch nie freundlicher und gewinnender aufgetreten als in diesen Wochen vor dem Gründungsakt. Es fehlte nicht an Zugeständnissen, die den »Bürgerlichen« die Augen blendeten.

Wie sorgfältig vorbereitet die Gründung der neuen Jugendorganisation war, zeigte auch das schon vier Monate vorher geschaffene Publikationsorgan »Neues Leben«, für das Honecker als Herausgeber verantwortlich zeichnete. Im Untertitel nannte sich das Blatt »Zeitschrift der Freien Deutschen Jugend«. Chefredakteur war Paul Verner, der erste journalistische Erfahrungen bereits vor einem Jahrzehnt als Redakteur der KPD-Jugendzeitung »Die Junge Garde« gesammelt hatte.

So beschlossen am 26. Februar 1946 im Sitzungssaal des Magistrats von Berlin die Mitglieder des Zentralen Jugendausschusses, ein Dokument zu unterzeichnen, das als Gründungsurkunde der Freien Deutschen Jugend (FDJ) gilt. Marschall Schukows Befehl im Namen der sowjetischen Militäradministration erging am 7. März. Dieser Tag wird als Gründungstag der FDJ gefeiert. Stalins Marschall wörtlich: »Ich befehle: Auf dem Gebiet der von sowjetischen Besatzungskräften befreiten Teile Deutschlands wird der deutschen Jugend die Möglichkeit zu freier, demokratischer Betätigung in einer ihrem Willen entsprechenden Organisation gegeben... Die neue Organisation darf keinerlei militärische oder faschistische Tendenzen aufweisen. Sie muß der Völkerfreundschaft und dem Frieden dienen, sie muß ihre Finanzen der Öffentlichkeit zur Überprüfung vorweisen und hat sich den geltenden Gesetzen zu fügen.«

Für Erich Honeckers zukünftige Laufbahn fielen in diesen Märztagen mehrere wichtige Entscheidungen. Auf der ersten Reichskonferenz der KPD in Berlin wurde er zum Mitglied des Zentralkomitees gewählt. Ferner bestimmte die Partei nach längerer Diskussion im Politbüro auf Vorschlag Wilhelm Piecks und Walter Ulbrichts den vierunddreißigjährigen Erich Honecker zum Vorsitzenden der neuen Jugendorganisation. Sein Konkurrent um diesen Posten, Paul Verner, löste ihn als Jugendsekretär der KPD ab. Kenner der Kaderpolitik dieser Jahre vermuten, daß Honeckers Kontaktfreudigkeit und die bessere Verbindung zur Arbeiterjugend bei dieser Entscheidung eine Rolle spielten. Ausschlaggebend war allerdings das enge Vertrauensverhältnis zwischen dem starken Mann der Parteiführung, Walter Ulbricht, und Erich Honecker. Obwohl Paul Verner als der intelligentere Jugendgenosse galt, schätzte Ulbricht die sich unterordnende, zuweilen devote Art Honeckers von Anfang an mehr. Paul Verner war schwerer durchschaubar, er schien weniger freimütig und offen zu sein und wirkte auf manche Beobachter geradezu verschlagen. Honecker bekannte einige Jahre später seinem Freund Lippmann: »Ich war überrascht, als die Partei mich zum Vorsitzenden der FDJ bestimmte. Natürlich ist die Partei die führende Kraft, und so gesehen ist der Jugendsekretär der Partei eigentlich mein Vorgesetzter. Aber mir war von Anfang an klar, daß der FDJ eine so große Bedeutung zukommen würde, daß die eigentliche Arbeit doch bei uns in der FDJ liegen würde. Wie man sieht, habe ich recht behalten...«

Allerdings meint Heinz Lippmann, daß der Vorsitzende der FDJ seinem Genossen Paul Verner gegenüber noch jahrelang Minderwertigkeitskomplexe gehabt habe. Tatsächlich gab es zwischen dem Jugendsekretär der Partei und dem Chef der immer gewichtiger werdenden Millionenorganisation FDJ lange Zeit offene und versteckte Kontroversen. Honecker erreichte erst in der Zeit der größten Erfolge als FDJ-Vorsitzender über seine guten Beziehungen zu Walter Ulbricht, daß 1950 das Jugendsekretariat der SED aufgelöst wurde. Damit war er lästigen Kontrollen und der Anleitung durch diese Parteidienststelle enthoben. Nur Wilhelm Pieck und Walter Ulbricht konnten ihm von jetzt an Weisungen geben, durften ihn kritisieren oder hätten seine Karriere aufhalten können. Je mächtiger Ulbricht selbst wurde, um so näher stand Honecker dem Machtzentrum, eine Entwicklung, die Honecker frühzeitig voraussah und die sich letztlich bestätigte. Selbstverständlich mußte der Führer der späteren SED-Kaderschmiede auch ein kritikloser Anhänger Stalins und der KPdSU sein.

Die Gründung der FDJ am 7. März 1946 war ein erster sichtbarer politischer Erfolg Erich Honeckers. Schon am gleichen Tag zeigte sich, wie gut er Regie geführt hatte. In den fünf Landeshauptstädten der Sowjetischen Besatzungszone fanden Gründungsveranstaltungen der FDJ statt, die unter »anleitender« Kontrolle von Jugendoffizieren der sowjetischen Militäradministration vorbereitet wurden. Die Grundsatzansprachen der neuen Landesvorsitzenden mußten vorher bei den russischen Jugendoffizieren eingereicht werden, die eine strenge Zensur ausübten. Marxistische Termini wie »Kapitalismus«, »Imperialismus« und »Klassenkampf« waren untersagt. Dem erklärten Ziel der KPD-Führung entsprechend, nahmen auch in den drei westlichen Zonen FDJ-Gründungskomitees ihre Arbeit auf. Zuweilen gelang es Honeckers Emissären, christliche oder bürgerliche Jugendliche für die neue Organisation zu gewinnen. In Nordrhein-Westfalen gehörte Honeckers alter Bekannter aus dem antifaschistischen Widerstand, der katholische Kaplan Dr. Joseph Rossaint, der während der Nazizeit jahrelang eingekerkert gewesen war, zu den Verfechtern eines überparteilichen Jugendverbandes. Immerhin gab es schon 1946 in Bremen, Dortmund, Düsseldorf, Essen, Frankfurt a. M., Hamburg und Hannover, Köln, Solingen, Krefeld, Wuppertal, Heilbronn, Nürnberg und München größere Gruppen, die im Namen der FDJ auftraten. Allerdings war die FDJ in den Westzonen und später nach ihrer Zulassung durch die drei Stadtkommandanten in Westberlin nur eine unter mehreren sich bildenden Organisationen der Jugend.

Der provisorische Vorstand mit Erich Honecker an der Spitze und Edith Baumann als seine Stellvertreterin nannte sich in den ersten Wochen bezeichnenderweise »Reichsleitung«. Sicherlich war es ein Zufall, daß dieses Gremium nach seiner Ausgliederung aus der Zentralverwaltung für Volksbildung in den einstigen Amtsräumen von Hitlers Propagandaminister Josef Goebbels ihre Unterkunft fand. Goebbels geräumige Sommervilla am Bogensee nördlich Berlins, inmitten der märkischen Wald- und Seenlandschaft gelegen, wurde von Honecker als zentrale Hochschule der FDJ ausersehen. Überhaupt war in dieser Zeit der Armut, da in allen Besatzungszonen durch die Besatzungstruppen demontiert und Wohnraum beschlagnahmt wurde, für das neue Lieblingskind der KPD, der »überparteilichen« FDJ, materiell aufs großzügigste gesorgt. Den Aufbau des Organisationsapparates und die Bezahlung hauptamtlicher Funktionäre mußten in der Sowjetischen Besatzungszone die Kreis- und Länderverwaltungen finanzieren. Die FDJ übernahm auf deren Gebiet sofort das Eigentum aller Jugendausschüsse, wie Sport- und Spielplätze, Jugendherbergen, Lehrlingsheime und außerdem auch manchen Besitz der ehemaligen Hitlerjugend.

Unter solch günstigen Umständen verwundert es nicht, daß die FDJ der Partei nur sechs Wochen nach ihrer Gründung bereits auf dem Vereinigungsparteitag zwischen KPD und SPD am 21. April 1946 mitteilen konnte, daß sich der neuen Jugendorganisation schon einhundertfünfundsiebzigtausend Jugendliche angeschlossen hätten. Erich Honecker war Präsidiumsmitglied dieser Veranstaltung. Er, seine Stellvertreterin Edith Baumann und Heinz Keßler wurden in den neuen Parteivorstand, das spätere Zentralkomitee, gewählt. Auch Paul Verner, Hermann Axen und Theo Wiechert, Honeckers engste Mitarbeiter in der FDJ, traten als Parteitagsdelegierte auf. Sie hatten unter Führung von Wilhelm Pieck und Walter Ulbricht ein »Manifest« der neuen SED an die Jugend mitverfaßt, in dem es hieß: »Unsere Weltanschauung muß der Glaube der jungen Generation werden. Hier findet Ihr die höchsten Ideale. Die SED wahrt Eure Gegenwartsinteressen in Schule, Beruf und öffentlichem Leben.«

Dennoch war das Mißtrauen der Sowjets gegenüber den deutschen Parteifunktionären immer noch beachtlich. Ganz im Sinne des Lenin-Wortes »Vertrauen ist gut, Kontrolle ist besser«, verpflichteten sie Erich Honecker zu laufender Berichterstattung und

Konsultationen bei der sowjetischen Militäradministration in Berlin-Karlshorst. Die Jugendorganisation der KPdSU, der Komsomol, hatte in Berlin eine eigene Dependance bei der politischen Abteilung der russischen Besatzungsbehörde gebildet. Ihr gehörte Markus Wolf als sowjetischer Offizier an. Der Sohn des Schriftstellers Friedrich Wolf avancierte später zum Spionagechef der DDR. Honeckers Zusammenarbeit mit diesen Sowjetgenossen gestaltete sich sehr eng. Jede Personal- und Organisationsfrage mußte vor der Beschlußfassung schriftlich zur Prüfung durch die »sowjetischen Freunde« eingereicht werden. Das letzte Wort sprach Oberst Sergej Tulpanow, der noch jahrelang das gesamte politische Leben in der Sowjetischen Besatzungszone überwachte und dirigierte. Selbst die Grundsatzrede Erich Honeckers auf dem sogenannten ersten Parlament der FDJ, die vorbereiteten Entwürfe über die vier Grundrechte der Jugend und die Verbandsstatuten der FDJ wurden von den Russen gründlich geprüft, bevor sie Oberst Tulpanow genehmigte.

Auch dieses »Parlament«, wie die Vollversammlung von Delegierten aus den fünf Ländern der Sowjetischen Besatzungszone mit zahlreichen Gästen aus dem Westen und Süden Deutschlands genannt wurde, organisierten Honecker und seine Mitarbeiter nach dem Grundsatz, den Ulbricht ihnen eingeimpft hatte: »Es muß alles ganz demokratisch aussehen, aber wir müssen alles in der Hand haben!« Es fand erstmals Pfingsten 1946 in Brandenburg an der Havel statt, ein Ort, der nicht zufällig für diese erste politisch bedeutsame Veranstaltung gewählt worden war. Hier hatten nicht nur Erich Honecker und viele andere Funktionäre der KPD, SPD und des neuen Jugendverbandes viele Jahre hinter Zuchthausmauern gesessen, in der alten märkischen Stadt waren auch die kirchlichen Jugendgruppen besonders stark. Die sächsischen Kreisverbände, die sich als Gastgeber beworben hatten, wurden vornehmlich von jungen Kommunisten beherrscht. In dieser Aufbauphase der FDJ wollte Honecker jedoch vor allem um bürgerliche und christliche Jugendliche werben.

Das Hauptreferat hatte Honecker sehr gründlich durchdacht.

Seinem Vertrauten Heinz Lippmann verriet er bei den vorbereiten-
den Gesprächen über die politische Taktik, mit der die Genossen in
Brandenburg aufzutreten hätten, ein »Geheimnis unserer Arbeit.
Das ist alles ganz einfach. Unsere Forderungen müssen so formu-
liert sein, daß sie immer von der Mehrheit verstanden werden...
Gelingt uns das, dann müssen die anderen (gemeint waren vor allem
die Kirchen, D. B.) mitspielen, oder sie begeben sich von selbst in
die Isolierung beziehungsweise geraten in Widerspruch zur Besatzungsmacht.«

Die Sowjets schickten zum Brandenburger Parlament ihren besten Mann, Oberst Sergej Tulpanow, der als einer der ersten Redner
bereits politische Akzente setzte. Im Hinblick auf die deutsche Vergangenheit sagte der Russe: »Wir wissen, daß ein bedeutender Teil
der deutschen Jugend betrogen worden war, daß diese Jugend
durch Tand und Flitterkram, Trompeten, Wimpel und Fanfaren
von der Erkenntnis abgelenkt wurde, daß hinter all diesem eine kor-
rumpierte, räuberische Ideologie stand, daß der Hitlerismus die hohen Ideale der Menschlichkeit beschmutzt hatte... In der deutschen
Jugend steckt ein guter Kern, der Anfang zu einer gesunden Entwicklung...«

Erich Honeckers Rede griff Gedanken dieser Art auf. Er zeigte
Einfühlungsvermögen in die Nöte der Nachkriegsgeneration. Vor
allem folgte er der Linie der Stalinschen Politik, stärkeren Einfluß
auf das politische Geschehen in den drei westlichen Zonen zu gewinnen und ein breites Bündnis aller nationalen und antifaschistischen Kräfte vorzubereiten. Über die Nazizeit sagte er verhältnismäßig wenig. Um so mehr sprach er im zweiten Teil der Rede von
den gegenwärtigen und zukünftigen Aktionen der Jugend, die in
der Sowjetischen Besatzungszone vorbereitet wurden. Schwer-
punktthemen waren Ausführungen zur nationalen Frage und zum
überparteilichen Charakter der neuen Organisation. »Als FDJ haben wir als ersten Grundsatz die Erhaltung der Einheit Deutschlands... Kratzt doch einen waschechten Sachsen, Mecklenburger,
Bayern, Berliner, Rheinländer noch so sehr, es kommt immer wieder ein guter Deutscher hervor. Kratzt man aber einen Föderalisten,

einen Separatisten, so können wir Gift darauf nehmen, daß immer wieder ein Kriegsverbrecher oder einer, der es werden will, hervorkommt. Daher ist unser Kampf für die Erhaltung der Einheit Deutschlands geradezu eine Notwendigkeit für den Sieg der Demokratie, für den Frieden und Fortschritt…«

Honecker zitierte dann die studentische Burschenschaftserklärung von 1817:»Die Lehre von der Spaltung ist irrig, falsch und verrucht. Es gibt ein Norddeutschland und es gibt ein Süddeutschland, wie es eine rechte und eine linke Hand am Menschen gibt. Aber der Mensch ist eins und hat nur einen Sinn und ein Herz. Deutschland ist eins und soll nur einen Sinn und ein Herz haben. Nach diesen klaren Grundsätzen wollen auch wir handeln. Wir werden stets und ständig gegen alle diejenigen Kräfte klagen, die den Eigennutz höher stellen als die Interessen unserer Nation.«

Was Honecker zur Überparteilichkeit ausführte, mußte auch bei den Skeptikern der Versammlung Vertrauen erwecken:»Wir haben den Beweis erbracht, daß eine überparteiliche demokratische Organisation möglich ist. Die Fragen, die heute vor der deutschen Jugend stehen, und auch die Probleme, die morgen und übermorgen an uns herantreten werden, kann man am besten lösen, wenn wirklich alle Kräfte der Jugend in einer einzigen großen Bewegung zusammengefaßt sind. Daher haben wir im Interesse der weiteren Entwicklung auch die Verpflichtung, den überparteilichen Charakter unserer Organisation wie unseren eigenen Augapfel zu hüten…«

Mitten im Verlauf der bis ins letzte Detail geplanten und vorbereiteten Tagung kam es zu einem Eklat, der Honeckers Konzept von der vielbeschworenen Überparteilichkeit bereits in seinem frühesten Stadium zu gefährden drohte. Unter den Landessekretären der fünf Länder Mitteldeutschlands, die allesamt SED-Mitglieder waren, brach ein Streit darüber aus, ob man den neuen Verband nicht besser ohne die Mitwirkung der beiden Kirchen aufbauen solle. Der inzwischen von Honecker auf die Parteilinie eingeschworene sächsische Landessekretär Robert Bialek belehrte seinen Genossen Hans Gerats, der den Verband von Sachsen-Anhalt leitete: »Gerade weil wir langsam die deutsche Jugend dem Einfluß der Kirchen und der bürgerlichen Parteien entziehen wollen, deshalb brauchen wir die FDJ. Wir werden im Laufe der Entwicklung die Stärkeren sein und den Einfluß der Kirchen und der Bürgerlichen Schritt für Schritt ausschalten. Das darf man aber nicht mit dem Holzhammer machen... Wir betreiben die Politik des Zuckerbrotes und der Peitsche. Gegenwärtig sind wir gerade dabei, das Zuckerbrot auszuteilen, und du möchtest am liebsten schon die Peitsche schwingen...«

Robert Bialek wurde etwas später im kleineren Kreis von Genossen noch deutlicher, ohne zu wissen, daß sich ein überzeugter junger Katholik unter den Zuhörern befand. Er erläuterte nochmals den von Honecker erteilten Auftrag, die FDJ auch bei der Besetzung der führenden Funktionen überparteilich aufzubauen und schloß: »Wir müssen die Kirchen erst an uns ziehen, um so leichter können wir ihnen dann den Schnorchel umdrehen...«

Der Delegierte Kurt Woituczek eilte danach zu seinen christlichen Freunden, die nach seinem Bericht in helle Empörung gerieten. Domvikar Lange und Jugendpfarrer Oswald Hanisch überlegten ernsthaft, ob sie sofort aus Brandenburg abreisen sollten. Die konsultierten Kirchenleitungen empfahlen eine Klärung vor allen Delegierten und Gästen in der Stadthalle. Vor dem Portal fingen Erich Honecker und der sowjetische Jugendoffizier Bejdin die evangelischen und katholischen FDJ-Delegierten ab. Honecker äußerte tiefe Bestürzung und beruhigte gemeinsam mit dem sowjetischen Offizier die »christlichen Freunde«. Er beschwor sie, die Auseinandersetzung nicht in den öffentlichen Verhandlungen des Parlaments auszutragen. Während Edith Baumann und Manfred Klein das Präsidium informieren sollten, drohte der Russe damit, daß die Rückreise der Christen nach Berlin nicht gewährleistet werden könne. Einen Ausschluß Bialeks, wie ihn die Geistlichen forderten, lehnte Honecker ab, versprach jedoch, die Angelegenheit im neuzubildenden Zentralrat im Sinne einer guten Zusammenarbeit zu klären. Während des weiteren Tagungsverlaufs wurden Forderungen abgelehnt, die auf eine ideologische Festlegung im Sinne des Atheismus abzielten. Pastor Hanisch erläuterte die Sorgen der Kirchenvertreter: »Wir sind trotz dieser Schwierigkeiten bereit, wie bisher mitzuarbeiten. Jedoch verlangen wir, daß die dargestellten Fälle ihre Bereinigung finden, und fordern, daß ab sofort auf der ganzen Linie ein Kampf gegen unehrliche Arbeitsmethoden aufgenommen wird.«

Die Brandenburger FDJ-Tagung konnte programmgemäß weitergehen. Am letzten Tag dieses Pfingsttreffens proklamierten die achthundert Delegierten von zweihundertfünfzigtausend Mitgliedern der FDJ die von Honecker sorgfältig ausgearbeiteten vier »Grundrechte der jungen Generation«. Mit ihrer Hilfe sollten in kürzester Frist Millionen junger Menschen für die FDJ gewonnen werden. Dabei ging es um politische Rechte, das Recht auf Arbeit und Erholung, das Recht auf Bildung und die Rechte auf Freude und Frohsinn. Im politischen Bereich wollte sich die FDJ dafür einsetzen, daß befähigte Jugendliche in öffentliche Ämter, vor allem Fürsorgestellen, Jugendämter und Bürgermeistereien berufen würden. Das Wahlalter sollte auf achtzehn Jahre herabgesetzt werden. In bezug auf Arbeit und Erholung wurde gefordert, daß Jugendlichen von vierzehn bis sechzehn Jahren die Zweiundvierzig-Stunden-Woche und Jugendlichen von sechzehn bis achtzehn Jahren die Fünfundvierzig-Stunden-Woche zu gewähren sei. Das Verbot von Nachtarbeit, höhere Lehrlingsvergütungen und kostenlose ärztliche Betreuung, ein bezahlter Erholungsurlaub und die Einrichtung von Jugenderholungsheimen in den Schlössern und Villen von »Junkern und Kapitalisten« ergänzte die sozialen Forderungen. Im Bildungsbereich sollten höhere Schulen und Universitäten gebührenfrei sein, die Studierenden ein staatliches Stipendium erhalten. Zu »Freude und zum Frohsinn« der Jugend würden verbilligte Theater- und Filmvorführungen, die Förderung des Jugendsports und des Wanderns beitragen.

Es leuchtet ein, daß junge Menschen in der schweren Nachkriegssituation solche, ihre soziale Lage verbessernden »Grundrechte« bejahten. Manche dieser Vorschläge konnten im Laufe einiger Jahre auch verwirklicht werden, da die sowjetische Besatzungsmacht und die SED sich der Forderungen annahm. In den »Grundsätzen und

Zielen«, die Honecker zum Abschluß des Parlamentes veröffentlichen ließ, hieß es pathetisch, aber propagandistisch eindrucksvoll an die Adresse der ganzen deutschen Jugend gerichtet: »Uns vereint der heilige Wille, durch gemeinsame Anstrengungen die vom Nazismus verschuldete Not unseres Volkes überwinden zu helfen. Wir wollen: Die Erhaltung der Einheit Deutschlands, die Gewinnung der deutschen Jugend für die großen Ziele der Freiheit, des Humanismus einer kämpferischen Demokratie, des Völkerfriedens und der Völkerfreundschaft...«

Zweifellos waren Erich Honeckers Bemühungen, die Jugend Mitteldeutschlands aus ihrer Lethargie zu erwecken, ihr Hoffnung auf die Zukunft zu geben, erfolgreich. Während die ältere Generation nach einem politischen und wirtschaftlichen Zusammenbruch ohnegleichen in ihrer Mehrheit resignierte und sich von den materiellen Nöten der Kriegsfolgen noch jahrelang niederdrücken ließ, suchten die jungen Menschen zunehmend nach einer neuen Perspektive. Die FDJ bot in den ersten Jahren ihrer Existenz tatsächlich ein »frohes Jugendleben«, Heimabende, Wanderungen, Jugendherbergsaufenthalte und auch die Beteiligung am kulturellen Leben in Städten und ländlichen Gemeinden. Das während der Brandenburger Tagung verabschiedete Statut und die Verbandsorganisation waren auf Weisung der sowjetischen Jugendoffiziere streng nach dem Modell des sowjetischen Jugendverbandes Komsomol ausgearbeitet worden. Dieses Schema forderte Zentralismus, ein straffes Leitungssystem, einen Funktionärsapparat, der alle Forderungen »von oben« durchzuführen hatte und dessen wichtigste Elemente in Anleitung und Kontrolle bestanden. Auf die Dauer mußten derartige Strukturen das freie und schöpferische Jugendleben in den Basisgruppen schwächen, später behindern und eines Tages sogar ersticken. Ein dichtgespanntes Netz von Sekretären, die schon bald als hauptamtliche »Berufsjugendliche« mit unverhältnismäßig hohen Gehältern der jeweiligen Leitung verpflichtet waren, ermöglichten dem von Erich Honecker zehn Jahre lang geleiteten Zentralrat eine ständige Überwachung. Getreu dem sowjetischen Prinzip, das Walter Ulbricht bereits in den zwanziger Jahren für die KPD eingeführt hatte, war der FDJ-Gruppe im Betrieb stets Vorrang vor der Tätigkeit einer Wohngruppe zu geben. In allen Schulen führte man schon bald Jugendgruppen der FDJ ein, die ebenfalls hauptamtliche Sekretäre erhielten. Zensuren und Beurteilungen der Schulleistungen wurden obligatorisch. Kritik an bürgerlichen Lehrern und Mitschülern war gewünscht, der Denunziation und einem üblen Spitzelwesen wurden damit Tor und Tür geöffnet.

Wie es mit der Ehrlichkeit und Offenheit an der Spitze des Jugendverbandes bestellt war, zeigte das Beispiel Robert Bialeks, der später bei Erich Honecker erschien und sich reuevoll bereit erklärte, für seinen verfehlten »Radikalismus« eine Parteistrafe anzunehmen. Honecker erklärte ihm burschikos: »Du bist wohl verrückt. Wegen diesen Knallfröschen (gemeint waren die christlichen Vertreter auf dem Brandenburger Parlament, D. B.) unseren besten Funktionär in der Jugendarbeit zu opfern, kommt gar nicht in Frage. Wir werden sie schon beruhigen. Wir werden den Untersuchungsausschuß bilden und den Vorsitz Paul Verner übertragen. Du kennst Paul noch nicht. Das ist ein mit allen Wassern gewaschener Fuchs, gewandt, entgegenkommend und verbindlich. Der bändigt sie schon und ist ein Meister der geschickten Verschleppungstaktik. Paul wird sie totdiskutieren, so daß sie am Ende selbst nicht mehr wissen, was hinten und vorn ist. Sie selbst werden nach einigen Monaten das Bedürfnis haben, den Vorfall irgendwie aus der Welt zu schaffen. Wir haben die besseren Nerven...«

Robert Bialek wurde einige Monate nach dem Vorfall in Brandenburg »aus der Schußlinie« genommen. Seine Funktion als FDJ-Landeschef in Sachsen mußte er zwar räumen, doch er stieg vorerst die Karriere-Leiter noch weiter empor. Die Partei ernannte ihn zum Jugendsekretär der sächsischen SED-Landesleitung, von wo aus er die FDJ in Sachsen kontrollierte.

Erich Honecker hatte seine Position durch die Erfolge des Jahres 1946 erheblich gestärkt. Im Zentralrat der FDJ und innerhalb der Führung der SED wuchs seine Autorität, denn die SED-Führung erkannte, daß die Jugendorganisation unter seiner Leitung ihre ersten Bewährungsproben bestanden hatte. Ein neues Betätigungsfeld bot sich der FDJ bei einem »Volksentscheid« im industriereichen Land Sachsen, der die »Bestrafung der Kriegs- und Naziverbrecher« forderte und zu ihrer Enteignung aufrief. Honecker selbst rühmte die Veränderung der Besitz- und Produktionsverhältnisse in seinen Erinnerungen: »Jene Klassenkräfte sollten entmachtet werden, die für die faschistische Diktatur, die imperialistischen Aggressionsakte sowie die dabei verübten Verbrechen am Frieden und an der Menschheit hauptverantwortlich waren... Mit Leidenschaft und Elan beteiligten sich vor allem große Teile der werktätigen Jugend an der Aktion. Durch Versammlungen, Kundgebungen, Sprechchöre und Auftritte von Kultur- und Sportgruppen, Fahrradkolonnen, Flugblätter und Plakate trugen zehntausend Jugendliche dazu bei, daß sich über siebenundsiebzig Prozent der Stimmberechtigten beim Volksentscheid für die Übergabe der Betriebe von Kriegs- und Naziverbrechern in das Eigentum des Volkes aussprachen. Bis 1948 wurden neuntausendzweihunderteinundachtzig Konzernbetriebe in Volkseigentum übergeführt, darunter bedeutende Werke von Wintershall, I.G.-Farben, Mannesmann, Flick, Siemens, AEG und Krupp. Die Großbanken, wie die Deutsche Bank, die Dresdner Bank, die Commerzbank, die Sparkassen und andere Finanz- und Kreditinstitute gingen ebenfalls in Volkseigentum über. Die Übergabe der Betriebe der Monopolbourgeoisie war notwendig, um die sozialökonomische und materiell-technische Basis für den Aufbau der sozialistischen Gesellschaft zu schaffen. Für die Jugend war der Volksentscheid eine lebendige Schule des politischen Kampfes...«

Der vorletzte Satz verrät, daß es bei diesem Volksentscheid primär um die Schaffung des staatlichen Sektors in der mitteldeutschen Industrie ging und die beschriebenen gesellschaftspolitischen Maßnahmen des Jahres 1946 der von den Kommunisten geplanten marxistisch-leninistischen Umgestaltung der Gesellschaft entsprachen.

Die Jugendlichen zu weiteren Aktivitäten anzuregen, forderten immer wieder auch die sowjetischen Offiziere der Militäradministration. Erich Honecker bemühte sich, den Jugendverband bei den im Herbst 1946 in allen Ländern, Kreisen und Gemeinden der sowjetischen Zone anstehenden Wahlen als Helfer der SED einzusetzen. Dabei wurde die Taktik angewandt, den Namen der Partei nicht zu nennen. Die jungen Wähler wurden aufgefordert, nur die Partei zu wählen, die »die Interessen der jungen Generation vertritt« und sich besonders für ihre politischen Rechte einsetzt. Die SED schnitt nicht annähernd so gut ab, wie sie es erwartet hatte. Doch die FDJ buchte einen beachtlichen Erfolg – zweitausend Jugendliche entsandte sie in die Parlamente der Gemeinden, Kreise und Länder.

Zu den wichtigsten Zielvorstellungen der ersten drei Jahre nach der Gründung der FDJ gehörte neben der Mitgliederwerbung der Ausbau eines Schulungssystems. Alle Länder und Kreise mußten Landes- und Kreisschulen des Jugendverbandes einrichten, die von Anfang an materiell durch die kommunalen und Provinzverwaltungen unterstützt wurden. Schon jetzt forderte die SED, daß fortlaufend junge Kader in der Verwaltung, als Neulehrer, in der Polizei und im Apparat der Partei von der FDJ vorzuschlagen seien. Ende November 1946 beschwor Erich Honecker auf einer Tagung der Führungsspitze nochmals die Einigkeit im Denken und Handeln der FDJ. Während in der Tagesarbeit die Spannungen zwischen den bürgerlichen und christlichen Jugendführern einerseits und den kommunistischen Funktionären andererseits immer offensichtlicher wurden, kaschierte Honecker mit Zitaten klassischer Dichter wie Ludwig Uhland, Gottfried Keller und Goethe die Konflikte. Er sprach von einem »neuen Willen zur Menschlichkeit. Das Ziel unserer Gemeinschaft ist der freie Mensch… Wir wollen ihren (der Jugend) Sinn wecken für Wahrheit, Gerechtigkeit, Hilfsbereitschaft, Fortschritt und Selbstverantwortung. Wir wollen ihr schließlich ein Weltbild vermitteln, das auf der Achtung der edlen, aus der Vernunft und dem Herzen geborenen Gesetze des menschlichen Zusammenlebens beruht…«

In Wahrheit beurteilte der Vorsitzende die Lage im Führungsgremium der FDJ völlig nüchtern. Zu seinem Mitarbeiter Heinz Lippmann sagte Honecker wenige Wochen nach der zitierten Rede, Anfang 1947: »Der Eiertanz« sei nun bald zu Ende. Es komme jetzt darauf an, die FDJ zu einem schlagkräftigen, disziplinierten und straff organisierten Jugendverband zu machen. Wenn die Bürgerlichen mitmachen, sei das besser, wenn sie aber Widerstand leisten, sollten sie gegen solche Vertreter der anderen Parteien ausgewechselt werden, deren sozialistische Grundsubstanz eine bessere Zusammenarbeit garantiere! »Wir werden aber nichts tun, um ihnen einen Anlaß zum Bruch zu geben. Wir werden auch nicht auf die Knie fallen, um sie unbedingt zu halten…« In seinen Erinnerungen schildert Erich Honecker den schwelenden Konflikt jener Monate in der üblichen Parteisprache: »Die FDJ wie die ganze Jugend mußte für den sich verschärfenden Klassenkampf besser gerüstet werden. Als um so notwendiger erwies sich dies, da westliche imperialistische Kreise alles aufboten, um in den Reihen der demokratischen Jugend Zwietracht zu säen. Dabei schickten sie vor allem reaktionäre Wortführer aus den bürgerlichen Parteien vor und bedienten sich bestimmter Kräfte in der FDJ. Alle Versuche, die FDJ von innen oder von außen zu spalten, scheiterten an der Wachsamkeit der Jugend…«

Die jungen Christen waren es, die innerhalb des Führungsgremiums Klarheit über den Honecker-Kurs, der in der Praxis seinen wohlformulierten Versprechungen zuwiderlief, gewinnen wollten. Manfred Klein empörte sich als Kulturreferent des Zentralrates über die Ausbootung der Christen bei der Schulungsarbeit der Zentralen Bildungsstätte der FDJ am Bogensee. Die Kirchenvertreter durften während der Kurse für die zukünftigen hauptamtlichen Funktionäre von sechzig Referaten nur noch zwei Vorträge über von ihnen gewünschte Themen halten. Hinter ihrem Rücken spotteten die linientreuen Honecker-Mitarbeiter über die »Pfaffen« und veranstalteten nach deren Besuch jeweils einen Exkurs über die Richtigkeit der Marxschen These, wonach Religion Opium für das Volk sei. Manfred Klein berichtete später: »So beschlossen wir auf einer internen Sitzung der nicht der SED angehörigen Zentralratsmitglieder, in einem Resolutionsentwurf zur nächsten Zentralratssitzung die SED-Mitglieder in Zugzwang zu bringen. Dafür bot sich als entscheidendes Feld die Schulungstätigkeit auf der FDJ-

Hochschule am Bogensee an. Was dort geschah, war ja Erziehung zu Haß und Gewalt… So also lautete unser Antrag: ›Die FDJ möge beschließen, daß jede Anwendung von Gewalt im politischen Leben oder deren Propagierung automatisch den Ausschluß aus der FDJ nach sich zieht…‹ So kam die Februar-Sitzung des Zentralrates heran. Ich hatte den Auftrag, den Antrag einzubringen und zu begründen. Die Mehrheit des Zentralrats war über unsere Resolution eher erstaunt als erschrocken. Wie konnten zehn Leute sich erkühnen, hier eine eigene Initiative zu ergreifen. Aber immerhin stand dahinter ja doch eine Autorität: Auch die beiden Geistlichen unterstützten den Antrag…« Klein hatte nicht begriffen, welchen Stellenwert der Begriff der revolutionären Gewalt in der Ideologie des Leninismus einnahm.

In einer Sitzungspause erholten sich die Genossen von ihrer Überraschung. Erich Honecker gab die Parole aus: Auf jeden Fall müsse verhindert werden, daß »denen Gelegenheit gegeben wird, einen Bruch zu provozieren«. Honecker suchte die begabtesten Redner aus, die auf den Antrag antworten sollten. Vor allem gelte es jetzt, Ruhe zu bewahren und sich nicht anmerken zu lassen, daß der Beschluß hinausgezögert werden muß. Der Vorsitzende tröstete seine Getreuen, bald würden diese »berufsmäßigen Störer« durch andere bürgerliche Vertreter ersetzt, die zur Zusammenarbeit bereit seien. Kleins Antrag wurde sachlich diskutiert und entsprechend den demokratischen Spielregeln versprochen, die Auseinandersetzung zu einem späteren Zeitpunkt weiterzuführen.

Manfred Klein, der mehrfach von Erich Honecker gebeten worden war, im Interesse der FDJ mit westlichen Besatzungsoffizieren zu verhandeln, und ihm zu Weihnachten 1945 über seine kirchlichen Verbindungen die Einreisegenehmigung ins Saarland verschafft hatte, ahnte nichts von der Hintergründigkeit seines »Jugendfreundes« Honecker, der ihn einst direkt aus dem Kriegsgefangenenlager Rüdersdorf in die Jugendarbeit berufen hatte. Noch einmal zeigte sich der Vorsitzende von der freundlichsten Seite. Klein schildert Honeckers Reaktion auf den christlichen Resolutionsentwurf zur Ächtung der Gewalt: »Honecker bat mich zu einem Gespräch unter vier Augen in sein Zimmer und machte mir unmißverständlich klar, daß es für mich das Beste wäre, den von mir eingebrachten Antrag auch selbst wieder zurückzuziehen. Es täte ihm um mich leid... Innerhalb der nächsten Woche sprach mich Honecker noch zweimal in gleicher Weise an, das letztemal besonders dringlich, indem er von seiner Haftzeit im Zuchthaus Brandenburg erzählte und von einer gewissen Solidarität zur katholischen Jugend noch von dieser Zeit gemeinsamer Verfolgung her sprach: ›...es wäre doch wirklich schade!‹ Natürlich nahm ich diese Andeutung durchaus ernst und beriet mich mit Domvikar Lange. Wir kamen jedoch zu dem praktischen Schluß, daß Honecker gar nicht anders handeln konnte und sich in seiner Drohung der Erfolg unseres Schrittes widerspiegelte. Nun mußten wir Nerven behalten und zu unserer Sache stehen...«

Wenige Tage später erschienen zwei sowjetische Offiziere in Manfred Kleins Ostberliner Wohnung und holten ihn zu einem »dringenden Gespräch« mit dem Stadtkommandanten ab. Im damaligen Kellergefängnis des sowjetischen Staatssicherheitsdienstes an der Prenzlauer Allee wartete Klein eineinhalb Jahre in qualvoller Untersuchungshaft auf seinen Prozeß. Als Mitglied der CDU sollte er zu belastenden Aussagen über deren damaligen mitteldeutschen Parteiführer Jakob Kaiser erpreßt werden. Wie Manfred Klein nach seiner Haft berichtete, hatte ein Zentralratsmitglied der FDJ die Sowjets über zahlreiche Details aus der Zeit von 1945 bis 1947 unterrichtet. »Zwei Protokolle wurden mir verlesen, eines vom Hochschulreferenten der FDJ, der zur Aussage gegeben hatte, daß ich Klassenfeinde bei der Zulassung zum Studium begünstigt hätte, und ein kurzes von Honecker, der mein Gespräch mit dem amerikanischen Offizier, der für den Druck der Jugendmarken (in den Mitgliedsbüchern der FDJ, D. B.) zuständig war, als Beweis meiner Kontakte zu den Amerikanern beigesteuert hatte. Meine Einwendung, daß er mich selbst dorthin geschickt habe und über mich auch seine Reiseerlaubnis ins Saarland erwirkt hatte, brachte erstaunlicherweise sogar ein gewisses Mißtrauen der Sowjets gegen ihn zutage...« Klein erhielt fünfundzwanzig Jahre Zwangsarbeit, von denen er zehn Jahre in den Zuchthäusern Mitteldeutschlands absaß.

Manfred Klein war nicht der einzige enge Mitarbeiter Honeckers, der seinen Sessel im Sekretariat des FDJ-Zentralrates mit einem Platz in der Zelle des Staatssicherheitsministeriums vertauschte.

Peter Heilmann, ein junger Intellektueller, Sohn eines von den Nazis ermordeten Antifaschisten und seit 1948 ein enger Mitarbeiter Erich Honeckers, war 1950 zum Sekretär des Zentralrates der FDJ für das Ressort Studenten berufen worden. Wegen seiner kritischen Haltung wurde er 1951 verhaftet und mußte unter härtesten Bedingungen fast fünf Jahre in den Zellen der politischen Geheimpolizei verbringen. Sein Wunsch, nach der Haftentlassung das Studium beenden zu dürfen, wurde von Honecker abgelehnt. Heilmann floh nach Westberlin.

Die aus dem Bürgertum stammenden Mitbegründer der FDJ wurden zu »Unpersonen«, wenn sie es wagten, am Kurs der Jugendorganisation Kritik zu üben. Als die Freie Deutsche Jugend 1956 ihr zehnjähriges Bestehen feierte, druckte der Verlag Neues Leben Dokumente und Materialien aus der Geschichte der Jugendbewegung. Das Buch enthielt auch die Faksimilewiedergabe des Gründungsbeschlusses der FDJ, drei Namen waren jedoch wegretuschiert worden, darunter der Manfred Kleins.

Honeckers Sorge, daß sich im Zentralrat der FDJ die »Bürgerlichen« als starke Opposition erweisen könnten, wurde durch die Verhaftung Manfred Kleins vorerst beseitigt. Die Jugendorganisation erlebte einen weiteren Aufschwung. Als zu Pfingsten 1947 das von den Statuten vorgesehene zweite Parlament in Meißen auf der mittelalterlichen Albrechtsburg stattfand, waren fast eine halbe Million junger Menschen Mitteldeutschlands in den Verband eingetreten. Die Rede des FDJ-Vorsitzenden, die er nach ausführlicher Beratung mit Oberst Tulpanow verfaßt hatte, sollte vor allem der Popularisierung der sowjetischen Deutschlandpolitik dienen. Honecker forderte in allen Zonen eine freie Abstimmung über die Herstellung der wirtschaftlichen und verwaltungsmäßigen Einheit Deutschlands. Er kritisierte die weit verbreitete Passivität der Menschen in politischen Fragen, es sei falsch, daß das deutsche Volk nichts unternehmen könne, »um einen Frieden zu erhalten, der weitgehend auch die deutschen Interessen berücksichtigt«. In einem Rückblick auf die jüngste deutsche Geschichte und das Ende der Weimarer Republik verwandte er erstmals den Betriff des »Monopolkapitals«, der ihm noch ein Jahr zuvor aus taktischen Erwägungen heraus von Oberst Tulpanow untersagt worden war. »Weimar ist nach unserer Auffassung an seiner Orientierungslosigkeit zugrunde gegangen. Auf seinem Boden entwickelte sich die faschistische Gewaltherrschaft. Es hat den Beweis geliefert, daß Demokratie und Monopolkapital in einem Haus zu vereinen ebenso unmöglich ist, wie die Vereinigung von Feuer und Wasser. Weimar verachten wir wegen seiner Schwäche gegenüber zweihundert bis dreihundert Familien, die es beherrschten...« Honecker benutzte die Unvereinbarkeit von Monopolkapital und Demokratie noch nach Jahrzehnten, um die Abgrenzung der »sozialistischen DDR« von der »monopolkapitalistischen Bundesrepublik« zu begründen.

Auf der Meißener Tagung erklang erstmals nach dem Kriegsende wieder Marschmusik für die deutsche Jugend. Allerdings dröhnten nicht Preußens oder Sachsens Gloria, sondern sowjetische Märsche beim Aufzug der Delegierten. Vorgestellt wurde jetzt auch eine neue Uniformierung der deutschen Jugend: Blaue Blusen und schwarze Röcke oder Hosen, deren Farbmotivation angeblich dem »blauen Ehrenkleid des Arbeiters« entlehnt war. In einem Brief, den der Vorsitzende Honecker im Namen des Zentralrats der FDJ an die Jugend in den westlichen Besatzungszonen richtete, hieß es: »Wer immer in Deutschland fragt, wo er den Fortschritt findet, der braucht nur zu uns in die Sowjetische Besatzungszone zu reisen, denn hier sieht er diesen Fortschritt in den Gesichtern von Hunderttausenden, die das blaue Kleid unseres vorwärtsstürmenden Verbandes tragen...«

Je deutlicher sich die politische und wirtschaftliche Spaltung des besetzten Deutschlands und die Sowjetisierung der russischen Besatzungszone abzeichnete, desto unglaubwürdiger klangen die Parolen, die von Honecker und seinen Genossen im Zentralrat ausgegeben wurden: »Ohne uns kann Deutschland nicht leben; die junge Generation muß Deutschland neu aufbauen. Wir treten ein: für eine unteilbare deutsche Republik… für eine entschiedene Demokratisierung und Entmilitarisierung unseres materiellen und geistigen Lebens… für eine kämpferische Demokratie, die die Freiheit des Gewissens, die Freiheit der Persönlichkeit und die Freiheit der Gemeinschaft als Grundlage hat, und in der die Würde wahren Menschentums geachtet wird; für die Übernahme der lebenswichtigen Rohstoffvorkommen, Produktionsstätten und Banken durch das Volk, für die Aufteilung des Großgrundbesitzes an Umsiedler, Heimkehrer, Landarbeiter, kleine Bauern, damit sie als freie Bauern das Land bestellen.«

Niemand sprach auf dem Parlament offiziell über die Verhaftung des FDJ-Mitbegründers Manfred Klein. Die Abgesandten von einer halben Million junger Menschen stimmten begeistert der »Botschaft an die deutsche Jugend« zu, in der sich der Antifaschist Honecker im letzten Satz des Vokabulars des Unmenschen bediente: »Sei wachsam gegenüber Schädlingen…« Wer ein solcher Schädling in der »freien« deutschen Jugend war, bestimmte der Vorsitzende Honecker selbst.

Wenige Tage nach dem Parlament in Meißen stellte Jugendpfarrer Hanisch, noch immer Mitglied des Zentralrates, den Antrag, eine Delegation der FDJ solle die Sowjetunion besuchen. Er und der katholische Domvikar Lange wollten das Land Lenins und Stalins durch persönlichen Augenschein kennenlernen. Honecker setzte sich mit der Sowjetischen Militäradministration in Verbindung. Die Antwort erfolgte überraschend schnell: Das Antifaschistische Komitee der Sowjetjugend lud elf Mitglieder der FDJ-Leitung zur Sportparade nach Moskau ein. Da Honecker nicht mit den bürgerlichen Vertretern des Zentralrates reisen wollte, reduzierten die Sowjetfreunde die Einladung und entschieden, daß nur fünf Spitzenfunktionäre fliegen durften. Die Wahl war nun schnell getroffen: Erich Honecker, Edith Baumann, Heinz Keßler, Robert Menzel und Herbert Geisler (ein loyaler bürgerlicher Vertreter der Liberaldemokratischen Partei) begaben sich bereits vierundzwanzig Stunden später auf den »Friedensflug nach Osten«, wie die achtzehntägige Reise pathetisch genannt wurde. Geisler, der im Zentralrat für

180

die Sportarbeit der Jugend verantwortlich war, schrieb ein »Tagebuch«, das der Verlag Neues Leben später in hoher Auflage veröffentlichte. Dieses mit einem Vorwort Honeckers versehene Propagandawerk diente allerdings nur ein halbes Jahr als Schulungsmaterial zum Thema »Sowjetland – Freundesland«. Als der Tagebuch-Autor Herbert Geisler 1948 aus dem FDJ-Zentralrat austrat, wurde das Buch nicht mehr aufgelegt. Erst zwanzig Jahre später gedachte man der Reise noch einmal, diesmal schnitt man den abtrünnig gewordenen Liberalen Geisler aus den Fotos heraus. Der Kominternschüler Honecker reiste mit nostalgischen Gefühlen in das Land seiner Hoffnungen und Träume. Bewegt sah er die neuen Bauten der Hauptstadt Moskau, ging durch die Museen von Leningrad und war erschüttert von den Zerstörungen, die Hitlers Wehrmacht im Namen des deutschen Volkes angerichtet hatte.

In Stalingrad wurden die Deutschen Zeugen des Wiederaufbaus. Die überlebenden Bewohner vegetierten zumeist noch in Erdhöhlen, ihre Lebensmittelzuteilungen waren äußerst gering. Dessenungeachtet wurden Honecker und seine Begleiter von den sowjetischen Jugendfunktionären mit einem üppigen Essen traktiert. Beschwerden verursachte bei den Gästen aus Berlin der allzu reichliche Alkoholgenuß. Honecker erinnerte sich: »Immer wieder stießen wir auf unsere Freundschaft an. Ich bin wahrhaftig kein Gegner ›geistiger Getränke‹, doch an diesem Abend mußten wir alle darauf achten, daß es des Guten nicht zuviel wurde...« Herbert Geisler, der offizielle Tagebuch-Autor, schrieb: »Schweigen wir von den Herrlichkeiten, die man uns noch auftischt, sondern berichten wir von unseren Nöten, auch nur einen Teil von ihnen zu verzehren. Als das Anstoßen immer häufiger wird, versuchen wir, es mit Bier zu tun. Doch Schura und, wenn nicht sie, dann Michejewa passen wie ein Luchs auf und zeigen lachend auf das Wodkaglas. Sie gießen uns Wodka in das Bierglas, eine Mischung, deren Wirkung wir erst später spüren sollten. Wieder wird getrunken. Man spielt Schifferklavier, es wird getanzt. Immer noch werden Reden gehalten, dann wird wieder getrunken. Der stellvertretende Bürgermeister trinkt mir zu: ›Alles!‹ Ich stöhne und trinke...«

Am nächsten Morgen, es ist der 31. Juli 1947, weilt die Delegation wieder in Moskau. Geisler notierte: »Das Frühstück müssen wir ohne Erich einnehmen, der mit einer Wärmflasche im Bett liegt. Ihm ist seit gestern noch nicht besser geworden. Wir sind in Sorge, daß es nichts Ernstliches ist.« Honecker erholte sich rasch vom Gastmahl an der Wolga und wertete die Erlebnisse dieser Reise in einigen Vorträgen und Interviews für den Rundfunk und zahlreiche Zeitungen aus. Zu Fragen, warum es in der Sowjetunion nur eine Partei gebe oder ob das kirchliche Leben in der Sowjetunion nur Fassade sei, hatte der FDJ-Führer geradezu verblüffende Antworten bereit: Da im Sowjetland keine Klassengegensätze mehr bestünden, sei nur eine Partei notwendig, um die gleichlautenden Interessen der Arbeiter und Bauern zu vertreten. Die angeblich unbehinderte Religiosität der Sowjetbürger veranschaulichte Honecker durch das Zitat eines von ihm selbst befragten Popen: »Heute ist kein Sonntag, und doch ist die Kirche voller Gläubigen. Seit der Oktoberrevolution ist in dieser Kirche noch kein Gottesdienst ausgefallen. Wir haben ein herzliches Verhältnis zum Sowjetstaat; unsere Reden werden nicht zensiert, die Predigten werden vollkommen frei gehalten…« Der einstige Lenin-Schüler wußte natürlich genau, daß Stalin die meisten Kirchen des Landes längst geschlossen hatte. Wirklichkeitsfern war auch Honeckers Vergleich über den Aufbaueifer der Menschen in Berlin und Stalingrad: »In Berlin steht die Mehrheit der Bevölkerung mit Unlust dem Neuaufbau gegenüber; die Bevölkerung schimpft, sie hat eine schwierige Lebensmittellage, und auch die sonstige Lage ist nicht leicht; Steineklopfen macht man gerade, weil man es muß, um die zweiundsiebzig Pfennig zu verdienen. Aber in Stalingrad, wo man auch eine schlechte Lebensmittellage hat, fanden wir Menschen, die begeistert davon erzählten, wieviel Steine sie vermauert, wie sie diese und jene Schwierigkeiten überwunden haben…«

In den Kreisen der FDJ stießen die Schilderungen des Festessens in der noch von bitterer Not gezeichneten Ruinenstadt Stalingrad bei manchen Zuhörern auf Empörung. Honeckers damaliger Mitarbeiter Heinz Lippmann erinnerte sich, daß nach einem Reisebericht des Vorsitzenden in Thüringen eine Diskussion begann. Für Honecker schien es völlig normal zu sein, daß die »Delegation mit allem Komfort untergebracht und reichlich bewirtet wurde, während die Einwohner in Erdlöchern hausten und mit einem Existenzminimum auskommen mußten. Die sowjetischen Gastgeber zu bitten, von dieser reichen Bewirtung abzusehen und die deutsche Gruppe nicht anders als die Bürger der Sowjetunion zu verpflegen, dieser Gedanke kam ihm nicht. Ich glaube, es war Otto Funke, der ihn mit einer solchen Frage konfrontierte. Honecker sah Funke verständnislos an. Er schien peinlich berührt und sagte dann, sie hätten zwar erwartet, in Stalingrad in Zelten übernachten zu müssen. Als sie die Aufbauerfolge gesehen hätten, wäre es für sie als Delegation der deutschen Jugend selbstverständlich gewesen, die sowjetischen Genossen nicht zu beleidigen. Er setzte hinzu, eine solche Vorstellung käme der Gleichmacherei sehr nahe und sei bürgerliches Geschwätz...«

Besonders verärgert war der Vorsitzende über die Verweigerung einer Reisegenehmigung durch die westlichen Besatzungsmächte, weil er mit seinen Propagandavorträgen auch an Rhein und Ruhr zur Unterstützung der dortigen FDJ-Gruppen auftreten wollte. In seinen Erinnerungen bemerkte er: »Die Wahrheit über die Sowjetunion war bei den westlichen Besatzungsmächten, monopolkapitalistischen Kreisen und leider auch bestimmten sozialdemokratischen Führern in diesem Teil Deutschlands offensichtlich nicht gefragt. Sie paßte nicht in ihr antikommunistisches und antisowjetisches Konzept des Kalten Krieges...« Seltsam ist, daß Erich Honecker nirgendwo erwähnt, daß er im November 1947, also nur drei Monate nach der Fahrt in die Sowjetunion, ein Gespräch mit Vertretern westdeutscher Jugendorganisationen führte. Das Treffen fand im Haus Altenberg bei Köln, dem Stammsitz der katholischen Jugend, statt und ging auf Honeckers Anregung auf dem zweiten FDJ-Parlament zurück, eine Arbeitsgemeinschaft der deutschen Jugendverbände zu schaffen. Entsprechend dem Konzept der Sowjets und der SED sollten gesamtdeutsche Gremien gebildet werden, von denen man sich eine Unterstützung der Initiativen des sowjetischen Außenministers Molotow bei alliierten Beratungen über das Deutschlandproblem erhoffte.

Honecker reiste in Begleitung von Edith Baumann und Heinz Keßler in die Westzonen und sprach in der katholischen Begegnungsstätte mit den Vertretern der sozialdemokratischen Falken, Heinz Westphal (heute Bundestagsvizepräsident) und Erich Lindstädt, der evangelischen Jugend, Klaus von Bismarck, der Sportjugend der englischen Zone, Perrey, den jungen Katholiken, Josef Rommerskirchen und Willi Weiskirch sowie der Bündischen Jugend, Dr. Jordan und Gruber. Während die westdeutschen Gesprächspartner die FDJ kritisierten, weil sie in Mitteldeutschland als einziger Jugendverband eine Monopolstellung beanspruchte, stellte Honecker geschickt die »großen nationalen Aufgaben, die nur gemeinsam zu bewältigen seien« in den Vordergrund. Immerhin kam es zu einem Beschluß, allen Jugendverbänden zu empfehlen, der bevorstehenden Londoner Außenministerkonferenz vorzuschlagen, sich für die Herstellung eines einheitlichen, demokratischen Deutschlands einzusetzen. Vereinbart wurde auch ein Erfahrungsaustausch über die Zonengrenzen hinweg und ein neues Arbeitstreffen für 1948, das in Bayern stattfinden sollte. Honeckers wichtigstes Anliegen, einen »Deutschen Jugendring« zu bilden, in dem die FDJ in den drei westlichen Zonen mit politischen Initiativen auf die bürgerlichen Jugendverbände einwirken konnte, ließ sich nicht verwirklichen. Die dramatische politische Entwicklung des Jahres 1948 – Bildung der Bizone und die Währungsreform – verhinderte weitere Treffen der westdeutschen Jugendorganisationen mit der FDJ, wie sie im Haus Altenberg vereinbart waren.

Das Jahr 1947 hatte Erich Honeckers Position in der FDJ und der SED-Führung, vor allem aber auch gegenüber den Sowjets, weiter gefestigt. Seine Bewunderung der Sowjetunion kannte kaum noch Grenzen. In Gegenwart von Vertrauten bekannte Honecker seine Zuversicht, daß der Sieg des Kommunismus unter Führung der UdSSR nicht aufzuhalten sei. Heinz Lippmann notierte nach einer Zusammenkunft im kleinen Kreis zuverlässiger Genossen die euphorische Begeisterung seines Vorsitzenden: »Ich will euch etwas sagen: Wenn wir unser Ziel erreichen wollen, ein modernes sozialistisches Deutschland zu bauen, dann können wir das nur und einzig und allein mit Unterstützung und an der Seite der sowjetischen Genossen... Die Sowjetunion wird in wenigen Jahren nicht nur diese (Kriegs-)Wunden geheilt haben, sondern ein starker, nein, der stärkste Staat der Welt geworden sein. Wenn wir mit der Sowjetunion verbündet bleiben, werden wir bald ganz Deutschland besitzen, und dann kann nichts mehr den Sozialismus in Europa aufhalten...«

Der Zentralrat der FDJ war inzwischen in ein geräumiges Haus in der Berliner Stadtmitte umgezogen. In der Kronenstraße 30–31 saß Honecker seit einiger Zeit in einem großen Arbeitsraum mit seiner Stellvertreterin Edith Baumann zusammen. Sie waren sich im Verlauf der zweijährigen Aufbauarbeit des Jugendverbandes menschlich nahegekommen und heirateten 1947. Bevor die Tochter Erika geboren wurde, bezog das Ehepaar Honecker eine große freundliche Altbauwohnung in der Puderstraße 12 im grünen Stadtbezirk Berlin-Treptow unweit der Sektorengrenze. Der fünfunddreißigjährige Ehemann war froh, das Junggesellenleben aufgeben zu können. Aus Spaß an handwerklicher Arbeit und nicht ohne Begabung dafür, schuf Erich Honecker selbst manche Teile der Wohnungseinrichtung. Das Eheleben veränderte ihn, er wurde ruhiger und erschien ausgeglichener. In jener Zeit nach der Eheschließung beobachteten Mitarbeiter und Bekannte, daß sich manche Schroffheiten im Wesen des FDJ-Vorsitzenden glätteten. Er trat verbindlicher auf, auch sein äußerer Eindruck war gepflegter. Wenn es seine geringe Freizeit zuließ, besuchte er Theateraufführungen, ging ins Kino, oder lud mit seiner Frau Freunde zu seinem Lieblingsessen ein: Eisbein mit Sauerkraut und Erbsenpüree. Schnaps und Wodka verabscheute Honecker. Ihm behagte nach Arbeiterart ein oder auch mehrere Gläser Bier. Die sogenannten »feineren« Getränke bei Staatsempfängen waren ihm nie Anlaß zu besonderer Freude. Überhaupt blieb der Lebensstil von Erich und Edith Honecker bescheiden. Sie leugneten beide ihre proletarische Herkunft nicht und unterschieden sich damit auf angenehme Art von manchen Repräsentanten der SED, deren üppiger Aufwand bei den arbeitenden Menschen häufig Empörung hervorrief.

Edith Baumann-Honecker war drei Jahre älter als ihr Ehemann. Im Arbeiterbezirk Prenzlauer Berg als Tochter eines Berliner Maurers 1909 geboren, arbeitete sie nach dem Besuch der Handelsschule als Stenotypistin. Seit 1927 Mitglied der SPD, gehörte sie bis 1933 auch der Sozialistischen Arbeiterjugend an und übte in diesem Verband eine leitende Funktion im Hauptvorstand aus. Weil ihr die Politik der SPD in der Weimarer Republik nicht entschieden genug war, trat sie 1931 in die Sozialistische Arbeiterpartei ein, die jedoch nie zu größerem politischen Einfluß gelangte. Während der Nazizeit mußte Edith Baumann drei Jahre Gefängnishaft verbüßen. Nach 1945 tendierte sie zur KPD, trat jedoch in die SPD ein, um dort die Idee einer Einheitspartei zu vertreten. Nach der Vereinigung der beiden Arbeiterparteien gehörte sie seit 1946 dem Parteivorstand der SED an. In der Jugendbewegung hatte sie an der Seite Erich Honeckers zunächst die Jugendausschüsse und danach, als seine Stellvertreterin, die FDJ mitaufgebaut. Vierzigjährig schied sie 1949 aus dem Zentralrat der FDJ aus, um bis 1953 im Sekretariat des SED-Politbüros eine Funktion zu übernehmen. Nach zweijährigem Wirken als Sekretär für Landwirtschaft der Berliner Parteiorganisation leitete sie im SED-Zentralkomitee von 1955 bis 1960 die Abteilung Frauenarbeit.

Manche Freunde und Bekannte Honeckers hatten sich bereits 1947 gefragt, warum der FDJ-Vorsitzende gerade diese früh alternde Frau geheiratet hatte, zumal er sie noch zwei Jahre vor der Eheschließung gegenüber Manfred Klein als »ein etwas schwieriges Mädchen...« bezeichnet hatte. Er, der als Spitzenfunktionär der KPD/SED in den Aufbaujahren der Jugendorganisation kaum ein Privatleben kannte, schien im Umgang mit jungen Mädchen und Frauen häufig befangen zu sein. Zehn Haftjahre, der nahezu ausschließliche Umgang mit männlichen Kameraden im Zuchthaus, hatten ihn bis zum Sommer 1945 geprägt. Danach, inmitten von Genossen der Parteiführung, die überwiegend erheblich älter waren als er, lebte er erneut in einer Männergesellschaft. Frauen in hohen

Führungsfunktionen der Partei waren und blieben bis zur Gegenwart eine Seltenheit. Mit Edith Baumann verband Erich Honecker viel Gemeinsames. Beide waren sie Arbeiterkinder, wurden vom NS-Regime verfolgt, glaubten an die Zukunft des Sozialismus und waren seit 1945 mit der gleichen Aufgabe betraut, der Jugend die kommunistische Zielsetzung zu vermitteln. Erich Honecker hatte – vielleicht ohne es sich selbst einzugestehen – Geborgenheit gesucht, die Edith Baumann ihm zu bieten vermochte. Allmählich hatte sich aus dem Gefühl der Kameradschaft auch Zuneigung für die reife Frau entwickelt. Ihr gemeinsamer Wunsch nach Harmonie in den wenigen freien Stunden nach der Arbeit im Haus des Jugendverbandes, die Schaffung eines gemütlichen Heimes, bewog schließlich beide, den Schritt in die Ehe zu tun. Edith Baumann blühte in dieser Zeit förmlich auf. Wenn man sie näher kennenlernte, spürte man, daß sie zu Wärme und Mütterlichkeit fähig war. Im Umgang mit den Mädchen und Jungen des sich entwickelnden Jugendverbandes verbreitete sie den Kameradschaftsgeist eines ehrlichen, wohlmeinenden Kumpels.

Die Tragödie von Edith Baumann-Honecker begann schon knapp zwei Jahre nach der Heirat. Honecker lernte die um achtzehn Jahre jüngere Margot Feist kennen, eine zierliche und mädchenhafte Jugendfunktionärin aus Halle, die ebenfalls aus einer proletarisch-kommunistischen Familie stammte. Schon im Sommer 1949 entwickelte sich ein festes Verhältnis. Honecker setzte seine neue Freundin in der FDJ-Schule Bärenklau bei Berlin als »Instrukteurin« ein und besuchte sie dort häufig. Als Edith Baumann von der Beziehung erfuhr, dachte sie nicht daran, ihren Mann aufzugeben. Fast vier Jahre wehrte sie sich gegen die Scheidung. Danach war Edith Baumann ein bitterer Lebensabend beschieden. Sie, die noch in den fünfziger Jahren Kandidatin des Politbüros der SED gewesen war, verlor diesen Rang und ihre einflußreiche Funktion Anfang der sechziger Jahre durch Walter Ulbrichts höchsten Kaderfunktionär, der damals die Schaltstellen der Macht in seinem Sinn besetzte. Dieser »Genosse Sekretär des Zentralkomitees« hieß Erich Honekker. Indem er seine geschiedene Ehefrau als Leiterin der Frauenabteilung im Zentralkomitee der SED durch die viel jüngere, aber in jahrzehntelanger FDJ-Arbeit erprobte Ingeburg Lange ersetzte, verlor Edith Baumann jeglichen Einfluß. Als Sekretär des Berliner Magistrats war sie mit untergeordneten, aber aufreibenden Verwaltungsaufgaben, wie zum Beispiel der Anleitung des Aufbauwerkes der Nationalen Front in Ostberlin, belastet. In ihrer großen Villa in einer Pankower Vorortstraße lebte sie allein mit der heranwachsenden Tochter Erika und ihrem alten Vater. Sie war verbittert, kränkelte viel und starb 1973.

Inzwischen machte Margot Feist Karriere. Nach mehreren Schulungsreisen in die Sowjetunion konnte Erich Honecker durchsetzen, daß sie als Leiterin der Kinderorganisation »Junge Pioniere« in den Zentralrat der FDJ berufen wurde. Bald agierte sie als seine Stellvertreterin in der FDJ (in jener Funktion, die Edith Baumann-Honecker Jahre zuvor ausgeübt hatte). Margot Feist – seit 1953 Margot Honecker – ist nicht nur intelligent, sie verfügt auch, was bei den höheren weiblichen Funktionsträgern der SED selten ist, über fraulichen Charme. Ehrgeizig und politisch zuverlässig arbeitete sie nach 1955 im Ministerium für Volksbildung, dessen Leitung sie 1963 übernahm. Aus ihrer Verbindung mit Erich Honecker entstammt die Tochter Sonja, deren Kinder ihn mit Großvaterfreuden beglücken. 1970 ließ sich das Ehepaar vor dem Gericht in Berlin-Lichtenberg scheiden. Das gemeinsame Auftreten der Geschiedenen entspricht offensichtlich dem Wunsch des Staatschefs, dennoch Familienharmonie darzustellen.

Zu Beginn des Jahres 1948 erreichten innerhalb des Zentralrates der FDJ die schon lange schwelenden Auseinandersetzungen zwischen Honeckers kommunistischen Kaderfunktionären und den bürgerlichen Jugendvertretern ihren Höhepunkt. Pfarrer Hanisch, Domvikar Lange und der Liberale Herbert Geisler, die an der Gründung der FDJ beteiligt gewesen waren, schieden offiziell aus der FDJ aus. In den fünf Landesverbänden der Sowjetischen Besatzungszone folgten ihnen ihre Gesinnungsfreunde, die sich einer bürgerlich liberalen oder christlichen Tradition verpflichtet fühlten. Sie lehnten es ab, sich von den Kommunisten unter Führung Honeckers noch länger indoktrinieren zu lassen. Eine kleine Minderheit korrumpierter Mitglieder aus den bürgerlichen Parteien, die auf Studienplätze oder gut dotierte Verwaltungsposten hoffen durfte, verblieb noch in der Organisation. Vorangegangen war der Beginn der Gleichschaltung in den bürgerlichen Parteien Mitteldeutschlands. Oberst Tulpanow setzte im Dezember die Vorsitzenden der CDU, Jakob Kaiser und Ernst Lemmer, ab, weil sie sich weigerten, in der von den Kommunisten geführten »Volkskongreßbewegung« mitzuwirken. Diese Bewegung diente der Schaffung einer nationalen Repräsentanz ohne parlamentarische Wahlen. Einheitslisten wurden bereits vorbereitet und ein Führungsgremium gebildet, das sich »Deutscher Volksrat« nannte, aus dem dann 1949 die Machtorgane der neuen Republik hervorgingen. Kaiser und Lemmer mußten die Ostzone verlassen, in der sie als Antifaschisten und »Aktivisten der ersten Stunde« hohes Ansehen genossen – beide hatten die Einheitsgewerkschaft und den Kulturbund zur demokratischen Erneuerung Deutschlands mitbegründet.

Honecker selbst war froh, den »doppelten Eiertanz« endlich aufgeben zu können. Die Rücksichtnahme in der Leitung der FDJ gegenüber den bürgerlichen Kräften war ihm schon schwer genug gefallen. Aber ständig auch gegenüber den eigenen Genossen im Parteivorstand der SED lavieren zu müssen, überforderte allmählich seine Nerven. Diesmal mußte er jedoch auch Vorwürfe aus der eigenen Partei hören. Besonders die ehemaligen Sozialdemokraten in der SED-Spitze, die mißtrauisch beobachteten, wie wenig behutsam die Politik der antifaschistisch-demokratischen Zusammenarbeit im Jugendverband betrieben wurde, warfen dem FDJ-Führer vor, daß er durch kompromißloses Vorgehen gegen die Bürgerlichen seine politischen Karten allzu früh aufgedeckt und dadurch einen möglichen Einfluß auf die Jugendorganisationen der westlichen Zonen leichtsinnig und vorschnell verspielt habe. Im Zentralsekretariat des SED-Vorstandes saßen zu dieser Zeit noch acht Kommunisten acht Sozialdemokraten gegenüber. Das änderte sich erst ein Jahr später, als die Stalinisten eine Kampagne inszenierten, um eine »Partei neuen Typus« zu schaffen, in deren Verlauf die Sozialdemokraten auf gänzlich einflußlose Posten abgeschoben wurden. Erich Honecker erfuhr in dieser Zeit, wie wichtig der Schutz seines spitzbärtigen Mentors war, mit dem der Vorsitzende des Jugendverbandes jedes politische Vorhaben absprach. Walter Ulbricht äußerte energisch, daß der Klärungsprozeß nützlich gewesen sei. Honecker hätte mit der »Entlarvung der Spalter« die Kampfkraft des Jugendverbandes erhöht. Auf Ulbrichts Rat formulierte Honecker seine Vorschläge, die er zur Beschlußfassung an die Parteiführung der SED einzureichen hatte, künftig recht allgemein; wie er das genehmigte Konzept in die Praxis umsetzte, war dann seine Aufgabe.

1948 begann Erich Honecker, die FDJ zu Kampagnen aufzurufen, die seiner Meinung nach die Begeisterungsfähigkeit der Jugend ansprechen mußten. Sein Augenmerk galt jetzt verstärkt der Arbeiterjugend, denn sie sollte bei den gewünschten Produktionssteigerungen mit einer besseren Arbeitsproduktivität vorangehen. Ulbricht arbeitete damals mit Wirtschaftsfachleuten an der Vorbereitung des Zweijahresplanes für die Industrieproduktion Mitteldeutschlands. Honeckers Parteiauftrag war auf die Mobilisierung der Jugend gerichtet. In der thüringischen Stadt Zeitz organisierte die FDJ 1948 den ersten Jungaktivistenkongreß, auf dem die SED-Führer Walter Ulbricht, Otto Grotewohl und Erich Honecker vor fünfhundertzweiundfünfzig Delegierten, die fünfundachtzigtausend junge Arbeiter vertraten, an die Jugend appellierten, ihre Arbeitsleistungen zu verbessern und zu steigern. Der FDJ-Vorsitzende konnte sich rühmen, daß es in den Betrieben bereits damals vierhundertachtundvierzig Jugendaktivs mit etwa viertausend Jungaktivisten gab. Doch sollten diese nach Zahlen noch vervielfacht werden.

Verständlich werden die von nun an immer stärker propagierten Leistungssteigerungen und Wettbewerbe vor allem dann, wenn man die gewaltigen Verluste der mitteldeutschen Industrie bedenkt, die durch die Zerstörungen des Zweiten Weltkriegs und anschließend durch sowjetische Demontagen und Reparationen entstanden. In dem unter der Federführung von Walter Ulbricht und den Wirtschaftsfachleuten erarbeiteten Halbjahresplan für 1948 und den folgenden Zweijahresplan für 1949 und 1950 sollte die schwer angeschlagene Produktion um 35 Prozent gesteigert werden. Diese Ziele ließen sich ohne die aktive Mitwirkung der jungen Generation kaum verwirklichen.

Zur gleichen Zeit forderte die SED in immer stärkerem Maße von Honecker, bereits bewährte junge Funktionäre der FDJ für neue Aufgaben zu benennen. Auf nahezu allen Gebieten des gesellschaftlichen Lebens, in der SED, den von ihr gelenkten Massenorganisationen, in den kommunalen Verwaltungen der Länder, Kreise und Gemeinden sowie als Neulehrer standen für Angehörige des Jugendverbandes Positionen offen. Dreitausend Funktionäre verlor die FDJ auf diese Art allein 1948. Darin sind noch nicht jene jungen Männer eingeschlossen, die man für den Aufbau der Polizei rekrutierte. Ab Herbst 1946 wurde neben der Schutzpolizei die Grenzpolizei geschaffen, und 1948 entstand bereits die militärisch ausgebildete »Kasernierte Volkspolizei«. Der Aderlaß an aktiven Mitgliedern war für die Jugendorganisation nur schwer zu verkraften, und Honecker begann vor einer allzu schnellen »Kaderfluktuation« zu warnen, ohne indes diese Entwicklung wesentlich beeinflussen zu können. Denn was er als Vorsitzender der FDJ erkannte, das konnte er als führendes Mitglied der SED nicht verhindern – den Griff der Parteiorganisationen an der Basis nach fähigen Kadern.

1948 wurde deutlich, daß sich die alliierten Siegermächte über die Zukunft des okkupierten Deutschlands nicht zu einigen vermochten. Die Westmächte stimmten der Bildung erst einer Bizone und schließlich einer Trizone zu, die Vereinigung des west- und süddeutschen Gebietes war wirtschaftlich notwendig und politisch sinnvoll. In der Sowjetischen Besatzungszone verkündeten die Führer der SED im Einverständnis mit der sowjetischen Regierung noch immer ein einheitliches demokratisches Deutschland als Ziel ihrer Politik. Sie wollten deshalb nach wie vor die Errichtung einer deutschen Zentralverwaltung in Berlin durchsetzen. Von freien Wahlen im parlamentarisch-demokratischen Sinne war allerdings nicht mehr die Rede. Schon die am 20. Oktober 1946 im Besatzungsgebiet von Großberlin unter der Kontrolle der vier Siegermächte abgehaltenen Wahlen hatten der SED deutlich gemacht, daß sie den Verlust ihrer Macht riskierte, wenn sie sich dem freien Votum der Wähler aussetzte. Damals erhielt die SPD, die im Gegensatz zur Ostzone noch in ganz Berlin zugelassen war, achtundvierzig Prozent, die CDU zweiundzwanzig Prozent, die SED neunzehn Prozent und die LDP neun Prozent. Die SED-Führer waren von dieser unerwarteten Niederlage so schockiert, daß sie in der Sowjetischen Besatzungszone künftig nur noch Einheitslisten der Nationalen Front bei den Wahlen zuließen.

Nach der Vereinigung von Kommunisten und Sozialdemokraten zur Sozialistischen Einheitspartei (SED) genoß die neue Partei in der Sowjetischen Besatzungszone viele Vorrechte gegenüber den bürgerlichen Kräften. Sie beherrschte die Presse, den Rundfunk und das Verlagswesen, besaß Parteihäuser und eigene Schulungsstätten. Zahlenmäßig war die SED eine sehr große Partei – 1947 hatte sie bereits 1,7 Millionen Mitglieder –, aber die Mitgliederzahlen vermitteln kein zutreffendes Bild von der politischen und moralischen Haltung der Parteigenossen. Hunderttausende von Menschen waren in die SED eingetreten, weil es in dieser Partei in der Sowjetischen Besatzungszone Aufstiegsmöglichkeiten und Vorteile aller Art gab.

Im Februar 1948, kurz vor den demokratischen Parlamentswahlen in der Tschechoslowakischen Republik, bewies der kommunistische Putsch in Prag, welchen Wert Stalins frühere Versicherungen gegenüber seinen Kriegsverbündeten besaßen, in den von der Sowjetarmee besetzten Ländern Osteuropas demokratische Entscheidungen der Völker zu respektieren. Die von den Kommunisten brutal durchgeführten Machtübernahmen in Bulgarien, Rumänien, Polen und Ungarn mußten bei den westlichen Alliierten im Hinblick auf die sowjetische Besatzungspolitik in Deutschland erhebliche Befürchtungen wecken. Im März 1948 trafen sich in London die Vertreter der USA, Großbritanniens, Frankreichs, der Niederlande, Belgiens und Luxemburgs unter Ausschluß der Sowjetunion, die daran erinnert hatte, daß die Siegermächte verpflichtet waren, das Statut für Deutschland oder Teile davon gemeinsam festzulegen. Die Londoner Konferenzpartner empfahlen die Einberufung einer verfas-

Der Staatsmann

Oben: Im Gespräch mit dem amerikanischen Präsidenten Gerald Ford auf der Europäischen Sicherheitskonferenz in Helsinki (August 1975). *Unten:* Der österreichische Bundeskanzler Bruno Kreisky zu Besuch in Ostberlin (31. März 1978).

Oben links: Empfang des kanadischen Ministerpräsidenten Pierre Trudeau auf dem Flughafen Schönefeld am 30. Januar 1984 (rechts der zehnjährige Sascha Trudeau). *Oben rechts:* Fototermin mit dem japanischen Ministerpräsidenten Zenko Suzuki (27. Mai 1981). *Unten links:* Staatsbesuch des italienischen Ministerpräsidenten Bettino Craxi am 10. Juli 1984. *Unten rechts:* Der französische Ministerpräsident Laurent Fabius beim Abschreiten der Ehrenformation der Volksarmee (10. Juni 1985).

Oben links: Besuch des schwedischen Ministerpräsidenten Olof Palme am 30. Juni 1984 in Greifswald (Mitte: Prof. Dr. Dietrich Birnbaum, der Rektor der Ernst-Moritz-Arndt-Universität). *Oben rechts:* Begrüßung durch den indischen Ministerpräsidenten Moraji Desai (8. Januar 1979). *Unten:* Empfang des sambischen Präsidenten Dr. Kenneth David Kaunda auf dem Flughafen Berlin-Schönefeld (22. August 1980).

Oben: Staatsbesuch in Kuweit. Fototermin nach dem Abendessen mit dem kuweiti-schen Staatsoberhaupt Scheich Dschabir al Ahmed al Sabah und dem Vorsitzenden der PLO Yassir Arafat (10. Oktober 1982). *Unten:* Empfang durch den mexikani-schen Präsidenten Jose Lopez Portillo in Mexico City (10. September 1981).

sunggebenden Versammlung durch die Ministerpräsidenten der deutschen Länder, eine vorbereitende Maßnahme zur Bildung eines westdeutschen Staates. Die sechs Londoner Konferenzteilnehmer versicherten ausdrücklich, daß sie »eine Grundlage für die Beteiligung eines demokratischen Deutschland an der Gemeinschaft der freien Völker schaffen wollten«. Wenig später einigten sich sechzehn europäische Staaten in Paris über die Verteilung der Marshallplan-Hilfsgelder des ERP (European Recovery Program), an denen auch Westdeutschland beteiligt werden sollte. Weil die UdSSR von den Londoner Beratungen ausgeschlossen worden war, verließ der Chef der sowjetischen Militäradministration in Berlin, Marschall Sokolowski, unter Protest den Alliierten Kontrollrat am 20. März 1948. Erich Honecker verteidigte den Schritt des sowjetischen Marschalls, ohnehin stand keinem SED-Politiker das Recht zu, Maßnahmen der Militäradministration zu kritisieren. 1948 reiste er im Auftrag der SED-Führung zum letztenmal in die Westzonen. Gemeinsam mit dem Führer der KPD, Max Reimann, trat er in mehreren Kundgebungen der Partei auf und besuchte seine Eltern und Geschwister in Wiebelskirchen. Seine politische Haltung zur damaligen Entwicklung skizzierte er in seinen Erinnerungen folgendermaßen: »Als die imperialistischen Mächte und die monopolkapitalistischen Kreise in den Westzonen erleben mußten, daß die revolutionäre Umgestaltung bei uns trotz aller Schwierigkeiten voranschritt, wurde ihnen klar, daß ein einheitliches imperialistisches Deutschland nicht mehr zu erreichen war. Deshalb handelten sie nach dem Grundsatz: ›Lieber das halbe Deutschland ganz als das ganze Deutschland halb.‹ Im Juli 1948 erteilten die westlichen Besatzungsmächte den Ministern der westdeutschen Länder den Befehl, einen separaten Westzonenstaat zu schaffen. Im Mai 1949 verabschiedete der Parlamentarische Rat gegen die Stimmen der KPD das hinter dem Rücken des Volkes ausgehandelte Grundgesetz. Mit der Konstituierung des Bundestages am 7. September 1949 in Bonn und der Bildung einer Koalitionsregierung unter Konrad Adenauer fand die staatliche Zerreißung ihren Abschluß. Ein gerüttelt Maß an Verantwortung dafür trugen auch die rechten SPD-Führer. Ihr

Vorsitzender Kurt Schumacher hatte bereits im Oktober 1947 die Aufteilung Deutschlands als vollendete Tatsache bezeichnet und einen westdeutschen Separatstaat gefordert...«

Wenn man von der parteilichen Darstellung des FDJ-Vorsitzenden absieht, war Honecker von der Wahrheit gar nicht so weit entfernt: »Lieber das halbe Deutschland ganz, als das ganze Deutschland halb«, danach handelte auch seine Partei. Die SED hatte mit russischer Unterstützung auf dem Gebiet der Sowjetischen Besatzungszone längst die Weichen für die Errichtung eines deutschen Teilstaates gestellt, dessen Gesellschaftsstruktur den Verhältnissen in den anderen Staaten des sowjetischen Herrschaftsbereiches angepaßt werden sollte. Umgekehrt drängten die westdeutschen Politiker mit Unterstützung ihrer Besatzungsmächte darauf, einen Teilstaat zu schaffen, dessen politische und wirtschaftliche Ordnung sich am westlichen Vorbild orientierte. Auf der Strecke blieb die Einheit des Landes. Niemand weiß besser als Honecker, daß die SED bereits 1948 die Politik der »antifaschistisch-demokratischen« Periode beendete. Damals begann die Umwandlung der SED in die schon erwähnte stalinistische »Partei neuen Typus« und die Ausschaltung der führenden Sozialdemokraten, die die Kommunisten seit 1946 notgedrungen gleichberechtigt in wichtigen Funktionen belassen hatten. Schon im September 1948 verurteilte der SED-Parteivorstand die Theorie von einem deutschen Sonderweg zum Sozialismus; Anton Ackermann, der zwei Jahre zuvor im Auftrag des KPD-Politbüros diese Thesen entwickelt hatte, mußte wegen seiner »von Anfang an grundfalschen« Theorien Selbstkritik üben. In der »Einheit«, dem Theorie-Organ der SED, hieß es nun, niemals dürfe von einem friedlichen Weg zum Sozialismus die Rede sein, da sich der Übergang zu einer höheren Gesellschaftsordnung nur in schärfstem Klassenkampf vollziehe.

In der Tat bewiesen Erich Honecker und seine Genossen schon 1948, daß sie ihre Ziele keineswegs nur mit den Mitteln friedlicher Überzeugungsarbeit zu erreichen trachteten. Im Magistrat und dem Stadtparlament von Groß-Berlin weigerten sich die SED-Kader, das Wahlergebnis vom 20. Oktober 1946 zu respektieren. Die Auseinandersetzungen um die Besetzung der Stadtratsposten (die Leiter der verschiedenen Dezernate unter dem Oberbürgermeister) nahmen jetzt teilweise groteske Formen an. Wenn es die SED bei strittigen Themen nicht zur Abstimmung kommen lassen wollte, weil sie keine Mehrheit besaß, schaltete sich der sowjetische Stadtkommandant ein. Die Tätigkeit des Magistrats wurde dadurch mehr und mehr gelähmt. Höhepunkte der Krise wurden die Vorbereitungen der Alliierten zur Einführung der neuen Währung im Sommer 1948, die die Sowjets mit der Blockade des Westteils von Berlin beantworteten.

Am Vortag, dem 23. Juni 1948, stürmten Angehörige der FDJ, die mit Lastwagen aus verschiedenen Ostberliner Betrieben herbeigefahren worden waren, den Sitzungssaal des Stadtparlamentes. Als sie nach längeren Störmanövern das Haus unterm Absingen der »Internationale« geräumt hatten, warteten sie das Sitzungsende auf der Straße ab und verprügelten dann sozialdemokratische Abgeordnete, darunter die sechzigjährige Jeanette Wolff, die sechs Jahre in Hitlers Konzentrationslagern inhaftiert gewesen war und zu den Mitbegründern der »Vereinigung der Verfolgten des Naziregimes« (VVN) gehörte. Der Vorsitzende der Berliner FDJ, Heinz Keßler, Stadtverordneter der SED und führender Mitarbeiter Honeckers, leitete diese Aktion und informierte die aufgehetzten Jugendlichen vor dem Stadthaus in der Parochialstraße über diejenigen Stadtverordneten, die das Ziel der rowdyhaften Angriffe sein sollten. Natürlich handelte der Honecker direkt unterstellte Keßler mit seinem Rollkommando nicht ohne Wissen seines Vorsitzenden. Bis zur endgültigen Spaltung der Stadtverwaltung Berlins im Herbst des Jahres 1948 wiederholten sich derartige Störmanöver noch mehrfach.

Die SED machte auf ihrem Weg zur Staatspartei noch vor der Gründung der DDR schnelle Fortschritte. Um auch ehemalige Nazis, Soldaten und Offiziere der Wehrmacht zur Mitarbeit heranzuziehen, die von der antifaschistischen Propaganda der SED bisher vor den Kopf gestoßen worden waren, entstand nun auf Initiative der Kommunisten die Nationaldemokratische Partei Deutschlands

(NDPD). In ihrem Vorstand machten unter anderem Hitlers Generäle Arno von Lenski, Vinzenz Müller, Martin Lattmann und Otto Korfes politische Karriere. Sie waren im Krieg in sowjetische Gefangenschaft geraten und wirkten nach ihrer Entlassung führend beim Aufbau der bewaffneten Streitkräfte der DDR mit. An der Spitze der neuen Partei standen bewährte Kommunisten, wie der Rechtsanwalt und Rußlandemigrant Dr. Lothar Bolz als Vorsitzender und der Altkommunist aus Thälmanns Hamburger Aufstandstagen, Jonny Löhr, als sein Stellvertreter.

Da auch die Bauern für die Parolen der SED kaum ansprechbar waren, wurde für die »Werktätigen auf dem Lande« die »Demokratische Bauernpartei Deutschlands« (DBP) gegründet, an deren Spitze der Altkommunist Ernst Goldenbaum berufen wurde. In beiden Parteien gab es sehr bald erstaunlich viele junge von der FDJ delegierte Funktionäre, die in Dörfern und Städten ihre Tätigkeit als Parteisekretäre und Organisationsleiter in der nun immer populärer werdenden blauen Uniform ausübten.

Die Farbe dieser Uniform beherrschte auch das dritte Parlament des Jugendverbandes, das zu Pfingsten 1949 stattfand. Leipzig als Parlamentsort war für mehrere Tage eine Stadt der Jugend. Mit Güterzügen und Lastkraftwagen transportierte die FDJ Hunderttausende Mädchen und Jungen in die alte Messestadt. Erstmals marschierten die langen Kolonnen von »Blauhemden« an Honecker und den führenden SED-Politikern vorüber.

Als Honecker zu den Jugendlichen sprach, sah er mit Genugtuung in der ersten Reihe seiner Zuhörer die SED-Genossen Wilhelm Pieck und Otto Grotewohl sitzen. Auch Oberst Tulpanow erwies dem FDJ-Vorsitzenden die Ehre, sich das Referat nochmals anzuhören, das ihm schon zur Genehmigung vorgelegen hatte. Honecker rühmte die Entwicklung der FDJ seit dem Parlament in Meißen vor zwei Jahren, die »den Verband zu einer großen gestaltenden Kraft im Leben unseres Volkes werden ließ«. Im weiteren Text seiner Pfingstrede sparte er nicht mit Drohungen gegenüber den Kritikern der Sowjetunion innerhalb des Jugendverbandes und in der Sowjetischen Besatzungszone: »In den Reihen der FDJ ist heute kein Platz mehr für antisowjetische Elemente. Möge die ganze deutsche Jugend erkennen, daß die Duldung der antisowjetischen Hetze eine Versündigung gegen die natürlichen Interessen des deutschen Volkes ist...«

Das Kapitel »Überparteilichkeit« war für Honecker abgeschlossen. Der Zentralrat, die Leitung der FDJ, wurde inzwischen völlig von SED-Genossen beherrscht. Kampagnen, Aktionen, Aufgebote und Jugendtreffen, Veranstaltungen der vielfältigsten Art prägten das Leben des Jugendverbandes immer stärker. Die zum Aufbau der Gruppen notwendige besonnene Basisarbeit trat zunehmend in den Hintergrund. Die Funktionäre in den Städten, Kreisen und Gemeinden begriffen bald, daß ihr Vorsitzender die ordentlich ausgefüllten Berichtsbogen über alles schätzte. So erstickte der anschwellende bürokratische Apparat allmählich jegliches spontane Jugendleben. Im Jahr 1949 gab es bereits Zehntausende von hauptamtlichen Sekretären. Jeder mittlere Betrieb verfügte über einen gutbezahlten Funktionär, Großbetriebe unterhielten ganze Sekretariate, die die Jugendlichen zu besserer Arbeit in der Produktion, aber auch zu äußerster politischer Aktivität anfeuerten. Die Kaderakte wurde in der FDJ zum wichtigsten Dokument. Arbeitsbesprechungen, Leitungskonferenzen, Sekretariatssitzungen wurden zu Schreckensworten für die Mädchen und Jungen in den unteren Einheiten, bei den einfachen Mitgliedern der Wohn- und Betriebsgruppen. Zu den großen Aktionen des Jahres 1949 gehörte die Vorbereitung der FDJ auf die II. Weltjugendfestspiele in Budapest. Seit 1948 war die FDJ Mitglied des kommunistisch gelenkten Weltjugendbundes. Neben Honecker und seinen Spitzenfunktionären reisten siebenhundertfünfzig Delegierte des Jugendverbandes in einem Sonderzug an die Donau. Die sorgfältig ausgewählten Vertreter faßte man in Vorbereitungslagern zusammen und schulte sie gründlich. Bevor die Reise begann, übten hohe Funktionäre sogar den Marschtritt, das Schwenken in Kolonnen und Fahnentragen. Der ehemalige Gefreite Heinz Keßler erklärte, die Disziplin erfordere es, »nicht wie eine Hammelherde« im Budapester Stadion zusammen mit den Abgesandten der Weltjugend aufzumarschieren.

Erich Honecker führte vor der Abreise nach Ungarn eine scharfe Auseinandersetzung mit einer Delegation des Saarlandes, die den Wunsch geäußert hatte, unter der französischen Trikolore zu den Weltfestspielen zu fahren. Honecker, der sich im Gegensatz zu anderen SED-Genossen bereits 1947 auf dem FDJ-Parlament in Meißen geweigert hatte, das Problem der von Polen okkupierten Gebiete jenseits der Oder und Neiße zu erörtern (»Die Grenzfrage darf kein Anlaß zu chauvinistischer Hetze werden«), betonte bei jeder Gelegenheit, daß das Saarland nicht zu Frankreich, sondern zu Deutschland gehöre. Nun, im Sommer 1949, ereiferte er sich gegenüber den Jugendlichen aus dem Saargebiet: »Die Saar ist und bleibt deutsch, daran darf es keinerlei Zweifel geben!« Der Leiter der saarländischen Jugenddelegation, Heinz Merkel, betonte dagegen, daß es doch gleichgültig sei, unter welchen Fahnen marschiert würde: »Schließlich sind wir doch alle Internationalisten.« Merkel provozierte den FDJ-Vorsitzenden vollends, als er erklärte, seiner Erwartung nach würde das Saargebiet bei Frankreich verbleiben. Der junge Kommunist pflegte intensive Beziehungen zu französischen Genossen. In Frankreich, meinte er, seien die fortschrittlichen Kräfte stärker als in Westdeutschland. Honecker brauste auf: »Ich wiederhole, auch vor der Nazizeit war die deutsche Arbeiterbewegung und der Kommunistische Jugendverband eng mit den französischen Genossen der KPF verbunden. Dennoch gab es für uns Saarländer niemals einen Zweifel, wohin wir gehören: zu Deutschland! Die Sache ist ganz einfach. Entweder ihr verzichtet bei den Weltfestspielen als Angehörige der FDJ auf die französische Trikolore und marschiert mit uns unter der schwarzrotgoldenen Fahne des einheitlichen Deutschland oder ihr bleibt zu Hause!«

Einige Zeit später unterstützte Erich Honecker den Einsatz westdeutscher Mitglieder der FDJ, die auf die Insel Helgoland übersetzten, um die britische Luftwaffe davon abzuhalten, die Insel weiterhin als Bombenziel zu benutzen. Der sozialistische Hamburger Dramatiker Peter Martin Lampel schrieb über diese Episode das Theaterstück »Kampf um Helgoland«, für dessen Aufführung im Berliner Jugendtheater der Freundschaft sich der FDJ-Vorsitzende einsetzte. Ein damals ebenfalls entstandenes Jugendlied, das die Chöre und Gruppen des Verbandes sangen, begann mit dem Vers: »Rufen wir durch unser Land, keine Bomben auf Helgoland!«

Im Mai 1949 hatten unter Aufsicht und Anleitung der sowjetischen Militäradministration in Mitteldeutschland Wahlen nach »volksdemokratischem« Muster stattgefunden. Dem dabei gewählten »Deutschen Volksrat« gehörten insgesamt dreihundertdreißig Mitglieder an. Von den in der Nationalen Front vereinigten Parteien entfielen auf die SED neunzig, die CDU und LDP je fünfundvierzig, die DBP und die NDPD je fünfzehn Sitze. Aus den anderen gesellschaftlichen Vereinigungen stellten der Freie Deutsche Gewerkschaftsbund dreißig Delegierte, die Freie Deutsche Jugend zehn, der Demokratische Frauenbund zehn, der Kulturbund zur demokratischen Erneuerung Deutschlands ebenfalls zehn, die Vereinigung der gegenseitigen Bauernhilfe fünf, die Vereinigung der Verfolgten des Naziregimes zehn und bäuerliche Genossenschaften fünf Vertreter im Nationalrat. Außerdem gehörten ihm fünfunddreißig an keine Organisation gebundene Persönlichkeiten und fünf Sozialdemokraten aus der Berliner SPD an.

Mit Ausnahme der CDU und LDP wurden alle erwähnten Organisationen von Kommunisten geführt und verfügten in ihren Vorständen über eine sichere Mehrheit von SED-Genossen. Die fünf Sozialdemokraten waren Gesinnungsfreunde der SED und wurden später in die Einheitspartei übernommen. Der Deutsche Volksrat, dessen Mitglied auch Erich Honecker war, trat am 7. Oktober 1949 in Berlin zusammen, um einem Antrag des FDJ-Vorsitzenden zu entsprechen. Darin hieß es wörtlich: »Mit jeder Stunde wird klarer, daß die Bedrohung für den Frieden, hervorgerufen durch die Spaltung Deutschlands seitens der angloamerikanischen Imperialisten und ihrer in Deutschland gedungenen Helfershelfer, nur durch die Bildung einer deutschen Regierung mit dem Sitz in Berlin, der Hauptstadt Deutschlands, überwunden werden kann...«

Da niemand in Deutschland und Mitteleuropa den Frieden bedrohte, sollte diese Dramatisierung offensichtlich von der fehlenden demokratischen Legitimation bei der Gründung des zweiten deutschen Teilstaates ablenken; vielleicht sollten aber auch die früheren Parolen vergessen gemacht werden, in denen die Einheit der Nation als oberstes Ziel jeder deutschen Politik gefordert worden war. Daß man durch die Besiegelung der Spaltung letztlich die Einheit Deutschlands wiederherstellen werde, war damals allerdings nicht nur ein Ausdruck kommunistischer Rhetorik.

Während der Deutsche Volksrat in Goebbels Propagandaministerium getagt hatte, erfolgte die Gründung der Deutschen Demokratischen Republik im Reichsluftfahrtministerium von Hitlers Reichsmarschall Hermann Göring in der Wilhelmstraße.

Den Reichsadler hatte man von der Wand entfernt und durch eine riesige Propagandalosung der »Nationalen Front des demokratischen Deutschland« ersetzt. Am 11. Oktober wurde der Staatspräsident gewählt – es war Wilhelm Pieck, einer der Mitbegründer der Kommunistischen Partei Deutschlands im Jahre 1918 und seit 1946 Vorsitzender der SED. Ministerpräsident wurde Otto Grotewohl, der als ehemaliger Sozialdemokrat ebenfalls Vorsitzender der SED war. An diesem Abend klappte die Regie des FDJ-Vorsitzenden vorzüglich. Fast zweihunderttausend Jugendliche aus Mitteldeutschland waren in Güterzügen und Lastkraftwagen herangefahren worden. Im milchigen Herbstnebel marschierten sie auf der von Kriegszerstörungen noch gezeichneten ehemaligen Prachtstraße Unter den Linden am neuen Staatsoberhaupt vorüber. Gegenüber dem »historischen Eckfenster«, wo ein Menschenalter zuvor Kaiser Wilhelm I. täglich die Bevölkerung mittags gegrüßt hatte, wenn die Wache zum Schloß aufmarschierte, stand Wilhelm Pieck, umgeben von seinen Genossen und hörte neben sich Erich Honecker mit heller Stimme rufen: »Wir, die deutsche Jugend, geloben der Deutschen Demokratischen Republik Treue, weil sie der Jugend Frieden und ein besseres Leben bringen will und bringen wird. Wir, die deutsche Jugend, geloben der Deutschen Demokratischen Republik Treue, weil in ihr die Selbstbestimmung des deutschen Volkes zum erstenmal im ganzen Umfang hergestellt sein wird...«

Keiner der Jugendlichen, die aus Dresden, Halle, Magdeburg, Potsdam und Erfurt an diesem Oktoberabend nach stundenlanger

Bahn- oder Lkw-Fahrt, zumeist mit leeren Magen an der neuen Regierung und ihrem Präsidenten vorüberzogen, hatte den Vorsitzenden zu diesem Schwur ermächtigt. Dennoch berief sich Honecker darauf, daß er im Namen von etwa neunhunderttausend Mitgliedern der FDJ sprach. Es war sein erstes Gelöbnis dieser Art, dem in den folgenden Jahren noch manch ähnliche folgen sollten, pathetisch und ohne Wirklichkeitsgehalt. Wie es um die »Selbstbestimmung im ganzen Umfang« bestellt war, bezeugten auch die Scheinwerferbatterien der Sowjetarmee, die auf dem alten Opernplatz, der jetzt den Namen August Bebels trug, stationiert waren, um die Szenerie vor dem bizarren Ruinenkomplex der Staatsoper und dem Universitätsgebäude in ein geisterhaftes Licht zu tauchen. Angesichts einer solchen Umgebung wirkte Honeckers Schlußsatz geradezu grotesk auf die Mehrheit der Marschierenden, die man nach einem Imbiß aus russischen Gulaschkanonen wieder nach Hause transportierte: »Wir grüßen aus tiefstem Herzen das Neue, unsere strahlende, freudige Zukunft!«

Besonders stolz war Honecker, daß er in den Reihen der Kasernierten Polizei, die im Parademarsch den Abschluß des Zuges bildete, viele Gesichter einstiger Funktionäre des Jugendverbandes erkannte. Und mit Genugtuung berichtet er den neuen Regierungsmitgliedern auf der kleinen Holztribüne, daß auch westdeutsche und Westberliner Jugendliche eingetroffen waren, die Transparente mit der Aufschrift trugen: »Die Jugend Westdeutschlands grüßt die Deutsche Demokratische Republik!« Weder Wilhelm Pieck, noch Otto Grotewohl oder Otto Nuschke, Vorsitzender der mitteldeutschen CDU, die sich an Honeckers Jugendparade erfreuten, wußten, daß die Fahnen und Transparente der jungen Kommunisten aus Westberlin und der Bundesrepublik Deutschland im Ostberliner Landesvorstand der FDJ in der Hosemannstraße angefertigt worden waren. Theatereffekte gehörten vom ersten Tag der neuen Republik an zu den Versatzstücken gründlich vorbereiteter Inszenierungen.

Zum Höhepunkt der Regie gehörte auch ein Telegramm Josef Stalins, in dem er in wohlgesetzter Rede Wilhelm Pieck und Otto

Grotewohl zur Regierungsübernahme gratulierte: »Die Bildung der Deutschen Demokratischen friedliebenden Republik ist ein Wendepunkt in der Geschichte Europas. Es unterliegt keinem Zweifel, daß die Existenz eines friedliebenden demokratischen Deutschlands neben dem Bestehen der friedliebenden Sowjetunion die Möglichkeit neuer Kriege in Europa ausschließt... Die Erfahrung des letzten Krieges hat gezeigt, daß das deutsche und das sowjetische Volk in diesem Kriege die größten Opfer gebracht haben, daß diese beiden Völker die größten Potenzen zur Vollbringung großer Aktionen von Weltbedeutung besitzen... Es lebe und gedeihe das einheitliche, unabhängige, demokratische, friedliebende Deutschland.«

Sollte es der Sowjetunion ernst sein mit einem »einheitlichen unabhängigen Deutschland«, dann würde sich bald zeigen, wieviel Bewegungsspielraum der Kreml den neuen Verantwortlichen in Ostberlin zubilligte. Noch war auch die Bundesrepublik Deutschland kein souveräner Staat. Auch sie stand im Schatten dreier Besatzungsmächte, deren Vertreter sich hoch über dem Universitätsstädtchen Bonn, der provisorischen Bundeshauptstadt, im Hotel auf dem Petersberg mit dem Titel »Hohe Kommissare« etablierten, um auf das politische Geschehen zwischen Rhein und Elbe nicht nur beobachtend herabzuschauen, sondern da, wo es ihnen nötig erschien, einzugreifen.

Erich Honecker verehrte in Josef Stalin nicht nur den Regierungschef der Sowjetunion. Immer häufiger bezeichnete er den Kremldiktator von nun an als »geliebten Lehrer und weisen Führer«. Für Honecker war Stalin der Erbe Lenins, der Führer der kommunistischen Weltbewegung, der auch die Strategie und Taktik der deutschen Revolutionäre entwarf. Die FDJ wirkte jetzt auch optisch wie eine Filiale des Leninschen Komsomol. In jedes Mitgliedsbuch des Jugendverbandes wurden Marken geklebt, die das Bildnis Stalins zusammen mit dem Wilhelm Piecks zeigten. Jede Grundeinheit der FDJ hatte die Stalin-Biographie, die der parteieigene Dietz-Verlag seit 1949 in Hunderttausenden von Exemplaren druckte, zu studieren. Das, was Stalins mittelbarer Nachfolger

Chruschtschow als Generalsekretär der KPdSU 1956 nur drei Jahre nach dem Tod seines Vorgängers als »widerwärtigen Personenkult« brandmarkte, nahm sich in der Biographie, die Honecker zur Pflichtlektüre jedes Jugendlichen des »stolzen Millionenverbandes« der FDJ bestimmte, im Originaltext folgendermaßen aus: »Gegenwärtig sehen alle friedliebenden Völker in Stalin den treuen und standhaften Verteidiger des Friedens, der Sicherheit und der demokratischen Freiheiten. Stalin ist der geniale Führer und Lehrer der Partei, der große Stratege der sozialistischen Revolution… Alle kennen die unüberwindliche, bezwingende Kraft der Stalinschen Logik, die kristallene Klarheit seines Verstandes, seines stählernen Willens, seine Ergebenheit für die Partei, seinen glühenden Glauben an das Volk und seine Liebe zum Volk. Allen ist seine Bescheidenheit, Einfachheit, Feinfühligkeit gegenüber den Menschen und seine Schonungslosigkeit gegen die Volksfeinde bekannt. Der Name Stalins ist das Symbol des Mutes, das Symbol der Jugend. Es ist ihr sehnlichster Traum, wie Lenin, wie Stalin zu sein… In zahlreichen Sprachen wird Stalin von den Völkern in Liedern besungen. Diese Lieder sind der Ausdruck der großen Liebe und grenzenlosen Ergebenheit für den großen Führer, Lehrer, Freund und Feldherrn.«

Am 21. Dezember 1949 wollte der SED-Vorsitzende und Staatspräsident der DDR, Wilhelm Pieck nach Moskau fliegen, um dem »geliebten Führer« Josef Stalin zum 70. Geburtstag zu gratulieren. Die Regierung und das diplomatische Corps warteten umsonst auf dem sowjetischen Feldflugplatz Schönefeld, um den Präsidenten zu verabschieden. An seiner Stelle erschien Stunden später der Generalsekretär der SED. Walter Ulbricht hatte nicht geruht, bis er aus Moskau die Erlaubnis erhielt, anstelle des deutschen Parteiführers Pieck fliegen zu dürfen. An seiner Seite befand sich als einziger Regierungsvertreter Außenminister Georg Dertinger, das Mitglied des Gewerkschaftsbundes Adolf Deter und zwei jüngere Genossen in blauen Blusen unter dem Wintermantel: der Vorsitzende der Freien Deutschen Jugend und seine neue Vertraute, die erst kürzlich von ihm eingesetzte Leiterin der Kinderorganisation Junge Pioniere, Margot Feist.

Teilhaber der Macht

Das Jahr 1950 markierte einen wichtigen Abschnitt in Erich Honeckers politischer Laufbahn. Im Sommer, während des III. Parteitages der SED, wählten ihn die Delegierten zum Mitglied des Zentralkomitees. Gleichzeitig wurde er als Kandidat des Politbüros berufen. Er hatte damit die Schwelle zum politischen Entscheidungszentrum der herrschenden Staatspartei überschritten. In seiner Autobiographie stellt er selbstbewußt fest: »Für mich stellte der III. Parteitag in mehrfacher Hinsicht ein bedeutsames Ereignis dar. Die erste Tagung des von ihm gewählten Zentralkomitees nahm mich als Kandidaten des Politbüros auf. Achtunddreißig Jahre alt war ich der Jüngste in einem Kollektiv von Arbeiterführern, dem die Vorsitzenden der SED, Wilhelm Pieck und Otto Grotewohl, der Generalsekretär des Zentralkomitees, Walter Ulbricht, solche verdienten Funktionäre wie Franz Dahlem, Friedrich Ebert, Hermann Matern, Fred Oelßner, Heinrich Rau, Wilhelm Zaisser als Mitglieder, Anton Ackermann, Hans Jendretzky, Erich Mückenberger und Elli Schmidt als Kandidaten angehörten. Die Arbeit im Politbüro war für mich eine Aufgabe, die das bisherige Maß an Verantwortung weit überstieg, denn hier stand die Politik in ihrer Gesamtheit zur Beratung. Auch als Kandidat des Politbüros blieb die Funktion des Vorsitzenden der FDJ meine vorrangige Aufgabe...«

Nicht erwähnt wird weder hier noch anderswo, daß Erich Honecker mit seiner Stimmabgabe 1953 und 1957 dazu beitrug, sechs der hier genannten »verdienten Funktionäre« als »Parteifeinde«, »Fraktionsmacher« und »Abweichler« aus dem Politbüro und dem Zentralkomitee auszuschließen. Erstaunlich ist immerhin, daß er die Männer, die stets als Kommunisten dachten und handelten, aber 1953 und 1957 die ihrer Meinung nach falsche Politik Walter Ulbrichts korrigieren wollten, überhaupt würdigt und nicht zu »Unpersonen« werden läßt. Einen allerdings nennt Honecker nicht: Rudolf Herrnstadt (1903–1966), einen jüdischen Intellektuellen, der als Mitglied des Geheimen Nachrichtendienstes der Roten Armee im Moskauer Exil die Zeitung des Nationalkomitees Freies Deutschland redigierte, später Chefredakteur des SED-Zentralorgans »Neues Deutschland« war und 1950 zusammen mit Honecker als Kandidat in das SED-Politbüro gewählt wurde. Herrnstadt war im Juni 1953 zusammen mit Wilhelm Zaisser, dem ersten Staatssicherheitsminister der DDR, der intellektuelle Kopf unter jenen Politbüromitgliedern, die offensichtlich im Einverständnis mit der Moskauer Führung Ulbricht absetzen wollten.

Wenn Erich Honecker mehr als dreißig Jahre nach diesen Machtkämpfen im Politbüro Herrnstadt im Gegensatz zu den anderen Kritikern des Ulbricht-Kurses nicht erwähnt, hängt das vermutlich damit zusammen, daß Herrnstadt dem Typ des Intellektuellen entsprach, der nicht der Arbeiterklasse entstammte; gegen diese Menschen empfand der FDJ-Vorsitzende immer eine ausgeprägte Abneigung. Solchen Genossen, besonders wenn sie ihre geistige Überlegenheit ihm gegenüber ausspielten, begegnete Honecker auch in der Führung der FDJ mit Mißtrauen und bemühte sich, sie auf Funktionen abzuschieben, in denen sie ihm nicht gefährlich werden konnten. So erging es auch Arne Rehan, dem Chefredakteur der populären Jugendzeitung »Start«. Die überparteilich aufgemachte Publikation wurde vor allem von Schülern und Studenten gelesen. In der Redaktion versammelte Arne Rehan begabte junge Intellektuelle um sich, die das langweilig gestaltete FDJ-Blatt »Junge Welt« bespöttelten. Mit Verdruß bemerkte Honecker, daß die Auflage des »Start« ständig weiter nach oben stieg, während »seine« FDJ-Zeitung in erhebliche Absatzschwierigkeiten geriet. Es dauerte nicht lange, bis der FDJ-Vorsitzende Arne Rehan und seiner Mannschaft mangelnde Linientreue vorwarf und das Blatt eingestellt wurde.

Auch im Sekretariat des FDJ-Zentralrates (dem »kleinen Politbüro«, wie es ironisch genannt wurde) mußte sich Erich Honecker in dieser Zeit mit aufmüpfigen Sekretären auseinandersetzen. Die Funktionäre wollten ihre Ressorts – Organisation, Arbeiterjugend, Landjugend, Westdeutsche Arbeit, Kultur und Erziehung, Studenten, Junge Pioniere u. a. – relativ selbständig leiten, zumal sie vor der Berufung in den Zentralrat in den Landesleitungen ein hohes Maß an eigener Verantwortung getragen hatten. Honecker dagegen versuchte, sie bürokratisch zu kontrollieren. Er selbst informierte seine wichtigsten Mitarbeiter nur unzureichend und demonstrierte einen autoritären Arbeitsstil. Heinz Lippmann, der als Sekretär im FDJ-Zentralrat jahrelang für die Arbeit in der Bundesrepublik verantwortlich war, schilderte diese Krise:»So war bei Erich Honecker zu Beginn der fünfziger Jahre eine autoritäre Entwicklung festzustellen, die sich verstärkte, als er zum Kandidaten des Politbüros gewählt worden war. Er duldete kaum noch Widerspruch, gab die Bemühungen um eine kollektive Führung auf und kehrte zum alten Stil des Dekretierens zurück. Wenn er dienstags aus den Politbürositzungen in das Sekretariat kam, referierte er ausschließlich nach den Notizen, die er sich auf der Politbürositzung gemacht hatte. Das Sekretariat konnte lediglich gemeinsam mit ihm überlegen, wie sich die eine oder andere Maßnahme oder These der Partei in eine jugendgemäße Sprache oder in der Jugend entsprechende Methode umsetzen ließe. Grundsatzdiskussionen oder Kritik gab es kaum mehr.« An anderer Stelle schreibt Lippmann:»Honecker tat nichts, um auftretende Gegensätze zu überbrücken. Das führte bald zu Unzufriedenheit und Arbeitsunlust. Honecker informierte die Sekretariatsmitglieder nur ungenügend über die Konzeption, insbesondere über Pläne der Parteiführung auf dem Sektor Jugendpolitik. Hinzu kamen persönliche Gegensätze. Honecker begriff diese Situation nicht und verschärfte sie noch durch eine gewisse Arroganz, die wahrscheinlich seiner Unsicherheit entsprang, mit einer neuen Führung arbeiten zu müssen. Einwände ließ Honecker nicht gelten. Er duldete keinen Widerspruch, und wenn seine Argumente nicht überzeugten, behauptete er schlicht, das sei mit der Partei so abgesprochen und müsse deshalb auch so verwirklicht werden. Immer wieder wurde deutlich, daß Honecker nur so lange zu einer politischen Auseinandersetzung bereit war, wie er hoffen konnte, ein ihm günstiges Ergebnis zu erreichen. Sobald er spürte, daß er sich nicht durchsetzten würde, brach er jede Diskussion ab und ging dazu über, seine Machtposition ins Feld zu führen. Die Unzufriedenheit wuchs...«

Im engsten Mitarbeiterkreis Honeckers bildete sich eine Fronde. Die jungen ehrgeizigen Ressortchefs des Jugendverbandes spürten, daß ihr Vorsitzender in ihnen nur noch Schräubchen einer Maschinerie sah, die allein ihm dienstbar zu sein hatte. Man erwog, von der Parteiführung der SED seine Absetzung zu fordern. Es gab heimliche Treffs des Sekretariats. Aber einer »hielt nicht dicht«, und Honecker erfuhr rechtzeitig von der geplanten Aktion. Seine Macht beruhte auf dem vertraulichen Kontakt zu Walter Ulbricht und auf seinen guten Beziehungen zum Parteivorsitzenden Wilhelm Pieck, der sich mehr und mehr auf das ihm behagende Amt des Staatspräsidenten zurückzog. Honecker ließ sich zunächst nichts anmerken, daß er den Plan seiner Kritiker bereits kannte. Im Gegenteil, er verhielt sich freundlicher gegen jedermann, führte häufiger Einzelgespräche und sorgte geschickt dafür, daß einer nach dem anderen mit neuen Funktionen außerhalb der FDJ beauftragt wurde. Das war für ihn ohnehin unproblematisch, weil der Staatsapparat und die aufzubauenden Streitkräfte ständig neue Führungskader benötigten. Heinz Keßler forderten die Sowjets für die Kasernierte Volkspolizei an; er baute nun die DDR-Luftwaffe auf. Gerhard Heidenreich wechselte in das Staatssicherheitsministerium, um dort aktiv in der neuen Spionageabteilung und später als Parteisekretär tätig zu werden. Horst Brasch versetzte Honecker mit Hilfe der Kaderabteilung der SED als Volksbildungsminister in die Landesregierung von Brandenburg. Peter Heilmann, einer der intellektuell fähigsten und kritischsten Köpfe unter seinen Mitarbeitern wurde vom Staatssicherheitsdienst verhaftet und für viele Jahre eingekerkert. Es war die Zeit des Spätstalinismus, der politischen Schauprozesse und Hinrichtungen in den osteuropäischen Staaten. Auch in der DDR genügte der geringfügigste Verdacht, »abweichlerische Gedanken«

zu hegen, »Trotzkist«, »Zionist« oder »Titoist« zu sein, um von einem Tribunal der Sowjets oder dem politischen Strafsenat der neuen DDR-Gerichtsbarkeit verurteilt zu werden. Honecker verhielt sich gegenüber seinen Genossen und Mitkämpfern nicht solidarisch, die in die Mühlen der Stalinschen Säuberungen gerieten und unter schwersten Haftbedingungen, physischem und psychischem Druck zu Aussagen erpreßt wurden. Als der westdeutsche KPD-Führer Kurt Müller, den Honecker als Genossen und Vorsitzenden des Kommunistischen Jugendverbandes vor 1933 sehr geschätzt hatte, vom Staatssicherheitsdienst verhaftet worden war, reagierte er zuerst erschrocken. Dann sagte er kalt: »Wenn die Partei so einen Schritt tut, wird sie schon wissen, warum!« Auch als Fritz Sperling, ebenfalls ein führender Genosse der KPD, in der DDR hinter Gitter kam, verhielt er sich völlig passiv. Er holte weder Informationen ein, noch erwog er eine Intervention, obwohl er beste Verbindungen zu Erich Mielke unterhielt, dem damaligen Staatssekretär im Ministerium für Staatssicherheit, der 1957 zum Chef dieser gefürchteten Behörde ernannt wurde. Honeckers alte Freunde beobachteten mit Erschrecken einen Zug von Gefühlskälte an ihm, verbunden mit der Unterwürfigkeit des Apparatfunktionärs, der sich nach oben duckt, um die eigene Karriere nicht zu gefährden.

Die veränderte Mentalität Erich Honeckers läßt sich wohl am ehesten mit einem zentralen Satz aus dem marxistischen Lehrgebäude erklären: »Das gesellschaftliche Sein bestimmt das Bewußtsein!« Schon seit 1945 hatte Honecker, wie alle führenden Funktionäre, die monatliche Lebensmittelsonderzuteilung der Sowjets, das umfangreiche »Pajok« empfangen. Wer zum Politbüro der herrschenden Staatspartei gehörte, der übernahm nicht nur ein erhöhtes Maß an Pflichten, sondern der genoß auch besondere Privilegien. Honecker erhielt jetzt eine große sowjetische Luxuslimousine, die übrigen FDJ-Sekretäre fuhren »nur« einen BMW. Das Politbüro teilte seinem jüngsten Mitglied auch einen Leibwächter zu, einen sportlich trainierten Genossen des Staatssicherheitswachregimentes »Felix Edmundowitsch Dscherschinski«, dem die Partei den Schutz des hohen Kaders anvertraute. Der FDJ-Vorsitzende war von seinem »Schatten« zunächst wenig begeistert. Er versuchte mehrmals, den jungen Stasimann »abzuwimmeln«, ihn mit FDJ-Aufträgen zu beschäftigen, doch das trug ihm eine Kritik aus dem Zentralkomitee ein. Allmählich gewöhnte er sich an den »Leibgardisten«. Im Gegensatz zu anderen Politbüromitgliedern behandelte er ihn kameradschaftlich. Wenn er auf Reisen war, aß er gewöhnlich mit ihm gemeinsam an einem Tisch. Honeckers privates Leben änderte sich seit 1950 ebenfalls. Die Tätigkeit im SED-Politbüro beanspruchte viel Zeit und Arbeitskraft. Von seiner Ehefrau Edith Baumann lebte er getrennt, sie lehnte, wie erwähnt, eine Scheidung vorerst ab. Manche Stunde der wenigen ihm verbleibenden Freizeit verbrachte er bei Margot Feist, die eine freundliche Wohnung am Bahnhof Lichtenberg bezogen hatte. Sie war inzwischen als politisch erfolgreiche Leiterin des Kinderverbandes der Jungen Pioniere innerhalb des FDJ-Zentralrates seine Stellvertreterin geworden, was zwar sein Verhältnis zu ihr unverfänglicher machte, aber das Geraune in Funktionärskreisen nicht zum Schweigen brachte, zumal damals in der FDJ infolge der engen Anlehnung an den eher prüden sowjetischen Jugendverband Komsomol gern vom Wert kommunistischer Moral und dem notwendigen ethischen Bewußtsein der jungen Genossen gesprochen wurde.

Aus der FDJ, deren Überparteilichkeit Honecker einst »wie einen Augapfel« gehütet wissen wollte, war inzwischen die »Kaderschmiede der SED« geworden. Im Mai 1950 fand in Berlin das erste Deutschlandtreffen statt, zu dem eine Million Jugendliche aus der DDR und der Bundesrepublik erwartet wurden. Honecker verfiel in der Vorbereitungszeit in einen wilden Aktionismus. Er verkündete, daß die FDJ mit jeweils Hunderttausenden »junger Friedenskämpfer« auf den fünf Ausfallstraßen Westberlins ins Zentrum der deutschen Hauptstadt einmarschieren sollte. Als man im Westen der Stadt, in der man sich noch allzu gut an Stalins fast einjährige Blockade erinnerte, einen kommunistischen Putsch befürchtete, verkündete Honecker am 1. März 1950 auf einer Funktionärskonferenz, daß die FDJ »notfalls demokratische Zustände in Westberlin herstellen« würde, was man in den Westsektoren nur als Drohung auffassen konnte.

Der DDR-Rundfunk sendete täglich das neue FDJ-Lied des von Honecker geschätzten Partei- und FDJ-Lyrikers Kurt Bartel (genannt Kuba), das Andre Asriel vertont hatte. In ihm wurde zum Grenzdurchbruch und zum »Sturm auf Berlin« aufgerufen: »Die köll'sche Krade und die Münch'ner Madel, die schwäb'sche Bursche schnür'n ihr Pack und zieh'n. Was kümmert uns die Grenze und der Grenzgendarm, das junge Deutschland geht heut' Arm in Arm, die Freie Deutsche Jugend stürmt Berlin...« Honecker schlug Warnungen von FDJ-Sekretären aus Westberlin, die auf die Befürchtungen der Bevölkerung über den Einmarschplan verwiesen, in den Wind. Er beruhigte seine Funktionäre und verwies auf die befreundete Sowjetarmee: »Keine Angst, wir stehen nicht allein! Jeder weiß doch, daß wir starke Freunde haben. Für einen solchen kilometerlangen Sternmarsch in fünf Säulen von Oranienburg, Velten, Falkensee, Nauen und Potsdam aus, muß jeder Angehörige unserer FDJ gut gerüstet sein. Es ist klar, daß wir alle Blauhemden tragen. Ohne Blauhemd kein Teilnehmerausweis für Berlin! Aber für den Sternmarsch gibt es noch eine Überraschung: Jedes Mitglied bekommt zu verbilligten Preisen ein Paar lederne Bundschuhe und einen festen Wanderstock...«

Die Behörden in Westberlin luden die FDJler ein, ihren Teil der Stadt in kleinen Gruppen zu besuchen. Die westlichen Besatzungsmächte waren entschlossen, einen Einmarsch der fünf Marschsäulen auf den Ausfallstraßen notfalls mit Panzern zu verhindern. Honeckers Prahlereien führten zum Eingreifen der Sowjets. Sie wiesen die SED und die FDJ-Führung an, von einem Marsch in den Westteil der Stadt unbedingt abzusehen. Selbst im SED-Politbüro erfuhr Honecker scharfe Kritik. Der Zentrale FDJ-Chor mußte eine neue Rundfunkaufnahme des Jugendliedes einüben, in dem es anstelle von »die Freie Deutsche Jugend stürmt Berlin« nun hieß »...grüßt Berlin«. Das Pfingsttreffen wurde ausschließlich in Ostberlin durchgeführt. Nach der Parade der Marschblöcke vor der DDR-Regierung Unter den Linden und kostenlosem Besuch von Volksfesten, Theater- und Kinovorstellungen strömten viele junge Menschen tatsächlich in kleinen Gruppen über die noch offene Grenze nach dem Westen. Honecker mußte Kontrollposten und Volkspolizei einsetzen, um die Mehrzahl der Jugendlichen aus der DDR daran zu hindern, sich mittels S-Bahn und U-Bahn ein eigenes Urteil über den kapitalistischen Westen zu bilden.

In seiner Ansprache während der Kundgebung im Stadtzentrum behauptete Erich Honecker, daß sich die Amerikaner und Engländer in Westdeutschland als »Brandstifter eines neuen Krieges gegen die Sowjetunion« betätigten. Er schürte Haß gegen »die Imperialisten und ihre deutschen Handlanger, die Adenauer und Schumacher« und verstieg sich in einem Telegramm an Stalin, dem die Jugendlichen zustimmen mußten, zu der Versicherung, daß »mehr als fünfhunderttausend junge Friedenskämpfer Deutschlands das verbrecherische Treiben der anglo-amerikanischen Kriegshetzer zunichte machen« würden. Ein Antworttelegramm des Kremldiktators löste bei Honecker eine euphorische Begeisterung aus. Bilder Stalins, Texte seiner Werke, Losungen der KPdSU wurden nun nahezu täglich in der Jugendpresse veröffentlicht. In Riesenlettern ließ Honecker Transparente anfertigen und in allen Dörfern, Städten und Gemeinden anbringen, die das angebliche Interesse Stalins an Deutschland, seiner Jugend und der wiederherzustellenden Einheit bekunden sollten. Stalins Antwort auf Honeckers Grußadresse lautete: »Ich wünsche der deutschen Jugend, dem aktiven Erbauer des einheitlichen, demokratischen und friedliebenden Deutschlands, neue Erfolge bei diesem großen Werk...«

Erich Honecker fand immer weniger Zeit für die Arbeit im Zentralrat der FDJ. Mehrmals in der Woche traf ein Kurier des SED-Politbüros bei ihm ein und überbrachte in einer verschlossenen Tasche Dokumente, Sekretariatsvorlagen und Beschlußentwürfe, die Gegenstand der bevorstehenden Politbürositzung sein sollten. Honecker mußte dieses streng geheime Aktenmaterial persönlich quittieren. Das Studium der Unterlagen erforderte viel Zeit, dazu kamen die jeweils dienstags stattfindenden Sitzungen des obersten Parteigremiums, die häufig länger als einen halben Tag beanspruchten. Überdies erteilte Generalsekretär Ulbricht während der Konferenz jedem Teilnehmer bestimmte Aufträge. Auch dadurch wurde Honeckers Arbeitskraft in Anspruch genommen, denn als der jüngste Genosse des Leitungsapparates erhielt er in der Regel komplizierte und zeitraubende Projekte übertragen.

Honecker erweiterte sein FDJ-Büro. Neben Schreibkräften beschäftigte er den persönlichen Referenten Heinz Kimmel und einen Redenschreiber, Heinz Schönecker, der zwar früher Hitlerjugendführer gewesen war, sich aber als unentbehrlicher und loyaler Mitarbeiter erwies. Honeckers häufige Abwesenheit im Zentralrat verärgerte seine Mitarbeiter. Selbst enge Vertraute warfen ihm ein auffallendes Karrierebewußtsein vor. »Erich ist eigentlich nur noch zur Hälfte bei uns«, spöttelten die höheren FDJ-Funktionäre. »Er scheint den Jugendverband lediglich als Sprungbrett für seinen Aufstieg in der Partei zu betrachten...«

Seit 1950 wurden die Bindungen Honeckers an Walter Ulbricht, den Generalsekretär des Zentralkomitees der SED, noch enger. Honecker äußerte bei den Debatten im Politbüro außer auf dem Gebiet der Jugendpolitik kaum eine eigene Meinung; bei den Abstimmungen konnte sich Ulbricht auf seinen jungen Mann verlassen, der ihm völlig ergeben war. Zweifellos war das Vertrauen zueinander wechselseitig. Honecker erkannte in Ulbricht die politische Autorität des um zwanzig Jahre älteren erfahrenen Genossen, der zudem von Stalin und den sowjetischen Führern als Verantwortlicher für die Deutschlandpolitik des Kreml anerkannt war. Ulbricht andererseits förderte seinen Jugendverbandsfunktionär nach Kräften und deckte ihn mit seiner Autorität, wenn er gelegentlich ins Kreuzfeuer der Kritik anderer Politbüromitglieder geriet. Im Herbst 1950 begann Erich Honecker die dritten Weltfestspiele der Jugend vorzubereiten, deren Ausrichtung der Weltjugendbund für das nächste Jahr an die FDJ vergeben hatte. Die DDR mußte dafür viele Millionen Mark aufwenden, was die SED-Führung jedoch wegen der mit den Spielen verbundenen internationalen Aufwertung bereitwillig in Kauf nahm. Beflügelt von Stalins Telegramm nach dem Deutschlandtreffen, überbot sich Honecker in Treuekundgebungen und

Manifestationen der Unterwerfung, die nicht nur in bürgerlichen Kreisen als peinlich empfunden wurden, sondern auch bei FDJ-Mitgliedern auf Ablehnung stießen.

So gab er am 27. Oktober 1950 vor dem FDJ-Zentralrat die Weisung: »Es ist jetzt an der Zeit, sich eindeutig zu den bolschewistischen Prinzipien zu bekennen.« Einen Monat später erläuterte SED-Generalsekretär Ulbricht auf einer Gesamtdeutschen Funktionärskonferenz der FDJ, die kommunistische Aufgabenstellung für die Jugendorganisationen: »Die FDJ kann ihre Aufgabe nur erfüllen, wenn sie die führende Rolle der SED anerkennt, der einzigen Partei, die sich von der wissenschaftlichen Lehre Marx', Engels, Lenins und Stalins leiten läßt, der Partei, die bewiesen hat, daß sie die höchste Organisation unter allen Organisationen darstellt...«

Im Schulungssystem, in das Honecker seit 1950 das Abzeichen »Für Gutes Wissen« eingeführt hatte, nahmen Leben und Werk Stalins einen umfangreichen Platz ein, wie überhaupt die Kenntnis der sowjetischen Politik, Kunst und Literatur bei den Prüfungen erstrangige Bedeutung zukam.

Während seit dem Juni 1950 in Korea der Angriffskrieg des schon damals von Kim Il Sung geführten kommunistischen Nordkorea die Welt beunruhigte, kritisierte Erich Honecker die ungenügende politische Aufklärung und Schulung der Funktionäre. In der DDR, so meinte er, unterschätze man die Möglichkeiten und Gefahren eines neuen Krieges. Im übrigen müsse man die »Entlarvung der deutschen Fronvögte der amerikanischen und anglofranzösischen Imperialisten bei ihrer Kolonisierungs- und Kriegspolitik im Westen Deutschlands« verstärken.

Vor den Weltjugendspielen hatte Honecker in der FDJ das »Stalin-Aufgebot« durchführen lassen. Wieder schwelgte er in bombastischen Zahlenangaben, denen zufolge vierhunderttausend Jungen und Mädchen neu in den Jugendverband eingetreten seien. Einhundertzweiundzwanzigtausend Agitationsgruppen der FDJ hätten insgesamt achthundertsechzigtausend Einsätze zur Aufklärung des Volkes über die »Machenschaften der Kriegstreiber in Westdeutschland« durchgeführt und den Kampf gegen sie organisiert.

Auffallend waren damals die unwirklichen, fast hysterisch klingenden Kassandrarufe vor einer angeblichen Kriegsgefahr im geteilten Deutschland. Im Juni 1951, zu Beginn des »Stalin-Aufgebots«, verlautbarte Honeckers FDJ-Zentralrat: »Der Frieden ist aufs ernsteste bedroht. Mit fieberhafter Eile bereiten die amerikanischen Imperialisten und ihre deutschen Verbündeten einen neuen Weltkrieg vor, der auf deutschem Boden, mit deutschen Söldnern, mit dem Tod deutscher Frauen und Kinder, mit neuen Trümmern unserer wiederaufgebauten Häuser, Schulen, Kultur- und Sportstätten beginnen soll. Deshalb gilt es, wie Stalin uns lehrt, ›den Frieden bis zum Äußersten zu verteidigen‹...«

So dienten auch die Weltfestspiele in Ostberlin im Sommer 1951 den militanten Ambitionen des FDJ-Vorsitzenden. Unmittelbar vor der Eröffnung der Veranstaltung wurde in der Stalin-Allee das erste Denkmal des Kremldiktators in Deutschland eingeweiht, FDJ-Mitglieder hielten von nun an vor dem Stalin-Monument Ehrenwache.

Mehr als eine Million junger Menschen aus der DDR wurden dann zu den Festspielen nach Ostberlin transportiert und marschierten an der Regierung und den Vertretern der sowjetischen Kontrollkommission vorüber.

Am 12. August 1951 verlieh Erich Honecker riesengroße Banner mit dem Bildnis des Sowjetdiktators an die besten FDJ-Einheiten. Im »Treuegelöbnis an den Führer des Weltfriedenlagers«, das angeblich vier Millionen Mädchen und Jungen unterschrieben hatten und das Honecker selbst als Schwurformel den Hunderttausenden vorsprach, hieß in einer Diktion, die heute auch Kommunisten erröten lassen dürfte: »Wir versprechen Ihnen, teurer Josef Wissarionnowitsch Stalin, daß wir unter Führung der Sozialistischen Einheitspartei Deutschlands, der Vorhut des deutschen Volkes, unter Führung unseres geliebten Präsidenten Wilhelm Pieck, bereit sind, den Frieden bis zum Äußersten zu verteidigen... Besonders ehrt die deutsche Jugend das große Vertrauen Stalins. Der große Bannerträger des Friedens, J. W. Stalin, weist allen friedliebenden Menschen der Welt den Weg in eine glückliche Zukunft... Wir müssen ständig von der großen Sowjetunion, von Stalin lernen. Denn von Stalin lernen, heißt siegen lernen...«

Noch während der Weltfestspiele geriet Honecker in die Schußlinie seiner Genossen im Politbüro der SED. Zehntausende von jungen Menschen aus der DDR besuchten während des tagelangen Aufenthaltes in Ostberlin die andere Hälfte der Stadt. Die Kontrollen an den noch offenen Sektorengrenzen waren wenig erfolgreich, und die Jugendlichen aus Sachsen, Thüringen, Mecklenburg und Brandenburg wurden, wenn sie einzeln und in kleinsten Gruppen kamen, überwiegend freundlich bewirtet oder sogar beschenkt. Die Fülle des Warenangebotes wirkte frappierend auf die jungen Leute, die aus der Propaganda nur Negatives über die Zustände im Westen erfahren hatten. Aber auch sonst gab es genügend Gründe zur Kritik am Vorsitzenden der FDJ. Die Lebensmittelversorgung der Gäste war nicht immer gewährleistet, es kam zu Chaos und Disziplinlosigkeiten. Gelegentlich erlebte die gastgebende Berliner Bevölkerung auf Dachböden und in Parks ein ausuferndes Liebesleben der häufig sich selbst überlassenen Jugendlichen. Offensichtlich sei – so warfen Hans Jendretzky, der Berliner SED-Chef, Kaderleiter Franz Dahlem und Fred Oelßner – dem Politbürokandidaten Honecker vor, der Jugendverband keineswegs zuverlässig und seine Funktionäre nicht annähernd so pflichtbewußt, wie Honecker das immer dargestellt habe. Hinter solchen Angriffen steckte natürlich auch eine Kritik an Walter Ulbricht, den Mentor Honeckers.

Eine Aktion, die der FDJ-Vorsitzende am 15. August 1951 kurzfristig befahl, sollte vermutlich den Kritikern in der Partei den Wind aus den Segeln nehmen und der FDJ wieder zur Anerkennung verhelfen. Seinen Mitarbeitern im Zentralrat verkündete er: »Der Reuter-Magistrat hat uns eingeladen. Wir werden kommen, aber nicht, wie er sich das vorstellt, einzeln oder in Gruppen, sondern in geschlossenen Formationen; mit unseren blauen Hemden und unseren Fahnen werden wir in die Westsektoren marschieren. Dann werden wir sehen, was sie unternehmen...« Es war eine leichtfertige Fehlspekulation mit dem Idealismus und der Ahnungslosigkeit der Jugendlichen aus der Provinz, die nichts wußten von der politisch gespannten Situation in der geteilten Stadt. Honecker, der immer mehr auf die Praktiken des Kommunistischen Jugendverbandes aus der Zeit seiner Jugend zurückgriff, ordnete an, daß mehrere Zehntausender-Marschblöcke die Grenzen nach Berlin-West überschreiten sollten. Am Treptower Park behielt er selbst den Oberbefehl in der Hand.

Robert Bialek, der die sächsischen Jugendlichen leitete, erinnerte sich: »Nach stundenlangem Marsch sammelten wir uns am Treptower Park. Erich Honecker kam angesaust, rief nach mir und sagte: ›Robert, du übernimmst ab sofort die zehntausend Mann und gehst an der Spitze des Zuges. Es wird wahrscheinlich zu ernsten Zusammenstößen kommen. Einige Züge sind schon einmarschiert, und ihr folgt gleich. Nehmt die Mädel in die Mitte und schützt sie. Ich vertraue darauf, daß du alle Leute wieder zurückbringst.‹ Ehe ich noch etwas erwidern konnte, war Honecker wieder verschwunden. Ich beschloß, den Demonstrationszug langsam weiterzuführen... Da kamen uns auf einmal Jungen und Mädel in zerrissenen FDJ-Blusen entgegengerannt. Ein mir bekannter Jugendlicher schrie: ›Robert, geh ja nicht dorthin, die schlagen euch alle kaputt...‹« Während der Zug an der Grenze aufgehalten wurde, kam Honecker zurück und stoppte den weiteren Marsch der FDJ. Auf die Kritik des FDJ-Landesvorsitzenden Bialek entgegnete Honecker zynisch: »Vergiß nicht den politischen Propagandawert dieser Aktion vor der Jugend der Welt, die in Berlin ist. Im übrigen, Robert, haben wir festgestellt, daß wir mit Hunderttausenden von FDJlern in der Lage wären, Westberlin innerhalb von zwei Stunden zu besetzen, wenn wir das gut organisieren und wenn wir das wollen. Das ist auch schon etwas wert...«

Robert Bialek, den die SED nach Auseinandersetzungen mit hohen Funktionären aus der Partei ausstieß, floh 1953 nach Westberlin und wurde Sozialdemokrat. 1956 von Agenten des Staatssicherheitsministeriums der DDR gewaltsam entführt, starb er an den Folgen der unmenschlichen Vernehmungs- und Haftbedingungen.

Noch nach dreißig Jahren gibt Honecker in seiner Autobiographie eine Darstellung der damals von ihm befohlenen Aktion, die deutlich macht, daß ihm die selbstkritische Einschätzung politischer Fehler schwerfällt. Er schreibt: »Als am 15. August mehr als hunderttausend junge Friedenskämpfer in Westberlin demonstrierten, mußten sie mit dem politischen System des Kapitalismus bittere Erfahrungen machen. Bei brutalen Polizeiüberfällen wurden neunhundertsechsundsiebzig Jugendliche verletzt. Auch das gehört zum Bild jener Tage…« Da Honecker noch ein Jahr zuvor den Einmarsch von fünfhunderttausend FDJ-Mitgliedern in Westberlin angekündigt hatte, um »demokratische Zustände« zu schaffen, war es nicht verwunderlich, daß die Westberliner Behörden die beabsichtigte Provokation in den Jahren des Kalten Krieges nicht tatenlos hinnahmen. 1951, nach erlittener Schlappe, stilisierte Honecker die von ihm irregeführten jungen Menschen zu Märtyrern um, indem er ihnen zurief: »Die Liebe des deutschen Volkes und seiner Jugend zu diesen tapferen jungen Friedenskämpfern ist untrennbar verbunden mit dem glühenden Haß gegen jene entmenschten Horden, die mit Knüppeln, Schlagwaffen und Überfallwagen wie Amokläufer unter den friedliebenden Mädchen und Jungen wüteten, die mit fröhlichen Liedern und Freundschaftsrufen nach Westberlin kamen…«

In den Jahren von 1950 bis 1953 war die Freie Deutsche Jugend zur Kaderschmiede der Einheitspartei geworden, in der es kaum noch ein echtes Jugendleben gab. Karteikarten, Aktenordner, Berge von nicht verkauften Zeitungen, Zeitschriften und Broschüren, Schulungsmaterialien, die den Makulaturwert von Altpapier besaßen, lagerten in den Landes- und Kreisleitungen. Die Clubräume, in denen eigentlich Heimatabende stattfinden sollten, hatte man meist zu unfreundlichen und darum wenig benutzten Schulungssälen umfunktioniert. Die Jugend Mitteldeutschlands wanderte nicht mehr, sie marschierte, sie sang kaum noch die alten oder neuen Lieder, sondern skandierte in Sprechchören Losungen und Polit-Floskeln, die ihr Parteiagitatoren vorbeteten. Unter den Porträts von Stalin, Thälmann und Wilhelm Pieck hörten die Mädchen und Jungen in ihren blauen Blusen Vorträge zum Schulungsjahr über die imperialistische Ausbeutung der unterdrückten Volksmassen im Westen und die Erfolge des Aufbauwerkes in der jungen täglich mehr erblühenden Deutschen Demokratischen Republik. Die Sekretäre in Betriebsgruppen, in den Schulen, in Kreis- und Landesleitungen saßen über den Berichtsbögen, die Erich Honeckers Zentralrat in Berlin jede Woche anforderte. Während ein Produktionsmitarbeiter laut amtlicher Statistik 1953 monatlich nicht einmal dreihundertfünfzig Mark verdiente, erhielten hauptamtliche Sekretäre der FDJ-Kreisleitungen bereits etwa eintausend Mark. Der Funktionärsapparat war unnatürlich aufgebläht. Sitzungen, in denen Protokolle oder Sekretariatsvorlagen »erstellt«, Berichte von der Basis diskutiert, bearbeitet und geschönt wurden, nahmen die Hauptzeit dieser beamteten Jugendbürokraten in Anspruch.

Erich Honecker war noch einmal mit dem stattlichen Apparat seines Zentralrates umgezogen. Von der relativ schlichten Behausung in der Kronenstraße fuhren Lastkraftwagen Karthoteken und Archive in das neue Prachthaus zur Straße Unter den Linden hinüber. Auf sechs Etagen konnten die Hunderte von Mitarbeitern ihre großen mit prächtigen Möbeln eingerichteten Arbeitsräume beziehen. Honeckers Dienstraum hatte gewaltige Ausmaße. Über seinem ausladenden Schreibtisch hing ein meterhohes Porträt des Staatspräsidenten Wilhelm Pieck, eine Stalinbüste schmückte die »Rote Ecke«, zahlreiche Andenken an seine Besuche in Moskau zierten Schränke und Regale. In zwei Vorzimmern saßen der persönliche Referent und die Sekretärinnen. Jeder Sekretär des Zentralrates verfügte über repräsentative Zimmer und Vorzimmer, auch die Abteilungs- und Sektorenleiter brauchten nicht zurückstehen. Im Hof war der umfangreiche Wagenpark der FDJ-Führung untergebracht. Ein Dutzend BMW-Autos neuester Produktion standen fahrbereit. Eine schwarze Luxuslimousine aus dem Moskauer »Stalin-Autowerk« war für Honecker reserviert. Die untere Etage des neuen Hauses gehörte der verbandseigenen Firma »Spowa« (Sportwaren), hier wurden blaue Hemden, Blusen und Hosen, Bundschuhe, Fahnen, Pappbilder der Arbeiterführer und – wenn vorhanden – auch Sportbekleidung, Turnschuhe, Hand- und Fußbälle sowie anderes Sportgerät gegen FDJ-Mitgliedsausweise zu Sonderpreisen verkauft. Rigorose Ausweiskontrollen waren für die Besucher obligatorisch. Denn der Klassenfeind lauerte überall, Wachsamkeit gegen Agenten, Spione und Saboteure hieß die neue Parole beim forcierten Aufbau des Sozialismus. Es dauerte nicht lange, da wurden die Gäste des Hauses von bewaffneten FDJ-Posten gründlich visitiert, bevor sie die Jugendfunktionäre besuchen durften.

Während sich die führenden Funktionäre der Staatsjugend in repräsentativen Räumen etablierten, war die Anziehungskraft der Organisation auf die Jugendlichen in der DDR immer geringer geworden. Unter den sechshunderttausend Bürgern, die von 1948 bis 1951 aus der DDR in den Westen flohen, befanden sich auch zahlreiche junge Menschen, die das Vertrauen in die Zukunftshoffnungen, wie Honecker sie ihnen jahrelang suggerierte, längst verloren hatten. Viele weiterhin in der DDR lebenden Jugendliche kümmerten sich nicht um die FDJ, andere traten wieder aus oder ließen sich ausschließen. Immer mehr Jungen und Mädchen fanden den Weg in die Kirchen zurück. In Gemeindehäusern und christlichen Jugendgruppen suchten sie Geborgenheit, aber auch Harmonie eines fröhlichen Jugendlebens fern der Klassenkampfagitation, die in der FDJ mehr und mehr auf der Tagesordnung stand.

Für Erich Honecker waren die Flüchtlinge Feinde und Verräter, über die die FDJ und andere fortschrittliche Kräfte keine Tränen zu verlieren brauchten. Er hatte ganz andere Sorgen. In Vorbereitung des IV. FDJ-Parlamentes, das im Mai 1952 stattfinden sollte, forderte er die Jugend auf, »freiwillig den Ehrendienst bei den bewaffneten Kräften« zu leisten.

Honecker sprach mehr und mehr mit zwei Zungen. In der Bundesrepublik, wo die FDJ inzwischen verboten war, warb er immer noch um Verbündete im Kampf gegen die »Remilitarisierung«, während er zur gleichen Zeit, im Mai 1952, auf dem IV. Parlament des Jugendverbandes die totale Militarisierung der FDJ verkündete.

Um die »Verteidigung der Heimat vorzubereiten« sollte die FDJ die »Einführung des Schießsports, des Segel- und Motorflugzeugsportes und Fallschirmsports« organisieren. Der FDJ-Führer verlor jetzt jeglichen Sinn für jene Nuancen, die er fünf Jahre zuvor beim

Aufbau der FDJ noch beachtet hatte. Er pries die Arbeit des Ministeriums für Staatssicherheit, das unter der Bevölkerung Furcht und Schrecken verbreitete, und forderte die Jugend auf, durch Spitzeltätigkeit und Denunziantentum dessen Terrorapparat zu unterstützen: Es »erwächst für die Jugend die ehrenvolle Aufgabe, die Wachsamkeit bedeutend zu erhöhen und so zur Vernichtung von Ami-Agenten und Saboteuren Adenauers entscheidend beizutragen. Wir erneuern unseren Appell an die Jugend, die Agenten der amerikanischen Imperialisten aufzuspüren und die Störer zu liquidieren.«

Den Höhepunkt von Honeckers Rede zum Pfingsttreffen in Leipzig im Mai 1952 bildete eine noch nie zuvor erlebte Einmischung in das politische Leben des anderen deutschen Staates: »Wir rufen von der Tribüne dieses Parlamentes die deutsche Jugend auf, sich unter dem Banner des nationalen Widerstandes zu vereinen mit dem Ziel, durch den Sturz der Adenauer-Regierung den Generalkriegsvertrag in einen Fetzen Papier zu verwandeln...« Für die Abschlußparade vor der Partei- und Staatsführung hatte sich Erich Honecker eine besondere Überraschung einfallen lassen. Jedes Mädchen und jeder Junge erhielt eine neue Uniformjacke, die allerdings später bezahlt werden mußte. Sie war in der Tarnfarbe olivgrün und im militärischen Schnitt eines Kampfanzuges gefertigt.

Mehrere tausend Jugendliche trugen an diesem Pfingstfest erstmals in der Geschichte der DDR ein Gewehr. Schon im Tagungssaal des Parlamentes waren uniformierte Angehörige der »Nationalen Streitkräfte« einmarschiert. Ihr Kommandeur, der spätere Verteidigungsminister Heinz Hoffmann, überreichte Erich Honecker symbolisch ein Gewehr – der Jugendführer hatte zukünftig die Kader für die bewaffneten Organe zu stellen. Gemeinsam stimmten Waffenträger und Blauuniformierte ein keineswegs pfingstliches Lied an: »Greift zum Gewehr, Kameraden...«

In die Nähe der in der DDR zu bekämpfenden Feinde rückten erstmals auch jene jungen Christen, die sich im kirchlichen Raum als »Junge Gemeinde« zusammenfanden. Honecker und Ulbricht, der namens der SED auf dem IV. Parlament sprach, kritisierten deren »feindliche Tätigkeit« besonders an den Schulen. Beide forderten, die Junge Gemeinde als »Verbindungsstellen westlicher Agenten zu liquidieren...« Im Sommer des gleichen Jahres ließ Honecker dann in der »Jungen Welt«, dem Zentralorgan der FDJ, eine Hetzkampagne gegen die kirchliche Konkurrenz eröffnen, die auf die Kriminalisierung der Jungen Gemeinde abzielte. Zu den zeitweilig jeden Tag veröffentlichten Horrormeldungen gehörten Berichte über angebliche sexuelle Ausschreitungen, Homosexualität und Eigentumsdelikte. Parallel dazu wurden in den Betrieben Unterschriften gegen die Junge Gemeinde gesammelt, bei denen nicht selten Eltern gegen ihre Kinder votieren sollten.

Erich Honecker feierte im Sommer 1952 seinen vierzigsten Geburtstag. Zu seinen privaten Gästen bei der abendlichen Feier, an der einige Freunde aus dem FDJ-Zentralrat teilnahmen, gehörte zu seiner erkennbaren Freude auch Walter Ulbricht.

Als seine jüngeren Gäste, von der Gefühlskälte des ansonsten geachteten Generalsekretärs betroffen, allmählich die Lust und Laune am Feiern verloren, forderte der spitzbärtige Generalsekretär die Anwesenden jovial zum Tanzen auf. Er regte Pfänderspiele an und nahm zur großen Verwunderung der Feiernden zu später Stunde die eine oder andere junge Frau in die Arme und verteilte »Pfänderküsse«.

Sechs Wochen vor Honeckers Geburtstag hatte die SED eine ihrer wichtigsten Tagungen abgehalten. Auf der zweiten Parteikonferenz im Juli 1952 war von Walter Ulbricht der »planmäßige Aufbau des Sozialismus« proklamiert worden. Weder er noch die anderen führenden Genossen erkannten, daß die Mehrheit der Arbeiter, Handwerker, Bauern, Angestellten und große Teile der Jugend den im Parteijargon verkündeten Zielen mehr oder weniger gleichgültig gegenüberstanden.

Im Verlauf des Spätsommers kam es im Politbüro erneut zu heftigen Angriffen auf den FDJ-Führer, die sich bis zur Androhung eines Parteiverfahrens bei der »Zentralen-Partei-Kontroll-Kommission« steigerten. Anlaß war der Ausbau der Jugendhochschule am Bogensee in der Mark Brandenburg, der nach Walter Ulbrichts Willen im monumentalen Stil der stalinistischen Architektur erfolgen sollte. Honecker, der ursprünglich für einen wesentlich bescheideneren Umbau plädiert hatte, beugte sich Ulbrichts Wünschen. Als jedoch die genehmigte Millionensumme für die Bauten um das Dreifache überzogen wurde, kritisierten die Politbüromitglieder Jendretzky, Zaisser, Oelßner und Herrnstadt die Verschwendungssucht des Jugendverbandes und seiner Spitzengenossen. Man rügte die mangelnde Wachsamkeit, fehlende Sachkenntnis und vor allem die Vergeudung von Arbeitergroschen. Der gewandte Taktiker Ulbricht erkannte die Berechtigung der Vorwürfe. Diesmal stimmte er, der den prunkvollen Bau initiiert hatte, gegen Honecker – allerdings nur zum Schein, wie der FDJ-Vorsitzende seinen Sekretären lächelnd versicherte. Gefährlicher für Honecker war der Parteibeschluß, die Verantwortung für den Aufbau neuer Organisationen der FDJ zu übertragen. So sollte für die vormilitärische Erziehung der Jugend die »Gesellschaft Sport und Technik« gegründet und ein »Staatliches Komitee für Körperkultur« sich der Sport- und Turnbewegung annehmen. Der FDJ fehlte es jedoch an geeigneten jungen Leuten für den Aufbau der neuen Organisationen.

Daß Erich Honecker trotz seiner langen Erfahrungen in der Jugendarbeit komplizierten organisatorischen Problemen nicht gewachsen war, erwies sich, als er im Herbst 1952, wiederum einer Weisung Ulbrichts folgend, eine Art von Arbeitsdienst ins Leben rief. »Dienst für Deutschland« hieß der neue Verband, der in nur vier Wochen mit zehntausend Mitgliedern entstand, die beim Bau von Anlagen für die Kasernierten Streitkräfte in Mecklenburg eingesetzt wurden. Diesmal kam es zur Katastrophe. Während Ulbricht und Honecker ihren Jahresurlaub nahmen, brachen in den provisorischen Lagern der Organisation Seuchen und Geschlechtskrankheiten aus. Das Politbüro der SED erreichten entsprechende Horrornachrichten. Wilhelm Pieck, Hermann Matern, Hans Jendretzky und Elli Schmidt fuhren zur Inspektion. Sie kamen mit deprimierenden Informationen nach Berlin zurück: »Die Mädel- und Jungenlager entstanden in unwegsamem Gelände im Raum Pasewalk in unmittelbarer Nachbarschaft mehrerer Kasernen und Lager der Kasernierten Volkspolizei, für die die Arbeitsdiensteinheiten Straßen und Anlagen bauen sollten. Honecker hatte keine klaren Anweisungen zurückgelassen.« Heinz Lippmann, der als Honeckers Vertreter zusammen mit Generälen der Militäreinheiten an der Auswertung der Inspektionsfahrt im Politbüro teilnahm, berichtet weiter:»Es ergab sich, daß Ulbricht das Politbüro nicht einmal über die grundlegenden Beschlüsse unterrichtet hatte und die Existenz der Mädellager unbekannt war. Der zusammenfassende Bericht war niederschmetternd. Moralischer Verfall, Geschlechtskrankheiten, sanitäre Mißstände, Disziplinlosigkeit und Versorgungsschwierigkeiten. Jeder wußte, daß Ulbricht und Honecker für diese Zustände verantwortlich waren.« Wilhelm Zaisser, Hans Jendretzky, Elli Schmidt und Heinrich Rau kritisierten die Schuldigen aufs schärfste, aber das von Hans Jendretzky beantragte Parteiverfahren gegen den FDJ-Führer vor der Parteikontrollkommission, dem alle Politbüromitglieder bis auf Wilhelm Pieck zugestimmt hatten, wurde von Walter Ulbricht nach seiner Rückkehr aus dem Urlaub niedergeschlagen. Noch einmal waren Erich Honecker und sein Protektor um den offenen Ausbruch einer Führungskrise im Politbüro herumgekommen. Doch das neue Jahr 1953 setzte Signale und führte zu historisch bedeutsamen Entwicklungen.

Die ökonomischen und politischen Verhältnisse in der DDR waren aufs äußerste angespannt. Der Volkswirtschaft fehlten Milliarden, die im Verlauf der letzten Jahre auf sowjetischen Befehl in die forcierte Rüstung und beim Aufbau der kasernierten Streitkräfte investiert werden mußten. Neben den Reparationslieferungen verschlangen gewaltige Projekte wie der Auf- und Ausbau der Schwerindustrie, das Entstehen neuer Industriezweige, der Beginn der Kollektivierung in der Landwirtschaft weitere Milliardensummen. Der aufgeblähte Behördenapparat der zentral gesteuerten Planwirtschaft, die Unterstützung der westdeutschen KPD und FDJ, die zahlreichen Komitees zur Werbung von »Verbündeten« in der Bundesrepublik und nicht zuletzt der Parteiapparat der SED und ihrer Trabantenorganisationen kostete viel Geld. Die SED hielt ihre Herrschaft vor allem durch starken politischen und geheimpolizeilichen Druck aufrecht. Der Spitzelapparat des Ministeriums für

Staatssicherheit überwachte Millionen von Bürgern. Die von Generalsekretär Ulbricht propagierte »Verschärfung des Klassenkampfes« führte dazu, daß ganze Schichten der Bevölkerung unter wirtschaftlichen und politischen Repressionen litten. Ulbricht glaubte, sich und seine SED-Funktionäre von Feinden, Saboteuren, westlichen Agenten, Verrätern und Spionen umgeben. Selbst in der Regierung »entlarvte« man gefährliche Gegner. Als Handel und Versorgung zusammenzubrechen drohten, wurde der Minister für dieses Ressort, der liberaldemokratische Parteivorsitzende Karl Hamann samt seinem Staatssekretär zu einer Zuchthausstrafe verurteilt. Wenig später wurde der Außenminister der DDR, Georg Dertinger, verhaftet. Ihn verdächtigte man des Verrates und der Spionage zugunsten westlicher Geheimdienste. Dem Vorwurf, während der Emigration amerikanische Agenten gewesen zu sein, fielen die beiden kommunistischen Chefredakteure des Ostberliner Rundfunks und des Deutschlandsenders Bruno Goldhammer und Leo Bauer zum Opfer. Nachdem sie im Zuchthaus gelandet waren, floh der Chef der Präsidialkanzlei des Staatspräsidenten Pieck, der Altkommunist Dr. Leo Zuckermann, in den Westen. Auch der Präsident der Jüdischen Gemeinde Julius Meyer verließ das Land. Mit ihm traten die einstigen Opfer Hitlers, die Vorsteher der Jüdischen Gemeinden in Leipzig, Dresden und Erfurt, Helmut Lohser, Leo Löwenkopf und Günter Singer die Flucht in den Westen an.

Analog zu ähnlichen Erscheinungen in allen stalinistisch regierten Staaten Mittel- und Osteuropas erfolgten auch in der SED seit 1952 »Säuberungen«. Aus der SED-Führung wurde der langjährige Kaderchef Franz Dahlem verstoßen. Das Zentralkomitee ächtete ihn und andere Altkommunisten. Kritisiert wurde, »daß einzelne leitende Funktionäre, ganze Parteileitungen und Parteiorganisationen die Verschärfung des Klassenkampfes nicht erkennen...« Von »imperialistischen Verschwörungen« wurde gesprochen, die danach trachteten, »die kommunistischen Parteien durch das Einschleusen von bürgerlichen Elementen und allem erdenkbaren Gesindel, wie Trotzkisten, Zionisten, Freimaurern und Verrätern und moralisch verkommenen Subjekten, zu zersetzen...«

Deutsch-deutsche Begegnungen

Oben: Die beiden Fraktionsvorsitzenden von SPD und FDP, Herbert Wehner und Wolfgang Mischnik, am 31. Mai 1973 zu Besuch. *Unten:* Bundeskanzler Helmut Schmidt am 11. Dezember 1981 im Gästehaus der DDR-Regierung am Döllnsee.

Oben: Erich Honecker empfängt eine Delegation der Grünen. V. l. n. r.: Anke Vollmar, Gustine Johannsen, Lukas Beckmann, Erich Honecker (mit dem Gastgeschenk, einem Foto der sowjetischen Plastik »Schwerter zu Pflugscharen« vor dem Gelände der Vereinten Nationen in New York), Dirk Schneider, Otto Schily und Petra Kelly (31. Oktober 1983).

Links: Nach einem politischen Meinungsaustausch mit dem bayerischen Ministerpräsidenten Franz Josef Strauß im früheren Hohenzollern-Jagdschloß Hubertusstock (24. Juli 1983).

Oben: Oskar Lafontaine, damals noch Oberbürgermeister von Saarbrücken, auf der Leipziger Messe (12. März 1984). Als Geschenk erhält Honecker das Faksimile einer alten saarländischen KPD-Zeitung von seinem Landsmann.

Rechts: Treffen zwischen Erich Honecker und dem damaligen Regierenden Bürgermeister von Berlin, Richard von Weizsäcker, im Gästehaus der DDR-Regierung, Schloß Niederschönhausen (15. September 1983).

Oben: Der Staatsratsvorsitzende der DDR auf der Trauerfeier für den ermordeten Olof Palme in Stockholm, links Bundeskanzler Helmut Kohl, rechts der amerikanische Außenminister George Shultz. *Unten:* Erich Honecker mit Otto Wolff von Amerongen anläßlich der Eröffnung der Leipziger Frühjahrsmesse (14. März 1982).

Als am 5. März 1953 die Nachricht vom Tode Stalins in der DDR eintraf, hoffte die Mehrzahl der Bürger auf Besserung ihrer Situation. Viele meinten, daß sich eine Veränderung der internationalen Beziehungen auch positiv auf die Lage des mitteldeutschen Staatswesens ausüben könnte. Erich Honecker allerdings war vom Tod des Despoten sichtlich betroffen, ihm erging es ähnlich wie Walter Ulbricht. Heinz Lippmann bemerkte als Augenzeuge: »Honecker war erschüttert. Er schien es nicht fassen zu können, daß auch Stalin – inzwischen dreiundsiebzig Jahre alt – einmal sterben mußte. Als Honecker das Sekretariat zusammenrief, versagte seine Stimme, und Tränen rannen über seine Wangen. Auch alle anderen Sekretäre konnten eine tiefe Bewegung nicht unterdrücken...« Honecker meinte, »jetzt würden sehr schwere Zeiten kommen, die wir nur überwinden könnten, wenn wir fest zusammenhielten, jetzt müsse jeder sein Letztes geben. Ich hatte den Eindruck, als befürchte Honecker, daß alles, was seit 1945 aufgebaut worden war, nun zusammenstürzen würde... Als er von der ersten Besprechung mit Ulbricht zurückkam, wirkte er nachdenklich und immer noch bedrückt. Er sprach von der Möglichkeit eines neuen Krieges, von der Chance, die die amerikanischen Imperialisten jetzt ausnutzen würden, um das ›führerlos gewordene Weltfriedenslager‹ zu überfallen. Deshalb müsse die Wachsamkeit gegenüber inneren und äußeren Feinden verstärkt werden. Die FDJ-Presse wurde angewiesen, den verstärkten Klassenkampf zu propagieren. Die Angriffe gegen die Junge Gemeinde nahmen an Schärfe zu, und auch die Jagd gegen innere Feinde in der SED und FDJ lebte verstärkt wieder auf...« Walter Ulbricht und das SED-Politbüro wußten, wen sie mit Stalin verloren hatten. Ulbricht sprach »vom Dahinscheiden unseres weisen Lehrers, unseres Vaters«. Er schwor, »an der Bahre des großen unsterblichen Führers, daß die SED der siegreichen Lehre J. W. Stalins stets die Treue wahren« werde und gelobte: »Die SED wird Stalins Vermächtnis erfüllen!« In der Trauerstimmung »um den Verlust des größten Menschen unserer Epoche«, befahl die SED, sofort Stalins Werke in Prachtausgaben herauszubringen, ein Stalin-Museum sollte errichtet werden und die Reproduktion von Stalin-Büsten erfolgen. Ulbricht taufte die märkische Landstadt Fürstenberg an der Oder, die im Zentrum eines neu erbauten Eisenhüttenwerkes lag, in »Stalinstadt« um.

Während Honecker sich damit beschäftigte, zum bevorstehenden sechzigsten Geburtstag seines Gönners im Namen der FDJ den Bildband »Walter Ulbricht, der große Freund und Förderer der Jugend« herauszugeben (geplante Auflage eine Million, gebunden in rotes Kunstleder mit dem geprägten Kopf des SED-Generalsekretärs), verfügte die Staatspartei Mitte Mai 1953 eine zehnprozentige Normerhöhung für die Werktätigen, ohne vorher mit den Arbeitern darüber zu diskutieren. Viele Lebensmittel verteuerten sich, die Versorgungslage wurde immer schlechter, eine weit verbreitete Apathie und Hoffnungslosigkeit verbarg kaum noch die wachsende Ablehnung der SED-Politik durch breite Volksschichten. Die Zahl der Flüchtlinge aus der DDR erreichte im ersten Halbjahr 1953 fast eine halbe Million Menschen. Aus der Sowjetunion kamen mehrmals Warnungen an die Staatspartei der DDR, den Bogen nicht zu überspannen. Ulbricht und das SED-Politbüro waren jedoch mit Blindheit geschlagen.

Wladimir Semjonow, seit 1950 einflußreicher politischer Berater der Sowjetischen Kontrollkommission, die die Sowjetische Militäradministration abgelöst hatte, forderte im Frühjahr 1953 Berichte über die Stimmung in der Bevölkerung an. Er ließ Mitarbeiter des sowjetischen Geheimdienstes unter Beteiligung unabhängiger deutscher Rechercheure gründlich die Ursachen der Mißstimmung in der DDR erforschen und analysieren. Semjonow begab sich im April nach Moskau, um dort die neue Regierung nach Stalins Tod über die Situation in Deutschland zu informieren.

Am 5. Juni kehrte Semjonow nach Berlin zurück. Zuvor hatte der Kreml die Sowjetische Kontrollkommission für die DDR aufgelöst. Der bisherige Vorsitzende, Armeegeneral Tschuikow, wurde seiner Pflichten entbunden und blieb lediglich Oberbefehlshaber der sowjetischen Streitkräfte in Deutschland. Wladimir Semjonow kam mit dem neuen Rang eines Hohen Kommissars für Deutschland nach Berlin, zugleich wurde er Botschafter Moskaus bei der Regierung der DDR. Mit seiner Ernennung folgte die Sowjetregierung dem Beispiel der drei Westmächte, die inzwischen längst in Bonn ihre Botschafter zu Hochkommissaren ernannt hatten. Semjonow ließ kurz nach seiner Ankunft das SED-Politbüro zusammentreten. Nach spöttischen Bemerkungen an die Adresse Ulbrichts über die aufwendigen Vorbereitungen zu dessen bevorstehendem sechzigsten Geburtstag am 30. Juni – »Genosse Ulbricht, Sie sollten Ihren Festtag so begehen wie Genosse Lenin, als er seinen fünfzigsten Geburtstag feierte: Er lud sich abends ein paar Gäste ein!« – kam der neue Hochkommissar und Botschafter auf ein Dokument von höchster Brisanz zu sprechen, das unter dem Titel »Der neue Kurs« weitreichende politische Maßnahmen ankündigte. In ihrem Dokument hatte die neue Moskauer Führung Vorschläge an die SED gebündelt, die mit einer internationalen Entspannungsoffensive des Kreml koordiniert werden sollten. Ministerpräsident Malenkow und Innen- und Staatssicherheitsminister Beria, die gegenwärtig mächtigsten Männer der sowjetischen Führung, wollten 1953 den Unruheherd Deutschland befrieden. Und da Englands Premierminister Winston Churchill eine Begegnung mit der Regierung der UdSSR erwog, schien die Möglichkeit einer Wiedervereinigung Deutschlands unter demokratischen Vorzeichen nicht ausgeschlossen zu sein. Die SED-Führung kam diesmal nicht mit einer Rüge davon. Walter Ulbricht erfuhr von Semjonow, daß er faktisch abgesetzt sei, er dürfe das Amt des SED-Generalsekretärs nur noch vorübergehend verwalten. Das Politbüromitglied Rudolf Herrnstadt, ein alter Gewährsmann sowjetischer Interessen in Deutschland, 1953 Chefredakteur des Zentralorgans der SED, »Neues Deutschland«, erhielt die Weisung, eine Personalliste für die Neubesetzung der leitenden Funktionen des Politbüros und der Regierungsschaltstellen vorzubereiten. Semjonow sprach offen aus, daß man im Kreml eine Verständigung mit den Westmächten über eine gesamtdeutsche Lösung anstrebe. Die SED-Beschlüsse des forcierten »Aufbaues der Grundlagen des Sozialismus« seien zurückzustellen, die innenpolitische Situation in der DDR solle radikal entschärft werden. Die leitenden SED-Funktionäre fürchteten, bei einer Wiedervereinigung von den Russen fallengelassen zu werden und in die Illegalität gehen zu müssen. Die von Moskau empfohlene politische Wende um neunzig Grad ließ die Spannungen, die in der Partei seit längerer Zeit bestanden, noch spürbarer werden. Nachdem die Regierung die Konzeption des »Neuen Kurses« gebilligt hatte, erfuhr auch die Bevölkerung allmählich von der neuen Weichenstellung. Hoffnung keimte auf. Sollten wirklich gravierende Veränderungen bevorstehen?

Doch die Zuversicht verbreitete sich nur langsam, und Skepsis war durchaus angebracht. Denn Walter Ulbricht versuchte sofort, einige der sowjetischen Weisungen zu konterkarieren. Das betraf vor allem die zur Diskussion gestellte Normenfrage. Mit Hilfe des ihm noch ergebenen Partei- und Staatsapparates setzte er durch, daß es bei der letzten »freiwilligen« Normenerhöhung um zehn Prozent blieb. Das bedeutete für einen Facharbeiter, der durchschnittlich etwa dreihundertfünfzig Mark Monatslohn erhielt, eine erhebliche Schrumpfung seines wöchentlichen Prämienanteils, womit das bisherige Existenzminimum gefährdet war. So kam es Mitte Juni ausgerechnet in der Arbeiterklasse, der »revolutionären Vorhut« des gesamten Volkes, zu zornigen Reaktionen auf die geplante Normenerhöhung.

Am 16. Juni begann der Protest der Berliner Bauarbeiter in der Schwerpunktbaustelle Stalinallee, dem sich im Verlauf von vierundzwanzig Stunden Hunderttausende von arbeitenden Menschen in mehr als zweihundertsiebzig Städten und Ortschaften der DDR anschlossen. Die beiden Tage, der 16. und der 17. Juni 1953, gehören zu den schwärzesten, die Erich Honecker nach der Befreiung aus der Nazihaft erlebt hat. Am Dienstag, den 16. Juni, erfuhr er während der Sitzung des SED-Politbüros von den Unruhen in der Hauptstadt der DDR. Als die Arbeiter den Regierungssitz unweit des Potsdamer Platzes erreichten und ein Gespräch mit Walter Ulbricht und Grotewohl forderten, verlangte der Industrieminister Fritz Selbmann telefonisch Ulbrichts Erscheinen, da dies die einzige Möglichkeit wäre, die Demonstranten zu beruhigen. Der SED-Generalsekretär lehnte ab, die Sitzung des Politbüros sei wichtiger. Ulbricht meinte, die Arbeiter würden ohnehin bald auseinandergehen, im Regen ließe es sich nicht gut demonstrieren.

Gegen Mittag wurde die Sitzung dann doch unterbrochen. Erich Honecker fuhr zum Haus des FDJ-Zentralrates, wo er zu den leitenden Genossen sprach. Anschließend trafen er und die Sekretäre Maßnahmen zur eventuellen Verteidigung des großen Zentralratsgebäudes, das nur wenige hundert Meter von der Sektorengrenze am Brandenburger Tor entfernt lag. Aus der Stadtmitte, den zentralen Verwaltungen, Volkseigenen Betrieben und Verlagen wurden telefonisch ehrenamtliche FDJ-Funktionäre herbeigerufen, um das FDJ-Haus Unter den Linden zu sichern. Honecker selbst sprach kurz zu den jungen Genossen: »Es wird ernst, wir werden das Haus im Notfall verteidigen, Waffen liegen bereit. Das Wichtigste ist, daß wir als Kaderreserve der Partei einig und fest um Genossen Ulbricht zusammenstehen, auf den der Klassengegner jetzt das Feuer richtet. Es gibt leider auch Genossen, die feige abwarten wollen…« Dann fuhr er wieder ins Haus der SED-Führung zurück, wo das Politbüro weiter tagte.

Mit Schrecken erlebte Honecker, daß das Politbüro nicht mehr hinter seinem Generalsekretär stand. Wilhelm Zaisser, der Staatssicherheitsminister, Rudolf Herrnstadt, Hans Jendretzky, der Berliner Parteichef, Elli Schmidt, die Vorsitzende des Frauenbundes, sowie der Ideologe Fred Oelßner kritisierten Ulbricht als den Hauptverantwortlichen für die politischen Fehler der letzten Monate so offen wie nie zuvor und gaben ihm die Schuld für die entstandene Lage. Otto Grotewohl, Anton Ackermann, Friedrich Ebert und Heinrich Rau nahmen eine zögernde Haltung ein, sie wollten ihre Entscheidung vom weiteren Verlauf der Dinge abhängig machen. Wilhelm Pieck war wegen einer schweren Erkrankung in der Sowjetunion zur Kur, so daß lediglich Hermann Matern und Erich Honecker hinter dem bedrängten Generalsekretär standen. Während der Sitzung trafen Kuriere und Berliner Funktionäre ein, die dem Politbüro mitteilten, daß die Situation immer bedrohlicher werde. Die Konferenz, an der auch Wladimir Semjonow teilnahm, einigte sich endlich, die Normenerhöhung zurückzunehmen. Die

Meldung ging sofort über die Rundfunksender der DDR. Doch es war zu spät. Demonstrationen, Streiks und Aktionen gegen das Regime, die in der Forderung nach freien Wahlen und dem Rücktritt der Regierung gipfelten, wurden aus der gesamten Republik gemeldet. Während die Sowjets ihre Panzerdivisionen in den Industriezentren aufmarschieren ließen, bereitete das SED-Politbüro bereits die Evakuierung der leitenden Genossen und ihrer Familien in die Sowjetunion vor.

Honeckers Mitarbeiter Heinz Lippmann schlug sich vom Zentralratsgebäude der FDJ bis in das von sowjetischen Panzern umstellte »Haus der Einheit«, dem Sitz des SED-Zentralkomitees am Prenzlauer Tor durch, um Honecker eine wichtige Information zu überbringen: »Als ich Honecker für kurze Zeit aus der Politbürositzung rufen ließ, wirkte er nervös. Meinem Bericht schien er nicht zuzuhören. Als ich mich erkundigte, ob er krank sei, schüttelte er den Kopf und sagte resigniert: ›Alle fallen über Walter her. Er wird wohl unterliegen. Aber das schlimmste ist, ich weiß nicht, wie ich mich verhalten soll…‹ Seine Worte klangen so deprimiert, wie ich ihn noch nie gehört hatte. Er hatte es auch nicht mehr eilig, in das Sitzungszimmer zurückzugehen, so, als hoffe er, sich einer Entscheidung entziehen zu können…« Nach vielen Stunden, spät in der Nacht – Walter Ulbricht war es doch noch gelungen, sich im Politbüro durchzusetzen – sah Lippmann im FDJ-Zentralrat seinen Vorsitzenden wieder. Jetzt wirkte Erich Honecker erleichtert. Allerdings spürte Lippmann deutlich, daß sich Honecker schämte, weil er eine kurze Zeit ernsthaft erwogen hatte, seinen Förderer zu verlassen und die Partei der Opponenten zu ergreifen.

Mit der Betriebsamkeit, in die Honecker unmittelbar nach dem 17. Juni verfiel, verdrängte er möglicherweise peinliche Gedanken über seine Rolle während der Debatten um die Person des Generalsekretärs. Absurderweise wurde Ulbrichts Position durch den Arbeiteraufstand wieder gefestigt. Wladimir Semjonow hatte nach Rücksprache mit den regierenden Genossen in Moskau seine Haltung gegenüber Ulbricht korrigiert. Die Gefahr eines Sturzes der Regierung durch den sich ausweitenden Arbeiteraufstand, die nur durch das Eingreifen der Sowjetarmee gebannt werden konnte, ließen es Semjonow und die Kremlherren geraten erscheinen, »das Pferd nicht in der Schlacht zu wechseln«. Der mitteldeutsche Statthalter des Kreml wurde vorerst nicht abgelöst.

Bald begann der Generalsekretär der SED die Positionen für die Zukunft ins Auge zu fassen, Freund und Feind zu sichten und unter den führenden Genossen Verbündete für die Verteidigung und den Ausbau seiner Machtposition sorgfältig auszuwählen. Neben ungefährlichen, ja brauchbaren Opportunisten, die ihre Fahne nach den jeweils günstigen Wind ausrichteten, gab es zwei Männer, an deren Treue Ulbricht nicht zweifelte und die er von nun an bis zum Ende seines Weges in allernächster Nähe behielt: Hermann Matern, der alte Kämpe, gleichaltrig und ihm ohne Einschränkung ergeben, war der eine. Aber der wichtigere war Erich Honecker, der vom Alter her sein Sohn sein konnte, der immer Linientreue, der ohne Bedenken und niemals opponierend allen Wünschen und Weisungen stets gerecht geworden war und der die junge Generation in seinem, im Sinn Ulbrichts, erzog. Honeckers Zögern in der Auseinandersetzung des Politbüros war Walter Ulbricht offensichtlich entgangen.

Nachdem Ulbricht seine Position gefestigt hatte, wußte auch Erich Honecker wieder, wo sein Platz war. Schließlich waren die Intellektuellen Zaisser und Herrnstadt, Ackermann und Oelßner, der Berliner Parteichef Hans Jendretzky und die einzige Frau im Politbüro, Elli Schmidt, auch seine Gegner gewesen. Hatten sie ihn doch häufig kritisiert, um Walter Ulbricht zu treffen. Jetzt ging es auch um seine Zukunft. Honecker wußte, daß er nicht mehr allzu lange an der Spitze des Jugendverbandes stehen konnte. Schon jetzt sprach man in seiner Umgebung spöttisch vom »Berufsjugendlichen«; schließlich war er einundvierzig Jahre alt. Es wurde Zeit, nach einer neuen Aufgabe Ausschau zu halten. Aber diese neue Aufgabe, eine Führungsfunktion an der Schaltstelle der Macht, war nur an der Seite Walter Ulbrichts erreichbar. Der weitere Aufstieg nach oben, vielleicht sogar bis an die Spitze der Partei, setzte sein Wohlwollen voraus. Erich Honecker entschloß sich, diesen Weg zu gehen. Sein Wesen veränderte sich. Alle, die ihn kannten, spürten, daß er verschlossener, mißtrauischer und selbst Freunden gegenüber distanzierter wurde.

Vier Wochen dauerte der Klärungsprozeß innerhalb des SED-Politbüros, solange wurde im obersten Gremium der Partei über die Zusammenhänge, Ursachen und Gründe der Staatskrise gesprochen. Dann erhob Ulbricht seine Meinung zur parteiamtlichen Version: Die Arbeiter waren durch den Klassenfeind und die westlichen Hetzsender irregeführt worden. Provokateure, bezahlte Achtgroschenjungen, Spitzel westlicher Geheimdienste hatten die Proletarier der DDR betrogen und für die Interessen des Kapitalismus aufs Glatteis geführt. Auch Honecker übernahm die parteioffizielle Legende. Die Bevölkerung der DDR erfuhr einen Monat nach dem niedergeschlagenen Aufstand, daß Walter Ulbricht Generalsekretär des Zentralkomitees der SED und Erster stellvertretender Ministerpräsident blieb. Eine parteifeindliche Fraktion, der Minister Zaisser, Chefredakteur Herrnstadt, Parteifunktionär Jendretzky, Staatssekretär Ackermann und die Frauenbundvorsitzende Schmidt angehörten, war entlarvt und aus der Führung der SED ausgeschlossen worden. Honecker berichtete im Mitarbeiterkreis von den Auseinandersetzungen. Längst war von ihm verdrängt worden, daß er während des Aufstandes geschwankt hatte, welcher Fraktion im Politbüro er sich anschließen sollte. »Erbärmliche Lumpen« nannte er nun die alten Genossen, mit denen er drei Jahre lang jede Woche die Richtlinien der SED-Politik beraten und beschlossen hatte. Zwei von ihnen, Wilhelm Zaisser und Rudolf Herrnstadt, wurden auf dem IV. Parteitag aus der SED ausgeschlossen, während Ulbricht die übrigen zwei Jahre später rehabilitierte und in andere, wenn auch bescheidenere Parteiämter einsetzte.

Seit dem Sommer 1953 bestimmte der Anfang Juni des Jahres beschlossene »Neue Kurs« weiterhin die Regierungspolitik. Walter Ulbricht hielt sich, um seine Unpopularität wissend, einige Zeit im Hintergrund. Ministerpräsident Grotewohl, der als früherer Sozialdemokrat noch über ein gewisses Vertrauen in der Bevölkerung verfügte, wurde von Ulbricht bewußt in den Vordergrund geschoben. Zum »Neuen Kurs« gehörten nicht nur wichtige wirtschaftliche

Maßnahmen wie die Ankurbelung einer effektiven Konsumgüterindustrie, die Rückgabe beschlagnahmter Mittel- und Kleinbetriebe der Industrie und des Handwerks. Eingestellt wurde auch die Zwangskollektivierung der Landwirtschaft. Um das Vertrauen der kleinbürgerlichen Schichten zu gewinnen, gewährte man allen Bürgern bedeutende Reiseerleichterungen für Fahrten in die Bundesrepublik. Ein wichtiger Punkt der vorsichtigen Liberalisierung war die Importgenehmigung für westliche Bücher, Filme und Theaterstücke. Presse und Rundfunk gewannen eine bescheidene Weltoffenheit. Das äußerst angespannte Verhältnis von Staat und Kirche gestaltete sich für kurze Zeit freundlicher, nachdem die Regierung siebzig inhaftierten kirchlichen Amtsträgern die Freiheit wiedergab. Ministerpräsident Grotewohl sagte höchsten Kirchenvertretern persönlich Toleranz und Entgegenkommen zu.

Wie sich Erich Honecker als Führer der FDJ diesem Prozeß entzog, gehört zu den charakteristischen Beispielen für seine politische Taktik und Strategie. Auf Weisung der SED-Führung mußte Honecker, der fast zwei Jahre lang eine terroristische Kampagne gegen die evangelische Junge Gemeinde inszenieren ließ, sich zu einem Gespräch mit führenden Kirchenvertretern bereitfinden. Probst Heinrich Grüber, der zahlreichen verfolgten jüdischen Bürgern in der Nazizeit geholfen und als einstiger KZ-Häftling die »Vereinigung der Verfolgten des Naziregimes« mitbegründet hatte, stand als akkreditierter Beauftragter des Rates der Evangelischen Kirche bei der Regierung der DDR dem zweiten deutschen Staat äußerst wohlwollend gegenüber. Ihn verband aus gemeinsamer Haftzeit sogar manche Freundschaft mit hohen SED-Genossen, und seine Beziehungen zu sowjetischen Dienststellen bewährten sich vielfach. Am 10. Juli 1953 traf er mit Erich Honecker und einigen Jugendvertretern zusammen. Der FDJ-Führer gab sich moderat, er hätte keine Einwände gegen die Einbindung junger Menschen in die kirchliche Gemeindearbeit. Ausdrücklich versicherte er, daß die Studentengemeinden in der DDR und die evangelische Jugend keine »Maßnahmen« mehr befürchten müßten. Als Heinrich Grüber, Propst der ehrwürdigen St. Marienkirche im Herzen Berlins, das Bekenntnis der FDJ zum Marxismus-Leninismus kritisierte, verwies Honecker noch einmal auf deren angebliche Überparteilichkeit. Die FDJ-Mitgliedschaft verpflichte niemanden, ein Bekenntnis zu dieser Ideologie abzulegen. Im Gegenteil, die FDJ solle Jugendliche aller Weltanschauungen umfassen. Ihr gehe es nicht darum, daß der christliche Angehörige der FDJ Marxist, sondern daß er ein guter Staatsbürger sei. Honecker versprach dem Vertreter des Rates der evangelischen Kirche, daß alle gemaßregelten Jugendlichen – viele hatten vor Juni 1953 sogar ihre Lehrstellen eingebüßt, wenn sie der Jungen Gemeinde angehörten – die alten Ausbildungsplätze wieder erhielten. Auch die beschlagnahmten kirchlichen Jugendheime würden zurückgegeben und die verbotene evangelische Jugendzeitschrift »Die Staffette« dürfe neu erscheinen. Wie Propst Grüber sprach auch Honecker die Hoffnung aus, die Gespräche fortzusetzen.

Nur ein halbes Jahr später, im November 1953, erfuhr Grüber von neuen Behinderungen. Rollkommandos der FDJ belästigten erneut junge Christen. Eine solche Gruppe von zwölf FDJ-Aktivisten pöbelte in der Halle des Berliner Ostbahnhofs eine junge Diakonisse in kirchlicher Tracht an. Die Blauhemden griffen die junge Schwester tätlich an, um ihr ein kleines silbernes Kreuz gewaltsam vom Mantel zu reißen. Propst Grüber schickte einen Beschwerdebrief an Honecker. Der FDJ-Vorsitzende hielt es jedoch nicht für erforderlich zu antworten. Der Propst von St. Marien erinnerte sich: »Die Kette ähnlicher Zwischenfälle riß nicht ab. Deshalb regte ich an, daß eine neue Besprechung mit dem Zentralrat der FDJ anberaumt werde. Auch darauf rührte sich Honecker nicht. Neue Behinderungen der Jungen Gemeinde wurden aus den Bezirken Karl-Marx-Stadt, Leipzig, Dresden, Magdeburg und Schwerin gemeldet. Ein für den 13. Juni 1954 einberufener Landesjugendtag in Güstrow durfte nicht stattfinden. Alle Bemühungen (mit Honecker, D. B.), ins Gespräch zu kommen, scheiterten. Zwölf Monate nach dem 10. Juli 1953 standen wir vor verschlossenen Türen...«

Erich Honecker hatte indes wieder einmal andere Sorgen. Die Sowjetunion bemühte sich im Sommer 1953 noch einmal, Einfluß auf die politische Situation in Westeuropa zu nehmen. Sie wollte die

Bildung des Nato-Bündnisses konterkarieren, vor allem die Bundesrepublik von der entstehenden Alliance fernhalten. Dafür bot sie an, der Wiedervereinigung Deutschlands zuzustimmen. Honeckers FDJ enthielt vom Vertreter des Zentralkomitees der KPdSU, Schelepin, persönlich den Auftrag, dreißigtausend Agitatoren in die Bundesrepublik zu entsenden, die im Wahlkampf 1953 die neuen sowjetischen Vorschläge auf Millionen Flugblättern verteilen sollten. Begleitet werden sollte dieser Sondereinsatz von FDJ-Kulturgruppen, Laienspielscharen und Jugendchören. Honeckers Mitarbeiter protestierten gegen die sowjetische Weisung. Ihre Ausführung erfordere enorme finanzielle Mittel in westlicher Valuta. Es sei auch kaum möglich, in so kurzer Zeit die geeigneten Jugendlichen für einen solchen Einsatz vorzubereiten. Außerdem sei die Aktion mit einem hohen Sicherheitsrisiko für die Beteiligten verbunden. Die Behörden der Bundesrepublik würden politische Propagandaeinsätze aus der DDR zu verhindern suchen. Honecker, der selbst am Erfolg dieser Aktion zweifelte, entschied jedoch nach Gesprächen mit Ulbricht, daß der sowjetische Auftrag auszuführen sei. Heinz Lippmann, Sekretär des FDJ-Zentralrates für die politische Arbeit in der Bundesrepublik, organisierte die Massenfahrten mit ausgesuchten Kadern junger SED- und FDJ-Funktionäre nur widerwillig. Als die Aktion angelaufen war, brach er mit Erich Honecker und der SED und floh in den Westen. Die Mehrzahl der jungen Agitatoren wurde an den Bahnhöfen der Zielorte in West- und Süddeutschland von der Polizei in Empfang genommen und nach kurzer Untersuchungshaft wieder in die DDR abgeschoben. Der Einsatz hatte Millionen Westmark gekostet und war erfolglos geblieben, die Warner hatten recht behalten.

Seit 1953 wandte sich Erich Honecker mehr und mehr der Propaganda gegen die Bundesrepublik zu. Häufig verglich er dabei Adenauer mit Hitler. Dem fast achtzigjährigen Bonner Kanzler unterstellte er, gemeinsam mit den »rechten SPD-Führern Ollenhauer, Erler und Schmid, den getreuen Lakaien ihrer imperialistischen Herren«, in Europa einen dritten Weltkrieg vom Zaun brechen zu wollen. Mit derartig gespenstischen Formeln versuchte er, den jungen Menschen ein apokalyptisches Schreckensbild einzuhämmern, um sie für das »Waffenhandwerk« in der DDR zu gewinnen.

1955 mußte Honecker eine ernüchternde Bilanz seines politischen Wirkens ziehen. Insgesamt schien die FDJ als Organisation am Rand des Zusammenbruchs zu stehen. An der Basis, in den Gruppen der Betriebe, Schulen und Ortschaften bestimmten Passivität und teilweise offene Ablehnung der Jugend das Dasein des Jugendverbandes. Honeckers stalinistische Führungs-, Organisations- und Propagandamethoden zeitigten schlimme Früchte. Viele Einheiten der FDJ bestanden buchstäblich nur noch auf dem Papier, der Begriff von »Karteileichen« wurde zur Verbandsfloskel.

Bevor Erich Honecker auf Wunsch Walter Ulbrichts und des SED-Politbüros die Leitung der FDJ niederlegte, um eine wichtige Aufgabe im Zentralkomitee der Partei zu übernehmen, sprach er noch einmal auf dem V. Parlament der FDJ im Mai 1955 in Erfurt zur Jugend. Seine Rede gipfelte in dem Aufruf, diszipliniert den »zweijährigen Dienst in der Kasernierten Volkspolizei ehrenvoll zu leisten...«

Vor zwei Jahren, beim IV. Parlament in Leipzig, hatte der FDJ-Vorsitzende noch vor zweitausendfünfhundertneunundddreißig Delegierten gesprochen. Jetzt brachte die Jugendorganisation fast nur noch halb soviel Vertreter der Gruppen auf die Beine. Eintausendachthundertneunundddreißig Delegierte hörten den FDJ-Führer zum letzten Mal in seiner Funktion reden.

Er hatte die Genugtuung, dem anwesenden Generalsekretär Walter Ulbricht eine Erfolgsmeldung nach Art eines stalinistischen Apparatfunktionärs zu erstatten. Das V. Parlament beschloß die Änderung der FDJ-Statuten. Vor genau zehn Jahren hatte Walter Ulbricht seinen jungen Genossen Honecker mit dem Aufbau einer nach außen hin freien und überparteilichen, in Wahrheit kommunistischen Jugendorganisation beauftragt. Jetzt war das Ziel erreicht. Das neue Statut proklamierte die politische Wahrheit: »Den Komsomol betrachtet die FDJ als Vorhut der demokratischen Weltjugend, sie eifert seinem Beispiel nach und erkennt die führende Rolle der Arbeiterklasse und ihrer Partei, der Sozialistischen Einheitspartei Deutschlands an...« Die Partei dankte Erich Honecker. Da es an Kritik gegen Honeckers Bürokratismus und wegen des offensichtlichen Zerfalls der FDJ keineswegs mangelte, hofften viele Menschen in der SED und in der FDJ, daß mit der offiziellen Anerkennung auch ein Fortloben des so wenig erfolgreichen Jugendführers auf eine weniger bedeutende Funktion in der Provinz verbunden wäre. Alle, die so dachten, sollten sich jedoch irren. Walter Ulbricht belohnte seinen Schützling auf besondere Art. Zunächst aber beantragte er im SED-Politbüro, den »bewährten Genossen« mit dem »Vaterländischen Verdienstorden in Gold« auszuzeichnen. Es gab einen Abschied im Schloß Niederschönhausen, wo der kränkelnde alte Staatspräsident Wilhelm Pieck Erich Honecker den hohen Orden verlieh und mit ihm noch einmal tafelte.

Ein Erbe wird eingesetzt

Wenige Wochen nach der Ordensverleihung wurde es still um den einstigen Jugendführer. Ein Jahr lang besuchte Erich Honecker einen Lehrgang der sowjetischen Parteihochschule, um sein theoretisches Wissen zu erweitern. Das war gewiß notwendig, denn während seines zehnjährigen Wirkens als Jugendfunktionär fand Honecker kaum Zeit für eine gründliche politische Weiterbildung, wie sie die SED von ihren Führungskadern bereits seit 1951 verlangte und der Zentralrat der FDJ von allen hauptamtlichen Mitarbeitern ebenfalls forderte. Honecker hatte sich als Kandidat des Politbüros häufig bei den vom Büro des Zentralkomitees angesetzten Konsultationen durch Leninismus-Experten entschuldigen lassen und war dafür sogar gerügt worden. Vermutlich erkannte er nach der Ablösung von der Funktion des FDJ-Vorsitzenden selbst, daß sein Wissen große Lücken aufwies, denn später schrieb er über die Empfindungen, mit denen er sich auf die Fahrt in die Sowjetunion begab: »Ich freute mich, daß mir meine Partei Gelegenheit gab, mein Wissen systematisch zu erweitern... Wir studierten erneut die Werke von Marx, Engels und Lenin. Obwohl wir im wissenschaftlichen Kommunismus nicht unbewandert waren, entdeckten wir anregende Gedanken unserer Klassiker, die neu durchdacht sein wollten und wertvolle Hinweise für unser politisches Handeln enthielten... Das Studium bestärkte mich in der Überzeugung, daß man sich die marxistisch-leninistische Theorie nicht als abstrakte Formel aneignen darf...«

Auf dem Lehrplan der russischen Parteihochschule standen: Geschichte der Sowjetunion und der KPdSU, Grundlagen des Marxismus-Leninismus, der dialektische und historische Materialismus, die Geschichte der internationalen Arbeiterbewegung, Politische Ökonomie, Politische und Ökonomische Geographie. Honecker besuchte außerdem einige Gastvorlesungen an anderen sowjetischen Akademien, vor allem galt sein Interesse Vorlesungen über militärgeschichtliche und politische Fragen. Für jeden Hörer bestand die Pflicht, einen Intensivkurs der russischen Sprache zu belegen. Die marxistisch-leninistische Theorie wurde zwar gelehrt, doch der Geist, der alle Lektionen und Seminarthemen beherrschte, war nach wie vor der Josef Stalins, dessen Werke auf dem Lehrplan bis zum Frühjahr 1956 den wichtigsten Platz einnahmen.

Honecker verschweigt in seinen Erinnerungen, daß ihn zumindest zwei politische Ereignisse während der Studienzeit in Moskau intensiv beschäftigt haben dürften. Im Herbst, nur sechs Wochen nach seiner Abreise aus Berlin, gab der Sekretär des Zentralkomitees Albert Norden auf der 25. Tagung des SED-Führungsgremiums eine Einschätzung der politischen Krise des Jugendverbandes FDJ, die eine vernichtende Kritik an dessen eben verabschiedeten Gründer darstellte. Das Zentralkomitee billigte diese Analyse, keine Stimme erhob sich, um Erich Honecker gegen die begründeten Vorwürfe in Schutz zu nehmen. In dem Bericht Nordens hieß es: »Wir müssen Schluß machen mit der Methode des Sichdrückens vor der Auseinandersetzung. Unsere Jugendfunktionäre sollen in allen Einheiten der FDJ mit der Jugend auf freundschaftlichste Art auch die nicht angenehmen Fragen diskutieren. Das ist eigentlich eine Selbstverständlichkeit, aber es wird kaum durchgeführt. Wollen wir die Republikflucht von Jugendlichen zu einem fühlbaren Rückgang bringen, dann muß die große Aussprache mit der Jugend unter dem Motto beginnen: Jeder soll seine Meinung sagen. Heute gewinnt man den Eindruck, als ob es auf der einen Seite die FDJ und auf der anderen Seite die Jugend gibt, von der übrigens ein großer Teil in der FDJ selber organisiert ist. Einige Beispiele: Im wichtigen Karl-Liebknecht-Werk Magdeburg verließen innerhalb kürzester Zeit aus der Elektrowerkstatt sechs Jugendliche und aus dem Werkzeugbau neun Jugendliche die Republik ... Die dort arbeitenden Jugendlichen sagten uns: ›Von der FDJ spüren wir nichts.‹ Es gibt keine feste Verbindung zu den Mitgliedern der FDJ, schon gar nicht zu anderen Jugendlichen. Es gibt keinen persönlichen Kontakt. Dabei gibt es in diesem Werk vier bezahlte FDJ-Sekretäre und drei Instrukteure... Wir haben eine große Liste analoger Beispiele aus den Betrieben und vom Lande und aus den Dörfern. Es sieht auf dem Lande noch schlimmer aus...

Es herrscht kein Vertrauen zueinander. Die Mehrzahl der Jugendlichen ist nämlich der Überzeugung, daß sie selbst keinerlei Einfluß auf die Tätigkeit der FDJ ausüben kann, weil dort alles von oben bestimmt werde, weil man jeden mit Mißtrauen betrachtet und behandelt, wenn er mal einen anderen Gedanken zum Ausdruck bringt... Der FDJ-Sekretär soll den Jugendlichen nicht so sehr als Politiker gegenübertreten, sondern er soll ihr Kamerad sein, er soll mit ihnen lachen, seine Reden nicht mit großen politischen Theoremen ausfüllen, sondern sie ruhig mit Witzen beginnen und würzen. Bei Tanzvergnügen soll er sich nicht so verhalten, als ob er ein Opfer bringt, wenn er erscheint, sondern soll als lustiger Freund mit dabei sein...

Heute gibt es allein in Magdeburg nicht weniger als zweihundertzwanzig hauptamtliche FDJ-Funktionäre – nur in der Stadt! Der Jugendsekretär in Magdeburg erklärte offen, er habe keine Ahnung, was die Jugend abends treibt, er ist nicht dabei. Wie kann er auch dabei sein? Er muß die Rundschreiben lesen, die vom Zentralrat der FDJ kommen, und muß an den zahlreichen Sitzungen teilnehmen, die stattfinden...«

Albert Nordens ausführliche Kritik gipfelt in der Forderung, die FDJ-Arbeit müsse »umgekrempelt«, die »Struktur des Apparates« verändert werden. Ein Beschluß des Zentralrates zu Erziehungsfragen, der noch unter Honeckers Leitung erarbeitet wurde, umfasse dreizehn eng beschriebene Seiten: »Ganze fünf Zeilen waren dabei über aktuelle Veranstaltungen. In der Bezirksleitung Berlin der FDJ ist die Finanzabteilung mit fünf, die Abteilung Sport und Wandern mit einem einzigen Funktionär besetzt. Umgekehrt sollte es sei. Die Funktion des Kulturinstrukteurs ist seit über einem halben Jahr überhaupt nicht besetzt. Wie soll man auf diese Art und Weise gut arbeiten?« Der Höhepunkt der negativen Einschätzung von Honeckers Wirken war darin zu sehen, daß Albert Norden die Partei und FDJ-Funktionäre aufforderte, gerade das zu beseitigen, was der frühere FDJ-Vorsitzende vom Beginn seiner Tätigkeit an als letztes und höchstes Ziel seiner Arbeit betrachtet hatte, die Jugendorganisation zur Parteinachhut zu degradieren: »Es ist nötig, daß die Genossen im Apparat des Zentralrats Umstellungen vornehmen und sich dabei überlegen, ob die Struktur des Jugendapparates nicht viel zu sehr der Struktur der Partei angeglichen ist... Es ist notwendig, daß der Zentralrat der FDJ selbständig zu den wichtigsten Fragen, die die Jugend betreffen, Stellung nimmt, daß die Abgeordneten der Jugend in der Volkskammer nicht nur als Diskussionsredner zu allgemeinen politischen Problemen Stellung nehmen, sondern mit selbständiger Initiative Fragen der Jugend und Anregungen der Jugend aufgreifen...«

Die Ausführungen Albert Nordens, von denen nur ein kurzer Auszug wiedergegeben werden kann, sind deshalb so bemerkenswert, weil niemals zuvor und niemals danach eine so umfassende Kritik am politischen Handeln Erich Honeckers der Öffentlichkeit bekannt wurde. Nordens Arbeitsgruppe aus dem Apparat des Zentralkomitees hatte in mehreren Städten und ländlichen Gemeinden gründliche Recherchen angestellt, um ein authentisches Bild der Mißstände innerhalb der FDJ zu ermitteln. Es muß ein schwarzer Tag für Erich Honecker gewesen sein, als er das Referat seines Genossen Albert Norden las, der im Kommunistischen Jugendverband durch die gleiche Schule wie er gegangen war.

Wenige Monate nach dieser Lektüre durfte Honecker einen Bericht studieren, den ihm Walter Ulbricht übergab und der als ein Geheimdokument erster Ordnung galt. Im Februar 1956 tagte in Moskau der XX. Parteitag der Kommunistischen Partei der Sowjetunion. Die SED-Genossen Ulbricht, Grotewohl, Schirdewan und Neumann vertraten die deutsche Parteiführung als Gastdelegierte. Gegen Ende des Parteitages hielt der Erste Sekretär der sowjetischen Partei, Nikita Chruschtschow, seine später berühmt gewordene Geheimrede über die Verbrechen seines Vorgängers Josef Stalin. Für Erich Honecker muß eine Welt zusammengebrochen sein. Noch im Mai 1955, bei seinem letzten Auftritt vor dem V. Parlament der FDJ, hatte er der Jugend der DDR die Lektüre der Werke Stalins ans Herz gelegt. Neben Marx, Engels und Lenin sei er der wichtigste Autor für jeden jungen Sozialisten. Im Geheimbericht Chruschtschows entstand nun das Bild eines entarteten Massenmörders, der an der Spitze eines unmenschlichen Terrorapparates das Leben und die Freiheit von Millionen Unschuldiger seiner Machtgier und Herrschsucht geopfert hatte. Als Honecker mit Walter Ulbricht und dessen Führungsstab zusammentraf, um erste Informationen zu erhalten, ahnte noch niemand in Deutschland und Europa, daß sich eine Wende in der Geschichte des Kommunismus vollziehen würde, wenn die Tatsachen über die mörderische Diktatur des Lenin-Erben – vorerst nur durch die Medien des Westens – zur allgemeinen Kenntnis gelangten. Honeckers Reaktionen auf die Mitteilungen sind nicht bekannt. Zweifellos stimmte er mit Ulbricht und dem Politbüro darin überein, daß man die historischen Wahrheiten lediglich auszugsweise und nur allmählich den Parteimitgliedern mitteilen dürfe. Drei Jahre nach dem Juni-Aufstand und dem damals proklamierten »Neuen Kurs«, den Ulbrichts SED inzwischen schon wieder aufgegeben hatte, mußten die Kommunisten vor allem mit kritischen Reaktionen in der eigenen Partei rechnen, wenn sich herausstellte, welche verhängnivolle Rolle der angebetete »geliebte Führer und weise Lehrer« während der dreißig Jahre seiner Herrschaft gespielt hatte.

Mit keinem Satz nahm Erich Honecker in seinen Lebenserinnerungen zur Problematik des Stalinismus Stellung, nirgendwo erwähnt er seine Beteiligung an der kultischen Verehrung Stalins und seine Reaktion auf die Rede Nikita Chruschtschows. Während Ulbricht nach seiner Rückkehr vom XX. Parteitag der KPdSU in Berlin mit der lapidaren Feststellung auftrat: »Stalin war kein Klassiker des Marxismus-Leninismus«, und damit eine kritische Reaktion vornehmlich unter intellektuellen Parteimitgliedern auslöste, gibt es bis heute keine belegte Äußerung Honeckers zu den Verbrechen

Stalins. Im Gegenteil: Zu Stalins hundertstem Geburtstag, am 21. Dezember 1979, ließ er im Zentralorgan der SED »Neues Deutschland« seinen früheren Lehrmeister in einem Leitartikel feiern, der von einem großen Foto des toten Generalissimus umrahmt war. Sogar als positiven Filmhelden konnten die DDR-Bürger Stalin in den Kinos und auf dem Fernsehbildschirm wiedersehen. Anläßlich des vierzigsten Jahrestages des Sieges der Alliierten über Hitler, im Frühjahr 1985, war Stalin im Spielfilm und in mehreren Dokumentarfilmen als Heldenfigur erneut zu Gast in der DDR, obwohl ihm Chruschtschow persönliche Feigheit und militärisches Versagen nachgewiesen hatte.

Im Sommer 1956 traf Erich Honecker nach Abschluß des Lehrganges an der Moskauer Parteihochschule wieder in Berlin ein. Im Herbst nahm er als Sekretär des Zentralkomitees seine neue Tätigkeit auf. Er war von jetzt an für die Militär- und Sicherheitspolitik zuständig und damit verantwortlich für die »Nationale Volksarmee«, die seit Januar 1956 offiziell aus der Kasernierten Volkspolizei gebildet worden war, ferner die gesamten Polizeiformationen, wozu auch waffentragende Einheiten des Staatssicherheitsministeriums gehörten. Der Aufbau der sogenannten Kampfgruppen, einer militärisch ausgebildeten Miliz, die sich aus den Arbeitern der Betriebe rekrutierte und direkt der SED-Führung unterstehen sollte, wurde zu einer von Honeckers wichtigsten Aufgaben. Walter Ulbricht bewies uneingeschränktes Vertrauen zu Erich Honecker, indem er ihm den Machtapparat des Staates in die Hand gab.

Erich Honeckers Bewährungsprobe ließ nicht lange auf sich warten. Schon im Herbst 1956, während es in Polen zu Unruhen und in Ungarn zur Revolution gegen das verhaßte stalinistische Regime kam, forderten Philosophen, Künstler, Schriftsteller und Journalisten mehr Freiheiten. Um den jungen Philosophieprofessor Wolfgang Harich, der an der Berliner Universität lehrte und als Chefredakteur der »Deutschen Zeitschrift für Philosophie« sowie als Lektor des bedeutendsten Buchverlages der DDR, des Aufbau-Verlages, kulturpolitischen Einfluß besaß, sammelten sich sozialistische Intellektuelle, die für eine entschiedene Entstalinisierung und Demokratisierung der DDR eintraten. Besonders die Liberalisierung der Kulturpolitik sollte den Staat auf eine mögliche Wiedervereinigung Deutschlands ohne Ulbricht und die Funktionärshierarchie der stalinistischen Einheitspartei vorbereiten. Angeregt wurden diese Kreise von den Gedanken Rosa Luxemburgs und ihren Vorstellungen von einem demokratischen Sozialismus. Wolfgang Harich und die Männer um ihn verbreiteten die Warnungen Rosa Luxemburgs vor der von ihr schon 1918 befürchteten dogmatischen Alleinherrschaft der kommunistischen Parteibürokratie. Diese intellektuelle Bewegung, der vor seinem Tode auch Bertolt Brecht nahegestanden hatte, erfaßte Kreise der Studentenschaft verschiedener Hochschulen. Besonders an der Berliner Universität schlugen Ulbricht und Grotewohl die Wogen des Unmuts entgegen, dort forderte man offen den Rücktritt der Stalinisten.

Erich Honecker, der neue Sicherheitschef des Zentralkomitees, trat in Aktion. Die Kampfgruppen der Berliner Großbetriebe wurden alarmiert. Der bewaffneten Macht beugten sich die Studenten, sie wußten, daß sie allein gegen die militärisch organisierte Miliz, den starken Polizeiapparat und die Staatssicherheitsregimenter keine Chance hatten, die SED-Führung zu demokratischen Reformen zu zwingen. Denn die Arbeiter, die vor drei Jahren in wirtschaftlicher Not bereit waren, alles zu wagen, lebten jetzt unter besseren materiellen Bedingungen. Die Stalinismus-Debatte in der Partei und unter den Intellektuellen berührte ihre existenzielle Situation nicht. Erich Honecker rühmte den von ihm befohlenen Kampfgruppeneinsatz später mit dem lakonischen Satz: »Als der Klassengegner Ende Oktober 1956 in Berlin versuchte, Studenten der Humboldt-Universität auf die Straße zu bringen, waren es Kampfgruppen der Arbeiterklasse, die diese Absicht allein durch ihr Erscheinen zunichte machten...«

Wenige Wochen später schlugen Ulbricht und Honecker gegen Wolfgang Harich selbst zu, der die Forderungen der Intellektuellen dem Parteichef persönlich vorgetragen hatte. Er wurde verhaftet und mit ihm gingen eine Reihe bekannter Intellektueller, sämtlich überzeugte Sozialisten, für viele Jahre in die Gefängnisse. Harich, der eine zehnjährige Zuchthausstrafe zudiktiert bekam, wurden die »verbrecherische Zusammenarbeit mit der von imperialistischen Geheimdiensten unterhaltenen Spionage- und Agentenzentrale ›Ostbüro‹ der SPD« vorgeworfen. Die SED beschuldigte ihn, den »Sturz der Regierung, die Beseitigung der führenden Rolle der SED, die Aufhebung der Nationalen Volksarmee, die Auflösung des Ministeriums für Staatssicherheit und den Austritt der DDR aus dem Warschauer Vertrag« geplant zu haben. Die Intellektuellen, denen Honecker stets mißtrauisch gegenüber gestanden hatte, wurden, wenn sie vor dem Angebot des »Zuckerbrotes« nicht Gebrauch machten, mit der »Peitsche« eingeschüchtert. In Leipzig begann eine Hetzkampagne gegen den berühmten Philosophen Ernst Bloch. Man ächtete ihn und isolierte ihn von seinen Mitarbeitern und Studenten. Wer sich den Anweisungen der Partei nicht fügte, mußte mit Verhaftung und politischem Strafprozeß rechnen. Bloch schwieg und floh einige Jahre später in den Westen. In Berlin ging der bekannte Schriftsteller und Germanistik-Professor Alfred Kantorowicz ins Exil. Er war wie Bloch Altkommunist und ausgewiesener Antifaschist. Vor dem Druck der SED entwichen in die Emigration der Rektor der Jenaer Universität, Professor Josef Hämel, und der Literaturwissenschaftler Hans Mayer. Viele Akademiker folgten ihnen. Das geistige Klima verschlechterte sich in der DDR ausgerechnet in der Zeit, in der aus dem Kreml das Ende der stalinistischen Tyrannei verkündet wurde.

Erich Honeckers Tätigkeit als Sekretär des Zentralkomitees spielte sich in den folgenden Jahren vorwiegend im Verborgenen ab. Der Sicherheitsbereich, der faktisch alle militärischen und polizeilichen Ressorts umfaßte, fand in dem neuen »jungen Mann« Ulbrichts einen geradezu idealen Sachwalter. Im Scheinwerferlicht öffentlicher Auftritte hatte Honecker als FDJ-Führer lange genug gestanden. Die Blauhemdenzeit mit offenem Kragen und hochgekrempelten Ärmeln war endgültig vorüber. Der fünfundvierzigjährige Erich Honecker wuchs schnell in seine neue Rolle hinein. Er trug von nun an gutgeschnittene Maßanzüge und zum weißen Hemd die passenden Krawatten. Seit 1953 war er mit Margot Feist verheiratet, nachdem bereits die Tochter Sonja aus dieser Verbindung hervorgegangen war.

Ein gravierender Unterschied zu seinem früheren Leben ergab sich aus der neuen Funktion. Er büßte jene bescheidene Unabhängigkeit ein, der er sich als Vorsitzender des Jugendverbandes erfreuen durfte. Zwar war schon seit seiner Berufung zum Kandidaten des Politbüros die regelmäßige wöchentliche Sitzung dieses Gremiums und die Anleitung durch den Parteigeneralsekretär Ulbricht eine spürbare Belastung für seinen Tagesablauf gewesen. Doch waren für Honecker allein durch seine Aufgaben im Zentralrat der FDJ und durch seine Reisen in die Bezirke der DDR noch Möglichkeiten gegeben, sich ein gewisses Maß an Freizügigkeit zu bewahren. Das änderte sich jetzt. Walter Ulbricht war das Muster eines emsigen Bürokraten, dessen rigoroser Arbeitsstil auch den Mitarbeitern Außerordentliches abverlangte. Der Parteichef arbeitete täglich etwa vierzehn Stunden. Ein streng geregelter Terminablauf sicherte die Effizienz der Besprechungen mit Staats- und Parteifunktionären. Zu den Mitarbeitern, die von ihrem Ressort her verpflichtet waren, täglich die Weisungen des Ersten Sekretärs einzuholen oder präzise Berichte an ihn zu übermitteln, gehörte der Leiter des »Ressorts Sicherheit«. Die politische Anleitung und Kontrolle so verschiedener Apparate wie der des Staatssicherheitsministeriums, des Innen- und Verteidigungsministeriums hätte schon die Arbeitskraft Honeckers voll ausfüllen können. Doch darüber hinaus mußte er, zumindest in den Jahren 1956 bis 1958, dem Aufbau der paramilitärischen Kampfgruppen der Betriebe außerordentliche Aufmerksamkeit widmen. Diese schlagkräftigen Einheiten, die allmählich nicht nur über Gewehre, sondern bald auch über modernes technisches Waffengerät für Straßenkämpfe und Gefechte verfügten, sollten demnächst auch zu manöverartigen militärischen Einsatzübungen herangezogen werden. Die Ausbildung an schweren Waffen, Artillerie, Minenwerfern, Panzer- und Flugabwehrgeschützen würde die Milizen, die ausschließlich der Partei unterstanden, befähigen, notfalls auch als Hilfsverbände der Volksarmee eingesetzt zu werden.

Im Verlauf des Jahres 1956, vor allem 1957, ergaben sich für Erich

Honecker zusätzliche Aufgaben. In der Parteiführung entstand erneut eine Oppositionsgruppe gegen Walter Ulbricht. Der Sturz des stalinistischen Regimes in Ungarn und Polen war auch für deutsche Kommunisten beeindruckend und wirkte auf manche Genossen wie ein Signal. Ulbricht, der mehr als ein Jahrzehnt als Statthalter des Kreml eine strenge stalinistische Politik in Mitteldeutschland durchgesetzt hatte, war nicht nur in weiten Schichten der Bevölkerung unpopulär geblieben. Selbst in der Partei begriffen viele Sozialisten, daß mit Ulbricht eine Wiedervereinigung Deutschlands, selbst wenn man sie wie die Gruppe um den Philosophen Wolfgang Harich im Bündnis mit der westdeutschen Sozialdemokratie verwirklichen wollte, undenkbar blieb. Er war der Repräsentant Stalins und seiner Politik gewesen. Der zynische Versuch, ohne jede Diskussion von seinem früheren Idol und dessen Dogmen abzurükken, verbitterte die alten Kommunisten, die sich mit der Vergangenheitsbewältigung ohnehin schwer taten, brachte ihn aber auch bei den jüngeren Genossen um die geringe Achtung, über die er unter ihnen verfügte.

Im Laufe des Jahres 1957 übten Karl Schirdewan, Fred Oelßner, Gerhard Ziller, die Ulbrichts Politik als Sekretäre des Zentralkomitees sehr genau kannten, scharfe Kritik am Ulbricht-Kurs. Sie forderten, daß auch in der DDR Konsequenzen aus dem XX. Parteitag der KPdSU gezogen wurden, wandten sich gegen Unterdrückungsmaßnahmen, durch die Studenten und Intellektuelle noch mehr verbittert werden mußten, und lehnten die Einschüchterungsmethoden des Staatssicherheitsapparates auf die Medien und die Künstler der DDR ab. Schirdewan vertrat sogar die Theorie, daß man »Ventile öffnen« und den Bürgern etwas mehr Freiheit der Kritik ermöglichen könne. Oelßner trat für Reformen in der Landwirtschaftspolitik ein, Gerhard Ziller für Lockerungen im industriellen Bereich. Industrieminister Fritz Selbmann gesellte sich zu den Opponenten. Selbst Staatssicherheitsminister Ernst Wollweber, ein persönlicher Freund Schirdewans, stellte sich an dessen Seite. Karl Schirdewan vereinigte im Zentralkomitee die Ressorts Kader- und Leitende Parteiorgane, Jugend-, Gewerkschafts- und Frauenpolitik in seiner

Hand. Sein Einfluß reichte über die Bezirks- und Kreisleitungen bis in die wichtigsten SED-Gruppen der Großbetriebe. Aber nicht nur an der Parteispitze, sondern auch im Staatsapparat gärte es. »Modernisierung« und »Liberalisierung« waren die Stichworte für alle Genossen, die eine ernsthafte Überwindung des Stalinismus und eine Demokratisierung anstrebten.

Natürlich spielten auch persönlicher Ehrgeiz, das Streben nach Macht und der Wunsch Schirdewans, die Führung der Partei zu übernehmen, eine Rolle. Schirdewan und seine Funktionärsgruppe verfügten über Beziehungen zur Parteispitze der Sowjetunion, ohne deren Billigung ein Macht- und Personenwechsel in der SED nicht möglich waren. Wieder, wie im Jahre 1953, arbeitete jedoch die Zeit für Ulbricht. Er besaß in der Schaltzentrale der Macht in Erich Honecker einen treuen, pflichtbewußten, fleißigen, verschwiegenen und absolut zuverlässigen Gehilfen, der selbst noch keine eigenen Ambitionen hatte, die dem ersten Mann gefährlich werden konnten. Der »junge Mann« hatte im Politbüro wenige Freunde. Mißtrauisch beobachteten die Genossen seinen Aufstieg, der ihrer Meinung nach durch die bisherigen Leistungen kaum gerechtfertigt war. Das band ihn, der über keine Hausmacht verfügte, eng an den Ersten Sekretär, wie sich Ulbricht nach dem Vorbild Chruschtschows und um von Stalins früherem Titel abzurücken seit 1954 nannte. Zwischen Schirdewan, der fünf Jahre älter war als Honecker, und dem früheren FDJ-Führer bestand längst eine persönliche Rivalität. Schirdewan war als Sekretär für die Abteilung »Leitende Organe« von 1953 bis 1955 mit der Anleitung Honeckers beauftragt gewesen und hatte dessen Arbeit häufig negativ beurteilt. Gegen Honeckers erklärten Willen sorgte Karl Schirdewan auch für die Wiedereinführung eines Jugendsekretariats im Zentralkomitee, dessen Abschaffung mehrere Jahre zuvor Honecker als einen Sieg über die ihn bevormundenden Genossen empfunden hatte. Honecker konnte sich ausrechnen, daß es im Fall des Sturzes von Schirdewan an der Anerkennung Ulbrichts nicht fehlen würde. Durch Erich Mielke, den Staatssekretär im Ministerium für Staatssicherheit, der die politische Geheimpolizei seit 1945 aufgebaut hatte, ließ

Honecker die Anti-Ulbricht-Fronde bespitzeln. Ein Abhörgerät, das Mielke in der Privatwohnung von Mielkes Vorgesetztem Ernst Wollweber anbringen ließ, wo sich Schirdewans Freunde zum vertraulichen Gedankenaustausch trafen, ergab detailliertes Belastungsmaterial gegen den oppositionellen Kreis. Daß dabei der Staatssekretär seinen eigenen Minister überwachen ließ, gehört zu den besonderen Pikanterien »realsozialistischer« Machtpolitik. Nachdem Walter Ulbricht mit dem Parteichef der KPdSU, Nikita Chruschtschow, die Situation zu seinen Gunsten geklärt hatte, ging er gegen die Gruppe Schirdewan-Wollweber vor.

Auf der 35. Plenartagung des SED-Zentralkomitees im Februar 1958 wurde die »Schirdewan-Fraktion« von der Führung der Partei ausgeschlossen. Erich Honecker verbuchte den Triumph, von Walter Ulbricht mit der Grundsatzrede gegen den Rivalen beauftragt zu werden. Die Vorwürfe, die Honecker erhob, waren massiv. Angeblich habe Schirdewan »die Gefahren der NATO-Politik unterschätzt und Versuche der westdeutschen Militaristen, die DDR zu unterminieren«, ignoriert. »Während die Fraktion von Demokratisierung redete, versäumte sie, die erforderlichen Sicherheitsmaßnahmen gegen die Gegner zu treffen.« Erstmals sprach Honecker von Grundsätzen der SED-Politik, die von nun an zum ständigen Repertoire seiner Reden gehörten. Schirdewan »erkannte nicht, daß man in Deutschland keine Minderung der Spannungen herbeiführen kann, ohne die DDR allseitig zu sichern und zu stärken... Wir haben nicht zugelassen, daß sich unter dem Deckmantel des Kampfes gegen den Dogmatismus die Konterrevolution organisierte. Wir eröffneten... einen entschiedenen Kampf gegen die Hauptgefahr, den Revisionismus. Wir haben uns keine Fehlerdiskussion aufzwingen lassen. Die fehlerhafte Einschätzung der Lage durch den Genossen Schirdewan hätte die Partei und die Arbeiterklasse in große Schwierigkeiten geführt. In Wirklichkeit ging und geht es um die Frage, ob man die Probleme vom Klassenstandpunkt aus betrachtet und löst, oder ob man nur wie ein Neunmalkluger taktiert...«

Honecker erhielt die erhoffte Siegesprämie, Ulbricht belohnte den Getreuen. Zu seinem bisherigen Aufgabenbereich wurden ihm die Abteilungen im Sekretariat des Zentralkomitees übertragen, die bis 1958 Karl Schirdewan unterstanden hatten: Kader und Leitende Parteiorgane. Mit der Übernahme dieser einflußreichen Ämter war Erich Honecker zum zweiten Mann der SED-Führung geworden. Niemals zuvor hatte Walter Ulbricht einem anderen Genossen ein derartiges Vertrauen entgegengebracht. Der fünfundsechzigjährige Parteichef hatte in Honecker den präsumtiven Nachfolger gefunden.

In seiner zwanzig Jahre später verfaßten Autobiographie schreibt Honecker darüber mit Genugtuung: »Im Februar 1958 hatte mich unser Zentralkomitee zum Mitglied seines Sekretariats berufen. Der V. Parteitag der SED wählte mich wenige Monate später wieder in das Zentralkomitee. Bei der Konstituierung der Führungsorgane am 16. Juli 1958 wurde ich zum Mitglied des Politbüros und zum Sekretär des Zentralkomitees gewählt. In dieser Funktion widmete ich mich vor allem der Militär- und Sicherheitspolitik, der Jugendpolitik, der Gewerkschaftspolitik, der Frauenpolitik, der Förderung von Sport- und Körperkultur...« Sein von nun an entscheidendes Wirken als Chef der Kaderabteilung und als Kontrolleur der Leitenden Parteiorgane erwähnt Honecker nicht. Aber er nutzte die Ämterfülle und baute seine neue Stellung als »Kronprinz« mit Energie, Konsequenz und Geschicklichkeit aus. Als erstes begann er, die gesamte Partei von Schirdewans Vertrauten zu säubern. In jenen Februartagen wehte ein frostiger Wind aus dem Haus des Zentralkomitees am Werderschen Markt, in das die Hunderte von Mitarbeiter des Apparates der SED-Führung nach dem V. Parteitag umzogen. Niemand – auch Honecker nicht – störte offenbar die häßliche Naziarchitektur des Riesenbaues, zu dem 1934 Adolf Hitler persönlich den Grundstein gelegt hatte. Die einstige Reichsbank-Zentrale war von nun an das oberste Machtzentrum des zweiten deutschen Staates.

Seit 1958 verschärfte sich die innenpolitische Situation in der DDR in dem Maß, in dem die Forderung des V. SED-Parteitages im Alltag verwirklicht wurden. Der Beschluß des Parteitages über die »ökonomische Hauptaufgabe« lautete: »Die Volkswirtschaft der

DDR ist innerhalb weniger Jahre so zu entwickeln, daß die Überlegenheit der sozialistischen Gesellschaftsordnung der DDR gegenüber der Herrschaft der imperialistischen Kräfte im Bonner Staat eindeutig bewiesen wird und infolgedessen der Pro-Kopf-Verbrauch unserer werktätigen Bevölkerung mit allen wichtigen Lebensmitteln und Konsumgütern den Pro-Kopf-Verbrauch der Gesamtbevölkerung in Westdeutschland erreicht und übertrifft.« Dieses utopische Ziel wollte die SED in wenigen Jahren erreichen. Die Überflügelung des westlichen Lebensstandards – so hofften die Kommunisten – würde die Wiedervereinigung Deutschlands in ihrem Sinn befördern. DDR-Ministerpräsident Otto Grotewohl versprach: »Wir dienen der demokratischen Wiedervereinigung Deutschlands um so mehr, je rascher wir das deutsche Volk von der Überlegenheit des Sozialismus gegenüber dem Kapitalismus überzeugen, je rascher wir den Aufbau des Sozialismus vollenden... weil sich die Arbeiter und die werktätigen Schichten Westdeutschlands zum Sozialismus hingezogen fühlen, sobald seine Überlegenheit für sie sichtbar wird...«

Inzwischen war der zweite Fünfjahresplan angelaufen. Und wieder erhielt die Schwerindustrie zum Nachteil der Konsumgüterindustrie die Priorität. Der Druck auf die Bauernschaft verstärkte sich seit dem Parteitag rigoros. Der Wille der SED, die kollektive Wirtschaftsform auf dem Lande durchzusetzen, war vom Parteitag durch die Rede des Landwirtschaftssekretärs Erich Mückenberger offenbart worden, der dekretiert hatte: »Die sozialistische Großproduktion auf dem Lande ist notwendig. Deshalb muß unter Wahrung des Prinzips der Freiwilligkeit die sozialistische Umgestaltung der Landwirtschaft in historisch kürzester Frist vollzogen werden...«

Das von der SED immer wieder, und zwar auf allen Gebieten ihrer Politik propagierte »Prinzip der Freiwilligkeit« empfanden die Mehrzahl der Menschen Mitteldeutschlands inzwischen als nackten Hohn. Zu oft hatte die SED derartige Versprechungen gegeben, ohne sie in der Praxis je einzuhalten. In nur fünf Jahren, von 1953 bis 1957, hatten nicht zuletzt deshalb 1 309 179 Bürger die DDR als

Flüchtlinge verlassen. Bremsen konnte die Staatspartei diese Entwicklung nur, wenn es ihr gelang, den Lebensstandard der Bevölkerung erheblich zu verbessern und ein liberaleres geistiges Klima zu schaffen. Die rigorose Kollektivierung, die 1959 begann und im Frühjahr 1960 unter massivstem Druck vorangetrieben wurde, löste eine noch stärkere Fluchtbewegung aus. Aber nicht nur die Bauern flohen. Zehntausende von Akademikern wollten der immer stärker fühlbaren Drosselung der seit 1953 gewährten bescheidenen bürgerlichen Freiheiten entgehen. Schließlich verlockten auch der ungleich höhere Lebensstandard der westlichen Welt und die Möglichkeiten freizügigerer Lebensformen viele jüngere Menschen zum Fortgang aus der DDR. Zu allem übrigen kamen erneute Pressionen gegen Kirche und Christen. Der V. SED-Parteitag hatte eine forcierte atheistische Propaganda beschlosen. Walter Ulbricht scheute sich nicht in Konkurrenz zur Religion »Zehn Gebote der sozialistischen Moral« zu proklamieren. Der Druck des Regimes auf junge Christen, an der atheistischen Jugendweihe teilzunehmen, wurde für viele Gläubige unerträglich. Seit dem November 1958 verschärfte sich auch die internationale Lage dramatisch, als der sowjetische Partei- und Regierungschef Chruschtschow in Übereinstimmung mit der SED sein Berlin-Ultimatum erließ. Das erklärte Ziel der Sowjetführung war, die drei Westmächte ihrer originären Siegerrechte zu berauben und sie zum Abzug aus der Stadt zu veranlassen, um der SED-Administration die Kontrolle über Westberlin zu ermöglichen, wozu die Inspektion des Verkehrs nicht nur auf Straßen, Schienen und Wasserwegen, sondern auch des Flugverkehrs gehörte. Die Republikflucht über die Aufnahmelager im Westen der Stadt und die von den Sowjets bis dahin nicht zu kontrollierenden Fluglinien in die Bundesrepublik wäre damit unterbunden worden.

Erich Honecker hatte bereits als FDJ-Führer nach den Besuchen Tausender junger Menschen während der Jugendtreffen in Berlin in den westlichen Sektoren radikale Absperrmaßnahmen erwogen. Die SED war solchen Vorschlägen nicht abgeneigt gewesen, seit 1952 gab es Projekte, inmitten der Stadt eine Abriegelung vorzunehmen. Stalins Tod, der von Moskau empfohlene »Neue Kurs« und die Zuspitzung der Krise von 1953 waren die Gründe dafür, solche Maßnahmen vorerst nicht durchzuführen. Jetzt, als die Fluchtwelle so rapid anschwoll, beauftragte Ulbricht einen Stab aus der von Honecker geleiteten Sicherheitsabteilung des Zentralkomitees mit der Vorbereitung der »Grenzsicherung«. Ulbricht sprach sich mit der sowjetischen Regierung ab. Als die Westmächte sich weigerten, Chruschtschows Forderung nach Abzug ihrer Garnisonen aus Berlin-West zu erfüllen, sich auch nicht geneigt zeigten, unter kommunistischem Druck einen Friedensvertrag mit den deutschen Staaten abzuschließen, erklärte die Kreml-Führung ihr Einverständnis mit dem SED-Vorschlag, inmitten Berlins eine militärisch gesicherte Grenze zu ziehen. Ulbricht und das SED-Politbüro ernannten Erich Honecker zum »Stabschef« der Aktion.

In der DDR wuchsen die Sorgen vieler Menschen. Die unbeherrschten und immer drohenderen Reden Chruschtschows und die hemmungslose Propaganda der SED gegen die Bundesrepublik lösten in weiten Kreisen Furcht und Panik aus. Der Flüchtlingsstrom schwoll noch weiter an. Seit 1958 waren erneut eine dreiviertel Million DDR-Bürger geflohen. Im August 1961 trafen täglich mehr als tausend Menschen in den Notaufnahmelagern ein, Mitte des Monats waren es an jedem Tag mehr als eintausendfünfhundert.

Erich Honecker beschreibt die politische Situation des Sommers 1961 in seinen Erinnerungen und aus seiner Sicht auf »parteiliche Art«: »Die westlichen Medien entfachten eine üble Hetze gegen die DDR, machten – im fatalen Gleichklang zum August 1939 – mit ›Flüchtlingsströmen‹ und ›Flüchtlingselend‹ Stimmung für eine Aggression. Grenzverletzungen und Grenzprovokationen häuften sich. In Berlin-West hatten sich Zentralen für die Abwerbung von Arbeitskräften aus der DDR etabliert... Mitte 1961 hielten aggressive Kreise in der BRD und ihre Verbündeten in einigen anderen NATO-Ländern die Zeit für gekommen, erneut Unruhe in der DDR auszulösen. Mit einer als ›innerdeutsche Polizeiaktion‹ getarnten Operation der Bundeswehr wollten sie den Provokateuren ›zu Hilfe‹ kommen... Vom 3. bis zum 5. August 1961 fand in Moskau eine Beratung der Ersten Sekretäre der Zenralkomitees der kommunistischen und Arbeiterparteien der Staaten des Warschauer Vertrages statt. Im Einvernehmen mit der KPdSU schlug die SED vor, die Grenzen der DDR gegenüber Berlin-West und der BRD unter die zwischen souveränen Staaten übliche Kontrolle zu nehmen. Diesem Vorschlag stimmte die Moskauer Beratung einmütig zu…«

Seit September 1960 war nach dem Tod des Staatspräsidenten Wilhelm Pieck der Erste Sekretär des SED-Zentralkomitees Walter Ulbricht an dessen Stelle getreten. Das Amt das Präsidenten war zugunsten eines scheinbar kollektiven Gremiums, des Staatsrates, aufgehoben worden, zu dessen autoritär regierendem Vorsitzenden Ulbricht sich einsetzen ließ. Ein »Nationaler Verteidigungsrat« war bereits im Februar 1960 gebildet worden, als dessen Koordinator Erich Honecker mit dem Titel eines Sekretärs ernannt wurde, während Ulbricht auch hier als Vorsitzender agierte. Die genannten Ämter entsprachen in ihrer staatlichen Repräsentanz den entscheidenden Funktionen, die Ulbricht und Honecker im tatsächlichen Machtapparat der DDR, dem Politbüro der Staatspartei, ausübten. Daß Ulbricht als Oberbefehlshaber der gesamten militärischen Macht und Honecker als sein faktischer Stellvertreter den größten Einfluß auf alle Entscheidungen militärischen, polizeilichen und geheimpolizeilichen Charakters besaßen, trat bei der Vorbereitung und Durchführung der Maßnahmen, die am 13. August 1961 zum Bau der Berliner Mauer führten, deutlich zutage.

Honecker ließ die Entwürfe der Aktion unter seiner Aufsicht ausarbeiten, er prüfte und korrigierte sie da, wo es ihm notwendig erschien, und reichte sie an Ulbricht nur noch zur Unterschrift weiter. Es war eine gewaltige organisatorische Arbeit, an der die Kommandostäbe von vier Ministerien beteiligt waren: Verteidigung, Staatssicherheit, Inneres und Verkehr. Der Ablauf der Ereignisse, die die politische Landschaft in Deutschland und Mitteleuropa veränderten, wird von Erich Honecker selbstbewußt und nicht ohne Stolz dargestellt: »Zur Leitung der Operation richtete ich meinen Stab im Berliner Polizeipräsidium ein. Dort stand ich in Verbindung mit den Kommandeuren und Stäben der bewaffneten Kräfte, den Bezirksleitungen der SED Berlin, Frankfurt an der Oder und Potsdam, den zentralen Staatsorganen. Als ich am Nachmittag des 12. August 1961 zum Döllnsee fuhr (wo Ulbrichts Landhaus lag, D. B.), sah ich beiderseits der Straßen, daß sich die Motorisierten Schützenverbände unserer Volksarmee in ihren Bereitstellungen befanden. Um 16.00 unterzeichnete der Vorsitzende des Nationalen Verteidigungsrates der DDR, Walter Ulbricht, die vorbereiteten Befehle. Am späten Abend, eine Stunde vor Beginn der Operation, trat der von mir geleitete Stab im Berliner Polizeipräsidium zusammen. Gemäß den Einsatzbefehlen rückten die Verbände der Nationalen Volksarmee und die Bereitschaften der Volkspolizei in die ihnen zugewiesenen Abschnitte. Auch die Kampfgruppen... bezogen ihre festgelegten Einsatzpunkte. Unsere bewaffneten Kräfte erhielten von den in der DDR stationierten sowjetischen Streitkräften Unterstützung, deren Oberbefehl am 10. August 1961 Marschall der Sowjetunion Konew übernommen hatte...«

Die Frage, ob Ulbricht und Honecker mit dem Berliner Mauerbau die Gefahr eines dritten Weltkrieges heraufbeschworen, beantwortet »Stabschef« Honecker in seinen Erinnerungen:»Wiederholt bin ich gefragt worden, ob wir seinerzeit bewußt das Risiko eines großen Krieges eingegangen wären. Wir hatten berechtigten Grund zu der Annahme, daß es der NATO nicht möglich sein würde, eine derartige Aktion, die sich ja ausschließlich auf unserem Territorium vollzog, mit einer militärischen Aggression zu beantworten. Unsere Informationen besagten, daß sich die USA, die Hauptmacht der NATO, ohne die ein militärisches Vorgehen nicht denkbar war, in bezug auf Berlin-West von eindeutigen Interessen leiten ließ. Das waren: unveränderter Status von Berlin-West, Anwesenheit der drei Westmächte in Berlin-West, sicherer Verkehr zwischen Berlin-West und der BRD. Keines dieser Interessen wurde durch unsere Grenzsicherungsmaßnahmen verletzt...« Die Tragödie für die eingemauerten Bürger Mitteldeutschlands, denen nun die letzte Fluchtmöglichkeit genommen war, begann in der Nacht vom Samstag, dem 12., zum Sonntag, dem 13. August 1961. Auf den Bahnhöfen an den Grenzübergängen holten Bewaffnete zahlreiche Menschen aus den S- und U-Bahnzügen, die in dieser Sommernacht den Arbeiter- und Bauernstaat verlassen wollten. Sie wurden in die Gefängnisse eingeliefert. Diejenigen, denen man eine versuchte Republikflucht nachwies, wurden angeklagt. Die Justiz wurde in den kommenden Monaten der Flut politisch motivierter Strafverfahren kaum noch Herr. Wer jetzt noch das Wagnis des Grenzübertritts erwog, riskierte, von den bewaffneten Grenzwächtern erschossen zu werden. Kam er mit dem Leben davon, mußte er mit einer hohen Gefängnisstrafe für die Absicht bezahlen, den »Grenzdurchbruch« versucht zu haben. Die Gefängnisse und Zuchthäuser füllten sich, denn schon die Planung der »Republikflucht« war strafbar. Fluchthilfe wurde schwerstens geahndet.

Was selbst viele Kommunisten als Niederlage ihres Gesellschaftssystems ansahen, wurde offiziell mit Aufmärschen und Kundgebungen als Sieg gefeiert. Siegesfeiern, Treueschwüre, Kampfgelöbnisse bestimmten die ersten Monate nach dem Mauerbau. Wieder einmal wurde die Stalin-Allee (so hieß sie auch noch sechs Jahre nach Chruschtschows Enthüllungen über Stalin) zur via triumphalis. Vor Ulbricht und Honecker marschierten die Betriebskampfgruppen zum Appell auf und wurden zu »Kampfbereitschaft und revolutionärer Wachsamkeit« aufgefordert. Obwohl sich infolge ausgeklügelter Repressionen nach dem »Kampfaufruf des Zentralrats der FDJ« im Verlauf von nur drei Wochen nach dem 13. August bereits mehr als fünfzigtausend Jugendliche »freiwillig« zum Einsatz in den bewaffneten Kräften gemeldet hatten, erließ die Staatspartei ein Notstandsgesetz. Das »Gesetz zur Verteidigung der DDR« ermöglichte es, alle militärischen und zivilen Gewaltmittel in der Hand des Staatsratsvorsitzenden zu konzentrieren. Die wichtigsten Artikel lauten: »Der Verteidigungszustand wird durch den Vorsitzenden des Staatsrates der Republik verkündet... Der Staatsrat der Republik kann für die Dauer des Verteidigungszustandes die Rechte der Bürger und die Rechtspflege in Übereinstimmung mit den Erfordernissen der Verteidigung der Republik abweichend von der Verfassung regeln...«

Die Bürger wurden eingeschüchtert. Rollkommandos der FDJ – sie hießen offiziell »Ordnungsgruppen« – bestiegen überall in der Republik die Dächer und rissen die nach Westen gerichteten Fernsehantennen herunter oder drehten sie »in die richtige Richtung«. Die Verbitterung der Einwohner Mitteldeutschlands konzentrierte sich auf den seit Jahren verhaßten SED- und Staatschef Walter Ulbricht. Erich Honecker und die anderen Mitglieder der Parteiführung schwärmten nach dem Mauerbau in die Bezirke der DDR aus, um in Reden vor Parteieinheiten und Betriebsbelegschaften die Absperrmaßnahmen zu rechtfertigen und das täglich propagierte Feindbild von der Bundesrepublik in grellsten Farben darzustellen. Honecker besuchte vor allem Soldaten, Staatssicherheitsverbände und Betriebskampfgruppen. In der thüringischen Bezirksstadt Suhl prägte er ein Wort, das seitdem über Jahre hinweg von allen SED-Agitatoren wiederholt wurde: »Walter Ulbricht wird siegen! Walter Ulbricht – das sind wir alle!« Erich Honecker, der inzwischen als Leiter des Sekretariats im SED-Zentralkomitee zum Stellvertreter Ulbrichts in der Parteiführung aufgerückt war, blickte voller Ergebenheit zu seinem Führer auf, der nun als Staatsratsvorsitzender auch nach außen hin zu erkennen gab, daß er der erste Mann des »Arbeiter- und Bauernstaates« war.

Honecker befürchtete, daß die Ruhe in der Bevölkerung nach dem Mauerbau trügerisch sei. Auf der 14. Tagung des Zentralkomitees im November 1961 warnte er die potentiellen Kritiker Ulbrichts: »Wir werden aber wie in der Vergangenheit, so auch in der Zukunft, jedem auf die Finger klopfen, der es wagt, unsere im revolutionären Kampf bewährten Führer mit Schmutz zu bewerfen.«

Nachdem die DDR äußerlich abgesichert war, bemühte sich die Staatspartei um die innere Befriedung der Gesellschaft. Die ideologischen Fragen traten jetzt in den Hintergrund. Vor allem sollten sich die Funktionäre und Genossen der Konsolidierung und Weiterentwicklung der Volkswirtschaft annehmen. Erich Honecker fiel die Aufgabe zu, die Parteimitglieder zu motivieren. Er sprach kritisch mit den »Genossen in den gesellschaftlichen Organisationen und Instituten, die sich noch nicht einheitlich auf die Lösung ökonomischer Aufgaben, auf die konkrete Leitung der Volkswirtschaft konzentrierten«. Es müsse endlich Schluß gemacht werden mit dem »bürokratischen Arbeitsstil, dem Administrieren«, die SED-Mitglieder »sollten fachlich und ideologisch durch ihr Vorbild wirken«. Auch könne man jetzt in verstärktem Maß parteilose Wissenschaftler und Techniker zur Lösung der Aufgaben heranziehen. Noch deutlicher wurde Honecker auf dem VI. Parteitag der SED, der im Januar 1963 stattfand und Wirtschaftsreformen in den Mittelpunkt der zukünftigen Politik stellte. Walter Ulbricht hatte die Konzeption des »Neuen Ökonomischen Systems« entwickelt, dessen Ziel es war, das materielle Interesse der Arbeiter zu erhöhen, die Anwendung der wirtschaftlichen Rechnungsführung durchzusetzen und die Eigenverantwortlichkeit der volkseigenen Betriebe zu steigern.

In Erich Honeckers Referat auf dem Parteitag standen die Leitungsmethoden im Vordergrund. Leistungssteigerungen, soviel hatte er und die anderen Spitzengenossen inzwischen begriffen, konnten mit dem bloßen Führungsanspruch der Partei allein nicht mehr durchgesetzt werden. Honecker ging mit der Überheblichkeit vieler Genossen scharf ins Gericht. Niemand dürfe glauben, »daß sozialistisches Bewußtsein durch Kommandieren, Bevormunden und herzloses Verhalten zu den Menschen verbreitet werden kann. Notwendig ist vielmehr, den Schematismus, das seelenlose, beamtenmäßige Administrieren, den Dogmatismus, das Hinwegreden über die Köpfe der Menschen aus unserer Arbeit zu verbannen.« Kluge und geduldige Überzeugungsarbeit »gelte es zu leisten. Alle Genossen müßten ihren Arbeitskollegen Achtung und Aufmerksamkeit entgegenbringen und jede Art von Unterdrückung der Kritik entschieden bekämpfen...«

Nach dem Mauerbau waren Millionen von DDR-Bürgern zur partiellen Anpassung gezwungen. Wenn diese Menschen beruflich etwas leisteten und sich in das gesellschaftliche System des Sozialismus einfügten (selbst wenn sie die Politik der Kommunisten innerlich ablehnten), wollte die Staatspartei von nun an Leistungen materiell honorieren, ohne unentwegt nach dem »richtigen politischen

Bewußtsein« zu fragen. Auch die Parteilosen strebten, nachdem sie der Alternative einer Flucht beraubt waren, nach Erhöhung ihres Lebensstandards. Insofern waren ihre Interessen identisch mit denen der SED. Das garantierte der DDR in den sechziger Jahren ein wirtschaftliches Wachstum. Parallel dazu erfolgte, wie zehn Jahre zuvor nach dem Juni-Aufstand und während des »Neuen Kurses«, eine gewisse Liberalisierung der Gesellschaft. Im kulturellen Leben, vor allem im Fernsehen, im Funk und in der Presse wuchs die Freizügigkeit. Die Buchverlage brachten Neuerscheinungen westlicher Autoren auf den Markt. Werke von Carl Zuckmayer, Ingeborg Bachmann, Max Frisch und anderer in der DDR bisher unbekannter Autoren erschienen, die Theater spielten Stücke moderner westlicher Dramatiker. Auch der jetzt nicht mehr so reglementierten Jugend wurden seit dem Herbst 1963 Zugeständnisse gemacht.

Honecker trat jetzt weniger in der Öffentlichkeit auf. 1963 und 1964 scheint der Schwerpunkt seiner Leitungstätigkeit im Sekretariat des Zentralkomitees im ökonomischen Bereich gelegen zu haben. Noch immer arbeiteten seiner Auffassung nach die Parteiorganisationen ungenügend. Das Neue Ökonomische System sollte die wirtschaftliche Situation grundlegend verbessern, aber Produktivität und Effektivität dieser Prozesse hingen von einer Mobilisierung der Kader und einer umfassenden Ausbildung der Führungskräfte ab. Innerhalb der SED nahm die Zahl derjenigen, die ein Hochschul- oder Fachschulstudium absolvierten, seit 1963 zu. Honecker erwartete – besonders auch von den Mitarbeitern des Zentralkomitees im Bereich der Volkswirtschaft – mehr als nur eine akademische Bildung. Ein führender sozialistischer Ökonom mußte sich mit den Grundproblemen der »technisch-wissenschaftlichen Revolution« gleichermaßen vertraut machen wie mit den wirtschaftlichen Problemen der Gegenwart und den Aufgaben der Zukunft. Die jungen Funktionäre wie Günter Mittag, Werner Jarowinsky, Günter Kleiber oder Gerhard Schürer waren nicht nur akademisch vorzüglich ausgebildet, sie erwarben auch gediegene Kenntnis durch die praxisorientierte Leitung von Wirtschaftszweigen und besaßen das Vertrauen sowjetischer Funktionäre.

Das Informationsbüro West in Berlin ermittelte für das Jahr 1964, daß die SED unter 1,6 Millionen Mitgliedern siebenundfünfzigtausend Hochschulabsolventen und hundertdreiunddreißigtausend Fachschulabsolventen besaß. Die Anzahl der akademisch gebildeten Kader veränderte die einstige Funktionärspartei, aus der heraus sich die »Neue Klasse« mit besonderen Rechten und Privilegien entwickelte. Zu ihr gehörten die Wirtschaftsmanager, die zu Symbolfiguren kommunistischer Leitungseliten wurden. Walter Ulbricht selbst hatte auf der fünften Plenartagung des Zentralkomitees der SED im Februar 1964 nahezu ausschließlich über Wirtschaftsprobleme gesprochen und dabei die etwa achtzig Generaldirektoren der Vereinigung Volkseigener Betriebe (VVB) zu »Schlüsselfiguren des gesamten Wirtschaftssystems« erklärt. Ein »Zentralinstitut für sozialistische Wirtschaftsführung« wurde gegründet und erwies sich als eine Art kommunistische Unternehmerschule. Die SED entdeckte bisher völlig vernachlässigte Gebiete wie die Soziologie. Um die Produktion zu steigern, erforschte man nun das »sozialistische Betriebsklima«.

Je mehr Ulbricht und Honecker ihre Abgrenzungspolitik gegenüber der Bundesrepublik betrieben, um so mehr integrierten sie die DDR-Wirtschaft in das System des sozialistischen Staatenblocks. Der »Rat für Gegenseitige Wirtschaftshilfe« (RGW) entwickelte sich zum östlichen Pendant der EWG. Mitte der sechziger Jahre wurden die wirtschaftlichen Erfolge der DDR für die Bevölkerung spürbar. Der Lebensstandard übertraf bereits den aller anderen Länder des sozialistischen Lagers. Die jungen Parteikader innerhalb des ökonomischen Bereichs rechtfertigten die in sie gesetzten Hoffnungen. Die hart arbeitende Bevölkerung hatte ihre Resignation nach dem Mauerbau allmählich überwunden. Ihr vor allem war es zu verdanken, daß die wirtschaftliche Dynamik nach den Reformen von 1962 bis 1963 zu Verbesserungen in der Produktion hochwertiger Export- und Verbrauchsgüter führte.

Im Herbst 1965 zeichnete sich ab, daß die Sowjetunion die DDR mittels eines neuen Handelsvertrages fester an sich binden wollte. Die von ihr gelieferten Rohstoffe, wie Erdöl, Erze, Kupfer, Blei und

Steinkohle sollte die DDR mit hochwertigen Maschinenausrüstungen, Textilmaschinen, kompletten chemischen Anlagen, Dieselmotoren, Lokomotiven und Schiffen bezahlen. Dieser umfassende Vertrag, der bis 1970 eine Handelsspanne von sechzig Milliarden Valuta-Mark vorsah, verstärkte die wirtschaftspolitische Abhängigkeit der DDR von der Sowjetunion erheblich und erfüllte manchen hohen Funktionär mit Sorge. Am Tag der Unterzeichnung des Handelsvertrages schied der verantwortliche Wirtschaftsplaner der DDR, Dr. Erich Apel, freiwillig aus dem Leben. Der Kandidat des SED-Politbüros, den die Daten des Vertrages tief beunruhigten, weigerte sich, die Verantwortung für die vollkommene Anbindung der DDR-Wirtschaft an die UdSSR zu übernehmen.

Erich Honecker beschäftigte sich in dieser Zeit mit der Vorbereitung der elften Plenartagung des Zentralkomitees. Die Genossen der Parteiführung mußten sich mit einer Entwicklung auseinandersetzen, die das Macht- und Meinungsmonopol der SED zu bedrohen schien. Die bescheidenen Liberalisierungsversuche, die wirtschaftlichen Erfolge und das damit verbundene Selbstbewußtsein der jüngeren Technokraten, die Öffnung der Medien für kritische Meinungen führten zu kulturpolitischen Entwicklungen, die der Kontrolle der Partei zunehmend entglitten. Besonders die Intellektuellen, die Schriftsteller, Lektoren, Redakteure und Dramaturgen im Film- und Theaterwesen opponierten mit ihren Arbeiten gegen die Bevormundung durch die Apparatfunktionäre. Anerkannte Autoren, wie Stefan Heym, Christa Wolf, Peter Hacks, Heiner Müller und Werner Bräuning, die sich zum Sozialismus bekannten und überwiegend sogar Mitglieder der SED waren, veröffentlichten bis 1965 Werke, in denen Kritik an Relikten des Stalinismus, an der Arroganz und geistigen Beschränktheit dogmatischer Parteifunktionäre geübt wurde. Besonders »zersetzend« ging es im Filmbetrieb der sozialistischen Filmfirma DEFA in Babelsberg zu. Der junge Autor Manfred Bieler (Ehrenmitglied des FDJ-Zentralrates) entlarvte in der Filmerzählung »Das Kaninchen bin ich« den opportunistischen Zynismus eines der SED angehörenden Richters. Der prominenteste Regisseur der SED, Professor Kurt Maetzig, hatte den Film bereits abgedreht. Gerüchte über das »Machwerk« er-reichten das Politbüro, das sich den Film vor der Premiere ansah und ihn sofort verbot. Die für ideologische und künstlerische Fra-gen zuständige Kommission des Politbüros tagte. Erich Honecker erhielt den Parteiauftrag, die verhängnisvolle Entwicklung zu stop-pen. Sogleich postulierte er: »Unsere DDR ist ein sauberer Staat, in ihr gibt es unverrückbare Maßstäbe der Ethik und Moral, für An-stand und gute Sitte.« Anarchismus, Skeptizismus würden von der Partei nicht länger geduldet. Er verurteilte die »schädlichen Ten-denzen, die Propaganda der Unmoral und die antihumanistischen Darstellungen in Film, Fernsehen und Literatur, die aus einer Mi-schung von Sexualität und Brutalität« bestehe und zu Rowdytum und Dekadenz führe.

Die Beschlüsse der SED während und nach der elften Tagung ih-res Zentralkomitees waren für den kulturell-künstlerischen Bereich katastrophal. Honecker hatte als oberster Kaderchef etliche Umbe-setzungen im Kulturapparat vorgenommen. Kulturminister Hans Bentzien, der das Amt als Nachfolger von Johannes R. Becher und Alexander Abusch seit 1961 bekleidete, mußte seinen Sessel Anfang 1966 räumen. Theater- und Filmdramaturgen entließ man und schickte sie in die »Produktion«, damit sie das »Leben der Arbeiter-klasse an der Basis kennenlernten«; Feuilletonredakteure und Lek-toren wichtiger Buchverlage erhielten »Bewährungsfunktionen«. Mehr als ein Dutzend zumeist abgedrehter Spielfilme verboten die Zensoren. In den Ateliers der DEFA, den früheren UFA-Studios von Babelsberg, herrschte unter den Autoren, Schauspielern, Film-technikern, Dramaturgen, Kameraleuten und Regisseuren, die fürs erste Zwangsurlaub erhielten, Verzweiflung, weil die SED von nun an alle neuen Drehbücher von ängstlichen und eingeschüchterten SED-Funktionären gründlich auf »Linientreue« prüfen ließ. Wäh-rend der Kantinenpächter stark erhöhte Umsätze in Alkoholika als »Kampfmittel gegen Depressionen« verzeichnete, wurden die Titel zweier verbotener Streifen zum trostreichen Motto »Der Frühling braucht Zeit« und »Denk bloß nicht, ich heule…«

Weil sich der erfolgreiche junge Regisseur Frank Beyer weigerte, auf seinen Auftritt bei der Premiere seines Films »Die Spur der Steine« zu verzichten, wurde er von der DEFA entlassen und mußte sich als Hilfsregisseur an einem Provinztheater verdingen. Gedreht war der Film nach dem gleichnamigen, mit dem Nationalpreis ausgezeichneten Roman von Erik Neutsch worden. Walter Ulbricht hatte die Aufführung genehmigt, weil er in dem Roman von Erik Neutsch ein hervorragendes Beispiel des von der Partei propagierten »Sozialistischen Realismus« sah. Erich Honecker lehnte dagegen den Film kategorisch ab. Ihm war zugetragen worden, daß die Romanhandlung eine Anspielung auf ihn selbst enthalte. Der Parteisekretär Horrath beging nicht nur Ehebruch, er wollte dessen Folgen auch noch durch eine ungesetzliche Abtreibung beseitigen lassen.

Nachdem Ulbricht der Filmaufführung seine Zustimmung gegeben hatte, wagte Honecker kein offizielles Verbot. Er wußte sich jedoch zu helfen. Bei den Erstaufführungen in Berlin, Leipzig und Halle inszenierten die zuständigen Parteisekretäre Verner, Fröhlich und Sindermann mit Hilfe von Absolventen der jeweiligen Parteischulen Krawalle. Die ausgewählten Funktionäre protestierten während der ersten Vorführungen so lautstark, daß der Filmverleih nunmehr das »antisozialistische Machwerk« vom Programm absetzen konnte. Erich Honecker brauchte keine kritischen Nachfragen Ulbrichts zu befürchten. Der Staats- und Parteichef war unmittelbar vor den Ereignissen für mehrere Wochen zum Urlaub ans Schwarze Meer abgereist.

Für die Filmkunst, die die SED, einem Wort Lenins folgend, wegen ihrer Massenwirksamkeit zu den wichtigsten Kunstarten zählte, interessierte sich Erich Honecker von nun an besonders. Bei bedeutenden DEFA-Projekten forderte er vor der Produktionsgenehmigung das Drehbuch zur Lektüre an. Seine künstlerische Urteilsfähigkeit war freilich bescheiden. So fand er das Drehbuch eines langweiligen und mißlungenen Filmes über Karl Liebknecht »spannend wie einen Kriminalroman!«

Auf der ZK-Tagung im Dezember 1965 wurde auch über zwei Sonderfälle das Urteil gesprochen, die Erich Honecker und seine

für die »Reinheit und Geschlossenheit« der marxistisch-leninistischen Weltanschauung verantwortliche ideologische Kommission
noch mehr als ein Jahrzehnt beunruhigen sollten. Von den beiden
kommunistischen Intellektuellen, die mundtot zu machen der SED
nicht gelingen wollte, war Wolf Biermann als Poet und Liederma-
cher mit eigenwilligen Balladen und Gesängen hervorgetreten. Als
Sohn eines von den Nazis ermordeten kommunistischen Hafenar-
beiters war er 1953 voller Begeisterung aus Hamburg zu seinen Genossen in die DDR übersiedelt. Er lehnte die »kapitalistische Aus-
beuter-Gesellschaft« leidenschaftlich ab, forderte aber im Geist von
Rosa Luxemburg Freiheit der Kritik auch im Sozialismus. Doch
Biermann ging noch weiter. Er verhöhnte die Bonzenwirtschaft der
»alten Männer«, die sich korrupt und vom Volk entfernt in ihrer
Villenkolonie Wandlitz selbst eingemauert hatten. Biermann wurde
aus der SED ausgeschlossen, er erhielt Auftrittsverbot, natürlich
wurden auch keine Schallplatten oder Tonbandaufnahmen mehr
von ihm in der DDR hergestellt. Von Beamten der Staatssicherheit
ständig observiert, versuchte das Regime den immer populärer werdenden jungen Künstler vergeblich zu isolieren, dessen Lieder inzwischen nur noch die westlichen Medien verbreiteten. Biermann
griff in seinen Versen sogar Ulbricht, Sindermann, Verner und Honecker direkt an, wenn er fragte: »Wo herrscht die In-qui-si-tion /
der Revolution zum Hohn / Auf mittelalterlichem Thron / und lügt
tagtäglich schlauer / Den weisen greisen Volkspapa / Wo preist man
ihn und sein ZK / (das immer seiner Meinung war)? / In China! In
China, hinter der Mauer...«

Erich Honecker fand auf solche Spottlieder und Anzüglichkeiten
eine kurze Antwort: »Es ist an der Zeit, der Verbreitung fremder
und schädlicher Thesen, unkünstlerischer Machwerke, die zugleich
auch stark pornographische Züge aufweisen, entgegenzutreten...«

Noch schwerwiegender für das Ansehen der Staatspartei vor allem bei den eurokommunistischen Genossen im Westen war der
Fall Robert Havemann (1910–1982). Die Enthüllungen der Verbrechen Stalins auf dem XX. Parteitag der KPdSU hatten Erich Honeckers Mithäftling im Zuchthaus Brandenburg wie viele Intellek-

tuelle erschüttert. Im Wintersemester 1963/64 hielt der Professor für Physikalische Chemie eine Vorlesungsreihe über »Naturwissenschaftliche Aspekte philosophischer Probleme«, in der er die stalinistische Einengung von Forschung und Lehre kritisierte. Als die Parteiführung der »Gefahren« dieser Vorlesungen gewahr wurde, zu denen Hunderte von Hörern aus Leipzig, Jena und anderen Orten anreisten, schloß sie ihn, nachdem er jeglichen Widerruf verweigerte, 1964 aus ihren Reihen aus. Sein Fall wurde nun von den Medien des Westens bekannt gemacht. Da Havemann nicht schwieg, entfernte man ihn aus dem Lehramt und ein Jahr später verlor er auch seinen Arbeitsplatz als Leiter der Arbeitsstelle für Fotochemie im Forschungszentrum der Akademie der Wissenschaften. Statutenwidrig schloß die Akademie den Gelehrten ebenfalls aus. Der Gemaßregelte lebte über Jahre hinweg von seiner bescheidenen Rente als »Opfer des Faschismus«. Ulbricht und Honecker wagten es jedoch nicht, den von den westeuropäischen Kommunisten geachteten Marxisten, der sich zu einem »Sozialismus mit menschlichem Antlitz« im Sinne von Rosa Luxemburg bekannte, zu verhaften. Robert Havemann, den westliche Rundfunk- und Fernsehstationen und Zeitschriften häufig interviewen wollten, wurde vom Staatssicherheitsministerium wie ein Schwerverbrecher bewacht. Staatsanwälte besuchten ihn, Vernehmer der Staatssicherheit verhörten ihn tagelang und versuchten, ihn einzuschüchtern. Über Jahre hinweg riegelten zwei große Lastkraftwagen und je ein Polizeifunkwagen die kleine Vorortstraße ab, um zu verhindern, daß Freunde den Regimekritiker unkontrolliert besuchen konnten. Zweihundert Mitarbeiter des Staatssicherheitsministeriums und Polizisten kontrollierten das Wohnhaus rund um die Uhr. Wenn er ausfuhr, folgten ihm drei Autos mit je zwei Polizisten, kam seine Frau mit, waren es fünf Wagen. Dieser kritische Kommunist wagte bis zu seinem Tod, der SED und ihren Führern die Stirn zu bieten. Er veröffentlichte seine Beiträge im Ausland, und zwar nicht nur in Hamburg und München, sondern auch im sozialistischen Prag.

Zwei Jahre bevor die im Warschauer Pakt verbündeten sozialistischen Staaten 1968 ihren Bündnispartner ČSSR mit Truppen und

Panzern überfielen, hatte die SED einen zwischen ihr und der SPD bereits verabredeten Redneraustausch in letzter Minute storniert. Obwohl die SPD eigens ein besonderes Reise- und Sicherheitsgesetz im Bundestag eingebracht hatte, um den SED-Funktionären ein unbehindertes Auftreten in der Bundesrepublik zu ermöglichen, war den Kommunisten die Lust zum freien Redneraustausch schnell wieder vergangen. Denn gerade den von Egon Bahr geforderten »Wandel durch Annäherung« wollten die SED-Führer nicht. Und nichts fürchtete man mehr als das »Gift des Sozialdemokratismus« und die »Gefahren eines schleichenden Revisionismus«.

Auf die SPD setzten viele Menschen in der DDR noch immer große Hoffnungen. Schließlich waren die mitteldeutschen Länder bis 1933 Hochburgen der Sozialdemokratie gewesen. Und nach 1945 hatte die SPD erbittert die Integration Westdeutschlands in die NATO bekämpft, weil sie dadurch die Zementierung der deutschen Spaltung befürchtete. Unvergessen war in der DDR auch Kurt Schumachers scharfe Kritik am Stalinismus und sein Plädoyer für einen freiheitlichen Sozialismus.

Erich Honecker lehnte im Namen des Politbüros den Redneraustausch ab. Er ging dabei »dialektisch« vor. Das von der SPD zur Sicherung der Reisen hoher SED-Kader vorbereitete Gesetz diffamierte er als »Handschellengesetz«. Die SED stehe dem Dialog mit der SPD zwar »positiv gegenüber«. Doch bleibe das Hauptziel der Partei, ihren »Einfluß auf die friedliebenden Menschen in Westdeutschland« zu verstärken. Die Bonner Politik müsse allerdings geändert werden. »Die Alternative ist eindeutig: Entweder die Arbeiter, die Werktätigen in beiden deutschen Staaten verständigen sich, oder die Lösung der deutschen Frage ist unmöglich...«

Am 21. August 1968 marschierten die Armeen der Warschauer-Pakt-Staaten in das sozialistische Bruderland an der Moldau ein, einzig die rumänische Regierung hatte die Intervention abgelehnt und entsandte keine Truppen. In der ČSSR hatten sich erstaunliche und nach Meinung des SED-Politbüros im Laufe der Zeit höchst bedrohliche Dinge getan. Kommunistische Reformkräfte hatten zunehmend die Oberhand gewonnen und die entscheidenden Ämter in der Staats- und Parteiführung übernommen. Demokratische Meinungsbildung und Vielfalt, Rechtsstaatlichkeit, dazu ein bescheidenes Maß an nationaler Eigenständigkeit gegenüber dem Machtanspruch der Sowjetunion waren die Zielvorstellungen des Reformkommunisten Alexander Dubcek und seiner Genossen. In kurzer Zeit hatten sie damit eine überwältigende Zustimmung der Bevölkerung gewonnen.

Den Dogmatikern in Moskau wie in Ostberlin und den anderen Hauptstädten des Warschauer Pakts war die Politik der tschechischen Kommunisten von Anfang an suspekt, erklärten die Reformer in Prag doch unmißverständlich, die künftige Politik ihrer Partei an der Zustimmung des Volkes zu messen. Honecker begründete das brutale Vorgehen gegen die tschechischen und slowakischen Genossen am 26. Oktober 1968 auf der neunten Tagung des Zentralkomitees erwartungsgemäß mit dem Popanz des westlichen Imperialismus:»Wenn schon die revisionistische und konterrevolutionäre Entwicklung in der ČSSR so weit fortgeschritten war, daß politische Mittel nicht mehr ausreichten, das Land vor dem Zugriff der Imperialisten zu schützen, dann mußte sich die internationale sozialistische Solidarität auch durch militärische Hilfe bewähren...«

An diesem Tage erteilte Honecker auch allen »Theorien des Brückenschlages, des Wandels durch Annäherung, einer neuen Ostpolitik und der sogenannten Konvergenztheorie« noch einmal eine Absage. Seine Rede auf der ZK-Tagung bestätigte, daß er sich selbst treu blieb. Undifferenziert und wenig sensibel beurteilte er Prozesse, die schon kurze Zeit später die politische Situation Mittel- und Osteuropas verändern sollten. Ohne die neuen Ansätze zu einer aktiven Verständigungspolitik in der Bundesrepublik zu erkennen, die bald danach der DDR halfen, aus ihrer internationalen Isolierung herauszukommen, bezeugte er Härte und Unbeweglichkeit: Die Vertreter der Entspannungspolitik würden die Gegensätzlichkeit der Systeme leugnen, »sie betrügen ihre Anhänger auf... primitive Weise.«

Der Begriff »Entspannungspolitik«, der von 1970 an die Weltöffentlichkeit bewegte, kam allerdings für die SED nicht unerwartet.

Zwischen der Sowjetunion und den USA gab es seit einiger Zeit Bemühungen, in ein ernsthaftes Gespräch zu kommen. In Europa war die Scheidelinie zwischen den verfeindeten Blöcken zugleich auch die Grenze, die die beiden deutschen Staaten voneinander trennte. Ausgerechnet in Berlin, am zwanzigsten Jahrestag der DDR-Gründung, den die SED zu einem pompösen, sich über Tage und Nächte erstreckenden Fest arrangierte, äußerte Sowjetführer Leonid Breschnew an die Adresse der Bundesrepublik, daß der Kreml auf eine »Wende zum Realismus« hin »entsprechend reagieren« würde. Diese Wende hatte in den Bonner Ministerien längst stattgefunden.

Bereits im April 1967 hatte die Regierung der Großen Koalition, in der neben Bundeskanzler Kiesinger Vizekanzler und Außenminister Willy Brandt sowie Herbert Wehner als Minister für gesamtdeutsche Fragen führende Positionen einnahmen, Vorschläge zur Entspannung und Entkrampfung im Bereich der beiden deutschen Staaten vorgeschlagen. Doch die SED konterkarierte diesen Versuch sogleich mit ihrer Maximalforderung nach diplomatischer Anerkennung. Ausdrücklich ließ sie durch das Präsidium des VII. SED-Parteitages, der im April 1967 tagte, Bundeskanzler Kiesinger eine kühle Stellungnahme übermitteln. In ihr hieß es: »Eine Vereinigung der Herrschaft der Arbeiterklasse und des Volkes mit der Herrschaft des Monopolkapitals, des westdeutschen Feudaladels und der Hitlergenerale in einem Staat ist unmöglich. Für die DDR und ihre freien staatsbewußten Bürger gibt es keine Rückkehr zum gesellschaftlichen Mittelalter...«

Besonders verdroß die SED-Führung, daß die Sozialdemokraten den Regierungsvorschlag Kanzler Kiesingers nun im Namen von Vizekanzler Brandt in einem »Offenen Brief« wiederholten. Ulbricht persönlich eilte ans Rednerpult und schalt die SPD-Führer: »Wir bedauern, daß sich die Mitglieder des Sozialdemokratischen Parteivorstandes aus freien Stücken zu Gefangenen der CDU/CSU-Politik gemacht haben.« Der SED-Patriarch ermunterte die SPD, sich »endlich aus der für sie und für Westdeutschland verhängnisvollen Gefangenschaft und Hörigkeit zu befreien. Obwohl durch die Politik der Minister der Sozialdemokratischen Partei die

Kluft zwischen unseren beiden Parteiführungen tiefer geworden ist, werden wir die Hoffnungen nicht aufgeben, daß die westdeutschen Sozialdemokraten den Weg der Zusammenarbeit mit der SED finden werden...«

Nachdem im Oktober 1969 Willy Brandt Kanzler einer SPD/FDP-Koalition geworden war, erfolgte aus Bonn der erneute Versuch eines »Brückenschlages« und die Initiative zu einer »neuen Ostpolitik«. Die neue Bundesregierung suchte das Gespräch: »Aufgabe der praktischen Politik ist es, die Einheit der Nation dadurch zu wahren, daß das Verhältnis zwischen den Teilen Deutschlands aus der gegenwärtigen Verkrampfung gelöst wird. Die Deutschen sind nicht nur durch ihre Sprache und ihre Geschichte – mit ihrem Glanz und ihrem Elend – verbunden; wir sind alle in Deutschland zu Haus. Wir haben auch noch gemeinsame Aufgaben und gemeinsame Verantwortung: für den Frieden unter uns und in Europa... Die Bundesregierung setzt die durch Bundeskanzler Kiesinger und seine Regierung eingeleitete Politik fort und bietet dem Ministerrat der DDR erneut Verhandlungen beiderseits ohne Diskriminierung auf der Ebene der Regierungen an, die zu vertraglich vereinbarter Zusammenarbeit führen sollen. Eine völkerrechtliche Anerkennung der DDR durch die Bundesregierung kann nicht in Betracht kommen. Auch wenn zwei Staaten in Deutschland existieren, sind sie doch füreinander nicht Ausland; ihre Beziehungen zueinander können nur von besonderer Art sein...«

Im Politbüro der SED herrschte keineswegs Freude über die neuen Töne. Eher bestimmten Sorge über mögliche Reaktionen in der eigenen Bevölkerung die Überlegungen der über die Stimmungslage im Land bestens informierten Führungskader. Besonders Erich Honecker als Chef des Sekretariats im Zentralkomitee, dem ein neugegründetes parteieigenes Institut für Meinungsforschung geheime Berichte über die Hoffnungen und Sorgen der Bevölkerung auf den Schreibtisch legte, befürchtete eine wachsende Verunsicherung. Denn Ulbricht und Honecker wußten, daß eine Normalisierung der Beziehungen zwischen beiden deutschen Republiken ohne »menschliche Erleichterungen« nicht möglich war.

Im strengen Winter 1969/70 war die Autorität der Staatspartei wieder einmal stark gesunken. Es kam zu Stromabschaltungen, selbst Grundnahrungsmittel wurden knapp. Erhebliche Investitionen für gigantische industrielle Großprojekte waren zu Lasten der dringend erforderlichen Konsumgüter finanziert worden. Noch immer zeigte sich der westliche Lebensstandard im bürgerlichen Deutschland dem »sozialistischen Vaterland« weit überlegen. Die Staatspartei konnte davon ausgehen, daß Millionen DDR-Bürger den Abbau der Spannungen in den Beziehungen zwischen beiden deutschen Staaten wünschten. Menschliche Kontakte, ein Ansteigen von Handel und Wandel, mehr Freizügigkeit – davon konnten die »Eingemauerten« hinter dem »antifaschistischen Schutzwall« nur gewinnen.

Erich Honecker drückte die Befürchtungen der Parteispitze noch einmal drastisch aus, als er im Dezember 1969 auf der zwölften Tagung des SED-Zentralkomitees auf fast schon gespenstische Art die Kontaktängste seiner Partei artikulierte: »Es geht schließlich darum, den ›Fuß in die Tür des anderen zu bekommen‹. Man könnte seitenlang diktieren, wie sich diese Herren das Eindringen in sozialistische Länder nach dem Muster der zur Genüge bekannten grauen Pläne vorstellen... Einmal will man sich ›aufgeschlossen und objektiv‹ geben, und zum anderen will man ›Kontakte‹ unter der sogenannten Schwelle der völkerrechtlichen Anerkennung, die politische Wachsamkeit einschläfern und außerdem noch das Wissen unserer Fachleute, um zu versuchen, die eigenen wissenschaftlichen Lücken zu schließen...«

Bezeichnenderweise unterstützten Honecker die beiden wichtigsten SED-Genossen, die von seiner ZK-Abteilung »Sicherheit« kontrolliert und »angeleitet« wurden, Verteidigungsminister Heinz Hoffmann und Staatssicherheitsminister Erich Mielke, die beide später von Honecker in die Führungsspitze des Politbüros aufgenommen wurden. Heinz Hoffmann ging sogar soweit, vorsichtige Kritik an der Führungsmacht UdSSR zu äußern, er mahnte zur erhöhten Wachsamkeit und warnte davor, die Verteidigungsfähigkeit zu schmälern. Und Erich Mielke, der den gewaltigen Apparat des

Staatssicherheitsministeriums leitete, prophezeite: »Durch die ziel-
gerichtete Forderung und Ausnutzung revisionistischer Erscheinungen, die Verbreitung des Sozialdemokratismus und durch den
skrupellosen Mißbrauch aller sich bietenden Kontaktmöglichkeiten
sollen Voraussetzungen für die Organisierung einer schleichenden
Konterrevolution geschaffen werden...« Das Unbehagen, sich mit
den sozialdemokratischen »Revisionisten«, »Aufweichlern«, »Die-
nern des Monopolkapitalismus«, »Verrätern am Sozialismus«, »Re-
negaten« und »Arbeiterverrätern« an einen Tisch zu setzen, wurde
noch verstärkt durch die Sorge, die dem Marxismus abtrünnigen
Sozialdemokraten könnten in der Arbeiterklasse der DDR populärer sein als die Sozialistische Einheitspartei.

Während der Reisetermin für Bundeskanzler Brandt bereits in
Bonn genannt wurde und man in Erfurt das erste Treffen beider
deutscher Regierungschefs vorbereitete, diffamierte Honecker die
SPD-Führung noch Ende Februar 1970 vor Absolventen der Partei-
hochschule der SED: »Ihre Integration in das imperialistische System ist die ausgereifte Frucht einer jahrzehntelangen Entwicklung.
Die Politik der neuen Bonner Regierung läuft darauf hinaus, mit etwas geänderten Methoden die Hegemonie der herrschenden Kreise
Westdeutschlands über West-, Süd- und Nordeuropa zu festigen
und mit Hilfe der Politik des Brückenschlags, der Konvergenz, der
Wirtschaftshilfe den Stoß in die sozialistischen Länder zu führen.«
Der »Brückenschlag« sollte, wenn es die »Großwetterlage« gestattete, der Bundeswehr ermöglichen, zum entsprechenden Zeitpunkt
über diese Brücke zu marschieren.

Doch den neuen außenpolitischen Entwicklungen konnte sich
auf Dauer auch die SED-Führung nicht entziehen. Ende Januar
1970 nahm Egon Bahr als Staatssekretär im Auswärtigen Amt seine
Verhandlungen mit dem sowjetischen Außenminister Gromyko
auf. Es ging – und wie sollte die Entspannungspolitik sinnvoller begonnen werden – um einen Vertrag über den Gewaltverzicht. Auch
in Warschau führten zur gleichen Zeit Außenpolitiker Polens und
der Bundesrepublik Gewaltverzichtsverhandlungen, die noch im
gleichen Jahr erfolgreich abgeschlossen werden konnten. Am 12.

August unterzeichneten Bundeskanzler Brandt und Ministerpräsident Kossygin in Moskau den deutsch-sowjetischen Vertrag, im Dezember war das deutsch-polnische Vertragswerk unterschriftsreif. Die neue Ostpolitik Bonns erhielt ihre Konturen. Im März hatten auch die Viermächteverhandlungen der Alliierten über eine Regelung des Berlin-Problems begonnen, die nach mehr als einjähriger Dauer im September 1971 zu einem befriedigenden Ergebnis führten. Für eine neue Phase der deutsch-deutschen Beziehungen schufen die Gespräche Willy Brandts mit DDR-Ministerpräsident Willi Stoph am 19. März in Erfurt und am 21. Mai in Kassel die ersten Ansätze, obwohl Willi Stoph in Erfurt und Kassel seinem sozialdemokratischen Gesprächspartner mit großer Härte entgegentrat, als er erklärte: »Die politischen und sozialen Interessen der Arbeiterklasse und des ganzen Volkes, die Interessen des Sozialismus stehen über allen vermeintlichen nationalen Gemeinsamkeiten... Die beiden souveränen Staaten DDR und BRD lassen sich nicht vereinigen, weil gegensätzliche Gesellschaftsordnungen nicht vereinigt werden können... Natürlich sind wir als Sozialisten am Sieg des Sozialismus in allen Ländern und auch in der Bundesrepublik interessiert, was eine spätere Vereinigung auf der Grundlage von Demokratie und Sozialismus möglich machen würde...«

Noch gab es auch Störmaßnahmen der DDR gegen den Verkehr von der Bundesrepublik nach Westberlin, und Erich Honecker lehnte neun Tage nach dem zweiten Treffen Stophs mit Brandt dessen in zwanzig Punkten zusammengefaßte Forderungen als »Bevormundung« ab, in denen die Einheit der Nation sowie die Respektierung der Menschenrechte als Grundlage eines deutsch-deutschen Vertrages bezeichnet wurden.

Doch dies waren Nachhutgefechte der »harten Fraktion« im SED-Politbüro. Das Ende der Ära Walter Ulbrichts begann sich bereits abzuzeichnen. Im November trafen sich erstmals die beiden Staatssekretäre Michael Kohl für die DDR und Egon Bahr als Vertreter der Bundesrepublik, um ein Vertragswerk vorzubereiten. Welche Schwierigkeiten sich vor den Gesprächspartnern auftürmten, zeigte sich darin, daß es mehr als zwei Jahre dauerte, bis der sogenannte Grundlagenvertrag zwischen den beiden Republiken am 21. Dezember 1972 in Ost-Berlin unterzeichnet wurde.

Ende der sechziger Jahre hatte die DDR innerhalb des Ostblocks eine so starke Position erreicht, daß ihr Staats- und Parteichef von einer führenden Rolle der SED gegenüber den kommunistischen »Bruderparteien« zu träumen begann. Auch gegenüber der Sowjetunion machte Ulbricht den Anspruch geltend, in historisch kurzer Frist um gewichtige Schritte anderen Brudervölkern zuvorgekommen zu sein. Damit hatte der Patriarch allerdings sein Ansehen bei Leonid Breschnew verscherzt. Nichts vertrugen die Genossen der KPdSU weniger gut, als wenn die dem Kreml verpflichteten Statthalter der Ostblockländer nach größerer Selbständigkeit strebten oder gar beanspruchten, alles besser zu wissen und richtiger zu machen glaubten als die »leiblichen« Erben Lenins, wie dies Ulbricht in seinen letzten Herrschaftsjahren immer häufiger tat. Bei den ideologischen Gralshütern in Moskau dürfte es auch Stirnrunzeln verursacht haben, daß der Parteipatriarch die Klassiker Marx und Lenin korrigierte, indem er den Sozialismus nicht mehr nur als eine kurze Übergangsphase auf dem Weg zum Kommunismus definierte, sondern in ihm »eine relativ selbständige sozialökonomische Formation...« sah. Für Ulbricht war die »Wissenschaftlichkeit« inzwischen zum Stich- und Zauberwort geworden. Auch Erich Honecker ließ solche Töne vernehmen, wenn er feststellte, daß die SED »neue Methoden der Information, der Bewußtseinsanalyse, der elektronischen Datenverarbeitung und Kybernetik, Pädagogik, Psychologie und Soziologie in der Parteiarbeit« nutze. Noch glaubte er allerdings, daß die Parteiführung »alle gesellschaftlichen Prozesse komplex leiten« könne. Doch in dem Maße, in dem die jüngeren Fachkräfte aus Technik, Wissenschaft und Industrie die ältere Generation der »Apparatschiks« abzulösen begannen, wurde der Gegensatz zwischen den Dogmatikern und Pragmatikern offenbar.

Ungeachtet aller Schwierigkeiten war die DDR nach der Sowjetunion zur zweitmächtigsten Wirtschaftsmacht des sozialistischen Lagers geworden. Um 1969–70, zur Zeit ihres zwanzigsten Jahrestages, produzierte sie mit ihren siebzehn Millionen Einwohnern mehr als das Deutsche Reich von 1936 mit damals etwa viermal so vielen Einwohnern. Allerdings führte die enge Verflechtung mit der Wirtschaft der Sowjetunion zu ökonomischen Problemen, weshalb die DDR immer stärker bemüht war, ein gewisses Maß an Unabhängigkeit zu erreichen.

In der Deutschlandpolitik und bei den internationalen Entspannungsversuchen wurde Ulbrichts Starrsinn allmählich dem Kreml unbequem. Die unerfüllbaren Forderungen der SED gegenüber der neuen Regierung Brandt-Scheel nach sofortiger völkerrechtlicher Anerkennung und Ulbrichts fehlende Kompromißbereitschaft bei den Viermächteverhandlungen um den Status von West-Berlin hemmten schnelle Fortschritte. Gerade an denen aber war Breschnew interessiert, denn seit November 1969 verhandelten die sowjetischen Unterhändler in Helsinki auch mit USA-Vertretern über die Begrenzung strategischer Waffen (SALT). Nach dem Abschluß der Verträge von Moskau und Warschau mit der Bundesrepublik übte die KPdSU einen zunehmenden Druck auf den achtundsiebzigjährigen Ulbricht aus, der bereits im Dezember 1970, während der 14. Tagung des SED-Zentralkomitees, eine empfindliche wirtschaftspolitische Niederlage hinnehmen mußte: Die SED-Führung hatte sich seit einigen Jahren vordringlich um den Aufbau einer modernen Technologie bemüht. Dadurch war es zur Vernachlässigung der schwachen Energiebasis sowie der konsumorientierten Produktion und zu Störungen in der DDR-Wirtschaft gekommen. Die Entwicklung der Zuliefererindustrie blieb gegenüber den Finalproduzenten hinter den geplanten Wachstumsraten erheblich zurück. Es gab Versorgungsschwierigkeiten, die Arbeiter bekundeten vielfach ihre Unzufriedenheit.

In der offiziellen Geschichte der SED beschrieben Parteihistoriker die Situation folgendermaßen: »In der Volkswirtschaft machten sich einige Disproportionen störend bemerkbar. In einigen Bereichen der Volkswirtschaft waren beträchtliche Planrückstände entstanden. Zunehmende Schwierigkeiten bereitete die Versorgung der Volkswirtschaft mit Rohstoffen und Materialien. Diese und andere Disproportionen führten dazu, daß viele Betriebe trotz Überstunden und Sonderschichten wichtige Positionen des Plans 1970 nicht erfüllen konnten. Für viele Arbeiter und andere Werktätige... waren die Schwierigkeiten Anlaß zu Fragen und berechtigten Kritiken...« Die SED zog Konsequenzen, sie stoppte große Bau- und Investitionsvorhaben. Der »Subjektivismus« verantwortlicher Genossen geriet ins Kreuzfeuer der Kritik, die sich unverkennbar gegen die Gefährdung der »Einheit von Politik und Ökonomie« richtete und rügte, daß berechtigte Kritik von Werktätigen nicht beachtet worden war... Ulbrichts Schlußwort wurde erstmals nicht in der Parteipresse veröffentlicht. Offenbar erkannte der alternde SED-Chef die Zeichen der Zeit nicht mehr. Denn wenige Monate später rühmte er sich als Gastdelegierter auf dem XXVI. Parteitag der KPdSU selbstzufrieden, daß er im Moskauer Tagungssaal der einzige Genosse sei, der noch mit Lenin persönlich gesprochen habe.

Länger als ein Vierteljahrhundert hatte Walter Ulbricht an der Spitze der deutschen Kommunisten gestanden, nahezu ein halbes Jahrhundert hatte er führende Funktionen ausgeübt. Die Gründung und Konsolidierung der DDR war, wenn auch unter der Regie Stalins und seiner Nachfolger, wesentlich sein Werk. Alle Säuberungen und Machtkämpfe siegreich überstehend, prägte seine hölzern-pedantische und kleingeistige Mentalität den sozialistischen Staat, den er selbst immer als Teil der deutschen Nation bezeichnet hatte. Eine ganze Generation gehorsamer Funktionäre war von ihm erzogen worden. Die »kleinen Ulbrichts« traf man in vielen Funktionen der Partei und des Staates an, das Volk empfand nur Abneigung gegen sie. Zehntausende von Opfern seiner Machtpolitik, von seinen »Organen« denunziert und verfolgt, waren durch Lager, Gefängnisse und Zuchthäuser gegangen. Millionen Einwohner Mitteldeutschlands vollzogen gegen seine Politik die »Abstimmung mit den Füßen«. Nur die nach 1945 in der Tschechoslowakei und Ungarn praktizierten Schauprozesse nach stalinistischer Regie versagte er sich. In den letzten Jahren seiner Herrschaft schwebte dem Altkommunisten die weitere Entwicklung der sozialistischen Gesellschaft als eine Art »Menschengemeinschaft« vor. Er selbst bemühte sich – wenn auch in der ihm eigenen Verkrampftheit – um eine landesväterliche Attitüde. Die Mehrheit seiner Untertanen brachte ihm jedoch auch am Ende seiner politischen Laufbahn nur geringe Sympathie entgegen, immer dominierten noch Mißtrauen und Geringschätzung, obwohl sich viele Bürger mit dem System arrangiert hatten.

Kaum jemand in der DDR, außer dem mittleren und höheren Establishment der SED, wußte genaueres über den möglichen Nachfolger. Über die »führenden Genossen« Stoph, Honecker, Verner oder Sindermann rätselten nicht nur die an Politik noch interessierten Teile der Bevölkerung. Selbst in den Parteigruppen an der Basis war man keineswegs sicher, wen das Vertrauen der Sowjets in das erste Amt der Staatspartei berufen würde. Von Hoffnung auf Besserung, von Freude oder Genugtuung über das sich abzeichnende Ende einer Ära war wenig zu spüren. Ulbricht hatte nach den Fraktionskämpfen von 1953 gegen die Altgenossen Zaisser und Herrnstadt und 1958 gegen die Gruppe Schirdewan–Wollweber, bei denen es für ihn um das politische Sein oder Nichtsein gegangen war, den zukünftigen Nachfolger niemals im Glanz eines möglichen Thronfolgers in der Öffentlichtkeit erscheinen lassen. Unauffälligkeit und subalterne Unterordnung waren die Attribute, die der erste Mann dem zweiten Mann gestattete. Erich Honecker mußte durch immensen Fleiß auf den weiten Feldern seiner Arbeitsgebiete, durch ständige Präsenz als Sekretär des Zentralkomitees die Repräsentation ersetzen, die dem präsumtiven Nachfolger des Machthabers an sich zugekommen wäre.

Der Sturz des Parteipatriarchen vollzog sich dann ganz undramatisch. Während sich die Führungsspitze der SED zwischen dem 30. März und 9. April 1971 auf dem XXIV. Parteitag der KPdSU in Moskau aufhielt, fiel die Entscheidung über Zeitpunkt und Form der Ablösung. Das Protokoll – ein wichtiges Indiz kommunistischer Machtverteilung – war verräterisch. Als die DDR-Delegation am 3. April eine Reise durch die UdSSR antrat und Walter Ulbricht kränkelnd in Moskau verweilte, veröffentlichten die Medien eine

Namensliste der Gäste in der Reihenfolge:»Stoph, Honecker, Axen, Verner«. Aber vom 4. April an war die Namensnennung verändert und lautete nun:»Honecker, Stoph, Verner, Axen«. Am 12. April gab es eine Abschiedsvisite beim Generalsekretär der KPdSU, Leonid Breschnew, und drei Wochen später, am 1. Mai, stand Ulbricht greisenhaft und kränklich aussehend auf der Tribüne des Berliner Marx-Engels-Platzes, um der Maidemonstration der Arbeiter zum letzten Mal in der vollen Machtfülle seiner Ämter beizuwohnen.

Zwei Tage später tagte das SED-Zentralkomitee. Es war seine 16. Plenarsitzung, die letzte vor dem fünf Wochen später einberufenen VIII. Parteitag, für den die Tagesordnung nun endgültig festgeschrieben wurde. Dem Parteichef, der ursprünglich ein Hauptreferat über »Das entwickelte gesellschaftliche System des Sozialismus in den siebziger Jahren« halten sollte, wurde nur noch die Eröffnungsansprache gestattet. Der wichtige Rechenschaftsbericht wurde Erich Honecker übertragen. Dann meldete sich Ulbricht doch noch einmal zu Wort:»Die Jahre fordern ihr Recht... Ich erachte die Zeit für gekommen, diese Funktion in jüngere Hände zu geben und schlage vor, Genossen Erich Honecker zum Ersten Sekretär des Zentralkomitees zu wählen...« Ulbricht wies darauf hin, daß sein Antrag zuvor »im Politbüro gründlich beraten worden sei«. Nicht ohne Selbstbewußtsein bemerkte der im Verlauf der Tagung in »Ehrung seiner Verdienste« zu dem im Statut der Partei nicht mehr vorhergesehenen Amt des »Vorsitzenden der SED« Gewählte stolz, daß »es in den Jahrzehnten meines Wirkens gelungen ist, eine feste, einheitlich geschlossene und wirklich kollektive Führung der Partei zu schaffen...«

Erich Honecker wurde vom Zentralkomitee einstimmig zum Ersten Sekretär gewählt. »Walter Ulbricht wird weiter als Vorsitzender des Staatsrates tätig sein«, hieß es im Kommunique der ZK-Tagung. Ob Honecker seinem langjährigen Förderer, Protektor und Vorgänger schon in dieser Stunde einen Tort antun wollte, als er vorschlug, dem Entmachteten den in der SED bedeutungslosen Vorsitzenden-Titel zu verleihen, ist schwer zu entscheiden. Tatsache ist, daß der Kommunist Wilhelm Pieck und der Sozialdemokrat Otto Grotewohl von 1946 bis 1954 diesen Titel gleichberechtigt innehatten, während Walter Ulbricht als Generalsekretär wachsenden politischen Einfluß ausübte, bis er zur sichtbaren Installierung seiner Macht den Titel Vorsitzender per Politbürobeschluß aufheben und die beiden ehemaligen Ämterinhaber Pieck und Grotewohl zu einfachen Mitgliedern der Parteiführung wählen ließ.

Für seinen früheren »Paten« Walter Ulbricht hielt der Nachfolger noch manche bittere und kränkende Überraschung bereit. Schon bald verlor das größte »volkseigene Werk« der DDR, die Leunawerke »Walter Ulbricht«, den Namen des einst so prominenten Patrons. Und eine der ideologischen Hochburgen, die Akademie für Staat und Recht »Walter Ulbricht«, mußte ebenfalls auf den sie zwanzig Jahre zierenden Namen des Staatengründers verzichten. Die beiden offiziellen Biographien über den »größten deutschen Marxisten-Leninisten« Ulbricht verschwanden aus den Buchhandlungen, seine vielen Bände mit Reden und Ansprachen wurden zur Makulatur, und die »Geschichte der deutschen Arbeiterbewegung«, die Ulbricht zusammen mit einer von ihm berufenen Kommission herausgegeben hatte, war bald in keiner Bibliothek mehr zu finden.

Vielleicht gibt es nicht nur einen Grund, warum Erich Honecker seinen politischen Mentor in Vergessenheit geraten lassen wollte. Zum einen dürfte Honecker seine eigene, nach außen hin kaschierte Kronprinzenrolle nicht ohne Frustrationen überstanden haben. Jahrelang am straffen Zügel Ulbrichts geführt, revanchierte er sich jetzt vielleicht für erlittene Demütigungen. Zum anderen eignete sich der unpopuläre Ulbricht aber auch nicht dazu, pietätvoll als Stammvater der DDR verehrt zu werden. Wollte man die Bürger der DDR mit ihrem Staat aussöhnen, war es besser, Ulbricht baldmöglichst in der Versenkung verschwinden zu lassen. Und schließlich hatte der so lange im Schatten Ulbrichts stehende Honecker wohl endlich selbst das Bedürfnis nach jenem Glanz, mit dem sich jeder Thronfolger gern umgibt.

Moskaus Statthalter
und kleindeutscher Patriot

»Erich Honecker als Ulbrichts Nachfolger? Daran ist nicht zu denken. Außer einer kleinen Schicht von Funktionären kennt ihn doch das Volk überhaupt nicht... Vermutlich wird Willi Stoph Ulbrichts Nachfolger, vielleicht sogar Hermann Matern – Honecker, nein, daran glaube ich nicht...« Die sechzigjährige SED-Genossin, die 1970 diese Meinung vertrat, war fünfundzwanzig Jahre lang in verschiedenen mittleren Parteifunktionen der Berliner SED tätig gewesen. Zum Zeitpunkt des Gespräches leitete sie eine SED-Wohngruppe im Berliner Arbeiterbezirk Prenzlauer Berg. Seit dem 3. Mai 1971 lernten sie und die siebzehn Millionen Bürger der DDR den neuen Ersten Sekretär des SED-Zentralkomitees bald besser kennen. Honecker besuchte Betriebe, reiste durch die DDR, unterhielt sich mit Arbeitern, Bauern und Intellektuellen. Es zeigte sich, daß viele Menschen, auch SED-Mitglieder, ihr einseitiges Bild von diesem häufig als kühlen Parteibürokraten eingeschätzten Kaderfunktionär und langjährigem Vertrauensmann Walter Ulbrichts korrigieren mußten.

Erich Honecker wirkte trotz seiner achtundfünfzig Jahre gegenüber dem greisenhaften Ulbricht geradezu jugendlich. Seit er an der Spitze der Partei stand, verlor er die unzugängliche Starre der letzten Jahre. Er bot den Arbeitern und Genossenschaftsbauern das vertrauliche »Du« an, fand rasch Kontakte, redete in einfacher volkstümlicher Sprache und zeigte sich gelegentlich humorvoll. Nichts erinnerte bei seinen Auftritten an die kalte gestelzte Art, mit der Walter Ulbricht sich seinen Gesprächspartnern zuwandte. Altkommunist Robert Havemann, seit mehr als sieben Jahren zurückgezogen, aus der SED ausgeschlossen, aller Ämter enthoben und dennoch wohl informierter Beobachter der Entwicklung, der in einer Art »innerer Emigration« am Rande Berlins lebte, antwortete auf die Frage eines Journalisten, ob Honecker nur eine Übergangslösung sei: »Nein, ich glaube, er hat die Chance, längere Zeit in dieser Funktion zu sein. Ich glaube sogar, wenn man die verschiedenen Bewerber um diese Stellung vergleicht, dann wird er auf jeden Fall der beste Mann sein... Ich würde mich freuen, wenn Erich Honecker eine großzügige und selbstsichere Politik treiben würde, die nach innen nicht so ängstlich und defensiv ist, nach außen nicht so verkrampft offensiv wie die bisherige...«

Die Hoffnungen von Honeckers einstigem Zuchthausgefährten schienen nicht unberechtigt zu sein. Der VIII. SED-Parteitag, der Mitte Juni 1971 in Berlin zusammentrat, begründete eine strategische Neuorientierung. Von den hochtrabenden Prognosen futurologischer Systemanalytiker rückte die SED ebenso ab wie von Ulbrichts Versuch, einen eigenen Beitrag zur Weiterentwicklung der marxistischen Theorie zu leisten. Chefideologe Kurt Hager erläuterte wenige Monate nach dem Parteitag den Gesellschaftswissenschaftlern, warum die Terminologie und die Wirtschaftstheorie zu einfacheren Begriffen zurückfand: »Wir können die Tatsache nicht übersehen, daß die Bezeichnung ›entwickeltes gesellschaftliches System des Sozialismus‹ besonders auf dem Gebiet der Ökonomie dazu führte, daß der klare Sinn und Inhalt unserer Politik unter einem Wust von aus der Systemtheorie entlehnten Begriffen verschwand. Ernste und solide wissenschaftliche Arbeit wurde oft durch Wortgeklingel ersetzt. So wichtig Kybernetik und Systemtheorie sind und bleiben, so können wir nicht zulassen, daß sie an die Stelle... der sozialistischen Leitungswissenschaften treten, daß sie verabsolutiert werden und daß die Sprache einer Spezialwissenschaft die politische Sprache der Partei wird... Die Theorie vom Sozialismus als relativ selbständige Gesellschaftsformation läßt sich nicht mit der marxistisch-leninistischen Theorie des Übergangs vom Sozialismus zum Kommunismus in Übereinstimmung bringen... Der VIII. Parteitag hat aus gutem Grund auf den früher oft verwendeten Begriff der Menschengemeinschaft verzichtet. Der Begriff der sozialistischen Menschengemeinschaft ist wissenschaftlich nicht exakt, da er die tatsächlich noch vorhandenen Klassenunterschiede verwischt.«

Das war deutlich. Ulbricht wußte, warum er sich während des Parteitages als krank entschuldigen ließ. Vermutlich sah er in seiner Wandlitzer Villa auf dem Bildschirm den Triumph des Nachfolgers mit Ingrimm. Er hatte Grund zur Verbitterung. Obwohl er bis zu seinem Tod, kurz nach dem achtzigsten Geburtstag 1973, das Amt des Staatsratsvorsitzenden behalten durfte, war er von nun an ohne Einfluß innerhalb des Politbüros, dem er formal weiterhin angehörte. Sein Name wurde nicht nur den bereits genannten Institutionen genommen, man tilgte ihn auch aus der politischen Literatur. Während ihn das ideologische Standardwerk »Politisches Grundwissen« 1970 noch hundertmal erwähnte, wurde Ulbrichts Name in der zweiten Auflage von 1972 nicht mehr genannt.

Erich Honecker war in der Wirtschaftspolitik nur wenig hervorgetreten. Um so verblüffender wirkte auf die Delegierten des VIII. Parteitages, daß er sich von den bombastischen Wirtschaftsplänen und unrealistischen ökonomischen Forderungen der Ulbricht-Ära energisch verabschiedete: »allzu viele außerplanmäßige Wunder« könne man nicht verkraften. Aber sein neues Konzept besaß Wirkungskraft: »Wir kennen nur ein Ziel, das die gesamte Politik der Partei durchdringt: alles zu tun für das Wohl des Menschen, für das Glück des Volkes, für die Interessen der Arbeiterklasse und aller Werktätigen. Das ist der Sinn des Sozialismus.« Die »alten Methoden und Gewohnheiten in der Wirtschaft« müßten überwunden werden. Honecker proklamierte als »Hauptaufgabe das materielle und kulturelle Lebensniveau des Volkes weiter zu verbessern und durch ein hohes Entwicklungstempo der sozialistischen Produktion, die Erhöhung der Effektivität, den wissenschaftlich-technischen Fortschritt und das Wachstum der Arbeitsproduktivität die Voraussetzungen dafür zu schaffen...« Kernstück dieser »Hauptaufgabe« wurde ein umfangreiches sozialpolitisches Programm, in dessen Zentrum der forcierte Wohnungsbau rückte. Durch Neubau, Modernisierung, Um- und Ausbau sollten in den kommenden fünf Jahren fünfhunderttausend Wohnungen entstehen. Außerdem plante die SED, die Realeinkommen der Bürger um mehr als zwanzig Prozent zu steigern. Nicht nur die Delegierten des Parteitages, sondern die Mehrheit der Bevölkerung vernahm hoffnungsvoll die Ankündigung Erich Honeckers, daß von nun an die Bedürfnisse der Werktätigen stärker berücksichtigt würden: »Für unsere Gesellschaft ist die Wirtschaft Mittel zum Zweck, Mittel zur immer besseren Befriedigung der wachsenden materiellen und kulturellen Bedürfnisse des werktätigen Volkes...«

Der VIII. Parteitag war ein Wendepunkt für die Entwicklung der DDR. Als solchen wertet ihn die Staatspartei bis zur Gegenwart. Sie wird nicht müde, die Geschichte der DDR seit dieser Zeit, die sie vor allem durch Honeckers Machtantritt charakterisiert, als einen Markstein beim Aufbau der sozialistischen Arbeiter- und Bauernrepublik darzustellen. Den Dank an die sowjetische Führung für ihre Unterstützung beim Machtwechsel in der SED stattete Honecker dadurch ab, daß er in Gegenwart von Leonid Breschnew gelobte, die Freundschaft und das Bündnis mit der Sowjetunion zu vertiefen. Die DDR sei »für alle Zeiten fester, unverrückbarer Bestandteil der sozialistischen Staatengemeinschaft. Das Verhältnis zur KPdSU«, versprach der neue Erste Sekretär der SED, »bleibe der Prüfstein für die Treue zum Marxismus-Leninismus, zum proletarischen Internationalismus...« Zur nationalen Frage erklärte Honecker, daß die Geschichte sie bereits entschieden habe. In der DDR sei durch die Macht der Arbeiterklasse die Herausbildung der sozialistischen deutschen Nation eingeleitet worden. Die Bundesrepublik nehme im Rahmen der imperialistischen Globalstrategie eine Schlüsselstellung ein, sie sei die »Speerspitze gegen den Sozialismus«. Honecker vergaß auch diesmal nicht, vor den »rechten sozialdemokratischen Führern« zu warnen. Unter ihrer Regierung hätte sich der »volksfeindliche aggressive Charakter der staatsmonopolistischen Herrschaft« nicht verändert.

Äußerlich war das Ende des Parteitages undramatisch. Wer damit gerechnet hatte, daß unter dem neuen ersten Mann der SED die

Spitze der Partei seinen Vorstellungen entsprechend umgebildet würde, der irrte sich. Honecker bewies taktisches Geschick. Behutsam ließ er die Altgenossen – auch wenn sie bisher keineswegs seine Bündnispartner im Kampf um die Macht gewesen waren – auf ihren Posten. Das betraf außer dem einflußlos gewordenen Vorgänger Walter Ulbricht die beiden letzten Sozialdemokraten aus der Gründerzeit der SED, Friedrich Ebert und Erich Mückenberger, den Agitationschef Albert Norden, den für Ideologie, Wissenschaft und Kunst zuständigen Kurt Hager, den Gewerkschaftsvorsitzenden Herbert Warnke und Ministerpräsident Willi Stoph, zu dem Honecker in früheren Jahren ein ausgesprochen kühles persönliches Verhältnis hatte. Seine »Kernmannschaft« bestand aus Alfred Neumann (Stellvertreter Stophs im Regierungsamt bis zur Gegenwart), Paul Verner, den er als Sekretär für Sicherheit ins Zentralkomitee holte, Werner Lamberz, der dem alternden Albert Norden zur Hand gehen sollte, Hermann Axen, der für die Außenpolitik im Rahmen der Abteilung Internationale Verbindung verantwortlich war, Werner Krolikowski und Horst Sindermann. Zu Kandidaten des Politbüros stiegen Staatssicherheitsminister Erich Mielke auf und der bald an die Spitze des Gewerkschaftsbundes vorrückende Harry Tisch. Zu den aus seiner Tätigkeit in der FDJ ihm eng Vertrauten zählten Konrad Naumann, Ingeburg Lange, Werner Felfe, Joachim Hermann und Heinz Keßler, der 1985 nach dem Tode von Verteidigungsminister Heinz Hoffmann dieses wichtige Amt übernahm. Diese Genossen wurden im Lauf der nächsten Monate und Jahre Kandidaten beziehungsweise Vollmitglieder des Politbüros.

Was Ulbrichts »sozialistische Menschengemeinschaft« nicht vollbracht hatte, wurde unter Ulbrichts Erben, die dem Klassenkampfgedanken wieder Priorität verschafften, möglich: Die SED erkannte einen »Widerspruch zwischen den sozialistischen Produktionsverhältnissen und der Vergesellschaftung der Produktion einerseits und den Eigentumsverhältnissen in den noch verbliebenen Privatbetrieben, Betrieben mit staatlicher Beteiligung und industriell produzierenden Handwerkergenossenschaften (PGH) andererseits«. Mit einigem Druck gelang es der Partei, den Komplementären und Privateigentümern klarzumachen, daß sie nun ihre Betriebe dem Staat zu übergeben hätten. In den meisten Fällen erhielten die Besitzer eine bescheidene Entschädigung, viele von ihnen nahmen das Angebot an, als staatlich bezahlte Mitarbeiter in ihrem ehemaligen Unternehmen weiterzuwirken. Bis zum Mai 1972 entstanden elftausend neue verstaatlichte Betriebe, in denen mehr als eine halbe Million Menschen arbeiteten. Der volkseigene Sektor in der Produktion umfaßte von nun an 94,9 Prozent, auf genossenschaftliche Handwerksbetriebe entfielen 4,8 Prozent.

Für die Masse der Bevölkerung war bedeutsam, daß es nicht bei Versprechungen blieb. Seit der Machtübernahme Honeckers wurden sozialpolitische Leistungen für die meisten Bürger spürbar. Rentenerhöhungen, Arbeitszeitermäßigungen für Mütter, Steigerung des Mindesturlaubs, Geburtenbeihilfen und ein großzügiges Kreditsystem für junge Ehepaare zur Einrichtung ihrer Haushalte, Mietpreissenkungen für Neubauwohnungen verschafften dem neuen Ersten Sekretär der SED eine allmählich wachsende Popularität. Honecker war bemüht, dem »Volk aufs Maul zu schauen«, er nahm sich der Alltagssorgen und Nöte der Arbeiter an, oft schaffte er auf unbürokratische Art Abhilfe. Er forderte, daß der Handel durch Einkaufserleichterungen, Kundendienst und ein breit ausgebautes Dienstleistungswesen den Bürgern helfen solle, Zeit zu sparen. Die Menschen müßten »gut bedient und sachkundig beraten werden. Mehr und bessere Waren, die dem Bürger gefallen und seine Bedürfnisse befriedigen, Ideen für deren rationelle und ausreichende Produktion, Initiativen für die Dienstleistungen – das betrachten wir in unserer Gesellschaft als wichtige Staatsangelegenheit...«

Seine Sprache bezeugte keine intellektuellen Ambitionen. Sie war schlicht und jedermann verständlich. Honecker sprach den Menschen aus dem Herzen, wenn er forderte, daß Rechthaberei, Subjektivismus, Überheblichkeit, Schönfärberei zu bekämpfen seien. Die »Kritik und Selbstkritik« solle verstärkt werden: »Es gibt einzelne Genossen, die verlernt haben, den Wert der Kritik und Selbstkritik zu schätzen. Und sie wähnen sich klüger als das Kollektiv. Sie lieben keinen konstruktiven Widerspruch. Sie halten sich für unfehlbar und unantastbar. Eine derartige Haltung muß mit der Kraft des Kollektivs korrigiert werden...«

Der Funktionärsapparat, seit fünfzehn Jahren von Honecker in seinen Politbüro- und ZK-Funktionen kontrolliert, gesiebt und angeleitet, bis in die Bezirks- und Kreisebene mit Leuten seines Vertrauens besetzt, verschloß sich dem frischen Geist und den Initiativen Honeckers nicht. Dessen Stärke war die proletarische Tonart, kumpelhafte Kontaktfähigkeit im Gespräch mit Arbeitern und eine weniger anmaßende Art und Weise im Umgang mit der Basis. Dies alles trug zu einer gewissen Vertrauensbildung in den ersten Jahren nach dem Führungswechsel bei. Hoffnungsvoll hörten auch die Künstler und Schriftsteller sein Angebot, daß es keine Tabuzonen in ihrem Schaffen geben solle, wenn sie von der festen Position des Sozialismus aus wirken. Bisher verbotene Bücher, zum Beispiel von Stefan Heym, durften erscheinen, kritische Bühnenstücke wie Ulrich Plenzdorfs »Die neuen Leiden des jungen W.« wurden von zahlreichen Theatern gespielt und erzielten große Erfolge.

1973 war Walter Ulbricht gestorben. Sein Nachfolger als Vorsitzender des Staatsrates wurde Willi Stoph. Durch Gesetzesänderungen war diese Funktion im wesentlichen zu einer repräsentativen geworden. Als Ministerratsvorsitzenden empfahl die Parteiführung ihr Politbüromitglied Horst Sindermann. Drei Jahre jünger als Erich Honecker galt er seit Jahrzehnten als enger Vertrauter des Parteichefs. Äußerlich wurde die »kollektive Führung« noch aufrechterhalten, doch für Kenner der Personalszene bestand kaum ein Zweifel daran, daß Honecker eines Tages auch das höchste Staatsamt in Personalunion mit der Parteiführung übernehmen würde. Im Dezember 1972 konnte nach langen Verhandlungen der Grundlagenvertrag mit der Bundesrepublik unterzeichnet werden. Als Eckpfeiler für ein ganzes Vertragssystem galten die Viermächtevereinbarung der Alliierten vom September 1971, das Berlin-Transit-Abkommen zwischen der DDR und der Bundesrepublik und die Verträge Bonns mit Warschau und Moskau. Im Herbst 1973 wurden beide deutsche Staaten Mitglieder der UNO. Immer mehr Länder nahmen diplomatische Beziehungen zur DDR auf. Bis 1987 wurde sie von einhundertdreiundzwanzig ausländischen Staaten anerkannt.

Die inzwischen im Gefolge Breschnews auch von Erich Honecker unterstützte Politik der Entspannung brachte ihm und der SED die erwarteten Erfolge: Deviseneinnahmen, eine Belebung des Ost-West-Handels, bedeutende Kredite in harter Valuta. Doch die menschlichen Erleichterungen, der verstärkte Reiseverkehr der Deutschen, vornehmlich von West nach Ost, weckte bei vielen DDR-Bürgern auch ein Bewußtsein dafür, daß »Nation ist, wenn man sich trifft«, wie Egon Bahr, der langjährige Verhandlungspartner der DDR, die neue Situation lakonisch beschrieb. Seit 1964 durften mitteldeutsche Rentner in Richtung Westen reisen – jährlich waren es etwa eine Million. Noch viel mehr schwoll die Zahl der Bundesdeutschen an, die zu Verwandten- oder Freundesbesuch in die DDR fuhren – acht Millionen waren es im Jahr 1973. Mit den Besuchern kamen »westliche Einflüsse« ins Land. Für einen DDR-Arbeiter, der sechs bis acht Jahre auf den kunststoffgepreßten Kleinwagen »Trabant« warten muß, für den er an die zehntausend Mark zu bezahlen hat, war schon ein VW-»Käfer« Symbol der westlichen Wohlstandsgesellschaft. Kassettenrecorder und vielerlei elektronische Haushaltsgeräte »bewiesen« nur allzu deutlich den Unterschied zwischen der Welt des »verfaulenden Monopolkapitals« und den »sozialistischen Errungenschaften«. Aber es gelangten – wenn auch illegal – bei solchem Massentourismus auch Bücher, Zeitschriften und vor allem mittels des Fernsehens bürgerlich-demokratisches Gedankengut aus der westlichen Welt in die streng bewachte Arbeiterrepublik.

Erich Honecker und die SED hatten der Tatsache Rechnung zu tragen, daß viele DDR-Bewohner – die nach langen Jahren westlicher Tatenlosigkeit nun die Initiativen der Brandt-Scheel-Regierung aufmerksam und dankbar beobachteten – weitergehende Forderungen im Hinblick auf Freizügigkeit im Verkehr und Kontakt mit den westdeutschen Verwandten und Freunden stellten.

Wieder war es der mutige Altkommunist Robert Havemann, der

knapp drei Jahre nach Honeckers bürgernahem Start in einem Gespräch mit der »Frankfurter Rundschau« diesen Forderungen Ausdruck gab: »Die Freiheit, die die Menschen hier wollen, ist zweifellos nicht die oft illusionäre Freiheit der bürgerlichen Gesellschaften... Nein, die Leute hier wollen Willensfreiheit, nicht weniger, mehr Freiheit als die vergangenen Gesellschaftsformationen ihren Gesellschaften gewähren konnten.«

Honecker und die SED-Führung erkannten die Gefahren, die von der ökonomisch stärkeren und in vielen Lebensbereichen attraktiveren Bundesrepublik Deutschland auf die ohne demokratische Legitimation herrschende SED und den von ihr gelenkten Staat zukamen. Abgrenzung tat not! Im Herbst 1974, unmittelbar vor dem fünfundzwanzigsten Jahrestag der DDR, änderte die Staatspartei zum dritten Mal seit der Gründung der Republik deren Grundgesetz. Niemals hatte die SED ihre im demokratischen Geist der ersten Nachkriegszeit beschlossene Verfassung von 1949, die beachtenswerte Grundfreiheiten enthielt, respektiert, geschweige denn geschützt. 1968, auf dem Höhepunkt seiner Macht, hatte Walter Ulbricht die neue »sozialistische Verfassung« mittels Volksabstimmung eingeführt. In ihrem »Artikel 1« bekannte die SED damals: »Die DDR ist ein sozialistischer Staat deutscher Nation...« In der neuen Verfassung von 1974 hieß es nun unter Leugnung der Zugehörigkeit zur deutschen Nation lapidar: »Die DDR ist ein sozialistischer Staat der Arbeiter und Bauern...« Der Begriff »Deutschland« wurde systematisch getilgt, die über drei Jahrzehnte hinweg erhobene Forderung auf die Wiedervereinigung ausgemerzt. Ihren Führungsanspruch proklamierte die SED mit dem Satz: Die DDR »ist die politische Organisation der Werktätigen in Stadt und Land unter Führung der Arbeiterklasse und ihrer marxistisch-leninistischen Partei«. Das seit Gründung der Republik immer stärker betonte Abhängigkeitsverhältnis der DDR zur kommunistischen Führungsmacht UdSSR wurde unter Erich Honecker zum Verfassungsgrundsatz erhoben. Nach Artikel 6 der neuen Verfassung ist die DDR nun »für immer und unwiderruflich mit der Union der Sozialistischen Sowjetrepublik verbündet...«

Der Kreml revanchierte sich auf seine Art für diesen Treue-schwur. Die Volksarmee der DDR wurde modernisiert und erhielt »dank der Hilfe der Sowjetunion neue Waffensysteme und moderne Technik«. Mit preußisch-sächsischer Gründlichkeit strich die SED die meisten Bezüge zum Begriff Deutschland. So hieß die Deutsche Akademie der Wissenschaften von nun an Akademie der Wissenschaften der DDR, den Deutschlandsender taufte man in Radio DDR um und aus der Nationalen Front des demokratischen Deutschland wurde die Nationale Front der DDR. Verbände und Organisationen erhielten zumeist ebenfalls das Prädikat »DDR«, Ausnahmen machten die SED, der FDGB und die FDJ, womit eine Tür für gesamtdeutsche Aktivitäten offen gelassen wurde.

Als besonders grotesk empfanden es die Bürger, daß Volksbildungsminister Margot Honecker den Schulen untersagte, den Text der durch ein Dekret des Staatspräsidenten Wilhelm Pieck 1949 eingeführten Nationalhymne weiter zu lehren. Sogar neue Schulbücher mußten gedruckt werden, denn die in den alten Fibeln abgedruckte Hymne des einstigen Literaturpapstes und späteren Kulturministers Johannes R. Becher sollte vergessen werden. Lediglich die Melodie der Hymne von Hanns Eisler ertönte weiterhin bei Staatsakten und öffentlichen Feiern. Die Zeile »Laß uns dir zum Guten dienen, Deutschland einig Vaterland« paßte nicht zur These Erich Honeckers von einer eigenen »proletarischen Nation«.

Uninteressiert an Einflußnahmen auf den »imperialistischen« deutschen Staat war Erich Honecker dennoch nicht. Durch seine »Hauptabteilung Aufklärung«, den mächtigen Spionageapparat innerhalb des Ministeriums für Staatssicherheit, ließ der SED-Chef weiterhin hochkarätige Agenten in alle Bereiche der »imperialistischen Bundesrepublik« einschleusen. So erreichte Honecker durch Plazierung des Hauptmanns der Staatssicherheit Günter Guilleaume in die Spitze der Regierungsbehörde in Bonn, daß Bundeskanzler Willy Brandt, der jahrelang auf allzu vertrautem Fuß mit dem als Sozialdemokraten getarnten Aufklärungsoffizier stand, sich 1974 zum Rücktritt gezwungen sah, weil »ein Bundeskanzler nicht erpreßbar sein darf«.

Halboffiziell und privat

Oben: Schiffsrundfahrt auf dem Moskwa-Kanal mit russischen Genossen (8. Juni 1969). *Unten:* Staatsbesuch in Italien: Audienz bei Papst Johannes Paul II. im Vatikan (24. April 1985).

Oben: Zur Elchjagd in Finnland (Oktober 1984). *Unten:* Fischen in der Karibik.

Oben: Ball anläßlich der Eröffnung des Palastes der Republik (23. April 1976).
Unten: Spaziergang mit Frau Margot, Tochter Sonja und Enkel Roberto.

Oben links: Tochter Sonja. *Oben rechts:* Tochter Erika (beide Aufnahmen 1971).
Unten: Erich Honecker mit Frau Margot.

Ein Jahr später saß Erich Honecker in Helsinki bei der Abschluß-
tagung der Konferenz für Sicherheit und Zusammenarbeit in Europa, um deren Schlußakte zu unterzeichnen, inmitten bürgerlich-
demokratischer Politiker und von ihm so häufig geschmähter
»rechter Sozialdemokraten«. Es war ein Höhepunkt seiner politischen Laufbahn. Seine Erinnerungen an diesen 1. August 1975 verraten den Stolz über die gefundene Anerkennung bei dem ersten
großen Auftritt auf der weltpolitischen Bühne. Honecker schreibt:
»Nur das Surren der Kameras und das Klicken der Fotoapparate
war zu hören. Das Protokoll wollte es, daß ich zwischen dem Bundeskanzler der BRD, Helmut Schmidt, und dem Präsidenten der
USA, Gerald Ford, saß. So hatte ich das Dokument als zweiter zu
unterzeichnen. Keiner der Anwesenden konnte sich der Größe des
historischen Aktes entziehen… Gut erinnere ich mich der Unterre-
dung mit dem damaligen Präsidenten der USA, Gerald Ford. Ein
ausführlicher Gedankenaustausch umfaßte Themen von der bilate-
ralen Zusammenarbeit bis zum gemeinsamen Weltraumflug USA/
UdSSR. Ich beglückwünschte Präsident Ford zu den Ergebnissen
des Apollo-Sojus-Unternehmens. Er revanchierte sich mit Glück-
wünschen zu den Erfolgen der DDR-Schwimmer bei den damaligen Weltmeisterschaften. Mit lebhaftem Interesse verfolgte die
Weltöffentlichkeit die ersten Begegnungen zwischen Bundeskanzler Helmut Schmidt und mir in Helsinki. Der Meinungsaustausch
war nützlich. Wir konnten feststellen, daß im Verhältnis zwischen
DDR und BRD Wandlungen zum Positiven eingetreten waren…«
   Natürlich waren die Artigkeiten, die Erich Honecker mit dem
amerikanischen Präsidenten und anderen Nobilitäten austauschte,
für die politischen Wandlungen in Mitteleuropa belanglos. Diese
Konferenz, von der Sowjetführung seit vielen Jahren gewünscht,
sollte vor allem der Anerkennung der nach der Niederwerfung des
NS-Regimes geschaffenen Grenzen dienen und möglichen Abrü-
stungskonferenzen vorarbeiten. Deshalb nahmen die kommunistischen Politiker auch die Menschenrechts- und Freizügigkeitserklä-
rungen in Helsinki in Kauf. Sehr glücklich sollte Erich Honecker
mit den daraus abgeleiteten Ansprüchen der Bevölkerung nicht

werden. Die Wirklichkeit ignorierend, wiegelte er auch bald ab: »Wir hatten und haben nie irgendwelchen Nachholbedarf, weder im ›Humanitären‹ im allgemeinen noch in den von gewissen Kreisen des Westens strapazierten Menschenrechten im besonderen.« Und seinen kommunistischen Standpunkt bekräftigend: »Je größer die Fortschritte der Entspannung, desto größer auch die Fortschritte im humanitären Bereich. Die ständige dreiste Einmischung in unsere inneren Angelegenheiten ist der Regelung weiterer humanitärer Anliegen keineswegs förderlich…«

Damals kehrte Honecker in seinem Selbstbewußtsein erheblich gestärkt nach Berlin zurück. Es bereitete ihm Genugtuung, mit Politikern wie Frankreichs Präsidenten Giscard d'Estaing, dem finnischen Staatsoberhaupt Urho Kekkonen und den Regierungschefs von Italien, Norwegen, Dänemark, Belgien und Schweden im Kreise der fünfunddreißig Unterzeichner der Schlußakte zu parlieren. Am 29. Oktober 1976, als die Neubesetzung der leitenden Funktionen der DDR anstand, schlug Willi Stoph, der seit Ulbrichts Tod Staatsratsvorsitzender gewesen war, vor, Erich Honecker der Form nach das höchste Amt der Republik zu übertragen. Dabei erwähnte er ausdrücklich, daß der Führer der Partei – der sich seit einigen Monaten, nach dem Beispiel Leonid Breschnews, den traditionsreichen Titel eines Generalsekretärs des Zentralkomitees zugelegt hatte – in der internationalen Arena jene Autorität erworben habe, die zur Ausübung des Staatsrats-Vorsitzes erforderlich sei. Stoph entsprach damit einem Wunsch Honeckers, der bestrebt war, die drei bedeutendsten Ämter der Republik in seiner Hand zu vereinigen. Neben der Partei- und Staatsführung war ihm der Posten des Vorsitzenden im Nationalen Verteidigungsrat besonders wichtig, weil dieser, ohne einen militärischen Rang zu besitzen, als Oberkommandierender aller bewaffneten Kräfte der DDR fungiert.

Innenpolitisch stand die DDR seit 1976 erneut vor großen Problemen. Zahllose Bürger erlebten wieder einmal Produktions- und Verteilungsprobleme. Diesmal hatte eine Weltwirtschaftskrise das Land erreicht. Als Folge des Ölschocks waren auch im Ostblock die Rohstoffpreise in die Höhe geschnellt. Bereits 1975 hatte der Senior der marxistischen Wirtschaftshistoriker, Professor Jürgen Kuczynski, öffentlich mitgeteilt, daß die Exporterlöse von 1970 bis 1974 um fünfundsechzig Prozent gestiegen waren, während sich die Preise der Rohstoffimporte um einhundertsiebzig Prozent erhöhten. Preiserhöhungen, die andere Ostblockstaaten beschlossen, wollte die SED vermeiden. Rigorose Sparsamkeit im Staatshaushalt wurde propagiert und besonders bei Rohstoffeinfuhren und im Energieverbrauch durchgesetzt. Eine rasche Erhöhung der Produktivität der industriellen Fertigung war das Gebot der Stunde.

Nun machte sich die Entspannungspolitik bezahlt. Die DDR nahm Kredite im Westen auf, auch der Handel mit den kapitalistischen Ländern erweiterte sich entsprechend den Forderungen des IX. SED-Parteitages von 1976. Vor allem sollte die Exportkraft wachsen, allerdings forderte der SED-Kongreß, daß am »ehernen Gesetz des Sozialismus« nicht gerüttelt werden durfte, »wonach nur verbraucht werden kann, was vorher erarbeitet wurde«. Hatte Honeckers Staat bis 1970 etwa für eine Milliarde Dollar Kredite aufgenommen, so waren es 1977 bereits mehr als fünf Milliarden Dollar. 1981 erreichte die Dollarverschuldung das erhebliche Ausmaß von zehn Milliarden.

Allein in der Bundesrepublik wurden der DDR zwei verbürgte Kredite in Höhe von zwei Milliarden Mark gewährt, die Pauschalen für Straßenbenutzung, Postverkehr, Visa-Erteilung, Berlin-Verkehr, Interzonenstraßenbau und vor allem der die DDR begünstigende Kreditrahmen im Handel mit der Europäischen Gemeinschaft, genannt Swing, brachten zusätzliche Jahreseinnahmen von etwa zwei Milliarden Mark westlicher Valuta. Fleiß und Zuverlässigkeit der arbeitenden Bürger sorgten dafür, daß die DDR ihren Schuldenberg bis 1983 wieder auf fünf Milliarden Dollar abzubauen vermochte. Die Wirtschaftssituation verbesserte sich. Seit Anfang der achtziger Jahre erreichte die DDR-Wirtschaft einen Exportüberschuß. Neue Technologien entsprachen einem Konzept, das der Staats- und Parteichef als »ökonomische Strategie der achtziger Jahre« ausarbeiten ließ und in dem Wissenschaft und Technik wieder den »notwendigen Vorlauf« erhielten. Weltmarktprodukte wie

Mikroprozessoren, Industrieroboter und manche andere Automatisierungsmethoden bilden die »qualitativen Wachstumsfaktoren«. 1976 zeigte sich, daß auch die Entspannungspolitik zu Problemen führen kann. Ein Jahr nach der Helsinki-Konferenz gärte es unter Parteiintellektuellen. Als im Juni dieses Jahres die SED als Gastgeberin einer Konferenz europäischer kommunistischer Parteien neunundzwanzig Delegationen ausländischer Bruderorganisationen empfing, mußte sie auch die Rede des spanischen Kommunistenführers Carillo veröffentlichen, der freiheitliche und eurokommunistische Gedanken propagierte: »Jahrelang war Moskau unser Rom. Wir sprachen von der Großen Sozialistischen Oktoberrevolution als wäre sie unsere Weihnacht. Das war unsere Kinderzeit. Heute sind wir erwachsen. Wir verlieren immer mehr den Charakter einer Kirche. Es besteht kein Zweifel daran, daß wir Kommunisten heute kein Führungszentrum haben, an keine internationale Disziplin gebunden sind.« Der spanische KP-Chef wandte sich »gegen diktatorische Formen« und forderte »politischen und ideologischen Pluralismus, ohne Einparteiensystem.«

In geschlossenen Gesellschaften und kleinen Zirkeln von Berlin, Leipzig, Dresden und Erfurt diskutierten viele von Honeckers Parteigenossen diese bis dahin unerhörte Kritik. Doch die SED ließ eine offene Debatte nicht zu. Für Erich Honecker und sein Politbüro verbindlich war die Breschnew-Doktrin von der Vorherrschaft und Führerrolle der KPdSU. Es zeigte sich aber bald, daß nicht nur »bürgerliche« Menschen mehr Freiheit wünschten, Zehntausende DDR-Bürger beriefen sich auf Honeckers Namenszug unter der Schlußakte von Helsinki. Man hatte es in der DDR-Presse schwarz auf weiß gedruckt gelesen, daß sich ihr Staat feierlich zur Anerkennung der Menschenrechte bekannte: »Die Teilnehmerstaaten werden die Menschenrechte und Grundfreiheiten, einschließlich der Gedanken-, Gewissens-, Religions- oder Überzeugungsfreiheit für alle... achten.« Viele stellten Anträge auf Ausreise oder Ausbürgerung. Der Spitzelapparat des Staatssicherheitsministeriums signalisierte Unruhe vor allem unter Intellektuellen, Künstlern, Schriftstellern und Angehörigen geistiger Berufe.

Es kam zu einer typischen Fehlreaktion des in Bedrängnis geratenen Staatschefs, der im Herbst des Jahres 1976 beschloß, ein Beispiel zu statuieren. Der Liedersänger Wolf Biermann ließ sich vom Ost-Berliner Polizeipräsidenten förmlich überreden, einer Einladung Kölner Gewerkschafter zu einem Konzert am Rhein zu folgen. Die während der Reise verkündete Ausbürgerung des Lyrikers und Sängers war gründlich vorbereitet worden, auch die Genehmigung Erich Honeckers zu der Aktion hatten die Staatsschützer eingeholt. Biermanns Hinauswurf zeigte unerwartete Folgen. Diesmal erhielt die SED und ihr Generalsekretär eine Lektion, die sobald nicht vergessen wurde. Dutzende von Schriftstellern und Künstlern protestierten bei Erich Honecker gegen die Heimtücke, mit der von nun an jeder rechnen mußte, der einer Einladung aus dem Westen folgen durfte. Eine Petition schrieben die Lyriker Sarah Kirsch, Günter Kunert, Erich Arendt und Stephan Hermlin, die Romanciers Christa Wolf, Jurek Becker und Kurt Stern, der Dramatiker Volker Braun, der Bildhauer und Maler Fritz Cremer, der Drehbuchautor Karl-Heinz Jakobs, der Schauspieler Manfred Krug und andere.

Doch Honecker, der auf seinen in den Tagen der Jubel-Kongresse und Aufmärsche der Freien Deutschen Jugend gern blaue Hemden tragenden Freund Hermlin einredete, sich von der Schar der Protestanten zu distanzieren, und das Politbüro hatten den Bogen diesmal überspannt. Die Ausschlußverfahren gegen diese bekannten Sozialisten, die der Schriftstellerverband oder sogar die SED anstrengten, schüchterten keineswegs mehr alle Betroffenen ein. Manch einer wollte das Land verlassen, in dem die Freiheit des Denkens und Schreibens noch immer keinen Hort besaß. So folgten Wolf Biermann: Reiner Kunze, Günter Kunert, Jurek Becker, Karl-Heinz Jakobs, Erich Loest, Klaus Poche und Joachim Seyppel, Jutta Bartus und Sarah Kirsch. Manche, wie Ulrich Schacht, Siegfried Heinrichs, Jürgen Fuchs und Siegmar Faust, mußten für Zehntausende von Valutamark von der Bundesrepublik aus den Zuchthäusern Brandenburg und Cottbus freigekauft werden. Es entstand eine Untergrundliteratur der jüngeren Autorengeneration, es bildeten sich Friedensgruppen und Zentren christlicher Alternativen. Die in ihnen wirkenden Menschen sind keineswegs antisozialistisch gesonnen, oder sie treten für die Möglichkeit freiheitlicher Gedankenäußerung ein. Auch aus der SED selbst erwuchsen neue Kritiker. Zu ihnen zählten jüngere Parteimitglieder, wie der philosophisch gebildete frühere Chefredakteur der Studentenzeitschrift »Forum«, Rudolf Bahro, der 1977 in Berlin als Rationalisierungsfachmann die gesellschaftlichen Spannungen an der Basis erlebte, sein theoretisches Werk aber nicht in Ost-Berlin veröffentlichen konnte. Das Buch »Die Alternative« erschien im August 1977 in einem westdeutschen Verlag. Umgehend wurde der Genosse verhaftet und in einem Geheimprozeß zu acht Jahren Zuchthaus verurteilt. Er wollte »zeigen, daß in unseren Ländern eine Staatsmaschine herrscht, wie sie Marx in der Revolution zerbrechen wollte, um sie in keiner Form und unter keinem Vorwand auferstehen zu lassen.« Bahro zielte gegen das nach wie vor dominierende Sowjetmodell: Es sei nicht einmal gerechtfertigt, in der DDR von einer frühsozialistischen Gesellschaft zu sprechen. »Wir haben Sozialismus im Larvenstadium.« Bahro kritisierte die »Herrschaft des Apparats über die Gesellschaft«, die »Verdoppelung der unförmigen Staatsmaschine in einen Staats- und Parteiapparat«. Was Bahro bekämpfte war der Bürokratismus und »ein spezifischer Menschentyp von konservativer Mittelmäßigkeit«. Sein Opfer sei eine »Arbeiterklasse, die keine anderen Organisationen besitzt als die, von denen sie beherrscht wird…«

Erich Honecker und seine Parteibürokratie wollten sich auf eine grundlegende Theoriediskussion nicht einlassen. Während Bahro in einer Zelle des Staatssicherheitsgefängnisses einsaß, bis die Bundesrepublik ihn freikaufte, durfte er im Zentralorgan der SED den neuesten Politbürobeschluß lesen. Die SED-Führung versicherte, das »sozialistische Bewußtsein der Bürger schärfen« zu wollen und sich zu bemühen, die ideologische Arbeit »lebensverbunden, differenziert und in ansprechenden Formen« zu gestalten.

Die Mehrheit der DDR-Bewohner nahm am intellektuellen Bemühen Rudolf Bahros keinen Anteil. Den offiziellen Gesellschaftswissenschaftlern wurde Schweigen geboten. Die Mehrzahl der Bürger interessierte es auch wenig, als Fernsehen und Radio des Westens von einem »Manifest der oppositionellen Kommunisten aus der DDR« berichteten. Das Hamburger Nachrichtenmagazin »Der Spiegel« druckte den Text ab. Seine Autoren mußten, da sie aus dem SED-Apparat kamen, anonym bleiben. Doch beriefen sie sich ausdrücklich auf Bahro.

»Wir stellen fest: keine herrschende Klasse Deutschlands hat jemals so schmarotzt und sich jemals so gegen das Volk gesichert, wie jene zwei Dutzend Familien, die unser Land als einen Selbstbedienungsladen handhaben. Keine hat sich derart exzessiv goldene Gettos in die Wälder bauen lassen, die festungsgleich bewacht sind. Keine hat sich derart schamlos in Sonderläden und Privatimporten aus dem Westen, durch Ordensblech, Prämien und Sonderkliniken, Renten und Geschenke so korrumpiert wie diese Kaste... Wir fordern, daß die Funktionäre nicht höher als die Arbeiter mit einem durchschnittlichen DDR-Einkommen bezahlt werden. Dieses liegt nach Ansicht unserer Genossen in der Zentralverwaltung für Statistik bei etwa 600 Mark monatlich. Sämtliche Privilegien der Funktionäre müssen gestrichen werden... Wir fordern den Abbau der riesigen, altmodischen und unmodernen Verwaltungsapparate..., der riesigen Kaderabteilungen in allen Betrieben und Einrichtungen, die genau gesehen nur Filialen der Staatssicherheit sind. Überall lassen sich hier Mittel und Arbeitskräfte freisetzen. Hier muß die Sparsamkeit ansetzen. Genosse Bahro hat das alles detailliert beschrieben... Wir fordern ein öffentliches Partei- und Gerichtsverfahren für Genossen Bahro und sofortige Haftentlassung. Ferner ein Ermittlungsverfahren gegen den Minister für Staatssicherheit wegen Machtmißbrauchs...«

1977 vollendete Erich Honecker sein fünfundsechzigstes Lebensjahr. Er war nun in dem Alter, in dem sein Staat den Rentnern Verwandtenreisen in den Westen gestattete. Es zeigte sich, daß auch der Staatsratsvorsitzende das Privileg, ins westliche Ausland zu fahren und seinen Horizont zu weiten, nutzen wollte. Von nun an reiste er viel. Und er empfing Staatsgäste aus aller Welt, nicht mehr nur die

Parteiführer aus den Ländern des Warschauer Paktes. Jugoslawiens Staatschef Marschall Tito, den Honecker einst nach Titos Abfall von Stalin als »Führer einer faschistischen Clique von Mördern und Spionen« beschimpft hatte, residierte als sein Gast im Schloß Niederschönhausen, dem früheren Wohnsitz der Witwe Friedrichs des Großen. 1976 machte die Ministerpräsidentin Indiens, Indira Gandhi, eine Stippvisite bei Honecker und erklärte gemeinsam mit ihrem Gastgeber, daß sie in den kommenden Jahren auf eine Entwicklung der Freundschaft zwischen den beiden Ländern hoffe. Im Herbst 1977 begab sich Erich Honecker auf seine erste Asienreise. Nach dem »siegreichen Brudervolk Vietnams«, das wie die DDR die Führerrolle der Sowjetunion im sozialistischen Lager anerkannte, besuchte er seinen gleichaltrigen Genossen Kim Il Sung, den »geliebten und teuren Führer« Nordkoreas, zu dem sich das nordkoreanische Volk Tag für Tag zu bekennen hat. Bei diesem Repräsentanten eines fossilen Kommunismus Stalinscher Prägung und Verantwortlichen für den Koreakrieg, der Millionen Tote forderte und das Land in eine Trümmerwüste verwandelte, schien sich Honecker besonders wohl zu fühlen. Jedenfalls besuchte er Kim Il Sung 1986 noch ein zweites Mal, als er offensichtlich im Auftrag Moskaus in die Volksrepublik China reiste. Der inzwischen verjagte philippinische Diktator Ferdinand Marcos gewährte dem DDR-Führer ebenfalls die Freude eines dreitägigen Aufenthaltes. Honecker erinnerte sich später: »Die Bevölkerung Manilas nahm uns mit großer Herzlichkeit auf. Imelda Marcos, Frau des Präsidenten und Gouverneurs von Manila, machte uns mit den beeindruckenden Fortschritten und mit Entwicklungsproblemen bei der Gestaltung der Hauptstadt der Philippinen zu einer modernen Landesmetropole bekannt. Zum Abschluß unseres Besuches fand Präsident Marcos Worte hoher Anerkennung, die mehr bedeuteten als protokollarische Höflichkeit. Er sprach von einer ›ungewöhnlichen Erfahrung‹, von einer völlig neuen Praxis effektiver Verhandlungsführung durch unsere Delegation, ohne Tendenzen des Protektionismus und des Nationalismus, was ihn tief beeindruckt habe...«

Bei seinen Reisen nach Asien und Afrika erfüllte Honecker

selbstverständlich immer auch die Aufgaben im Dienste der Moskauer Außenpolitik. Es handelte sich um eine Art sozialistische Arbeitsteilung, die darauf abzielt, eine moderate Blockpolitik im Sinne der von Lenin erarbeiteten Zielsetzung der »friedlichen Koexistenz« zu vertreten. Wo stabile, von der Bevölkerung akzeptierte kapitalistische Gesellschaftsordnungen vorhanden sind, koexistiert man »friedlich nebeneinander«. Da, wo soziale Mißstände, Überreste des Kolonialismus, feudale oder Militärdiktaturen revolutionäre Bewegungen entstehen ließen, unterstützt man sie in ihrem Kampf oder beim Aufbau neuer Staaten. Dabei sind diese revolutionären Bewegungen häufig schon von Anfang an sozialistisch orientiert. Problematisch für die Entwicklungsländer ist nicht die Hilfe, die ihnen die sozialistischen – oder kapitalistischen – Staaten gewähren, sondern, daß sie dadurch in den Ost-West-Gegensatz hineingezogen werden, an dem sie kaum interessiert sein können.

In der neuen von Hunger und Massenelend geschüttelten Sozialistischen Republik Äthiopien besuchte Erich Honecker den Militäroberbefehlshaber und Regierungschef Mengistu Haile Mariam, um für das erste Karl-Marx-Denkmal auf afrikanischem Boden den Grundstein zu legen. Lange vor dem Staatsratsvorsitzenden waren in Äthiopien DDR-Ausbildungsoffiziere der Volksarmee und des Staatssicherheitsdienstes eingetroffen. Und mit ihnen kamen heimliche Transporte von Waffen und Gerät, FDJ-Brigaden und Spezialisten aus verschiedenen Bereichen. Hier verkündete Erich Honecker kurz und lapidar: »Ja, wir haben der äthiopischen Revolution in ihren schwersten Stunden fest zur Seite gestanden. Wir haben ihr geholfen, sich zu verteidigen, wir haben ihr Waffen und Brot gegeben...«

So wurde Mengistu Haile Mariam zu einem »treuen Freund« Honeckers wie zuvor Fidel Castro und der Palästinenserführer Arafat, der oft in Ost-Berlin Gast des SED-Chefs war. Zu ihnen gesellte sich 1979 beim Besuch des Staatsratsvorsitzenden in der Sozialistischen Libyschen Arabischen Volksrepublik auch Oberst Ghadaffi, in dem Honecker einen Verbündeten sieht: »Die Gespräche mit Muammar el Ghadaffi ergaben viele Anregungen für eine Zusammenarbeit unserer Staaten und Völker. Wir bekräftigen unsere volle Solidarität mit ihrem gerechten Kampf und handeln demgemäß. Verständlich, daß das libysche Volk die sozialistischen Staaten als strategische Verbündete im Sinn seiner eigenen nationalen Entwicklung betrachtet...«

Wenn Honecker die Revolutionäre wirtschaftlich, militärisch und ideologisch unterstützt, ist er überall herzlich willkommen. So reiste er durch Afrika, um in Moçambique mit dem Präsidenten Samora Machel von der Frelimo-Partei einen Freundschaftsvertrag abzuschließen. In Namibia und Simbabwe traf er mit verschiedenen revolutionären Führern zusammen. In Angola und Sambia hatte Honecker das Gefühl, mit deren Repräsenten »schon lange gut bekannt zu sein«, obwohl er ihnen das erste Mal persönlich begegnete.

Andere Reisen führten Erich Honecker später bis nach Japan, wo ihn Kaiser Hirohito empfing und Honecker den Ehrendoktorhut einer japanischen Universität erhielt. In Europa bereiste er neben den sozialistischen Hauptstädten die Republiken Österreich und Griechenland, deren Staatsmänner er bereits in Berlin zu Gast hatte. Olof Palme war in der DDR aufmerksamer Beobachter während einer Reise gewesen; Honecker konnte ihm vor seinem verabredeten Gegenbesuch nur noch die letzte Ehre erweisen. Der Schwedenbesuch des SED-Chefs war ein großer Erfolg. Nicht nur das Königspaar empfing ihn, die Konzernherrn und Vertreter großer Handelsfirmen drängten sich um den künftigen Wirtschaftspartner. In Rom traf sich Honecker mit den führenden Politikern Italiens und machte dem Heiligen Vater seine Aufwartung.

Häufigstes Reiseziel blieb natürlich Moskau. Im Herbst 1982 erforderte Breschnews Beerdigung seine Anwesenheit. Er war vom Tod des sowjetischen Generalsekretärs sichtlich bewegt. Mit ihm war er oft zusammengetroffen, er nannte den Sowjetführer sogar seinen Freund. Seitdem mußte er noch mehrfach zu Grablegungen verblichener Kremlführer. Kam es 1982 am Rande der Trauerfeierlichkeiten für Breschnew zu einem langen Meinungsaustausch mit Bundespräsident Carstens, so konferierte der Staatsratsvorsitzende im Februar 1984 nach dem Ableben des KPdSU-Generalsekretärs

Andropow mit dem neuen Bundeskanzler Helmut Kohl. Im März 1985 führte die Trauer-Diplomatie in Moskau noch einmal anläßlich der Beisetzung von Konstantin Tschernenko zu einer Begegnung mit Helmut Kohl. Die beiden deutschen Politiker bekräftigten ihre Grundauffassung, daß es zum Frieden in Mitteleuropa keine Alternative gibt.

Für die mehrfachen Einladungen an Erich Honecker durch die Bundesregierungen Schmidt und Kohl vermochte der Staatsratsvorsitzende noch keinen Termin zu benennen. Aber da er im fünfundsiebzigsten Lebensjahr steht und seine saarländische Heimat gerne wiedersehen möchte, ist – bei günstiger politischer Großwetterlage – damit zu rechnen, daß Honecker die Stätten seiner Kindheit und Jugend Wiebelskirchen, Neunkirchen und Saarbrücken bald besuchen wird.

Die Staatsbesuche in die weite Welt erfreuten Erich Honecker nicht nur, weil die Notjahre der Weltwirtschaftskrise während seiner Handwerkerzeit und das folgende Jahrzehnt als Häftling des NS-Regimes ihm keinerlei Reisen ermöglicht hatten. Die Altersausflüge rund um den Erdball bestätigten auch seine Überzeugung vom Absterben des Kapitalismus und dem Sieg des Sozialismus. Rückblickend bekennt der Staatsratsvorsitzende optimistisch: »Von meinen Reisen habe ich tiefe Eindrücke von der vielgestaltigen Schönheit der Menschen und der Landschaften, von den reichen kulturellen Traditionen mit nach Hause genommen. In den Menschen und im Erdball, den sie bewohnen, schlummern gewaltige Reichtümer. Der Sozialismus wird sie voll erschließen...«

Die meisten Bürger der DDR gönnen dem Staatsratsvorsitzenden die Freuden seiner Auslandsreisen. Es besteht auch kein Zweifel daran, daß Erich Honecker in den Jahren seiner Tätigkeit als Partei- und Staatschef in der DDR ein gewisses Maß an Popularität gewonnen hat, daß man ihn ungezwungen »Honni« oder auch »unser Erich« nennt. Solches Wohlwollen, selbst wenn mitunter etwas Spott mitschwingt, hätte Honeckers Vorgänger Walter Ulbricht niemals erlebt. Abfällig und häufig mit Zorn nannten ihn die Bürger seines Staates nur den »Spitzbart«.

Honecker besitzt durchaus jene Kontaktfreudigkeit, von der Günter Gaus, erfahrener Journalist und langjähriger erster Ständiger Vertreter der Bundesrepublik in der DDR, der ihn oft sah und sprach, schrieb: »Honecker schätzt es offensichtlich, wenn die versammelte Runde eines Sinnes ist; sofern die Umstände es ermöglichen: gemütlich, so, daß immer einer den anderen noch steigert im Herstellen freundlicher Laune. In dieser Stimmung habe ich ihn nach einer Jagd für die bei der DDR akkreditierten Missionschefs, deutsche Volkslieder singen hören, amüsiert über jene, die offenkundig von jedem Lied nur die erste Strophe kannten... Übereinstimmung in der Runde, das ist behaglich – aber es ist auch wahrzunehmen, daß es Übereinstimmung in der von ihm vorgegebenen Tonlage sein soll... Erich Honecker gewinnt im kleineren Kreis. Vor einer großen Menge oder über den Fernsehschirm kann der schmächtige Mann mit seinem blassen feinknochigen Gesicht gelegentlich überanstrengt erscheinen. Geste und Mimik des Massenführers fehlen ihm. Seine Rolle stellt ihn oft auf Tribünen; aber der Ort seiner größten Wirksamkeit, seiner stärksten Überzeugungskraft sind diese öffentlichen Schauplätze nicht. Die gepreßte Stimme auf einem zu kleinen Resonanzboden; seine Sprachgewohnheiten, den Ton zum Satzende nicht zu senken, sondern oft noch anzuheben; der häufige Eindruck, er lese auch dann noch ab, wenn er es gar nicht tut: kein Volkstribun, sondern ein Mann des Büros, der Besprechung im kleinen Kreis...«

Der Nachfolger von Günter Gaus im Amt eines faktischen Botschafters der Bundesrepublik, der in jungen Jahren der SED und der FDJ angehörende Klaus Bölling, später wie Gaus Mitglied der SPD, beschreibt einen anderen Wesenszug Honeckers, der für den Aufstieg des SED-Chefs wichtig erscheint: »In einem Psychogramm Honeckers wird man eine Eigenschaft nicht auslassen dürfen, die keiner entbehren kann, der sich über mehr als ein Jahrzehnt an der Spitze einer Partei behauptet, deren Innenleben bestimmt nicht so spannungslos ist, wie sie es nach außen darstellt: Honecker geht Widerstände ungern frontal an. Es mag ihn, der sich gern in die Aura des liberalen Landesvaters hüllt, vielleicht erstaunen, daß ihn viele im eigenen Land unmittelbar für die Brutalität des staatlichen Apparates im Umgang mit solchen Bürgern haftbar machen, die sich den Regeln des ›realexistierenden-Sozialismus‹ nicht unterwerfen wollen ... Der Wiebelskircher ist kein Zauderer, wenn es um die Bewahrung der Macht geht ... Obgleich von Hause aus eigentlich verpflichtet, den Gedanken der Revolution zum persönlichen Kredo zu machen, ist Honecker ... ein höchst konservativer Kommunist – wie freilich die meisten Machthaber in seinem Bündnis. ... Was man bei uns gelegentlich die Sekundärtugenden genannt hat, Pflicht und Fleiß, Strebsamkeit und Sauberkeit, haben in seiner Lebensphilosophie einen wichtigen Platz ... Ob Erich Honecker ein in allen Situationen kämpferischer, unbeugsamer Charakter ist, wie es seine Autobiographie darstellt, wird man bezweifeln dürfen. Eine heldische Natur ist der Saarländer kaum, auch nicht der geborene Räsoneur. Draufgängertum hat ihn kaum an die Spitze gebracht. Geistig und habituell wurzelt er auch heute noch, mit über siebzig Lebensjahren, in dem Milieu, aus dem er aufgebrochen ist. Da ist immer wieder eine gewisse Betulichkeit zu erleben, eine heimliche Sehnsucht nach einer Welt der Idylle, die man als kleinbürgerlich verspotten kann, die allerdings authentisch wirkt...«

Anders, unrealistisch, wird das Bild Honeckers in der verquollenen Darstellung der SED. In der 1977 im SED-eigenen Dietz Verlag erschienenen Honecker-Biographie »Skizze seines politischen Lebens« verliert Erich Honeckers Porträt alle menschlichen Züge. Da bleibt kein Klischee über den sozialistischen Herrscher unberücksichtigt. Immerhin erfährt man, daß Erich Honecker »die wenigen freien Stunden, und vor allem den Urlaub, gern im Familienkreis mit seiner Frau Margot, seinen Kindern und Enkelkindern verbringt. Wie jeder Großvater ist er stolz auf seinen Enkelsohn, dessen Foto auf dem Schreibtisch seines Arbeitszimmers steht...«

In Wirklichkeit ist der private Lebensstil des Staatschefs wie aller übrigen führenden Kader der DDR kein Thema für die Medien. Es dringt sehr wenig aus dem engeren Bereich des Privaten an die Öffentlichkeit. Anfang der sechziger Jahre ließ die SED-Führung sich etwa vierzig Kilometer nördlich von Berlin, inmitten herrlicher Buchen- und Eichenwälder am Wandlitzsee für Dutzende von Millionen Mark etwa zwanzig große, moderne Villen bauen. Ein eigenes Kasino und Kulturhaus, ein kleiner Landeplatz für Hubschrauber, Unterkünfte für die Staatssicherheits-Bewacher und Wirtschaftsbauten entstanden ebenfalls. Das große Areal ist mit einer Betonmauer umgeben, auf der in Abständen von ca. fünfzig Metern bewaffnete Posten des Wachregiments der Staatssicherheitstruppen das Gelände gegen jedermann, der keinen Sonderausweis besitzt, absichern. Im Winter kontrolliert die Leibwache sogar die Spaziergänger auf dem zugefrorenen Wandlitzsee.

Nicht allzu weit entfernt, in der Schorfheide, dem Jagdrevier der Hohenzollern und Hermann Görings, der hier sein Schloß Karinhall bewohnte, hat Honecker das einst königliche Jagdschloß Hubertusstock, in dem zuvor ein Erholungsheim untergebracht war, für seine Zwecke herrichten lassen. Außerdem stehen ihm noch andere Landhäuser und Refugien zur Verfügung, wie die kleinen Schwedenbungalows auf der Ostseeinsel Vilm, wo sich die Leitungskader der Partei in Gruppen, jedoch am Ort separiert, zur Erholung zurückziehen.

Zu seinen engen Freunden, mit denen Honecker privat verkehrt, gehören die mit ihm alt gewordenen Genossen aus der Gründerzeit der FDJ. Heinz Keßler, heute Verteidigungsminister, Oskar Fischer, Außenminister, Joachim Hermann, der Medien-Chef der Partei, sind Jagdgäste des Vorsitzenden, wenn er privat seiner Leidenschaft nachgeht. Zu den Staatsjagden und der großen Diplomatenjagd lädt er selbstverständlich auch andere Bekannte, Genossen und Prominente ein.

Seit dreißig Jahren ein Spezialist für Kaderauswahl in der Parteiführung, stützt er sich vorwiegend auf die Genossen, die er bereits im Jugendverband förderte, die er vielfältig prüfte, und die sich in seinem Sinne vorzüglich bewährten. Trotzdem gibt es auch in solchen Fällen Enttäuschungen, die er zu verarbeiten gelernt hat, um im geeigneten Moment Schlußfolgerungen zu ziehen. Konrad Naumann, Jahrgang 1928, ein vitaler Aufsteiger aus dem Sekretariat des FDJ-Zentralrats, intelligent und von unkomplizierten Herrschaftsansprüchen geprägt, war Politbüromitglied, Chef der bedeutenden Berliner SED und Sekretariatsmitglied im Zentralkomitee. Er rechnete sich Chancen aus, demnächst zum Erben Honeckers aufzusteigen. Privat gab er häufig Anlaß zur Kritik. Er trank zuviel, und man wußte um seine oftmals wechselnden Freundinnen, unbeschwerte junge Mädchen in der blauen Bluse der FDJ, die ihm im Gästehaus der Partei aufzuwarten hatten. Als Honecker sich entschloß, die Funktion im Zentralkomitee, die am ehesten eine Kronprinzenrolle garantiert, die Leitung der Sicherheitsabteilung, in die Hände des jüngeren Egon Krenz (Jahrgang 1937) zu legen, wurde Naumann immer gereizter. Mehrfach kritisierte er vor Führungskadern Honeckers Kurs gegenüber den Künstlern und Intellektuellen. Dann schlug der Parteichef zu, der längst über die Ambitionen des Berliner Sekretärs informiert war. Konrad Naumann bekam die Chance, »wegen Krankheit« um seine Ablösung zu bitten. Eine untergeordnete Position im Archivwesen, außerhalb Berlins, erwartete ihn. Dort hatten vor ihm schon die Gegner Walter Ulbrichts, die »Fraktionsmacher« Herrnstadt und Schirdewan, ein bescheidenes Auskommen gefunden.

Eine von Honeckers wesentlichen politischen Zielsetzungen besteht nach wie vor in der Absicherung und Konsolidierung der DDR als einer sicheren Basis für den Aufbau des Sozialismus in Mitteleuropa. So blickt er aufmerksam und nicht ohne Sorge nach Westen. Er und seine Mitarbeiter wissen um den ungebrochenen Einfluß geistiger Ideen, kultureller Impulse und nationaler Überlegungen aus dem deutschen Land westlich des Thüringer Waldes. Die viele DDR-Bürger aller Generationen immer wieder beschäftigende Idee der privaten wie politischen Menschenrechte und Freiheit beunruhigt den fünfundsiebzigjährigen Staatschef. Er weiß genau, daß der so häufig apostrophierte Revanchismus und Nationalismus in der Bundesrepublik keine breite Basis besitzt. Doch allen Abgrenzungsbemühungen und jenen eifrig verbreiteten Theorien von den »zwei Nationen«, der kapitalistischen und der sozialistischen, zum Trotz ist sich Erich Honecker bewußt, daß eine nahezu tausendjährige Geschichte der Deutschen nicht einfach auf die Geschichte des Proletariats umgeschrieben werden kann. So greift die SED seit langem nach dem »nationalen Erbe« und nimmt die großen Deutschen von Martin Luther, Johann Sebastian Bach, Beethoven bis zu Richard Wagner für sich in Anspruch. 1986 ehrte die Partei der Arbeiterklasse sogar Friedrich den Großen als »aufgeklärten Preußenkönig«. Was unter Ulbricht mit der Rehabilitierung preußischer Generäle wie Scharnhorst, Gneisenau, Clausewitz, Blücher und anderer Freiheitskämpfer gegen Napoleon wie Lützow, Körner und Schill, der preußischen Reformer Freiherrn vom Stein, Ernst Moritz Arndt und des völkischen Turnvaters Jahn begann, das setzte die SED unter Honecker folgerichtig fort. Im Fernsehen der DDR wurde jeweils in Fünf- bis Zehn-Stunden-Filmen die historisch gründlich erarbeiteten Porträts von Luther, Bach, Scharnhorst, Clausewitz und zuletzt – 1987 – auch von Bismarck – einem Massenpublikum wirkungsvoll vermittelt.

Im Blick auf die Beziehungen der DDR zur Bundesrepublik ist die Position Erich Honeckers gegenwärtig noch ambivalent. Bis in die fünfziger Jahre konnte er sich als Führer der FDJ vorstellen, notfalls mit revolutionären und bürgerkriegsähnlichen Methoden, gemeinsam mit den proletarischen Kräften im Ruhr- und Saargebiet, der Arbeiterschaft auf den großen Werften und in den Stahlwerken eine Wiedervereinigung im sozialistischen Sinne durchzusetzen. Die Erkenntnis, daß die Arbeiterschaft und die von der SED unterhaltene, einflußlos gewordene DKP in der Bundesrepublik seine Jugendträume niemals verwirklichen würden, führte bei Honecker und dem SED-Führungsapparat zu der traumatischen Vorstellung, es könnte eines Tages zu einer alliierten Einigung auf Kosten der DDR kommen, wie sie sich nach Stalins Tod tatsächlich für kurze Zeit anzubahnen schien. Deshalb waren sich die DDR-Kommunisten darüber im klaren, daß nur im engsten Anschluß an die Moskauer Genossen und in der strengsten Ausführung ihrer Weisungen eine Chance bestand, sich in einem »kleindeutschen« Staat zu behaupten.

Honecker begriff sehr gut, daß die nach dem Mauerbau fürs erste gebannt erscheinende Gefahr einer aktiven Beeinflussung der

DDR-Bewohner durch die bürgerlich-demokratischen Lebensformen der Bundesrepublik erneut akut wurde, als in Bonn eine sozialdemokratisch-liberale Koalition an die Macht kam. Die enge Anlehnung an die Kremlführung unter Breschnew, die Treueschwüre, seit 1974 sogar der Verfassungsgrundsatz, für immer und unabdinglich mit der Sowjetunion verbündet zu sein, waren die Folge der historischen Entwicklung seit 1970.

Heute möchte der alte Staatschef gern sein Haus bestellen. Das von der SED regierte Volk arbeitet hart, fleißig und pflichtbewußt. Ungeheuer sind die Lasten für die Rüstung, Volksarmee und Grenzsicherung. So kann kein Zweifel daran bestehen, daß es Honecker ernst ist mit den Plänen für eine Abrüstung in Europa. Er und seine Militärs haben begriffen, daß die DDR ein atomares Inferno nicht überleben würde. Es sind die kleinen Schritte, auf die Honecker und seine alten Männer im Politbüro heute setzen. Stoph, Mückenberger, Axen, Hager, Sindermann, Mielke – sie haben allesamt das siebzigste Lebensjahr überschritten. Sie wollen sich des Erreichten freuen, verteidigen zäh ihre Positionen und fürchten selbst das geringste Risiko. Erich Honecker, der unumstrittene Führer der Greise am Werderschen Markt in der Berliner Stadtmitte, wirkt im Gegensatz zu manch anderem Politbüromitglied erheblich frischer, gesünder und um Jahre jünger, als er tatsächlich ist.

Wenn er am Werbellinsee, im Schloß Hubertusstock oder im Schloß Niederschönhausen im Norden Berlins Politiker aus Bonn oder München empfängt, ist Honecker ein selbstbewußter Gastgeber. Mit Franz Josef Strauß tafelte er im Jagdschloß der Hohenzollern und schien vergessen zu haben, daß dieser »Bonner Ultra« einst für ihn der gefährlichste »Militarist« gewesen war, als Strauß einer Propaganda-Lüge zufolge »mit der Bundeswehr, unter klingendem Spiel durchs Brandenburger Tor einmarschieren wollte«. Das waren Honeckers Sätze im Originalton, allerdings 1963, genau zwanzig Jahre vor dem Treffen der bejahrten Männer in der Schorfheide. Natürlich ging es um mehr, als Erinnerungen aus der Zeit des Kalten Krieges auszutauschen. Der bayerische Politiker überbrachte die frohe Kunde vom verbürgten Milliarden-Kredit. Schwieriger war der Besuch des damaligen Bundeskanzlers Schmidt, während die Arbeiterunruhen in Polen das sozialistische Lager erschütterten. Klaus Bölling, der Vertreter der Bundesregierung in der DDR, war Augen- und Ohrenzeuge, als Helmut Schmidt den SED-Führer unmißverständlich wegen der Erschwerung des Reiseverkehrs ansprach: »Ich sah mich durch Sie getäuscht, Herr Honecker, als bei Ihnen die Mindestumtauschsätze erhöht wurden. Die Tauschsätze, die wir 1974 abgesprochen hatten, sind nicht eingehalten worden. Mit dieser einseitigen Veränderung hatte ich nicht gerechnet. Sie kennen die Folgen für Rentner, für ganze Familien, für Jugendliche und Kinder. Daß hier Vertrauen enttäuscht worden ist, das ist eine ganz wichtige Tatsache. Ich will Ihnen freimütig sagen: Eines der wichtigsten Dinge ist, daß sich die Partner in Ost und West aufeinander verlassen können, auch ohne Vertrag. Wir müssen füreinander berechenbar bleiben. Unsere Beziehungen dürfen nicht von Zufällen beeinflußt werden.«

Honecker saß ernst, stumm und mit gesenktem Kopf vor dem Kanzler, er nahm diese offene Kritik auf und schien betroffen. Es ist zu vermuten, daß der SED-Führer darüber ernsthaft nachgedacht hat.

1987 variierte Erich Honecker in seiner Neujahrsansprache gerade dieses Wort von Helmut Schmidt, und man konnte es noch öfter aus seinem Munde hören: »Die DDR ist berechenbar!« Die Politiker der Bundesrepublik sollten den Staatsratsvorsitzenden als den Repräsentanten der DDR sehr ernst nehmen. »Wer nicht schießen will, der muß verhandeln«, auch dieser Satz ist von Honecker oft gebraucht worden. Er weiß um die Folgen des Schießens. Einhundertzehn Menschen fielen im Grenzland den Schüssen des DDR-Militärapparats zum Opfer, vierundsiebzig starben an der Berliner Mauer im Kugelhagel der Truppenverbände, deren Oberbefehlshaber Erich Honecker heißt.

Der Generalsekretär der SED und Staatsratsvorsitzende der DDR ist kein Pazifist. Wer mit ihm verhandelt, sollte sich dessen bewußt sein, daß dieser Mann über mehr als ein halbes Jahrhundert hinweg zu den militanten Anhängern der leninistischen Revolutionstheorie gehört. Seine Jahre im Rotfrontkämpfer-Bund gehören zu seinen ihm teuersten Erinnerungen. Das Mittel der Gewalt für die Ziele der Arbeiterklasse hat er stets bejaht. Die von der SED in ihren ersten drei Jahrzehnten verpönte und den alten Genossen sogar untersagte Geste des Thälmann-Grußes mit der geballten Faust wurde von Erich Honecker als proletarische Form der Kampfansage an den »Klassenfeind« wieder eingeführt. Seine Funktion als militärischer Oberbefehlshaber aller bewaffneten Organe der DDR hat Honecker stets gern betont. Alljährlich befördert er persönlich Generäle, Admiräle und Stabsoffiziere der Volksarmee, der Polizei und des Staatssicherheitskorps. Bei dieser Zeremonie stehen die hohen Militärs vor dem Zivilisten Honecker stramm und antworten auf den Akt der Beförderung nur knapp: »Ich diene der Deutschen Demokratischen Republik!«

Doch Erich Honecker ist kein Abenteurer. Die aggressiven Spiele, in denen er sich gelegentlich als FDJ-Führer versuchte, und die zumeist nicht erfolgreich waren wie der geplante »Sturm auf West-Berlin« gehören der Erinnerung an. Ähnliches wird sich nicht wiederholen. In mancher Stunde ist der Jugendtraum von einem Räte-Deutschland, einer sozialistischen Republik unter roten Fahnen, die von der Saar bis an die Oder, von der Zugspitze bis zur Insel Rügen reicht, noch in ihm lebendig. So, wenn er 1981 vor den Berliner Genossen der SED die Perspektiven einer Wiedervereinigung darlegt: »Wenn heute bestimmte Leute im Westen so tun, als ob ihnen die Vereinigung beider deutscher Staaten mehr am Herzen liegen würde als ihre Brieftasche, dann möchten wir ihnen sagen: Seid vorsichtig! Der Sozialismus klopft eines Tages auch an eure Tür, und wenn der Tag kommt, an dem die Werktätigen der Bundesrepublik an die sozialistische Umgestaltung der Bundesrepublik Deutschland gehen, dann steht die Frage der Vereinigung beider deutscher Staaten vollkommen neu. Wie wir uns dann entscheiden, daran dürfte wohl kein Zweifel bestehen...«

Es gibt im Denken und Traditionsbewußtsein des Bergarbeitersohnes aus dem saarländischen Wiebelskirchen noch immer die Erinnerungen an das ganze Deutschland, das er als Jugendlicher noch bis nach Pommern bereiste. Nach vier Jahrzehnten hat die DDR-Bevölkerung Gründe genug, um auf das innerhalb ihrer Grenzen durch Fleiß, Tüchtigkeit, Intelligenz und Zuverlässigkeit Geschaffene stolz zu sein. Honecker ist auf dem Wege, aus der Rolle, die seinem Vorgänger in der Partei- und Staatsführung zugefallen war, Statthalter des westlichen Vorfeldes der Sowjetunion zu sein, herauszuwachsen. Sehr behutsam und vorsichtig profilierte er sich in den letzten Jahren, in denen drei Kremlchefs zu Grabe getragen wurden und die Führungsprobleme eines jüngeren Sowjetpolitikers offen zu Tage treten. Er weiß, daß sein Spielraum begrenzt ist. Das Beispiel des Sturzes Ulbrichts, von dem er profitierte, muß ihm täglich vor Augen stehen. Aber die Lage innerhalb der sozialistischen Völkergemeinschaft ist anders als 1971. Michail Gorbatschow muß sich mit den Kräften eines konservativ-reaktionären, erstarrten Parteiapparats auseinandersetzen, um grundlegende Reformen durchzuführen. Wenn er 1987 die Unmoral der sowjetischen Gesellschaft anklagt, die Korruption leitender Kader, die Nichtachtung der Gesetze, die mangelnde Disziplin und fehlende Arbeitsmoral, die zu geringe Sorge um die Menschen und sogar die Organisierung verbrecherischer Handlungen auf Ministerebene, dann meint Honecker, daß sein Staat von derartigen Auswüchsen frei sei.

Die DDR ist von einigen Mißständen, die Gorbatschow vor der KPdSU-Führung jüngst geißelte, tatsächlich weniger berührt. Vor allem die Arbeitsmoral und die hohen Leistungen in der Produktion von Industrie und Landwirtschaft können sich unter Honeckers Administration sehen lassen. Von einer Demokratisierung ist die DDR aber nicht weniger weit entfernt als die Sowjetunion. Doch der entscheidende Grund dafür, daß der SED-Führer 1987 es wagt, sich in vorsichtiger Weise von Gorbatschows scharfer Kritik zu distanzieren, ist die geringe Neigung Erich Honeckers und der anderen deutschen Spitzengenossen, sich auf die Risiken einer Reform einzulassen, die sie nicht nur Privilegien kosten könnten. Womöglich steht Erich Honecker in der Zukunft vor folgenreichen Entscheidungen. Solange im Reiche Stalins Millionen Menschen im Gulag dahinvegetierten, Abertausende Kommunisten von GPU und NKWD liquidiert wurden, ein öder Personenkult alles geistige Leben erstickte, waren die deutschen Kommunisten bis zur Unterwürfigkeit loyal gegenüber der Sowjetunion. Sie scheuten sich später auch nicht, auf Anweisung Moskaus deutsche Truppen bei der Auslöschung des Prager Frühlings einzusetzen. Wenn die Partei, an deren Anfängen Denker wie Karl Marx und Friedrich Engels standen, die Persönlichkeiten wie Wilhelm Liebknecht, August Bebel, Rosa Luxemburg und Karl Liebknecht für sich in Anspruch nimmt, sich ausgerechnet in dem Augenblick auf ihre nationale Unabhängigkeit besinnt, in dem Michail Gorbatschow politische Gefangene der Menschenrechtsbewegung entläßt und künftig für Rechtssicherheit und Demokratisierung sorgen will, dann hat sie wahrscheinlich für lange Jahre die Chance vertan, in Deutschland einen Sozialismus aufzubauen, der weder Stacheldraht noch Mauer braucht, um die Menschen im eigenen Lande zu halten. Noch unsinniger wäre es, wenn sich Erich Honecker mit den Gegnern Gorbatschows in der Sowjetunion verbinden würde, um den Sturz des Reformers zu betreiben. Denn auch dann wären die Folgen nicht abzusehen. Der »real existierende Sozialismus« kann nur durch grundlegende Reformen und durch die Besinnung auf seine Ursprünge überleben. Die Alternative dazu ist die zynische Despotie einer Clique privilegien- und machtsüchtiger Funktionäre.

Bereits auf dem XI. Parteitag der SED im April 1986, bei dem Gorbatschow erstmals als Repräsentant der neuen Kremlspitze in der DDR weilte, war deutlich spürbar, daß der sowjetische Generalsekretär mit dem Huldigungsritual der stundenlangen Ergebenheitsreden an Honeckers Politbüro nicht einverstanden war. Er rief den Delegierten die Notwendigkeit schonungsloser Kritik, die helfenden Charakter habe, ins Gedächtnis. Auf der Tribüne wirkte Honecker neben dem fast zwanzig Jahre jüngeren Gorbatschow wenig dynamisch.

Es wird sich in der Zukunft erweisen, ob die Führungskader im Kreml die Versuche ihres DDR-Genossen tolerieren, eine eigene und relativ unabhängige Rolle als Staatschef seiner kleindeutschen Arbeiter- und Bauernrepublik zu spielen. Auch Gorbatschow will mit der Bundesrepublik in ein zukunftweisendes Gespräch kommen. Honecker könnte den Boden in Bonn vorbereiten, wie er das am Jahresende 1986 in Peking im Interesse der UdSSR tat, er könnte aber auch nach dem Sowjetführer seine eigenen Interessen am Rhein wahrzunehmen versuchen. Willkommen ist er dort, das ist ihm mehrmals zugesichert worden.

Häufig zieht sich Honecker aus der Öffentlichkeit zurück. Es heißt, er unterziehe sich einer wirkungsvollen Schlaftherapie, in jedem Fall nutzt er seine Ruhepausen gut. Tritt er wieder auf, sei es als Redner oder bei den üblichen Demonstrationen, macht er einen erfrischten Eindruck. Erich Honecker wirkt gesund, kraftvoll und hat nichts Greisenhaftes an sich. So sahen ihn die Berliner, so erlebten ihn die Fernsehzuschauer bei der letzten großen Demonstration zu Ehren der beiden 1919 ermordeten Kommunisten Karl Liebknecht und Rosa Luxemburg, die im Januar 1987, wie alljährlich, an ihr Grabmal nach Berlin-Lichtenberg führte. Zu den an vorgeschriebenen Stellplätzen harrenden Berlinern gesellt sich das Politbüro in der Frankfurter Allee. Von hier aus sind es nur wenige Kilometer bis zum Ehrenfriedhof. Die Orchester der Polizei und der Armee spielen die alten Arbeiterkampflieder. Erich Honecker hat seine große französische Luxuslimousine verlassen. Mit einer russischen Pelzmütze und dickem, gefüttertem Mantel bekleidet setzt er sich an die Spitze der Kolonne. Neben ihm marschieren Willi Stoph, der Ministerratsvorsitzende, Staatssicherheitsminister Erich Mielke, mit seinen neunundsiebzig Jahren einer der rüstigsten Genossen des Politbüros. Kurt Hager, Joachim Hermann, Ingeburg Lange, Herman Axen, Werner Krolikowski und Günter Mittag marschieren ebenfalls an der Spitze des Zuges. Und man singt. Deutlich kann der Fernsehzuschauer die kräftige und helle Stimme des Staatschefs hören. Ein großes Mikrofon wird direkt vor ihm getragen. Honecker kennt das Lied, er liebt es wie alle Arbeitergesänge, die den Kampf, die Revolution und den Sieg verkünden: »Auf, auf, zum Kampf! Zum Kampf sind wir geboren. Auf, auf, zum Kampf sind wir bereit! Dem Karl Liebknecht haben wir's geschworen, der Rosa Luxemburg reichen wir die Hand! Es steht ein Mann, ein Mann, so fest wie eine Eiche. Er hat gewiß, gewiß schon manchen Sturm erlebt. Vielleicht ist er schon morgen eine Leiche, wie es so vielen unserer Brüder ging...«

Erich Honecker reißt die Faust hoch, er grüßt die auf den letzten Metern vor dem Friedhof wartenden Genossen, die aus zuverlässigen Parteikadern ausgewählt wurden. Dann steht der SED-Führer auf der Tribüne und nimmt den Vorbeimarsch der Werktätigen ab. Reden wird er heute nicht, das besorgt sein bester Propagandist, Politbüromitglied Hermann Axen. Und wieder dringen Märsche an sein Ohr, die Faust erneut emporgerissen, grüßt er auf Ernst Thälmanns Weise. Abends sitzt der Generalsekretär mit einigen Vertrauten am Wandlitzer Kamin. Man gedenkt der alten Zeiten, spricht von Karl und Rosa. Natürlich redet die Honecker-Runde nicht von Rosa Luxemburgs Forderung der »Freiheit für Andersdenkende«, die ist nicht ihr Thema. Aber im siebzigsten Jahr der Oktoberrevolution sollten die SED-Genossen ihre Prophezeiung lesen, die von der Staatssicherheit in vielen Wohnungen lernbegieriger Sozialisten beschlagnahmt und vernichtet wurde. Rosa Luxemburg übte ahnungsvoll Kritik an gewissen Erscheinungen im Sowjetrußland von Lenin, Trotzki und Stalin bereits im Jahr 1918: »Mit dem Erdrücken des politischen Lebens im ganzen Lande muß auch das Leben in den Sowjets immer mehr erlahmen. Ohne allgemeine Wahlen, ungehemmte Presse- und Versammlungsfreiheit, freien Meinungskampf erstirbt das Leben in jeder öffentlichen Institution, wird zum Scheinleben, in der die Bürokratie allein das tätige Element bleibt. Diesem Gesetz entzieht sich niemand. Das öffentliche Leben schläft ein, einige Dutzend Parteiführer dirigieren und regieren... eine Elite der Arbeiterschaft wird von Zeit zu Zeit zu Versammlungen aufgeboten, um den Führern Beifall zu klatschen, vorgelegten Resolutionen einstimmig zuzustimmen, im Grunde also eine Cliquenwirtschaft – eine Diktatur allerdings, aber nicht die Diktatur des Proletariats, sondern die Diktatur einer Handvoll Politiker...«

Literaturverzeichnis

*Die Zitate im Text wurden den mit Sternchen
versehenen Titeln entnommen.*

*Bezirksleitung Berlin der SED (Hrg.), *Erich Honecker in Berlin*, Dietz-Verlag, Ost-Berlin 1982

*Bölling, Klaus, *Die fernen Nachbarn – Erfahrungen in der DDR*, Stern-Buch, Hamburg 1983

*Brand, Heinz, *Ein Traum, der nicht entführbar ist – Mein Weg zwischen Ost und West*, Paul List Verlag, München 1967

*Buber-Neumann, Margarete, *Von Potsdam nach Moskau*, Hohenheim-Verlag GmbH, 1981

*Buber-Neumann, Margarete, *Kriegsschauplätze der Weltrevolution*, Seewald-Verlag, Stuttgart 1967

Buch, Günther, *Namen und Daten – wichtiger Personen der DDR*, Dietz-Verlag, West-Berlin/Bonn 1982

Bundesministerium für Gesamtdeutsche Fragen (Hrg.), *SBZ von 1945–1954, 1955–1956, 1957–1958, 1959–1960, 1961–1962*

*Der Spiegel (Hrg.), *DDR Das Manifest der Opposition – Eine Dokumentation Fakten – Analysen – Berichte*, Wilhelm Goldmann Verlag, 1978

Deuerlein, Ernst (Hrg.), *DDR 1945–1970 – Geschichte und Bestandsaufnahme*, dtv dokumente, München 1971

Die neue Verfassung der DDR, Verlag Wissenschaft und Politik, Köln 1974

*Dietz Verlag (Hrg.), *Geschichte der SED – Abriß*, Dietz Verlag, Ost-Berlin 1978

Djilas, Milovan, *Die neue Klasse – Eine Analyse des kommunistischen Systems*, Kindler Verlag, München 1963

Freudenhammer/Vater, *Herbert Wehner – Ein Leben mit der Deutschen Frage*, C. Bertelsmann Verlag, München 1978

*Fricke, Karl Wilhelm, *Die DDR – Staatssicherheit – Entwicklung Strukturen Aktionsfelder*, Verlag Wissenschaft und Politik, Köln 1982

Fricke, Karl Wilhelm, *Politik und Justiz in der DDR – Zur Geschichte der politischen Verfolgung 1945–1968*, Verlag Wissenschaft und Politik, Köln 1979

*Fricke, Karl Wilhelm, *Opposition und Widerstand in der DDR – Ein politischer Report*, Wissenschaft und Politik, Köln 1984

Fricke, Karl Wilhelm, *Warten auf Gerechtigkeit – Kommunistische Säuberungen und Rehabilitierungen*, Verlag Wissenschaft und Politik, Köln 1971

*Gaus, Günter, *Wo Deutschland liegt – Eine Ortsbestimmung*, Hoffmann und Campe Verlag, Hamburg 1983

*Grüber, Propst Heinrich, *Erinnerungen aus sieben Jahrzehnten*, Verlag Kiepenheuer & Witsch, Köln 1968

*Havemann, Robert, *Rückantworten an die Hauptverwaltung »Ewige Wahrhei-ten«*, Serie Piper, München 1971
Heidelmeyer, Wolfgang (Hrg.), *Die Menschenrechte – Erklärungen, Verfassungsartikel, Internationale Abkommen*, Ferdinand Schöningh Verlag, Paderborn 1982
*Herz, Hanns-Peter, *Freie Deutsche Jugend*, Juventa Verlag GmbH, München 1965
*Honecker, Erich, *Im Lande des Sozialismus*, Verlag Neues Leben, Ost-Berlin 1946
*Honecker, Erich, *Aus meinem Leben*, Biographische Reihe LEADERS OF THE WORLD, Pergamon Press Ltd., Oxford, England 1980, für die Deutsche Demokratische Republik, Dietz Verlag, Ost-Berlin
Honecker, Erich, *Reden und Aufsätze*, Bd. 1–9, Dietz Verlag, Ost-Berlin 1980-1985
Institut für Marxismus-Leninismus beim ZK der SED (Hrg.), *Die ersten Jahre – Erinnerungen an den Beginn der revolutionären Umgestaltungen*, Dietz Verlag, Ost-Berlin 1979
Institut für Marxismus-Leninismus beim ZK der SED (Hrg.), *Erich Honecker – Skizze seines politischen Lebens*, Dietz Verlag, Ost-Berlin 1977
*Jahn, Gerhard (Hrg.), *Herbert Wehner – Zeugnis*, Verlag Kiepenheuer & Witsch, Köln 1982
*Klein, Manfred, *Jugend zwischen den Diktaturen 1945/56*, v. Hase & Köhler Verlag, Mainz 1968
*Lenin, W. I., *Ausgewählte Werke in zwei Bänden*, Verlag für Fremdsprachige Literatur, Moskau 1946
*Leonhard, Wolfgang, *Die Revolution entläßt ihre Kinder*, Verlag Kiepenheuer & Witsch, Köln 1955
Liederbuch der Freien Deutschen Jugend, Leben – Singen – Kämpfen, VEB Friedrich Hofmeister Musikverlag, Leipzig 1985
*Lippmann, Heinz, *Honecker – Porträt eines Nachfolgers*, Verlag Wissenschaft und Politik, Köln 1971
Ludz, Peter C., *Die DDR zwischen Ost und West – Von 1961 bis 1976*, C. H. Beck, München 1977
Martin, Ernst, *Zwischenbilanz Deutschlandpolitik der 80er Jahre*, Verlag BONN AKTUELL, Stuttgart 1986
Marx/Engels, *Manifest der Kommunistischen Partei*, Dietz Verlag, Ost-Berlin 1969
Mytze, Andreas W. (Hrg.), Robert Havemann: *Berliner Schriften*, dtv, München 1976
Neues Deutschland, Organ des Zentralkomitees der SED, Berlin-Ost, Jg. 1981–1986, 1. Januar – 7. Februar 1987
Picaper, Jean-Paul, *DDR – Bild im Wandel*, Colloquium Verlag Otto H. Hess, West-Berlin 1982
Riess, Curt, *Berlin – Berlin 1945–1953*, Non Stop-Bücherei, Berlin Grunewald 1953
Rubel, Maximilien, *Josef W. Stalin – in Selbstzeugnissen und Bilddokumenten*, rororo-Monographien, Rowohlt Taschenbuch Verlag, Reinbek 1975
Schneider, Eberhard, *Die DDR – Geschichte Politik Wirtschaft Gesellschaft*, Verlag BONN AKTUELL GmbH, Stuttgart 1975
*Selbmann, Fritz (Hrg.), *Die erste Stunde – Porträts*, Buchclub 65, Verlag Neues Leben, Berlin 1969
Senat von Berlin (Hrg.), *Berlin – Quellen und Dokumente 1945–1951*, Heinz Spitzing Verlag, Berlin 1964

Sontheimer/Bleek, *Die DDR – Politik Gesellschaft Wirtschaft*, Hoffmann und Campe Verlag, Hamburg 1979

*Spittmann, Ilse/Fricke, Karl Wilhelm, *17. Juni 1953 – Arbeiteraufstand in der DDR*, Edition Deutschland Archiv, Köln 1982

*Stalin, Josef Wissarionnowitsch, *Stalin – Kurze Lebensbeschreibung*, Dietz Verlag, Ost-Berlin 1950

Stern, Carola, *Ulbricht – Eine politische Biographie*, Verlag Ullstein, West-Berlin 1966

Stern, Carola, *Porträt einer Bolschewistischen Partei*, Verlag für Wirtschaft und Politik, Köln 1957

Talbott, Strobe (Hrg.), *Chruschtschow erinnert sich*, Rowohlt Verlag, Reinbek 1971

*Tjulpanow, Sergej, *Deutschland nach dem Kriege (1945–1949) – Erinnerungen eines Offiziers der Sowjetarmee*, Dietz Verlag, Ost-Berlin 1986

*Vogelsang, Thilo, *Das geteilte Deutschland*, Editions Rencontre, Lausanne 1969

*Weber, Hermann (Hrg.), *Der deutsche Kommunismus – Dokumente*, Verlag Kiepenheuer & Witsch, Köln 1963

Weber, Hermann (Hrg.), *Kleine Geschichte der DDR*, Edition Deutschland Archiv, Köln 1980

Zentralrat der FDJ (Hrg.), *Geschichte der Freien Deutschen Jugend*, Verlag Neues Leben, Ost-Berlin 1982

Zentralsekretariat der Sozialistischen Einheitspartei Deutschlands (Hrg.), *Dokumente der Sozialistischen Einheitspartei Deutschlands*, Dietz Verlag, Ost-Berlin 1948

Register

317

Bildquellenverzeichnis

Das gesellschaftliche Sein bestimmt das Bewußtsein
Rückseite: oben: dpa München, alle anderen Jürgens, Ost-und-Europa-Photo, Köln

Bilder einer Karriere
Vorderseite: oben: Jürgens, Ost-und-Europa-Photo, Köln, unten: dpa München
Innenseite links: oben: Ullstein Bilderdienst, Berlin, unten: Jürgens, Ost-und-Europa-Photo, Köln
Innenseite rechts: oben: Ullstein Bilderdienst, Berlin, unten: Süddeutscher Bilderdienst, München
Rückseite: Jürgens, Ost-und-Europa-Photo, Köln

Unter Genossen
Vorderseite links: oben: Jürgens, Ost-und-Europa-Photo, Köln, rechts oben und unten: Süddeutscher Bilderdienst, München
Innenseite links: Süddeutscher Bilderdienst, München
Innenseite rechts: oben: Jürgens, Ost-und-Europa-Photo, Köln, unten: Süddeutscher Bilderdienst, München
Rückseite: Jürgens, Ost-und-Europa-Photo, Köln

Der Staatsmann
Vorderseite: oben: Süddeutscher Bilderdienst, München, unten: Jürgens, Ost-und-Europa-Photo, Köln
Innenseite links: unten links: Jürgens, Ost-und-Europa-Photo, Köln, oben und unten rechts: Süddeutscher Bilderdienst, München
Innenseite rechts: links oben: Jürgens, Ost-und-Europa-Photo, Köln, rechts oben und unten: Süddeutscher Bilderdienst, München
Rückseite: oben: dpa München, unten: Süddeutscher Bilderdienst, München

Deutsch-deutsche Begegnungen
Vorderseite: Jürgens, Ost-und-Europa-Photo, Köln
Innenseite links: dpa München
Innenseite rechts: oben: dpa München, unten: Ullstein Bilderdienst, Berlin
Rückseite: Jürgens, Ost-und-Europa-Photo, Köln

Halboffiziell und privat
Vorderseite: oben: Jürgens, Ost-und-Europa-Photo, Köln, unten: Süddeutscher Bilderdienst, München
Innenseite links: oben: Ullstein Bilderdienst, Berlin, unten: Jürgens, Ost-und-Europa-Photo, Köln
Innenseite rechts: Jürgens, Ost-und-Europa-Photo, Köln
Rückseite: Jürgens, Ost-und-Europa-Photo, Köln

Textteil Seite 101 bis 103: Jürgens, Ost-und-Europa-Photo, Köln